Transidentität verstehen - transident leben

David Nikolai Scholz

Transidentität verstehen - transident leben

Ein Wegweiser durch medizinische, psychologische und rechtliche Fragen

Springer

David Nikolai Scholz
Scheyern, Deutschland

ISBN 978-3-658-50401-4 ISBN 978-3-658-50402-1 (eBook)
https://doi.org/10.1007/978-3-658-50402-1

Die Deutsche Nationalbibliothek verzeichnet diese Publikation in der Deutschen Nationalbibliografie; detaillierte bibliografische Daten sind im Internet über https://portal.dnb.de abrufbar.

Planung/Lektorat: Catarina Gomes de Almeida
Springer ist ein Imprint der eingetragenen Gesellschaft Springer Fachmedien Wiesbaden GmbH und ist ein Teil von Springer Nature.
Die Anschrift der Gesellschaft ist: Abraham-Lincoln-Str. 46, 65189 Wiesbaden, Germany

Vorwort

Wer dieses Buch in die Hand nimmt, sucht wahrscheinlich Orientierung. Vielleicht für das eigene Leben. Vielleicht betrifft das Thema ein Kind, das eigene oder eines im Verwandten- oder Freundeskreis, einen Schüler oder das Kind einer Kollegin. Vielleicht ist Neugier die Motivation, dieses Buch gesucht und gefunden zu haben, vielleicht Unsicherheit oder der Wunsch, transidente Menschen besser zu verstehen. Was auch immer der Ausgangspunkt ist: Dieses Buch ist für alle da, die mehr wissen wollen – fachlich fundiert, alltagsnah und ohne ideologisch polarisierte Diskussion.

Transidentität ist für viele Menschen ein sensibles, mitunter kontroverses und durchaus komplexes Thema. Das betrifft nicht nur die große gesellschaftliche Debatte, sondern oft ganz konkret den Alltag: Wie finde ich heraus, ob ich trans bin? Wie sage ich es meiner Familie? Wie beantrage ich eine geschlechtsangleichende Operation oder die Namensänderung? Welche Rechte habe ich in der Schule oder im Job? Und was ist eigentlich mit Kindern oder Jugendlichen, die sich als transident oder geschlechtsvariant outen? Dieses Buch will einfache und verständliche Antworten geben und übersichtlich und praxistauglich aufzeigen, welche Optionen und Wege es gibt und welche Herausforderungen und welche Unterstützung möglich sind.

Wie es zu diesem Buch kam

Die Grundlagen für dieses Buch stammen aus meiner langjährigen Tätigkeit in der Peer-Beratung sowie aus dem interdisziplinären Fachaustausch in einem von einer Ärztekammer anerkannten Qualitätszirkel zum Thema Transidentität. In der Beratung, aber auch in meiner eigenen Transition sind mir beinahe alle Fragen, Unsicherheiten und Konflikte rund um das Thema Transition begegnet – in immer neuen Varianten, von Menschen aller Altersstufen und mit den verschiedensten Lebenskontexten. Viele meiner Antworten auf diese Fragen habe ich über die Jahre in einer umfangreichen Infobroschüre gesammelt, ständig aktualisiert und erweitert. Diese Broschüre diente zahllosen Ratsuchenden als erste Orientierung und wurde so zu einem lebendigen Wissensfundus, der nun in dieses Buch eingeflossen ist.

Was mir dabei von Anfang an wichtig war: nicht nur Transpersonen selbst sollen angesprochen werden. Auch Menschen im Umfeld einer transitionierenden Person benötigen verständliche, zugängliche, aber dennoch fundierte Informationen. Dieses Buch möchte genau das leisten: einen strukturierten und reflektierten Überblick über Transitionswege in der sozialen, medizinischen und rechtlichen Dimension geben.

Was dieses Buch leisten kann

Ein vergleichbares Buch in dieser alle transitionsrelevanten Themen umfassenden Form existierte bisher nicht. Es gibt thematische Informationsblätter oder Fachliteratur aus der Medizin oder Psychologie, die für Laien nicht immer einfach zugänglich sind oder die eben nicht umfassend und/oder alltagspraktisch orientiert sind. Ein Werk, das alle Bereiche der Transition, von Coming-out und Namensänderung über Hormone und Operationen bis hin zu Elternschaft, Partnerschaft, Konfliktlösung und rechtlichen Möglichkeiten kompakt und für alle verständlich zusammenführt, fehlte bislang.

Eine Besonderheit dieses Buches ist der breite Blick auf das Thema. Neben den fachlichen Grundlagen und praktischen Erläuterungen enthält es persönliche Interviews mit Menschen, die aus unterschiedlichsten Perspektiven mit Transidentität zu tun haben: Transpersonen selbst, Eltern und Partner*innen. Diese Stimmen geben dem Thema ein Gesicht, oder besser: viele Gesichter. Sie zeigen, wie vielfältig und individuell transidente Lebensrealitäten sind. Und sie sollen Mut machen.

Zudem haben sich eine Reihe Expert*innen aus Medizin und Psychologie bereit erklärt, ihre Perspektive beizusteuern. Sie haben Interviews zu fachlichen Themen gegeben und den psychologisch-medizinischen Teil des Buches inhaltlich mitbetreut. Ihre Mitwirkung trug zur fachlichen Tiefenschärfe der Inhalte bei, ohne dass dies zu einem schwerverdaulichen Fachbuch wurde. Ich bin dankbar für das Vertrauen und das Engagement, mit dem die Fachbeirät*innen ihr Wissen und ihre Haltung in das Buch eingebracht haben.

Zur Nutzung des Buches

Der Ratgeber ist modular aufgebaut: Er enthält Kapitel zu den zentralen Bereichen einer Transition – der sozialen, medizinischen und rechtlichen Ebene. Innerhalb dieser Kapitel werden sowohl klassische Transitionsfragen als auch spezielle Themen zu einzelnen medizinischen Maßnahmen oder Herausforderungen im sozialen Umfeld aufgegriffen. Ergänzt wird das Buch durch sprachliche Tipps und nicht zuletzt handfeste Praxistipps, Checklisten und Leitfäden für sehr viele Themen aus dem „Trans-Alltag“. Das Buch kann linear gelesen oder gezielt als Nachschlagewerk genutzt werden. Die Kapitel bauen nicht zwingend aufeinander auf, sondern stehen für sich. Zahlreiche Begriffe und Fachwörter werden im Glossar erklärt.

Hinweis zur Aktualität
Dieses Buch wurde auf Grundlage des bis Herbst 2025 abgeschlossenen Manuskripts erstellt und für die Druckfassung punktuell bis Frühjahr 2026 aktualisiert. Gerade rechtliche und versorgungsbezogene Rahmenbedingungen können sich kurzfristig ändern. Die entsprechenden Kapitel dienen daher der Orientierung und ersetzen keine aktuelle individuelle medizinische oder rechtliche Beratung.

Gesellschaftspolitische Reflexion
Der letzte Abschnitt des Buches widmet sich gezielt gesellschaftspolitisch kontrovers diskutierten Themen rund um Transidentität und transidente Menschen. Dabei formuliere ich bewusst eigene Positionen, die auf Erfahrung, Abwägung und kritischer Analyse beruhen – wohl wissend, dass es „die eine Wahrheit“ nicht gibt und ich diese daher keinesfalls für mich beanspruche. Aber viele Menschen erleben die öffentliche Debatte über Transidentität als polarisierend und finden im Diskurs oft nur lautstarke Extreme. Dieses Buch will einladen, genauer hinzusehen, differenzierter zu urteilen und eigene Haltungen zu entwickeln.

Ein Wegweiser für die Praxis
Viele Inhalte dieses Buches speisen sich aus meiner eigenen langjährigen Erfahrung in der Peer-Beratung. Unzählige Gespräche mit Betroffenen, Angehörigen, Eltern, medizinischen Fachkräften oder Lehrenden haben mir gezeigt, wie groß der Bedarf an verständlichen, praxisnahen Informationen ist. Gleichzeitig weiß ich aus meiner eigenen Geschichte, wie verunsichernd es sein kann, wenn Informationen fehlen oder man sich in einem Dschungel aus widersprüchlichen Aussagen wiederfindet. Dieses Buch soll deshalb genau das leisten, was ich mir damals selbst gewünscht hätte: Klarheit, Orientierung und ein realistisches Bild davon, was auf dem Weg einer Transition und im Alltag als Transmensch auf einen zukommt.

Zugleich möchte ich deutlich machen, was dieses Buch *nicht* ist: Es erhebt keinen Anspruch auf absolute Wahrheit und schon gar nicht auf ideologische

Deutungshoheit. Es geht nicht darum, eine bestimmte Sichtweise durchzusetzen, sondern darum, Erfahrungswissen, Fachinformationen und unterschiedliche Perspektiven zugänglich zu machen. Gerade weil die gesellschaftlichen Diskussionen um Transidentität oft so emotional geführt werden, soll dieses Buch ein sachlicher, hilfreicher und ermutigender Begleiter sein.

Schließlich richtet sich dieses Buch an eine breite Leserschaft. Es soll Transpersonen selbst genauso unterstützen wie ihre Familien und Partner*innen. Aber auch Ärzt*innen, Psychotherapeut*innen, Lehrer*innen oder Arbeitgebende finden hier Antworten auf Fragen, die ihnen in der Praxis begegnen. Denn je mehr wir voneinander wissen und einander verstehen, desto selbstverständlicher kann Vielfalt als Teil unseres gemeinsamen Alltags gelebt werden.

Ich danke allen, die mir auf dem Weg zu diesem Buch begegnet sind – in Beratungsgesprächen, im persönlichen und fachlichen Austausch, in Kontroversen. Sie alle haben dieses Buch mitgeschrieben. Und ich freue mich, wenn es anderen Menschen eine echte Hilfe ist.

Scheyern
im November 2025

David Scholz

Inhaltsverzeichnis

Über den Autor

David Nikolai Scholz ist Diplom-Wirtschaftsjurist (Rheinische Hochschule, Köln) und hat einen Master of Business Administration (Universität Maastricht, Niederlande). Seit über 20 Jahren arbeitet er als Marketingspezialist in internationalen Wirtschaftskanzleien. Parallel dazu engagiert er sich seit vielen Jahren ehrenamtlich in der Peer-Beratung für transidente Menschen. Er ist Gründungsmitglied eines kassenärztlich anerkannten interdisziplinären Qualitätszirkels zum Thema Transidentität und tritt für die Verbesserung der medizinischen, psychologischen und rechtlichen Begleitung transidenter Menschen ein. Als Autor hat er bereits das Fachbuch „Transidentität und geschlechtliche Vielfalt im Arbeitsumfeld – Ein Praxisbuch für Unternehmen und den öffentlichen Dienst" (Springer Gabler, 2. Auflage 2025) veröffentlicht. David Scholz ist selbst transident und lebt mit seiner Frau in Oberbayern.

Fachlicher Beirat

Luise Eichhorn, M.A. ist als approbierte Kinder- und Jugendlichenpsychotherapeutin und zertifizierte Marte Meo-Therapeutin seit 2017 selbstständig in einer Praxis für Kinder- und Jugendlichenpsychotherapie im Fachgebiet Verhaltenstherapie tätig. Seit 2023 ist sie Mitglied im Qualitätszirkel Transidentität der Kassenärztlichen Vereinigung Nordrhein. Seitdem arbeitet sie in der psychotherapeutischen Begleitung von transidenten und nicht-binären Kindern und Jugendlichen und deren Familien. Ein weiterer Schwerpunkt in ihrer therapeutischen Arbeit mit Kindern und Jugendlichen ist Neurodiversität.

Ute Ebert ist Fachärztin für Gynäkologie und Geburtshilfe und seit 1993 tätig, seit 2022 als Oberärztin am St. Katharinen Hospital in Frechen. Seit mehr als zwei Jahrzehnten begleitet sie transidente Patienten in der gynäkologischen Versorgung und operativen Behandlung. Ein Schwerpunkt ihrer Tätigkeit ist die Durchführung von Mastektomien bei Transmännern, von denen sie jährlich rund 100 Operationen verantwortet. Darüber hinaus berät und begleitet sie bei geschlechtsangleichenden Eingriffen am inneren Genitale. Ute Ebert legt großen Wert auf transparente Aufklärungsgespräche und unterstützt ihre Patienten dabei, individuelle und realistische OP-Entscheidungen zu treffen. Sie ist Mitglied im Qualitätszirkel Transidentität der Kassenärztlichen Vereinigung Nordrhein.

Dr. med. Eleni Giannakidou-Jordan ist Fachärztin für Innere Medizin, Endokrinologie und Diabetologie. Nach verschiedenen Stationen, unter anderem an der Charité Berlin und im Endokrinologikum Ruhr arbeitet sie seit 2020 als niedergelassene Endokrinologin im MVZ Medicover Köln. Zudem ist sie Oberfeldärztin der Reserve im Zentrum für Luft- und Raumfahrtmedizin der Luftwaffe und betreut dort eine endokrinologische Sprechstunde. Wissenschaftlich war sie an zahlreichen Publikationen und Lehrtätigkeiten in Köln und Berlin beteiligt und ist unter anderem Mitglied der Deutschen Gesellschaft für Endokrinologie. Ein zentraler Schwerpunkt ihrer Tätigkeit ist die endokrinologische Betreuung transidenter Menschen. Dabei verbindet sie langjährige fachliche Erfahrung mit einer leitliniengerechten und verantwortungsvollen Umsetzung hormoneller Therapien.

PD Dr. med. Katharina Grupp ist seit 2025 leitende Ärztin der Abteilung für Plastische und Rekonstruktive Chirurgie am Klinikum Itzehoe. Zuvor war sie viele Jahre am Universitätsklinikum Hamburg-Eppendorf tätig, zuletzt als leitende Oberärztin der Plastischen, Rekonstruktiven und Ästhetischen Chirurgie. Sie verfügt über die Facharztanerkennungen für Allgemeinchirurgie sowie für Plastische und Ästhetische Chirurgie und habilitierte 2017 an der Universität Hamburg. Ihre klinischen Schwerpunkte liegen in der plastisch-rekonstruktiven Chirurgie und in geschlechtsangleichenden Operationen. Gemeinsam mit Dr. Silke Riechardt führt sie am Klinikum Itzehoe Operationen für Transmänner und Transfrauen durch und hat damit ein wichtiges chirurgisches Versorgungsangebot im norddeutschen Raum etabliert. Wissenschaftlich ist sie als Autorin mehrerer Fachpublikationen ausgewiesen und als Referentin auf nationalen und internationalen Kongressen aktiv.

Dipl.-Psych. Gudrun Hoika-Messing-Flöter ist approbierte Psychologische Psychotherapeutin und Kinder- und Jugendlichenpsychotherapeutin, approbierte Ärztin mit Zusatzbezeichnung Psychotherapie und ärztliche Psychotherapeutin. Sie arbeitet seit 1994 in eigener Praxis in Köln. Ihr Fachgebiet ist die Verhaltenstherapie für Erwachsene, Kinder und Jugendliche. Seit über 20 Jahren begleitet sie transidente und nicht-binäre Menschen auf deren Weg. Ihre Arbeit umfasst Einzel- und Gruppentherapie, die psychotherapeutische Begleitung bei sozialen, medizinischen und rechtlichen Transitionsschritten sowie die therapeutische Unterstützung bei psychischen Belastungen wie Depression, Angst, Trauma oder ADHS. Sie ist in der Lehre unter anderem als Tutorin/Moderatorin von Qualitätszirkeln der Kassenärztlichen Vereinigung Nordrhein sowie als Supervisorin, Selbsterfahrungsleiterin und Dozentin u. a. zum Thema „Transidentität“ in der Weiterbildung von Psychologischen Psychotherapeut*innen im Bereich Verhaltenstherapie tätig.

Dr. med. Benjamin Meister ist Facharzt für Urologie seit 2016 und Oberarzt an der Klinik für Urologie und Urochirurgie Mannheim seit 2018. Er leitet das Zentrum für Transgendermedizin der Universitätsmedizin Mannheim mit den Schwerpunkten genitalangleichende Operationen (Mann-zu-Frau, Frau-zu-Mann) und plastisch rekonstruktive Urochirurgie ebenfalls seit 2018. Die Entwicklung des Zentrums erfolgte durch Zusammenarbeit mit Dr. Bernhard Liedl, Leiter des Zentrums für rekonstruktive Urogenitalchirurgie und Chefarzt für Urologie an der Urologischen Klinik München-Planegg. Wissenschaftlich ist Benjamin Meister Autor verschiedener Publikationen und Mitglied des Arbeitskreises Geschlechtsinkongruenz der Deutschen Gesellschaft für Urologie.

Prof. Dr. Udo Rauchfleisch ist emeritierter Professor für Klinische Psychologie an der Universität Basel, Fachpsychologe und Psychoanalytiker. Von 1967 bis 1970 war er klinischer Psychologe in der Kinder- und Jugendpsychiatrie im Landeskrankenhaus Schleswig und von 1970 bis 1999 Leitender Psychologe an der Psychiatrischen Universitätspoliklinik des Universitätsspitals Basel. Seit 1999 arbeitet er in eigener Praxis für Psychotherapie und Beratung. Er forscht und publiziert zu Theorie und Praxis der Psychoanalyse, Gewalt, Dissozialität, Persönlichkeitsstörungen, musikpsychologischen und theologisch-psychologischen Fragen. Seit über 50 Jahren beschäftigt er sich wissenschaftlich, therapeutisch und publizistisch mit Transidentität und gilt als einer der Wegbereiter für deren fachliche und gesellschaftliche Anerkennung. Seine Schwerpunkte liegen in der psychoanalytischen und klinisch-psychologischen Begleitung sowie in der Auseinandersetzung mit psychosozialen Kontexten von Transidentität. Mit zahlreichen Fachpublikationen und Interviews hat er die transspezifische Psychotherapie im deutschsprachigen Raum maßgeblich mitgeprägt.

Dr. med. Silke Riechardt ist Fachärztin für Urologie und seit 2023 Chefärztin der Urologie am Klinikum Itzehoe. Zuvor war sie viele Jahre leitende Oberärztin am Universitätsklinikum Hamburg-Eppendorf und hat dort das Transgenderversorgungszentrum Hamburg aufgebaut. Sie verfügt über umfassende Erfahrung in der rekonstruktiven Urologie, Kinderurologie und Transgenderchirurgie (genitalangleichende Operationen Mann-zu-Frau und Frau-zu-Mann) sowie komplexen Revisionseingriffen. Wissenschaftlich ist sie als Autorin zahlreicher Fachpublikationen, Gutachterin für internationale urologische Fachzeitschriften und als Referentin auf nationalen und internationalen Kongressen tätig. Dr. Riechardt ist Vorstandsmitglied des Arbeitskreises Kinderurologie und Gründungsmitglied des Arbeitskreises Geschlechtsinkongruenz der Deutschen Gesellschaft für Urologie (DGU) sowie Mitglied im EAU-Guideline Panel Urethral Reconstruction.

Dr. med. Mika Julian Wenk ist seit 2007 Facharzt für Anästhesiologie und Notfallmedizin. Er arbeitete bis 2015 am Johann-Wolfgang-Goethe Universitätsklinikum Frankfurt am Main. Dort war er anästhesiologisch in allen Bereichen tätig, von der Neurochirurgie bis hin zu Lebertransplantationen und auch bei Lappenplastiken, wie es beim Penoidaufbau der Fall ist. Als leitender Facharzt und Oberarzt war er dort auch für die operative Intensivmedizin zuständig. 2017 erwarb er die Qualifikation als Facharzt für Allgemeinmedizin und ließ sich in eigener Praxis in der Nähe von Darmstadt nieder. Dort unterstützt er viele transidente Menschen. Des Weiteren ist er als Coach tätig und arbeitet mit hypnosystemischen Techniken nach Milton H. Erickson im Bereich Adipositas, Depression und Burn-out. Er selbst ist transident und hatte seine Transition ab 2018.

1

Verstehen

Inhaltsverzeichnis

Einführung

Wer zum ersten Mal mit dem Thema Transidentität in Berührung kommt – sei es aus persönlicher Erfahrung, durch ein Familienmitglied, eine nahestehende Person oder im beruflichen Umfeld – steht oft vor vielen Fragen. Was bedeutet es eigentlich, trans zu sein? Welche Wege der Transition gibt es? Welche Schritte sind möglich, welche sind notwendig, und was ist bei jedem Schritt zu beachten? Kap. 1 bietet einen grundlegenden Überblick über zentrale Begriffe und Konzepte rund um das Thema Transidentität. Es erklärt, was Transidentität bedeutet, welche Formen der Transition unterschieden werden – sozial, medizinisch und rechtlich – und welche Bedeutung diese Schritte im Alltag haben können. Dabei geht es nicht darum, eine bestimmte Reihenfolge vorzugeben oder Erwartungen zu formulieren, sondern Orientierung zu schaffen. Die einzelnen Abschnitte geben erste Antworten, zeigen die Vielfalt möglicher Lebenswege und verweisen auf spätere Kapitel, in denen die jeweiligen Themen ausführlicher und praxisbezogen behandelt werden. Ziel ist es, Leser*innen unabhängig vom Vorwissen einen klaren, sachlichen Einstieg ins Thema zu ermöglichen – ohne ideologischen Ballast, aber mit Respekt für die Vielfalt transidenter Lebensrealitäten.

D. N. Scholz, *Transidentität verstehen - transident leben*,
https://doi.org/10.1007/978-3-658-50402-1_1

1.1 Was ist Transidentität?

Transidentität bedeutet, dass das bei der Geburt festgestellte Geschlecht nicht mit der eigenen Geschlechtsidentität übereinstimmt. Eine Transfrau wurde zum Beispiel bei der Geburt als männlich eingeordnet, lebt aber dauerhaft und in den meisten oder allen Lebensbereichen als Frau – oder umgekehrt: ein Transmann kam als Mädchen zur Welt, lebt aber in den meisten oder allen Lebensbereichen als Mann. Transident zu sein bedeutet nicht, „im falschen Körper" zu leben, sondern von der Außenwelt als einem Geschlecht angehörig wahrgenommen zu werden, sei es rechtlich, sei es im sozialen Kontext, das nicht zur eigenen, inneren Geschlechtsidentität passt. „Falsche Körper" gibt es nicht. Es gibt aber die Ablehnung des eigenen Geschlechtskörpers aufgrund von *Geschlechtsdysphorie* – dem nachhaltigen und mit einem Leidensdruck verbundenen Unwohlsein aufgrund bestimmter oder aller Geschlechtsmerkmale und aufgrund der an das Geburtsgeschlecht geknüpften Geschlechtsrolle.

Geschlechtsidentität und Körpergeschlecht

Jeder Mensch hat eine Geschlechtsidentität: ein inneres Wissen oder Empfinden darüber, welchem Geschlecht er sich zugehörig fühlt. Diese Identität kann übereinstimmen mit dem bei Geburt festgestellten Geschlecht – das ist bei cisgeschlechtlichen Menschen der Fall. Bei Transpersonen ist diese Übereinstimmung nicht vorhanden. Die Geschlechtsfeststellung bei Geburt erfolgt auf Grundlage körperlicher Merkmale (meist des äußeren Genitals). Dabei wird das Geschlecht binär, also als männlich oder weiblich festgelegt. Diese Einordnung bleibt in vielen Dokumenten bestehen und beeinflusst Lebensbereiche wie Schule, Medizin, amtliche Verfahren oder den Zugang zu geschlechtsspezifischen Angeboten. Um Transidentität besser zu verstehen, hilft es, verschiedene Dimensionen auseinanderzuhalten (siehe Abb. 1.1)

Geschlechtsidentität ist das innere Wissen oder Erleben darüber, welchem Geschlecht man sich zugehörig fühlt, unabhängig vom Körper oder vom Verhalten. Diese Identität kann mit dem bei der Geburt festgestellten Geschlecht übereinstimmen (cisgeschlechtlich) oder davon abweichen (transgeschlechtlich).

Körperliches Geschlecht (oft auch als biologisches Geschlecht bezeichnet) umfasst körperliche Merkmale wie Chromosomen, Hormonspiegel, innere und äußere Geschlechtsorgane. Das körperliche Geschlecht wird bei Geburt anhand äußerer Merkmale (Vulva oder Penis) festgestellt.

Die Pfefferkuchenperson (Genderbread Person)

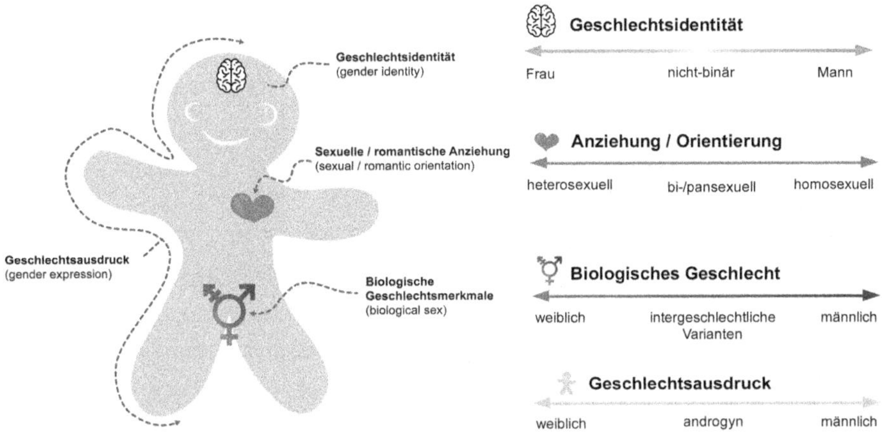

Abb. 1.1 Die Pfefferkuchenperson. (Quelle: nach Sam Killerman, https://www.samkillermann.com/work/genderbread-person/)

Geschlechtsausdruck beschreibt, wie eine Person ihr Geschlecht nach außen hin sichtbar macht – z. B. durch Kleidung, Frisur, Stimme, Gestik oder Körpersprache. Der Geschlechtsausdruck kann vom inneren Erleben, aber auch von gesellschaftlichen Konventionen beeinflusst sein und sagt nichts über Geschlechtsidentität oder sexuelle Orientierung aus.

Sexuelle Orientierung bezeichnet, zu wem sich eine Person romantisch, emotional oder sexuell hingezogen fühlt, unabhängig vom eigenen oder dem Geschlecht der anderen Person. Sie steht in keinem direkten Zusammenhang zur Geschlechtsidentität. Transidente Menschen können heterosexuell, homosexuell, bisexuell oder etwas anderes auf dem Spektrum romantischer/sexueller Orientierungen sein.

Das rechtliche Geschlecht ist der amtliche Geschlechtseintrag im Geburten- und im Personenstandsregister. Dieser Eintrag kann, losgelöst vom Körpergeschlecht, weiblich, männlich, divers oder „kein Eintrag“ lauten.

Diese Ebenen – Identität, Körper, Ausdruck, Orientierung und rechtlicher Geschlechtseintrag – werden im Alltag oft vermischt, obwohl sie unabhängig voneinander existieren und funktionieren. Das macht die Auseinandersetzung mit Geschlecht manchmal komplex.

Biologische Zweigeschlechtlichkeit und Vielfalt im Erleben

Biologisch betrachtet ist der Mensch ein zweigeschlechtliches Wesen, männlich oder weiblich. Diese Einteilung ist medizinisch sinnvoll, weil sie auf reproduktionsbiologischen Grundlagen und hormonellen Unterschieden basiert. Intergeschlechtlichkeit stellt in diesem Kontext kein „drittes Geschlecht" dar, sondern beschreibt Varianten der Geschlechtsentwicklung, bei denen körperliche Merkmale nicht eindeutig dem männlichen oder weiblichen Muster zuzuordnen sind.

Gleichzeitig ist Geschlecht aber nicht nur Biologie. Die Geschlechtsidentität, also das innere Wissen über das eigene Geschlecht, kann über das binäre System hinaus vielfältig sein. Menschen können sich als geschlechtsvariant erleben, obgleich biologische/medizinische Tatsachen bestehen. Die verschiedenen Dimensionen von Geschlecht – körperlich, sozial, psychologisch und rechtlich – existieren *nebeneinander*.

Eine „Geschlechtsumwandlung" – wie der Begriff im Alltagsgebrauch fälschlich suggeriert – ist biologisch und medizinisch nicht möglich. Das biologische Geschlecht lässt sich nicht „wechseln". Sehr wohl aber können bestimmte körperliche Merkmale durch Hormonbehandlung oder Operationen angeglichen werden, um dem gelebten Geschlecht möglichst nahe zu kommen. Der Begriff „Geschlechtsumwandlung" wird in der Fachwelt und in der Community abgelehnt, da er einen unzutreffenden Eindruck vermittelt – ist jedoch im allgemeinen Sprachgebrauch nach wie vor verbreitet. Die Begriffe *geschlechtsangleichende Maßnahmen* oder *medizinische Transition* sind zutreffender und anerkannt.

Trans, nicht-binär, genderqueer

Nicht alle Menschen, die sich nicht mit ihrem Geburtsgeschlecht identifizieren, verstehen sich als „transsexuell" im klassischen Sinn. Viele nutzen den Oberbegriff *trans* oder beschreiben sich als *nicht-binär*, *genderfluid*, *agender* oder *genderqueer*. Diese Begriffe stehen für unterschiedliche Weisen, wie Menschen Geschlecht empfinden und leben. Manche identifizieren sich dauerhaft weder als Mann noch als Frau. Andere erleben ihre Geschlechtsidentität als fließend, also nicht festgelegt zwischen den Polen männlich und weiblich – oder empfinden sich als keinem Geschlecht zugehörig. Begriffserklärungen zu einer Auswahl aus der umfangreichen Vielfalt von Bezeichnungen finden sich im Glossar.

Es ist wichtig zu verstehen, dass es nicht nur *einen* und nicht *den richtigen* Weg, trans zu sein gibt. Manche Menschen durchlaufen medizinische Schritte wie Hormonbehandlung oder Operationen, um den Geschlechtskörper an das empfundene Geschlecht anzugleichen, andere nicht. Einige leben sehr sichtbar in einer neuen Geschlechtsrolle, andere verbergen ihren Transitionshintergrund. Die eigene Identität und der Umgang damit sind höchstpersönlich. Auch rechtlich oder sozial muss nicht jeder Schritt zwingend vollzogen werden. Transidentität ist keine Frage von OP-Berichten oder amtlichen Einträgen, sondern eine zutiefst persönliche Realität.

Transidentität: keine Krankheit, aber medizinisch relevant

Die Weltgesundheitsorganisation (WHO) hat die seit Jahrzehnten verwendete Diagnose „Transsexualismus" inzwischen abgeschafft. In der aktuellen Krankheitsklassifikation ICD-11 wird stattdessen von „Geschlechtsinkongruenz" gesprochen und diese wird nicht mehr als psychische Erkrankung geführt. In Deutschland gilt derzeit noch übergangsweise die alte ICD-10, sodass dort noch von „Transsexualismus" die Rede ist – eine Bezeichnung, die von vielen abgelehnt wird, vorrangig aufgrund des Wortbestandteils „-sexualismus". Transidentität ist keine Frage von etwas, das unterhalb der Gürtellinie liegt, sondern eine Identitätsfrage. Sie findet also sozusagen zwischen den Ohren statt. Die neue Klassifikation würdigt, dass es sich bei Transidentität nicht um eine psychische Störung handelt – wohl aber um eine Konstellation, die medizinisch relevant sein kann, insbesondere wenn eine körperliche Transition gewünscht wird.

Der rechtliche Weg zur Anerkennung des eigenen Geschlechts

Mit dem Inkrafttreten des Selbstbestimmungsgesetzes (SBGG) ist es in Deutschland seit 2024 deutlich einfacher geworden, Vornamen und Geschlechtseintrag zu ändern. Dies geschieht durch eine Erklärung gegenüber dem Standesamt, ohne psychologische Gutachten oder ein gerichtliches Verfahren. Auch wenn es sich dabei nur um einen formalen Schritt handelt, ist diese rechtliche Anerkennung für viele ein entscheidender Moment auf dem Weg zu einem stimmigen Leben. Weitere Aspekte wie medizinische Maßnahmen, Umgang mit alten Dokumenten, Arbeitgeberpflichten und Diskriminierungsschutz werden in späteren Kapiteln detailliert behandelt.

Transidentität im Alltag und in der Gesellschaft

Transidentität ist keine neue Erscheinung – sie gab es zu allen Zeiten und in allen Kulturen als Teil menschlicher Vielfalt. Was sich verändert hat, ist die gesellschaftliche Sichtbarkeit. Immer mehr Menschen sprechen offen über ihre Geschlechtsidentität, nutzen medizinische Möglichkeiten oder engagieren sich politisch. Diese Entwicklung öffnet Räume, bringt aber auch

Spannungspotenzial mit sich. Transidentität wird heute in öffentlichen Debatten oft emotional, teils aggressiv diskutiert. Gerade deshalb ist es wichtig, gut und differenziert informiert zu sein.

1.2 Soziale Transition

Die soziale Transition ist für viele Transpersonen der erste und wichtigste Schritt, um sich selbst im Alltag authentisch zu erleben. Gemeint ist damit der Wechsel in die Geschlechtsrolle, die der eigenen Identität entspricht – ganz unabhängig von medizinischen oder rechtlichen Veränderungen. Diese Veränderung kann sichtbar und umfassend sein, etwa durch Änderung von Kleidung, Namen, Stil und Auftreten im öffentlichen Leben. Sie kann aber auch eher im Stillen und schrittweise erfolgen, je nach persönlichem Tempo und Umfeld.

Zur sozialen Transition gehört alles, was im Alltag die gelebte Geschlechtsidentität sichtbar oder spürbar macht. Dazu zählen insbesondere:

- die Wahl eines passenden Vornamens,
- die Verwendung des richtigen Pronomens durch Außenstehende,
- ein verändertes Erscheinungsbild (z. B. Frisur, Kleidung, Accessoires),
- ein neues Auftreten im sozialen Umfeld: bei Familie, Freunden, in der Schule, Ausbildung oder am Arbeitsplatz.

Viele Transpersonen erleben diesen Schritt als enorm entlastend, auch wenn er mit Unsicherheit, Zurückhaltung oder Sorge vor Zurückweisung verbunden sein kann. Gerade in dieser Phase kann es hilfreich sein, sich Unterstützung zu holen – sei es durch eine psychotherapeutische Begleitung, eine Peer-Beratung oder transerfahrene Beratungsstellen.

Die Bedeutung des sozialen Umfelds

Die soziale Transition vollzieht sich nicht im luftleeren Raum. Sie ist in hohem Maße davon geprägt, wie das Umfeld reagiert: Wird der neue Name verwendet? Werden Pronomen respektiert? Gibt es Anerkennung oder Widerstand? Die Reaktionen des Umfelds können für den weiteren Verlauf einer Transition eine entscheidende Rolle spielen. Gerade im beruflichen Kontext oder in der Schule ist eine frühzeitige und strukturierte Kommunikation wichtig. Wer sich outet, sollte überlegen, mit wem dies wann und wie geschieht und welche Unterstützungsbedarfe bestehen. Arbeitgebende, Schulleitungen sowie Kolleginnen und Kollegen sind keine „Gatekeeper", also keine Personen, die wie Torwächter über den Zugang zu Leistungen oder Rechten entscheiden, aber sie können den Prozess erleichtern oder erschweren. Offenheit auf allen Seiten kann helfen, Missverständnisse zu vermeiden und Sicherheit zu schaffen.

Keine Schablone, kein Zwang

Die soziale Transition folgt keiner festen Vorlage. Es gibt keine Checkliste, die erfüllt sein muss, um als „wirklich trans" zu gelten. Nicht jede Transperson ändert ihren Namen sofort. Nicht jede findet den passenden Stil oder das richtige Auftreten von Anfang an. Viele entwickeln ihren Ausdruck schrittweise, probieren aus, korrigieren, lernen dazu. Wichtig ist: jede Veränderung darf im eigenen Tempo geschehen. Auch rechtlich oder medizinisch ist die soziale Transition nicht an Voraussetzungen gebunden. Niemand muss einen Therapieplatz nachweisen, um einen neuen Namen im Alltag zu verwenden. Niemand braucht ein Attest, um sich im Alltag in einer anderen Geschlechtsrolle zu präsentieren. Entscheidend sind allein das Selbstverständnis der betreffenden Person und das selbstgewählte Ziel, in einer anderen Geschlechtsrolle zu leben als die, die mit dem Geburtsgeschlecht zusammenhängt.

Herausforderungen und Grenzen

So individuell eine soziale Transition ist, so real sind auch ihre Herausforderungen, z. B. das Risiko von Diskriminierung, Unsicherheit vor Reaktionen im öffentlichen Raum, Toilettenoptionen, Umgang mit Dokumenten, die noch den alten Namen aufweisen oder die Angst vor beruflichen Nachteilen. Besonders in Institutionen mit festen Abläufen (Schulen, Verwaltungen, Arbeitsplätze in großen Unternehmen oder in als konservativ geltenden Branchen) werden Reibungen befürchtet, wenn das soziale, das „gelebte" Geschlecht nicht mit den amtlichen Papieren und nicht zu 100 % mit der äußeren Erscheinung übereinstimmt. Umso wichtiger ist es, den Weg der sozialen Transition als legitimen und eigenständigen Prozess anzuerkennen. Er verdient den gleichen Respekt wie jede andere (formalere) Etappe einer Transition. Für viele ist er der erste Schritt in ein stimmiges Leben – und manchmal auch der Einzige, der notwendig ist.

1.3 Medizinische Transition

Die medizinische Transition umfasst alle körperbezogenen Schritte, die Transpersonen unternehmen können, um sich in ihrem Körper wohler zu fühlen und ihre körperliche Erscheinung an das Geschlechtsempfinden anzupassen.

Dazu zählen insbesondere die Hormonbehandlung und geschlechtsangleichende Operationen. Welche Maßnahmen gewählt werden, ist individuell verschieden. Nicht jede Transperson geht alle Schritte, und keine medizinische Maßnahme ist Voraussetzung dafür, als trans „zu gelten".

Beispiele für mögliche medizinische Maßnahmen

Hormonbehandlung: Die Einnahme geschlechtsspezifischer Hormone (z. B. Testosteron oder Östrogen), oft kombiniert mit Medikamenten, die körpereigene Hormone unterdrücken (z. B. sogenannte Antiandrogene oder Östrogenblocker). Ziel ist eine Angleichung sekundärer Geschlechtsmerkmale (z. B. Stimmveränderung, Körperbehaarung, Fettverteilung). Ausführliche Informationen dazu finden sich in Abschn. 3.4.

Brustoperationen: Dazu gehören etwa die Mastektomie (Entfernung der Brustdrüsen bei Transmännern) oder der Brustaufbau mit Implantaten bei Transfrauen. Mehr dazu in Kap. 3.

Genitalangleichende Operationen: Dazu zählen bei Transmännern die Phalloplastik (Penisaufbau) oder Metaidoioplastik (Freistellung der Klitoris), bei Transfrauen der Aufbau einer Neovagina. Techniken und Voraussetzungen werden in Kap. 3 behandelt.

Weitere chirurgische Eingriffe: Hierzu zählen etwa die Hysterektomie (Gebärmutterentfernung), Orchidektomie (Entfernung der Hoden), Stimmbandoperationen zur Tonlageveränderung oder feminisierende Gesichtschirurgie. Auch diese Aspekte werden in Kap. 3 genauer erläutert.

Epilation: Die Entfernung unerwünschter Haare, z. B. im Gesicht oder Intimbereich, durch Laser- oder Nadelepilation. Dies ist besonders relevant vor bestimmten Operationen.

Diese und weitere wichtige medizinische Schritte werden in Kap. 3 im Detail erklärt.

Nicht alle Maßnahmen sind medizinisch oder psychologisch zwingend, und manche sind aus rein praktischen oder persönlichen Gründen nicht sinnvoll oder gewünscht. Eine medizinische Transition ist kein standardisierter Ablauf, sondern ein individueller Weg mit mehreren Möglichkeiten.

Zugang zu medizinischen Leistungen

In Deutschland übernehmen die gesetzlichen Krankenkassen (GKV) medizinische Leistungen zur Geschlechtsangleichung, sofern bestimmte Voraussetzungen erfüllt sind. Grundlage dafür ist die Begutachtungsanleitung des Medizinischen Dienstes (MDS) (2020) sowie als nicht-bindendes

Empfehlungswerk die S3-Leitlinie zur Geschlechtsinkongruenz (AWMF, 2018). Für medizinische Maßnahmen ist immer die gesicherte Diagnose ICD-10 F64.0 erforderlich und für die meisten Behandlungsschritte eine über einen bestimmten Zeitraum durchgeführte psychotherapeutische Begleitbehandlung. Diese dient der diagnostischen Klärung, der Unterstützung im Transitionsprozess sowie der Erstellung eines sogenannten Indikationsschreibens.

Die wichtigsten Zugangsvoraussetzungen sind:

- die gesicherte Diagnose (F64.0) durch einen Psychotherapeuten oder eine Psychiaterin,
- eine mindestens mehrmonatige psychotherapeutische Begleitung (bei Operationen mindestens 6 Monate mit mindestens 12 Sitzungen), und
- die sogenannte Alltagserfahrung, d. h. das Leben in der angestrebten Geschlechtsrolle über einen längeren Zeitraum (bei genitalangleichenden Operationen mindestens 12 Monate).

Bisherige und neue medizinische Diagnose

Die bisherige medizinische Diagnose in der internationalen Klassifikation für Krankheiten und verwandter Gesundheitsprobleme (derzeit noch im deutschen Sozialrecht gültig in Form des ICD-10) lautet:

> F64.0 Transsexualismus: Der Wunsch, als Angehöriger des anderen Geschlechtes zu leben und anerkannt zu werden. Dieser geht meist mit Unbehagen oder dem Gefühl der Nichtzugehörigkeit zum eigenen anatomischen Geschlecht einher. Es besteht der Wunsch nach chirurgischer und hormoneller Behandlung, um den eigenen Körper dem bevorzugten Geschlecht so weit wie möglich anzugleichen.

Im ICD-11, der 2022 in Kraft trat und bis 2027 in deutsches Sozialrecht adaptiert werden soll, ist folgende neue Diagnose vorgesehen:

> HA60 Geschlechtsinkongruenz im Jugend- und Erwachsenenalter: Dauerhafte mangelnde Übereinstimmung zwischen der individuellen Geschlechtsidentität und dem aufgrund körperlicher Geschlechtsmerkmale zugewiesenen Geschlecht. Es besteht häufig der Wunsch, durch medizinische Behandlung das Geschlecht zu wechseln.

Details zum Ablauf der Kostenübernahme und zur Gestaltung entsprechender Anträge werden in Abschn. 5.4 ff. erklärt.

Die Hormonbehandlung selbst wird über endokrinologische Praxen oder andere entsprechend qualifizierte Fachärztinnen verordnet. Wichtig ist eine gute medizinische Begleitung, da Hormone hochwirksame Medikamente mit Chancen und Risiken sind. Details zu hormonellen Behandlungen werden in Abschn. 3.4 erklärt.

Eigene Bedürfnisse und medizinische Verantwortung

Eine medizinische Transition erfolgt niemals „auf Zuruf" und niemals ohne eine therapeutische bzw. psychiatrische Indikation. Sie setzt eine sorgfältige Auseinandersetzung mit dem eigenen Körper, den eigenen Wünschen und den möglichen Auswirkungen voraus. Umso wichtiger ist es, Behandelnde zu finden, die einerseits fachlich kompetent sind, andererseits aber auch die Bedürfnisse von Transpersonen kennen. Es ist essenziell, medizinische Maßnahmen verantwortungsvoll zu begleiten.

Die Rolle der psychotherapeutischen Begleitung wird oft missverstanden: Sie ist keine „Hürde" oder „Schikane", sondern dient der Reflexion, Klärung und Stabilisierung des Prozesses. Die Erfahrung zeigt: Wer die transitionsbegleitende Psychotherapie ernst nimmt, kann später selbstbewusster und informierter entscheiden, welche Schritte tatsächlich hilfreich sind. Abschn. 3.3 widmet sich ausführlich der psychotherapeutischen Begleitung.

Jeder Weg ist individuell

Manche Transpersonen entscheiden sich ausschließlich für eine Hormonbehandlung. Andere wählen gezielt chirurgische Eingriffe, verzichten aber auf Hormone. Wieder andere leben ohne medizinische Maßnahmen in einer anderen Geschlechtsrolle. All diese Wege sind gleichwertig. Niemand ist „weniger trans" ohne *sämtliche* medizinischen Optionen (z. B. Operationen) in Anspruch zu nehmen. Die medizinische Transition ist ein Angebot, kein Zwang. Medizinische Schritte können helfen, sich im eigenen Körper wohler zu fühlen, gesellschaftlich stimmiger wahrgenommen zu werden und Leidensdruck zu mindern. Aber sie sind nicht für alle Menschen notwendig, und sie allein garantieren kein glücklicheres Leben. Gerade psychische Begleiterkrankungen (wie z. B. Depressionen, Angststörungen, Belastungsstörungen) verschwinden nicht wie von Zauberhand durch eine medizinische Transition. Umso wichtiger ist es, realistische Erwartungen zu entwickeln und sich nicht mit anderen zu vergleichen. Wer medizinische Maßnahmen erwägt, sollte sich Zeit nehmen, seriöse Informationen einholen und sich mit Fachpersonen beraten. Der Weg zur passenden Behandlung kann mitunter lang und anstrengend sein. Doch mit klarer Zielsetzung und guter Unterstützung ist er für viele Menschen entscheidend für mehr Lebensqualität.

1.4 Rechtliche Transition

Die rechtliche Transition bezeichnet den Prozess, in dem Transpersonen ihren Vornamen und ihren Geschlechtseintrag offiziell ändern lassen. In Deutschland ist dieser Vorgang seit 2024 durch das Selbstbestimmungsgesetz (SBGG) geregelt, welches das frühere Transsexuellengesetz (TSG) ersetzt. Die rechtliche Transition ist für viele Menschen ein bedeutender Schritt, weil sie nicht nur die eigene Identität anerkennt, sondern auch im Alltag für mehr Sicherheit sorgt – etwa bei Behördengängen, im Gesundheitswesen oder bei Bewerbungen. Im Rahmen der rechtlichen Transition können zwei Dinge geändert werden:

- der Vorname, also der offiziell in Ausweisdokumenten geführte Name, und
- der Geschlechtseintrag im Geburten- und Personenstandsregister, also männlich, weiblich, divers oder „kein Geschlechtseintrag".

Beides ist seit Inkrafttreten des Selbstbestimmungsgesetzes ohne psychiatrisches Gutachten und ohne Gerichtsverfahren möglich. Grundlage ist ein einfacher Vorgang beim Standesamt, indem die betreffende Person erklärt, dass sie ihren Vornamen und/oder den Geschlechtseintrag ändern möchte. Das Verfahren wird später in Abschn. 4.1 und 5.2 detailliert erläutert.

Wer kann die rechtliche Transition in Anspruch nehmen?
Die Erklärung zur Änderung von Vorname(n) und Geschlechtseintrag kann jede Person ab 14 Jahren selbst abgeben. Bei Personen unter 18 ist die Zustimmung der Sorgeberechtigten erforderlich. Bei Verweigerung der Zustimmung ist eine familiengerichtliche Entscheidung möglich. Für Kinder unter 14 Jahren müssen die Sorgeberechtigten die Erklärung stellvertretend abgeben.

Antragstellende müssen für die rechtliche Transition lediglich eine Erklärung beim Standesamt einreichen und eine Frist von drei Monaten bis zur Wirksamkeit abwarten. Ein gerichtliches Verfahren oder medizinische Nachweise sind nicht mehr erforderlich. Auch dies wird später mit konkreten Tipps für die Praxis näher erläutert.

Nach Änderung des Geschlechtseintrags und des Vornamens können neue Ausweisdokumente beantragt werden. Auch andere Unterlagen – z. B. Krankenversicherungs- oder Rentenunterlagen – können aktualisiert werden. Es ist allerdings wichtig zu wissen: Die rechtliche Transition ändert nicht automatisch alle Dokumente. Zeugnisse, Verträge, frühere Arbeitsunterlagen oder Schulbescheinigungen behalten in der Regel die alte Namensform, bis eine

Änderung beantragt/angefordert wird. Nach einer amtlichen Vornamens- und Geschlechtseintragsänderung besteht ein Anspruch auf angepasste Dokumente, wie später in Abschn. 4.1 beschrieben wird.

Ebenfalls wichtig

Die rechtliche Transition ist unabhängig von medizinischen Maßnahmen möglich. Niemand muss eine Hormonbehandlung begonnen haben oder operiert sein, um den Geschlechtseintrag ändern zu dürfen. Ebenso ist sie nicht mehr an eine psychologische Begutachtung gebunden.

Schutzrechte und Sperrfristen

Das Selbstbestimmungsgesetz sieht einen besonderen Auskunfts- und Offenlegungsschutz vor, das sogenannte Offenbarungsverbot. Wer den Geschlechtseintrag ändert, hat das Recht, dass frühere personenbezogene Daten nicht ohne seine ausdrückliche Zustimmung weitergegeben oder ausgeforscht werden.

Darüber hinaus gilt nach der Änderung von Vornamen und Geschlechtseintrag eine Sperrfrist von 12 Monaten, bevor eine erneute Änderung möglich ist. Diese Frist soll willkürliche Wechsel verhindern, was bedeutet: die Entscheidung sollte gut überlegt sein.

Warum die rechtliche Transition wichtig ist

Im Alltag kann, wenn jemand schon in der neuen Geschlechtsrolle auftritt, ein abweichender Geschlechtseintrag in offiziellen Dokumenten zu Diskriminierung, Missverständnissen oder Zwangs-Outings führen. Eine rechtliche Angleichung des Geschlechtseintrags ist daher für viele Transpersonen nicht nur ein Verwaltungsakt, sondern eine zentrale Form der Anerkennung und des Selbstschutzes. Sie erleichtert Bewerbungen, Reisen, medizinische Behandlungen und den allgemeinen Kontakt mit Institutionen. Auch wenn der Prozess durch das Selbstbestimmungsgesetz deutlich vereinfacht wurde, haben viele Menschen Detailfragen. Die rechtliche Transition ist kein „Muss". Aber sie ist für viele ein Schritt zu mehr Würde, Teilhabe und Sicherheit.

1.5 Detransition und Retransition

Detransition bedeutet das Stoppen oder Rückgängigmachen sozialer, rechtlicher und/oder medizinischer Schritte einer Transition (teilweise oder vollständig, vorübergehend oder dauerhaft). Retransition wird zum Teil synonym genutzt, häufiger jedoch für das erneute Aufnehmen einer Transition nach einer Phase der Detransition. Diese Begriffe beschreiben Entwicklungen und Verläufe und sind nicht immer gleichbedeutend mit „Reue" über die ursprüngliche Transition.

Frühere Perspektive: Detransition vor allem Reaktion auf äußeren Druck
Lange Zeit wurde Detransition in Forschung, Medien und auch in psychologischen und medizinischen Debatten fast ausschließlich als Folge von äußeren Faktoren betrachtet, z. B. gesellschaftliche Stigmatisierung, familiäre Ablehnung, religiöse oder kulturelle Normen, berufliche Nachteile oder ganz allgemein die „Nicht-Lebbarkeit" des angestrebten Geschlechts in der sozialen Realität. Wer detransitionierte, galt häufig als jemand, der eigentlich „weiterhin trans" sei, aber aus Mangel an Unterstützung, aus Angst oder wegen sozialem Druck nicht mehr offen in der angestrebten Geschlechtsrolle leben konnte.

In dieser Lesart war Detransition in erster Linie ein Schutz- oder Überlebensmechanismus und kein Infragestellen der ursprünglichen Diagnose oder Identität. Entsprechend lag der Fokus in Studien und Berichten eher auf den Barrieren für eine gelingende Transition, z. B. unzureichende rechtliche Rahmenbedingungen, Diskriminierung am Arbeitsplatz oder mangelnde medizinische Versorgung.

Diese Sichtweise hat bis heute einen wahren Kern: Es gibt nach wie vor Menschen, die ausschließlich aus solchen äußeren Zwängen heraus detransitionieren und die unter veränderten äußeren Umständen ihre Transition möglicherweise fortsetzen würden. Aber die Sichtweise greift zu kurz, wenn man die Vielfalt heutiger Detransitionsgründe betrachtet. Neuere Untersuchungen zeigen, dass nicht nur gesellschaftliche Rahmenbedingungen für eine Detransition ausschlaggebend sein können, sondern auch persönliche Neubewertungen, das Erkennen anderer Ursachen für die Ablehnung des Geburtsgeschlechts oder die Wahrnehmung, nicht ausreichend diagnostisch und therapeutisch betreut worden zu sein.

Neuere Befunde: Ein komplexeres Bild von Detransition
In den letzten Jahren ist ein differenzierteres Verständnis von Detransition entstanden. Mehrere aktuelle Studien, etwa die Untersuchung von Vandenbussche (2021), zeigen, dass die Gründe für Detransition vielfältiger geworden sind, als es das frühere, fast ausschließlich auf äußeren Druck fokussierte Bild vermuten ließ. Neben sozialen Faktoren wie Stigmatisierung oder Diskriminierung nennen Betroffene zunehmend innere Gründe, z. B. die Erkenntnis, dass ihr dysphorisches Empfinden andere Ursachen als Transidentität hat,

das Gefühl, die Transition habe die eigenen Probleme nicht gelöst, oder die Feststellung, dass das angestrebte Geschlecht nicht (mehr) mit der empfundenen Geschlechtsidentität übereinstimmt.

Auffällig ist, dass viele Befragte berichten, sie hätten sich psychologisch oder medizinisch nicht ausreichend betreut gefühlt. Häufig genannt werden unzureichende Diagnostik, zu kurze oder oberflächliche Abklärungsprozesse sowie eine fehlende differenzierte Aufklärung über Chancen, Risiken und Alternativen einer medizinischen Transition. In manchen Fällen wird explizit der Eindruck geschildert, dass die behandelnden Fachkräfte primär affirmativ vorgegangen seien, also die Selbsteinschätzung der Person sofort bestätigten – ohne vorher neutral und ergebnisoffen zu explorieren, ob die Geschlechtsdysphorie möglicherweise andere Ursachen als Transidentität haben könnte.

Genau hier liegt ein Spannungsfeld: Von einigen aktivistischen Gruppen wird das Thema Detransition klein- oder weggeredet, um den affirmativen Ansatz in der Transversorgung nicht zu delegitimieren. Die neueren Daten legen jedoch nahe, dass gerade ein zu schneller, nicht auf psychologischer Diagnostik basierender Einstieg in medizinische Transitionen das Risiko erhöhen kann, dass Menschen später feststellen: „Das war für mich nicht der richtige Weg."

Besonders bei Jugendlichen, die sich noch in einer Phase intensiver Identitätsentwicklung befinden, kann der affirmative Ansatz dazu führen, dass Personen in medizinische Maßnahmen gelangen, deren Dysphorie in anderen psychischen, sozialen oder körperbezogenen Themen wurzelt.

Diese Studienergebnisse rücken daher zwei Dinge in den Vordergrund: Erstens, dass Detransition kein Phänomen ist, das nur durch gesellschaftliche Ablehnung erklärt werden kann und zweitens, dass eine qualitativ hochwertige, neutrale und sorgfältig abgestimmte psychologische Begleitung vor und während einer Transition essenziell ist – nicht als Hürde, sondern als Schutzmaßnahme, um den Betroffenen einen für sie richtigen, tragfähigen Weg zu ermöglichen.

Jugendliche – natürliche Verläufe, Persistenz und Desistenz

Gerade bei Kindern und Jugendlichen (siehe auch Abschn. 3.3.3) ist Geschlechtsdysphorie ein sensibles und viel diskutiertes Thema. Die Forschung hierzu unterscheidet klar zwischen präpubertären Kindern einerseits und Jugendlichen in oder nach der Pubertät andererseits, denn beide Gruppen zeigen sehr unterschiedliche Muster.

Für präpubertäre Kinder zeigten mehrere Längsschnittstudien, dass ein erheblicher Anteil – in einigen Fällen sogar die überwiegende Mehrheit – im weiteren Verlauf ohne medizinische Intervention keine anhaltende

Geschlechtsdysphorie mehr aufweist. Eine großangelegte Nachuntersuchung von Singh et al. (2021) ergab, dass 87,8 % der betroffenen Kinder als Desister klassifiziert wurden, also als Menschen, bei denen die frühe Geschlechtsdysphorie wieder verschwindet. Eine systematische Literaturübersicht von Karrington (2022) betont zwar, dass der Begriff Desistenz methodisch oft unklar definiert sei, stützt die Beobachtung jedoch insgesamt: Viele früh diagnostizierte Kinder zeigen im späteren Verlauf keine persistierende (anhaltende) Dysphorie.

Für Jugendliche ist das Bild komplexer. Studien mit früh sozial transitionierten Kindern zeigen, dass ein Großteil von ihnen auch nach mehreren Jahren noch trans oder nicht-binär lebt, die Retransitionsquote (Anzahl der „Rückkehrer") in diesen Gruppen liegt meist im einstelligen Prozentbereich. Gleichzeitig gibt es Daten – unter anderem aus der Routinediagnostik – die darauf hindeuten, dass die diagnostische Stabilität im Jugendalter geringer sein kann, insbesondere wenn die Dysphorie erst in oder nach der Pubertät auftritt. Hier behalten nicht alle Jugendlichen langfristig eine Diagnose im Bereich Geschlechtsinkongruenz, was auch bedeuten kann, dass sich ihr Empfinden ändert oder andere Ursachen für die Geschlechtsdysphorie identifiziert werden.

Gerade in der Adoleszenz spielen Entwicklungsfaktoren, psychische Begleiterkrankungen, soziale Einflüsse und Körperbildthemen eine große Rolle. Deshalb ist hier eine besonders sorgfältige, ergebnisoffene und längerfristige Diagnostik notwendig, bevor irreversible medizinische Schritte eingeleitet werden. Ziel ist es, diejenigen Jugendlichen, die dauerhaft von einer Transition profitieren, rechtzeitig zu unterstützen – und zugleich diejenigen, deren Geschlechtsdysphorie im Verlauf nachlässt oder sich auf andere Ursachen als Transidentität zurückführen lässt, vor unnötigen Eingriffen zu schützen.

Ein verantwortungsvolles Versorgungskonzept bei Jugendlichen erkennt an, dass Persistenz („Dranbleiben") und Desistenz („Abkehr, Aufhören") gleichermaßen mögliche, legitime Entwicklungen sind. Beide müssen von Fachkräften nicht nur akzeptiert, sondern aktiv begleitet werden, damit junge Menschen in ihrer Identitätsfindung gestärkt und nicht durch vorschnelle Entscheidungen oder fehlende Unterstützung belastet werden.

Versorgungsmodelle und Debatte: Detransition als Teil der Versorgung ernst nehmen

Die Frage, wie Detransition in der medizinischen und psychologischen Versorgung berücksichtigt wird, ist nicht nur fachlich, sondern auch politisch sensibel. In Teilen der öffentlichen und aktivistischen Debatte wird das Thema mit großer Zurückhaltung behandelt – nicht selten aus Sorge, Detransition könne als Argument gegen Transitionen insgesamt instrumentalisiert werden. Diese Sorge ist verständlich, darf aber nicht dazu führen, dass Detransitionierende unsichtbar gemacht oder mit einem unausgesprochenen Stigma belegt werden.

Wer eine Detransition vollzieht – ob aus sozialen Gründen, aufgrund einer persönlichen Neubewertung oder wegen medizinischer Komplikationen – hat Anspruch auf die gleiche fachlich fundierte, respektvolle und professionelle Unterstützung wie Menschen, die eine Transition beginnen oder fortsetzen. Detransition ist keine „Fehlentscheidung", die stillschweigend hingenommen werden sollte, sondern eine Lebensphase, in der Betroffene oft komplexe medizinische, psychische und soziale Fragen klären müssen. Dazu gehören etwa die Umstellung oder Beendigung von Hormontherapien, eventuelle operative Rückschritte oder Korrekturen, erneutes Coming-out im sozialen Umfeld, sowie die Verarbeitung der damit verbundenen emotionalen Belastungen.

Internationale Leitlinien und jüngere Versorgungsgutachten – etwa der „Cass Report" (die unabhängige Überprüfung der Dienste zur Geschlechtsidentität für Kinder und Jugendliche, die 2020 von NHS England und NHS Improvement in Auftrag gegeben und von Dr. Hilary Cass geleitet und 2024 veröffentlicht wurde (Cass, 2024)) – betonen zunehmend die Bedeutung einer ergebnisoffenen, individualisierten und langfristigen psychotherapeutischen Begleitung. Dabei geht es nicht darum, Transitionen zu erschweren, sondern darum, Fehlindikationen zu vermeiden und Betroffene, die während oder nach einer Transition detransitionieren, nicht ohne Netz fallen zu lassen. Das schließt auch ein, dass Versorgungsmodelle nicht ausschließlich affirmativ arbeiten, sondern eine neutrale, diagnostisch saubere und explorative Herangehensweise gewährleisten – besonders bei jungen Menschen, bei denen die Identitätsentwicklung noch nicht abgeschlossen ist.

Eine sachliche und ethisch fundierte Versorgung muss beide Wege ermöglichen: den, der in eine stabile Transition führt, und den, der zu einer Detransition oder Retransition führt. Entscheidend ist, dass beide Wege als legitime, individuell richtige Entscheidungen anerkannt werden – und dass das Ziel immer die bestmögliche Lebensqualität der betroffenen Person ist.

Detransition ist Teil der Realität geschlechtlicher Biografien

Detransition ist eine zutiefst menschliche Realität. Sie darf nicht tabuisiert oder als Makel betrachtet werden. Vielmehr zeigt das Phänomen, dass sich Selbstwahrnehmung und geschlechtliche Identifikation im Verlauf eines Lebens ändern können – beeinflusst durch äußere Bedingungen, innere Entwicklungen oder beides. So berichten etwa Nadia/Chris Brönimann (Schweiz) und andere bekannte Detransitionierende nicht immer von einer Rückkehr in eine frühere Rolle, sondern bisweilen von einer Art Seitwärtsbewegung: einem Schritt in eine neue Lebensrolle, die sich heute stimmiger anfühlt.

> „Der Gedanke einer Detransition brodelt schon lange in mir. Ich empfinde es immer mehr als Korsett, das gewohnte Bild von Nadia aufrechtzuerhalten" (...) „Ständig zu überlegen, wie ich wirke, ob ich auch genügend Weiblichkeit ausstrahle, empfinde ich als Stress. Das äussere Erscheinungsbild und das innere Empfinden stimmen nicht mehr überein." (Blick, 2022)

Auch Nele, Mitinitiatorin des Projekts *Post Trans* reflektiert ihren Weg in ein Leben als Mann und ihren Rückweg in ein Leben als Frau ebenso als Rettung wie auch als Lernprozess. Zwar habe ihre Transition sie in einer Krise gerettet, aber sie sei auch zu der Erkenntnis gekommen: „Ich glaube nicht mehr, dass ich als trans geboren wurde, sondern dass ich trans geworden bin." (Post Trans, o. J.)

Elie Vandenbussche, ebenfalls von *Post Trans*, betont darüber hinaus, dass Detransitionierende häufig Isolation und fehlende Unterstützung erfahren, gerade auch seitens der Community. In ihrer Untersuchung heißt es, viele Befragte fühlten sich nach der Detransition „aus LGBT+-Räumen ausgeschlossen" – ein Verlust, der nicht nur verständnisvolle Unterstützung, sondern auch psychische Stabilität erschwert (Shapiro & Terhune, 2022).

Wichtig ist daher, noch einmal zu betonen: Diagnostik und Begleittherapie sind kein Gatekeeping („Torwächterfunktion"), sondern Hilfen auf dem Weg zur Selbstklärung. Sie bieten Orientierung, ermöglichen eine reflektierte Entscheidung und schützen vor impulsiven, später als nicht stimmig erlebten Schritten und Eingriffen. Gleichwohl kann die psychotherapeutische Begleitung keinen absoluten Schutz vor „Fehlentscheidungen" bieten. Wer sich stark nach einer medizinischen Transition sehnt, wird Wege finden, diese in Anspruch zu nehmen – oftmals auch ohne hinreichende Abklärung der Gründe für diesen Wunsch und Aufklärung über Chancen und Risiken medizinischer Maßnahmen.

Detransition ist keine „Schande". Sie ist Ausdruck einer Wahrnehmungsveränderung – und das ist legitim. Sie beweist nicht, dass Transidentität grundsätzlich ungültig sei, sondern zeigt, dass Geschlechtsidentität kein statisches Konstrukt ist. In diesem Sinne verstehen viele Detransitionierende ihre Entscheidung zu einer Rückkehr oder zu einer seitlich bewegten Veränderung als Wachsen, nicht als Scheitern.

Psychologische und medizinische Versorgung muss beides berücksichtigen: den Weg in eine stabile Transition und den Weg der Detransition – mit Respekt, aufmerksamer Begleitung und fachlich fundierter Betreuung. Denn Detransition ist Teil des Spektrums menschlicher Wege und verdient die gleiche Professionalität, Anerkennung und Unterstützung wie jede andere Lebensentscheidung.

1.6 10 Mythen über Transidentität und Antworten darauf

Rund um Transidentität kursieren viele Mythen, Halbwahrheiten und populistische Schlagworte. Manche lassen sich auf wissenschaftlicher Basis eindeutig widerlegen, anderes muss differenziert betrachtet werden. Die folgenden Punkte verbinden belegbare Fakten mit meinen persönlichen Einschätzungen. Sie sollen nicht das letzte Wort sein, sondern zu einer sachlichen, respektvollen und faktenorientierten Debatte einladen.

Mythos: „Trans sein heißt, im falschen Körper geboren zu sein"
Antwort: „Falsche Körper" gibt es nicht. Aber es gibt Geschlechtsdysphorie – ein tiefes, oft mit krankheitswertigem Leidensdruck verbundenes Unbehagen über das Geburtsgeschlecht oder die Ablehnung des Geschlechtskörpers. Manche transidenten und nicht-binären Menschen empfinden starke Dysphorie, andere erleben Geschlecht eher als gesellschaftliche Kategorie, die nicht zu ihnen passt. Transsein ist keine einheitliche Erfahrung und lässt sich nicht auf ein Schlagwort reduzieren.

Mythos: „Wer trans ist, muss Hormone nehmen und Operationen machen"
Antwort: Falsch. Medizinische Schritte sind eine Option, kein Muss. Manche transidenten und nicht-binären Menschen entscheiden sich für Hormone und/oder Operationen, andere nicht – aus ganz unterschiedlichen Gründen. Die Geschlechtsidentität hängt nicht davon ab, wie sehr der Körper medizinisch verändert wurde. Transsein ist keine Frage des „medizinischen Status", sondern der Selbstidentifikation.

Mythos: „Es gibt nur zwei Geschlechter – männlich und weiblich"
Antwort: Biologisch gibt es tatsächlich zwei Geschlechter – männlich und weiblich. Intergeschlechtlichkeit bedeutet keine zusätzlichen biologischen Geschlechter, sondern meint Varianten der Geschlechtsentwicklung auf Basis der Geschlechter Mann und Frau. Gleichzeitig hat Geschlecht mehrere Dimensionen: Neben der biologischen gibt es die soziale Ebene (Geschlechter-

rollen und damit verbundene Rollenerwartungen), die persönlich tief im Inneren empfundene Geschlechtsidentität und die rechtliche Ebene (das, was amtlich als Geschlecht registriert ist). Körpergeschlecht, innerlich empfundenes Geschlecht, gelebte Geschlechtsrolle und rechtlich eingetragenes Geschlecht können voneinander abweichen – und genau hier entsteht die Vielfalt, die in unserer Gesellschaft sichtbar wird.

Mythos: „Nicht-binär gibt es nicht"
Antwort: Doch – auf der Ebene des empfundenen Geschlechts sehr wohl. Nicht-binär beschreibt eine Identität, die weder ausschließlich männlich noch ausschließlich weiblich ist. Identitätsgeschlechter jenseits von männlich und weiblich oder dazwischen gibt es schon lange, in vielen Kulturen und weltweit, oft mit gesellschaftlicher und rechtlicher Anerkennung. Die heutige Diskussion macht diese Vielfalt nur sichtbarer, sie erfindet sie nicht neu.

Mythos: „Transidentität ist eine Mode oder ein Hype"
Antwort: Hier ist eine sorgfältige Differenzierung wichtig. Ja, es gibt einen deutlichen Anstieg an Menschen (insbesondere unter Jugendlichen), die sich in irgendeiner Form als trans identifizieren und Beratung oder Behandlung suchen. Oft wird das Phänomen in erster Linie der gestiegenen medialen Sichtbarkeit und gesellschaftlichen Offenheit zugeschrieben. Fakt ist jedoch, dass der starke Anstieg (je nach Studie um mehrere tausend Prozent innerhalb weniger Jahre) nicht allein dadurch erklärt werden kann. Es ist zu vermuten, dass verschiedene Faktoren – gerade im Jugendalter – dazu führen können, dass sich Menschen als trans bezeichnen, ohne dass Transidentität die einzige oder hauptsächliche Ursache für ihr Dysphorie-Empfinden ist. Hier braucht es dringend weitere Forschung. Transsein vorschnell als „Mode" oder „Hype" abzustempeln, greift zu kurz und hilft weder Betroffenen noch der sachlichen Debatte.

Mythos: „Man erkennt Transmenschen sofort"
Antwort: Das stimmt schlichtweg nicht. Jemand kann trans sein, ohne geoutet zu sein oder ohne medizinische Schritte unternommen zu haben und niemand würde es erkennen. Es gibt Transpersonen mit 100 % Passing – also das durch Außenstehende im gewünschten Geschlecht wahrgenommen werden. Wenn sie sich nicht selbst als trans zu erkennen geben, wird es niemand wissen. Andere stehen am Anfang einer medizinischen Angleichung und werden vielleicht als geschlechtlich ambivalent wahrgenommen. Und wieder andere haben alle gewünschten Transitionsschritte durchlaufen, erreichen aber aus persönlichen oder medizinischen Gründen kein vollständiges Passing –

oder wollen es auch gar nicht. Alles davon ist legitim. Es gibt keine Pflicht zum Passing.

Mythos: „Wer trans ist, muss sich so verhalten wie das Zielgeschlecht“
Antwort: Trans zu sein bedeutet nicht automatisch, stereotype Rollenbilder zu übernehmen. Ein Transmann muss nicht männlich im Klischeesinn auftreten, eine Transfrau muss nicht wie ein Abziehbild einer Frau aussehen und eine nicht-binäre Person darf feminin oder maskulin sein. Kleidung, Frisur oder Auftreten haben kein Geschlecht. Geschlechtliche Identität ist unabhängig davon, wie jemand gesellschaftliche Geschlechterrollen lebt oder inszeniert.

Mythos: „Das mit den Pronomen ist übertrieben – man sieht doch, was jemand ist“
Antwort: Pronomen sind kein Ratespiel, sondern ein Ausdruck von Respekt. Man kann nicht „sehen“, wie sich jemand identifiziert, und die eigene Wahrnehmung steht nicht über der Selbstidentifikation der anderen Person. Eine korrekte Anrede und die richtigen Pronomen zu verwenden, ist eine einfache Form der Anerkennung und das Signal: „Ich behandle dich so, wie du dich selbst siehst.“

Mythos: „Man kann das Geschlecht wechseln“
Antwort: Auf biologischer Ebene stimmt das nicht – das bei Geburt festgestellte körperliche Geschlecht bleibt, egal wie viele medizinische Schritte jemand geht. Aber man kann sehr wohl die gelebte Geschlechtsrolle wechseln (soziale Transition) und den Körper medizinisch so angleichen, dass er dem anderen Geschlecht weitgehend entspricht (medizinische Transition). Für viele Transpersonen bedeutet das, in ihrem richtigen Geschlecht zu leben und anerkannt zu werden – auch wenn die Biologie unverändert bleibt.

Mythos: „Transidentität wird zu sehr politisiert“
Antwort: Bestimmte politische und gesellschaftliche Gruppen machen daraus ein Streitthema – für Betroffene geht es schlicht um das Recht, so zu leben und anerkannt zu werden, wie sie sind. Respekt, Gleichberechtigung und der Zugang zu medizinischer Versorgung sollten keine politischen Kampfbegriffe sein, sondern selbstverständliche Standards einer demokratischen Gesellschaft.

1.7 Zentrale Begriffe

Was bedeutet Transidentität?
Transidente Menschen identifizieren sich nicht oder nicht vollständig mit dem Geschlecht, das bei der Geburt festgestellt wurde. Der Begriff „trans“ ist ein Sammelbegriff für viele unterschiedliche Erfahrungen – darunter auch nicht-binäre Identitäten, also Menschen, die sich weder ausschließlich als männlich noch ausschließlich als weiblich verstehen.

„Transsein“ ist individuell – kein festes Muster
Manche Menschen wissen schon im Kindesalter, dass sie trans sind, andere kommen erst im Erwachsenenalter zu dieser Erkenntnis. Manche möchten medizinisch oder rechtlich transitionieren, andere nicht. Manche identifizieren sich als binär trans, andere verorten sich im nicht-binären Spektrum. Alle individuellen Wege haben ihre Existenzberechtigung.

Die soziale Transition: Mehr als ein Namenswechsel
Die soziale Transition beschreibt den Alltag mit dem gewählten Namen, den passenden Pronomen und ggf. einem veränderten äußeren Erscheinungsbild. Sie ist oft der erste und wichtigste Schritt und für manche auch der einzige notwendige.

Die medizinische Transition: Eine Option, keine Pflicht
Wer das möchte, kann medizinische Unterstützung in Anspruch nehmen – z. B. Hormone oder Operationen. Kap. 3 beleuchtet diese Themen vertieft, inklusive Behandlungsmöglichkeiten und -methoden, Wirkweisen, Risiken, Optionen und Entscheidungsfindung. Wichtig zu wissen ist: medizinische Angleichungsmaßnahmen machen niemanden mehr oder weniger trans.

Rechtliche Transition: Durch das Selbstbestimmungsgesetz einfacher
Abschn. 4.1 ff. erläutert das seit November 2024 geltende Selbstbestimmungsgesetz (SBGG). Es erlaubt transidenten, nicht-binären und intergeschlechtlichen Personen, ihren Geschlechtseintrag und Vornamen beim Standesamt ohne Gutachten und zu niedrigen Kosten zu ändern. Dabei gilt es jedoch, gewisse Fristen und Formalitäten zu beachten.

Namen, Anrede und Respekt sind entscheidend
Die richtige Anrede, das korrekte Pronomen und ein respektvoller Umgang sind kein „Extra", sondern Ausdruck von Würde und Zugehörigkeit. Kap. 6 liefert dazu Verständnis und praxisnahe Tipps.

Transition ist ein Prozess
Transidente Menschen „werden" nicht erst durch einen medizinischen Eingriff sie selbst, sie sind es bereits. Transition ist kein einmaliger Schritt, sondern ein *Weg* hin zu einem Leben in dem Geschlecht, das sich stimmig anfühlt.

Literatur

Arbeitsgemeinschaft der Wissenschaftlichen Medizinischen Fachgesellschaften (AWMF) (Hrsg.). (2018). *Geschlechtsinkongruenz, Geschlecht.* AWMF-Leitlinienportal: Leitlinienregisternummer 138-001. https://register.awmf.org/assets/guidelines/138-001k_S3_Geschlechtsdysphorie-Diagnostik-Beratung-Behandlung_2020-03-abgelaufen.pdf. Zugegriffen: 15. Aug. 2025

Blick. (2022, 3. September). *„Ich möchte wieder Ja sagen zu Christian": Nadia Brönimann denkt über Detransition nach.* https://www.blick.ch/people-tv/schweiz/ich-moechte-wieder-ja-sagen-zu-christian-nadia-broenimann-denkt-ueber-detransition-nach-id20050950.html. Zugegriffen: 15. Aug. 2025

Cass, H. (2024). *Independent review of gender identity services for children and young people: Final report* (Cass Review). NHS England. https://cass.independent-review.uk/home/publications/final-report/. Zugegriffen: 15. Aug. 2025

ICD-10. https://www.dimdi.de/dynamic/de/klassifikationen/icd/icd-10-gm/. Zugegriffen: 20. Aug. 2025

ICD-11. https://www.dimdi.de/dynamic/de/klassifikationen/icd/icd-11/. Zugegriffen: 20. Aug. 2025

Karrington, B. (2022). Defining desistance: Exploring desistance in transgender and gender expansive youth through systematic literature review. *Transgender Health, 7*(3), 189–212. https://pubmed.ncbi.nlm.nih.gov/36643060/

Killermann, Sam. *The genderbread person.* https://www.samkillermann.com/work/genderbread-person/. Zugegriffen: 8. Mai. 2026

Medizinischer Dienst des Spitzenverbandes Bund der Krankenkassen (MDS) (2020). *Begutachtungsanleitung Transsexualität.* https://md-bund.de/fileadmin/dokumente/Publikationen/GKV/Begutachtungsgrundlagen_GKV/BGA_Transsexualismus_201113.pdf. Zugegriffen: 15. Aug. 2025

Post Trans. (o. J.). Detransition – Nele. In *Post Trans – Stimmen und Perspektiven zu Detransition.* https://post-trans.com/Detransition-Nele-2. Zugegriffen: 15. Aug. 2025

Shapiro, E., & Terhune, C. (2022). *As more transgender children seek medical care, families confront many unknowns.* Reuters. https://www.reuters.com/investigates/special-report/usa-transyouth-outcomes/. Zugegriffen: 15. Aug. 2025

Singh, D., Bradley, S. J., & Zucker, K. J. (2021). A follow-up study of boys with gender identity disorder. *Frontiers in Psychiatry, 12*, Article 632784. https://doi.org/10.3389/fpsyt.2021.632784. Zugegriffen: 15. Aug. 2025

Vandenbussche, E. (2021). Detransition-related needs and support: A cross-sectional online survey. *Journal of Homosexuality, 69*(9), 1602–1620, https://doi.org/10.1080/00918369.2021.1919479. Zugegriffen: 15. Aug. 2025

2

Soziales

Inhaltsverzeichnis

Einführung

Eine geschlechtliche Transition beinhaltet nicht nur medizinische oder rechtliche Schritte, sondern immer auch soziale Veränderung. Das empfundene Geschlecht sichtbar zu leben, betrifft nicht nur die Beziehung zu sich selbst, sondern auch die Beziehung zu anderen: im Freundeskreis, in der Familie, in der Schule, am Arbeitsplatz und im öffentlichen Raum. Wer sich offenbart, kommuniziert, wer man ist. Das kann befreiend sein, aber auch verunsichern. Deshalb ist der soziale Teil der Transition oft besonders sensibel.

Dieses Kapitel nimmt die sozialen Aspekte in den Blick. Es beginnt mit dem Coming-out – einem Prozess, der viele kleine Schritte beinhalten kann und nicht auf ein einziges Ereignis reduziert werden sollte. Es geht weiter mit der Frage, wie man den eigenen Weg findet und dabei die Orientierung behält, ohne sich durch äußere Erwartungen unter Druck setzen zu lassen. Weitere Abschnitte widmen sich ganz praktisch dem Umgang mit Alltagssituationen, dem Setzen von Grenzen und der Kommunikation mit unterschiedlichen Bezugspersonen. Der

D. N. Scholz, *Transidentität verstehen - transident leben*,
https://doi.org/10.1007/978-3-658-50402-1_2

Schwerpunkt liegt auf dem, was im zwischenmenschlichen Kontakt passiert: Welche Herausforderungen stellen sich im sozialen Umfeld? Wie gelingt es, die eigene Identität klar und gleichzeitig selbstfürsorglich zu vertreten? Und wie kann man mit schwierigen Reaktionen umgehen, ohne sich selbst zu verlieren? Das Kapitel bietet nicht nur Informationen, sondern auch konkrete Handlungsempfehlungen, damit Transpersonen und ihre Zugehörigen soziale Veränderungen sicherer gestalten können.

2.1 Coming-out

2.1.1 Inneres Coming-out

Am Anfang steht oft eine leise Frage: „Bin ich trans?" Diese Frage ist selten sofort klar zu beantworten. Vielmehr beginnt hier ein innerer Prozess, der Zeit braucht und manchmal viele Schleifen dreht. Für manche Menschen ist das Wissen um die eigene Geschlechtsidentität sehr früh und sehr deutlich spürbar. Für andere entwickelt es sich über Jahre hinweg, begleitet von Phasen der Unsicherheit, des Verdrängens, der Hoffnung, doch irgendwie mit dem Geburtsgeschlecht zurechtzukommen.

Das innere Coming-out beschreibt diesen oft stillen, persönlichen Prozess der Selbstfindung. Es geht darum, das eigene Erleben ernst zu nehmen, erste Informationen zu sammeln, Vergleiche mit anderen Biografien anzustellen und die Frage zuzulassen, was das alles für das eigene Leben bedeuten könnte. Viele nutzen dafür Erfahrungsberichte im Internet, Videos, Bücher oder Gespräche mit Vertrauenspersonen. Auch das Führen eines Tagebuchs oder der Austausch mit anderen transidenten Menschen, etwa in Foren oder Selbsthilfegruppen, kann helfen, Gedanken zu sortieren.

Wichtig ist: Das innere Coming-out ist kein „Test", der bestanden werden muss. Es braucht weder klare Beweise noch einen sofortigen Plan. Es genügt, ehrlich mit sich selbst zu sein. Zu spüren: So, wie es gerade ist, stimmt es nicht mehr. Und sich dann vorsichtig an etwas heranzutasten, das sich stimmiger anfühlen könnte. Viele Menschen erleben in dieser Phase ambivalente Gefühle: Erleichterung über eine mögliche Erklärung für lang empfundene Fremdheit. Aber auch Angst vor Konsequenzen, vor Zurückweisung oder davor, sich selbst zu täuschen. Diese Gefühle sind normal und sie dürfen sein.

Ein inneres Coming-out ist in sich schon ein großer Schritt. Es markiert den Beginn eines Weges, der später vielleicht öffentlich wird, aber nicht öffentlich werden muss. Manche Menschen bleiben lange in dieser Phase – andere sind nach wenigen Wochen bereit, nach außen zu treten. Beides ist legitim. Die Geschwindigkeit des Prozesses bestimmt niemand außer der betroffenen Person selbst.

2.1.2 Äußeres Coming-out

Das äußere, öffentliche Coming-out ist für viele Transpersonen ein bedeutsamer, oft auch emotional fordernder Schritt. Es bedeutet, sich anderen gegenüber so zu zeigen, wie man sich selbst versteht – mit der eigenen Geschlechtsidentität, dem gewählten Namen, den passenden Pronomen, vielleicht schon direkt mit einer neuen äußeren Erscheinung. Ein Coming-out kann überraschend befreiend sein. Es kann aber auch verunsichern, wenn unklar ist, wie das Umfeld reagieren wird. Und oft bedeutet es, sich immer wieder neu zu erklären.

Bisweilen wird das Coming-out als ein einmaliges Ereignis dargestellt. In Wirklichkeit ist es ein Prozess, der aus vielen kleinen und großen Schritten besteht. Das erste Coming-out geschieht meist im vertrauten Umfeld – im engen Freundeskreis, in der Familie oder in therapeutischen Gesprächen. Andere Schritte folgen später: im Kollegium, in der Schule, in der Gesundheitsversorgung oder gegenüber Behörden. Manche dieser Situationen sind gut planbar, andere entstehen spontan.

Ein Coming-out ist nie Pflicht. Niemand ist verpflichtet, sich zu outen, wenn die Rahmenbedingungen nicht sicher sind oder die es Lebenssituation gerade nicht zulässt. Gerade für Jugendliche oder nicht selbstständig lebende Erwachsene kann ein Coming-out Risiken mit sich bringen. Umso wichtiger ist es, diesen Schritt wohlüberlegt und möglichst mit Unterstützung anzugehen.

Dem öffentlichen Coming-out geht der innere Prozess voraus. Wer sich nach einer langen Zeit des Zweifelns, der inneren Suche oder auch der bewussten oder unbewussten Verdrängung für ein äußeres Coming-out entscheidet, hat bereits viel reflektiert. Die erste Offenheit nach außen ist also das Ergebnis einer intensiven inneren Auseinandersetzung.

Gleichzeitig hängt das Coming-out stark von äußeren Faktoren ab: dem sozialen Umfeld, der Kultur, dem rechtlichen Rahmen oder auch vom Wissen über Transidentität im Umfeld. In einem unterstützenden, offenen Rahmen ist ein Coming-out leichter möglich als dort, wo Unsicherheit, Vorurteile oder gar pauschale Ablehnung herrschen.

Was kann helfen?

Vorbereitung: Es kann hilfreich sein, sich im Vorfeld zu überlegen, wem man was wie sagen möchte. Auch ein schriftliches Coming-out (z. B. per Brief oder E-Mail) ist legitim, wenn es schwerfällt, die richtigen gesprochenen Worte zu finden.

Unterstützung suchen: Gespräche mit Beratenden, Therapeutinnen oder erfahrenen Peers können helfen, Unsicherheiten zu sortieren und Strategien zu entwickeln. Auch Online-Communities bieten vielfach Unterstützung.

Kleinschrittig vorgehen: Niemand muss gleich das gesamte Umfeld informieren. Oft ist es sinnvoll, mit Personen zu beginnen, bei denen man sich sicher fühlt, um positive Erfahrungen zu sammeln, die weitere, „schwierigere" Coming-out-Schritte unterstützen.

Umgang mit Reaktionen: Nicht alle Reaktionen werden positiv oder sofort verständnisvoll sein. Manche Menschen brauchen Zeit. Es ist nicht die Aufgabe von Transpersonen, sich zu rechtfertigen oder andere zu überzeugen. Der Wunsch nach Respekt und Anerkennung ist legitim. Zugleich ist es auch legitim, wenn Außenstehende eine gewisse Zeit brauchen, um mit der „Neuigkeit" angemessen umzugehen. Die sich outende Transperson hatte, wie oben gesagt, oft viele Jahre Zeit, sich mit Transidentität auseinanderzusetzen – eine vom Coming-out betroffene außenstehende Person vielleicht gerade erst einige Minuten, Stunden oder Tage.

Coming-out im Jugendalter

Für Kinder und Jugendliche stellt sich das Coming-out oft besonders sensibel dar. Hier spielen Abhängigkeit von Eltern, Schule, Freundeskreis und institutionellen Rahmenbedingungen eine große Rolle. Viele junge Menschen machen erste Schritte in einem geschützten Rahmen, zum Beispiel bei Vertrauenslehrerinnen, in der Jugendhilfe oder im Rahmen einer psychotherapeutischen Begleitung. Eltern sind in dieser Phase besonders gefragt: mit Offenheit, Bereitschaft zuzuhören und dem Mut, eigene Unsicherheiten zu reflektieren. Wer als Elternteil nicht sofort alles versteht, aber offen für Gespräche bleibt, kann eine wichtige Ressource sein.

Für alle: Ein wichtiger, aber nicht verpflichtender Schritt

Ein Coming-out ist kein Muss. Manche Menschen leben als Transperson, ohne sich im weiteren Umfeld zu outen. Das kann eine Überlebensstrategie sein oder eine ganz bewusste Entscheidung. Beide Wege sind legitim. Wichtig ist, dass die Entscheidung für oder gegen ein Coming-out immer bei der betroffenen Person selbst liegt. Für viele Transpersonen ist das Coming-out jedoch der erste sichtbare Schritt hin zu einem Leben, das der eigenen Geschlechtsidentität entspricht. Es kann Mut erfordern, es kostet Kraft – aber es kann auch befreiend sein, klarer zu sich selbst zu stehen und den eigenen Weg offen zu gehen. Wie dieser Weg aussieht, ist individuell. Dieses Buch soll helfen, ihn mit mehr Sicherheit zu gestalten.

2.2 Den eigenen Weg finden

Sobald erste Gedanken ausgesprochen sind, vielleicht im Rahmen eines Coming-outs oder in einem vertrauten therapeutischen Gespräch, beginnt eine weitere wichtige Phase: die Auseinandersetzung mit den möglichen Schritten der Transition. Nicht alles muss sofort entschieden werden. Vielmehr geht es darum, den eigenen Weg zu erkennen, ihn mit Bedacht zu gestalten und sich dabei nicht unter Druck setzen zu lassen.

Die Vorstellung, dass es eine Art standardisierte "Transitionsroute" gebe, ist nach wie vor verbreitet. Manchmal vermittelt auch das Gesundheitssystem diesen Eindruck: erst Diagnose, dann Therapie und Alltagserfahrung, dann Hormone, dann Operationen, irgendwann dazwischen ein neuer Geschlechtseintrag. Diese Vorstellung ist jedoch verkürzt und wird der Vielfalt individueller Lebensrealitäten nicht gerecht.

Manche Menschen wählen ausschließlich eine soziale Transition. Andere gehen gezielt medizinische Schritte, verzichten aber auf eine rechtliche Änderung. Wieder andere nehmen alle Optionen wahr, weil sie diesen Weg für sich als stimmig erleben. Entscheidend ist nicht die Anzahl der Schritte, sondern ob die gewählten Schritte zur eigenen Identität und Lebenssituation passen.

Gerade in der Frühphase einer Transition ist der Wunsch nach Orientierung verständlich. Welche Maßnahme ist wann sinnvoll? Wo beginne ich? Was muss ich beachten? Antworten auf diese Fragen finden sich in den folgenden Kapiteln, insbesondere zu medizinischen Maßnahmen in Kap. 3, zu rechtlichen Aspekten in Kap. 4 und zu vielen alltagspraktischen Fragen in Kap. 5. Dennoch ist wichtig zu betonen: Es gibt keine verpflichtende Reihenfolge. Was sich für die eine Person bewährt, kann für eine andere überfordernd, unnötig oder sogar kontraproduktiv sein.

Ein guter Weg kann auch bedeuten, bewusst Pausen einzulegen oder hier und da einen Schritt zurückzugehen. Es darf ausprobiert, reflektiert und angepasst werden. Das eigene Tempo ist zentral – nicht die Erwartungen anderer und auch nicht die vermeintlichen Normen innerhalb der Community oder der Mehrheitsgesellschaft.

Viele Transpersonen erleben im Laufe ihrer Transition nicht nur die eigenen Fragen, sondern auch die Erwartungen anderer: „Willst du dich operieren lassen?“, „Wann änderst du deinen Namen?“, „Wann wirst Du denn ‚wie eine richtige Frau/wie ein richtiger Mann aussehen‘?“. Solche Fragen oder Kommentare kommen oft von Menschen, die Anteil nehmen wollen, können aber auch Druck erzeugen. Fragen können oberflächlich-neugierig sein und eher ein Unwohlsein auslösen als Unterstützung vermitteln. Es ist legitim, Grenzen zu setzen, Informationen nicht zu teilen, wenn sie zu privat sind, den eigenen Weg nicht zu rechtfertigen. Und sich daran zu erinnern: die eigene Identität ist kein Projekt für andere zur Begutachtung oder gar zur Unterhaltung, sondern Grundlage eines authentischen Lebens.

Den eigenen Weg zu bestimmen, bedeutet nicht, alles allein machen zu müssen. Gerade in dieser Phase ist Unterstützung sinnvoll und wertvoll: durch Psychotherapie, durch Peer-Beratung, durch Austausch mit anderen Transpersonen oder durch Gespräche mit vertrauten Bezugspersonen. Auch rechtliche oder medizinische Beratung kann helfen, die eigenen Optionen zu verstehen und zu sortieren. Diese Unterstützung sollte allerdings ergebnisoffen sein: Es geht nicht darum, Menschen in bestimmte Maßnahmen zu lenken, sondern sie in ihrer Entscheidungsfindung zu begleiten. Ein gutes Umfeld fragt nicht: „Wann gehst du den nächsten Schritt?“, sondern: „Was brauchst du gerade?“.

Fazit

Der Weg muss nicht von Anfang an klar sein. Er darf sich entwickeln, verzweigen, angepasst werden. Es gibt kein „Ziel“ in dem Sinne, dass zu einem bestimmten Zeitpunkt alle Schritte abgearbeitet sein müssten. Vielmehr geht es darum, sich selbst treu zu bleiben, Entscheidungen gut zu begründen und auf die eigene Stimme zu hören.

2.3 Den Alltag meistern

Die ersten Schritte nach einem Coming-out oder im Rahmen einer sozialen Transition bringen viele sichtbare und unsichtbare Veränderungen mit sich. Oft sind es nicht die großen rechtlichen oder medizinischen Entscheidungen, die den Alltag herausfordern, sondern die vielen kleinen Situationen: Gespräche mit fremden Menschen, der Gang zur Toilette, der Umgang mit Blicken, Formularen oder Fragen. Dieser Abschnitt zeigt, wie Transpersonen alltägliche Situationen bewältigen können und worauf es dabei besonders ankommt.

Der Begriff „Alltag“ wirkt unspektakulär. Tatsächlich ist der Alltag für viele Transpersonen ein zentrales Übungsfeld. Denn hier zeigt sich, wie sich die neue Lebensrealität anfühlt. Dabei geht es weniger um das perfekte Passing oder makellose Selbstsicherheit, sondern um funktionierende Routinen, um Stabilität, Orientierung und einen halbwegs stressfreien Umgang mit der Umwelt.

Kleidung, Auftreten, Selbstwahrnehmung

Ein erster Aspekt betrifft das äußere Erscheinungsbild. Kleidung, Frisur, Körperhaltung – all das kann Ausdruck der Geschlechtsidentität sein und dabei helfen, sich im „neuen“ Geschlecht wohler zu fühlen. Gleichzeitig sind diese Dinge oft mit Unsicherheiten verbunden: „Kann ich so rausgehen?“, „Wirkt das stimmig?“, „Was denken andere?“

Es hilft, mit kleinen Veränderungen zu beginnen und sich langsam heranzutasten. Sich im Spiegel zu betrachten und Zeit zu nehmen für die Frage: Was fühlt sich stimmig an, was nicht? Man sollte dabei nicht an stereotypen Vorstellungen festhalten – es geht nicht darum, Klischees zu entsprechen, sondern sich selbst wiederzuerkennen. Auch Menschen im direkten Umfeld können eine hilfreiche Rückmeldung geben, wenn sie sensibel und unterstützend sind.

Gewählten Namen, Anrede und Pronomen durchsetzen

Die Bitte, mit einem anderen Namen oder einer anderen Anrede angesprochen zu werden, erfordert Mut. Gleichzeitig ist sie ein zentrales Element, um sich anerkannt zu fühlen. Wichtig ist hier, die eigene Sprache mit Klarheit zu vertreten – aber auch mit Nachsicht, wenn andere nicht sofort und lückenlos umstellen können.

Hilfreiche Strategien können sein: Die eigenen Wünsche klar zu kommunizieren – am besten direkt bei der Vorstellung oder per kurzer Notiz in Mails. Korrekturen freundlich, aber bestimmt anzubringen: „Ich heiße Max und benutze männliche Pronomen, bitte denke daran.“ Und auch: Geduld bei Versprechern zu zeigen, aber auch klare Grenzen zu ziehen, wenn Missachtung dauerhaft oder absichtlich geschieht.

Behörden, Formulare, Bürokratie

Ob beim Paketabholen, in der Arztpraxis oder beim Online-Banking – der Name oder der Geschlechtseintrag spielt im Alltag eine große Rolle, insbesondere bei der schriftlichen und gesprochenen Anrede. Solange die rechtliche Transition noch nicht abgeschlossen ist, kann das zu Verwirrung oder sogar Konflikten führen. Offene Kommunikation kann helfen, Missverständnisse zu vermeiden. Zum Beispiel könnte man sagen „In den Unterlagen steht noch mein alter Name, aber ich lebe inzwischen als Frau". Für Übergangsphasen kann ein ärztliches Attest oder ein therapeutisches Schreiben hilfreich sein, um z. B. die Diskrepanz zwischen im Alltag verwendetem Namen, äußerem Erscheinungsbild und Ausweisdokumenten zu erklären.

Toiletten, Umkleiden, öffentliche Räume
Ein sensibler, aber sehr praxisnaher Bereich ist die Nutzung von geschlechtsspezifischen Einrichtungen. Viele Transpersonen erleben hier besondere Anspannung – aus Angst vor Blicken, Kommentaren oder sogar Auseinandersetzungen.

Es gibt kein Gesetz, das Transpersonen die Nutzung „passender" Toiletten verbietet oder explizit erlaubt. Das Hausrecht (siehe auch Abschn. 4.1.4) kann Einschränkungen vornehmen, aber auch hier gilt es die Würde und Sicherheit für alle Beteiligten zu sichern und Diskriminierungen (Andersbehandlungen) ohne Willkür und nur auf Basis geltender Rechte zuzulassen und diese verständlich und transparent zu kommunizieren. Es kann helfen, sich vorab über Gegebenheiten zu informieren (z. B. auf Veranstaltungen oder in Fitnessstudios). In Bildungs- und vielen öffentlichen Einrichtungen gibt es inzwischen All-Gender-Toiletten oder zumindest Toleranzregeln für die Nutzung geschlechtergetrennter Räume.

Selbstfürsorge im Alltag
Nicht jeder Tag ist gleich. Besonders am Anfang der Transition kann es Momente der Unsicherheit, Frustration oder Erschöpfung geben. Der Aufbau neuer Routinen kostet Kraft – auch wenn er zugleich befreiend sein kann.

Tipps

- Kleine Erfolge bewusst wahrnehmen – ein freundliches „Guten Tag, Herr ..." kann ein Etappensieg sein.
- Pausen zulassen: Nicht jeder Tag muss ein Statement sein.
- Unterstützende Kontakte pflegen: Wer weiß, wie anstrengend bestimmte Situationen sind, kann gezielt Rückhalt geben.
- Begleittherapie nutzen, um die ersten Erfahrungen zu spiegeln, Strategien zu entwickeln und zu verfeinern.
- Sich selbst nicht unter Druck setzen: Jeder entwickelt Alltagssicherheit im eigenen Tempo.

Und schließlich: Alltag ist Kompetenz

Viele Transpersonen entwickeln im Alltag eine beachtliche Selbstkompetenz. Sie lernen, mit komplexen Situationen umzugehen, Grenzen zu setzen und sich in oft wenig vorbereiteten Strukturen zurechtzufinden. Diese Alltagserfahrungen sind kein „Test", sondern eine wertvolle Ressource – auch im Hinblick auf medizinische Entscheidungen oder im Rahmen der psychotherapeutischen Begleitung. Abschn. 3.3 wird die sogenannte Alltagserprobung noch einmal systematisch aufgreifen – auch im Zusammenhang mit Kostenübernahmen und ärztlichen Indikationen. Wer Alltag meistert, meistert mehr als „nur" Routinen. Es geht um Selbstwirksamkeit, Vertrauen in die eigene Position und die Gestaltung eines Lebens, das sich stimmig anfühlt.

2.4 Soziale Medien

Soziale Medien sind aus dem Alltag vieler Menschen nicht wegzudenken. Für viele sind sie heute die erste Anlaufstelle, wenn es um Informationen, Austausch oder Orientierung geht. Das gilt auch und besonders für transidente Menschen und für all jene, die sich fragen, ob sie vielleicht trans sind oder sich in irgendeiner Weise als geschlechtsvariant empfinden. Auf Plattformen wie Instagram, TikTok, Reddit, YouTube oder in spezialisierten Foren finden sich unzählige Beiträge, Videos, Erfahrungsberichte, Erklärformate oder persönliche Tagebuchsequenzen. Manche informieren sachlich und sorgfältig, andere emotional und authentisch, viele inspirieren, können aber auch verunsichern.

Gerade für Menschen, die noch ganz am Anfang ihrer Identitätsfindung stehen, ist das Internet oft der erste Ort, an dem sie Worte für das finden, was sie fühlen. Vielleicht kennen sie noch niemanden, der trans ist. Vielleicht trauen sie sich (noch) nicht, mit jemandem zu sprechen. Vielleicht leben sie in einem Umfeld, das wenig Verständnis zeigt oder haben Angst vor Zurückweisung. In solchen Situationen können soziale Medien ein Rettungsanker sein: sie machen sichtbar, was möglich ist. Sie zeigen: du bist nicht allein. Und sie helfen dabei, sich zu vernetzen, Fragen zu stellen und Erfahrungen zu teilen, z. B. rund um Coming-out, Namenswahl, medizinische Schritte oder rechtliche Fragen.

Auch Eltern, Angehörige oder z. B. Lehrkräfte nutzen soziale Medien zunehmend, um sich zu informieren oder um Einblicke in das Erleben von transidenten Menschen zu bekommen. Die Bandbreite ist groß: vom klassischen Informationsvideo auf YouTube bis hin zu emotionalen TikToks, die in wenigen Sekunden eine ganze Gefühlswelt wiederzugeben versuchen. Für viele ist das ein erster, niedrigschwelliger Zugang zu einem komplexen Thema.

Doch wie immer hat die Medaille zwei Seiten. Denn nicht alles, was auf sozialen Plattformen gepostet wird, ist sachlich richtig, hilfreich oder verantwortungsvoll. Es gibt keine Qualitätssicherung, keine fachliche Kontrolle und oft auch keine Differenzierung. In vielen Peer-Gruppen werden Informationen weitergegeben, die gut gemeint sind, aber schlicht falsch oder verkürzt. Aussagen zu Hormonbehandlungen, zu Operationsverläufen oder zu angeblichen Rechten und Pflichten kursieren in großer Zahl, oft ohne Kontext oder realistische Einschätzung. Gerade junge Menschen oder solche in einer fragilen Lebensphase nehmen solche Inhalte schnell für bare Münze. Das kann gefährlich sein. Nicht, weil diese Informationen grundsätzlich schädlich wären, sondern weil sie im schlimmsten Fall zu Fehlentscheidungen führen oder Erwartungen wecken, die später enttäuscht werden.

Hinzu kommt: in sozialen Medien dominieren oft die Erfolgsgeschichten. Die Transition wird im Zeitraffer erzählt, mit strahlenden Vorher-Nachher-Bildern, in perfektem Licht und mit vorteilhaften Filtern. Es entsteht schnell der Eindruck, eine Transition sei einfach, schnell, unkompliziert – eine steile Aufwärtskurve. Zweifel? Schmerzen? Rückschläge? Sie kommen vor, werden aber selten gezeigt. Wer dann selbst zähe Phasen erlebt, Rückschläge oder gar medizinische Komplikationen einstecken muss, fühlt sich schnell falsch, betrogen oder „nicht gut genug". Der eigene holperige Weg wirkt im Vergleich zu den TikTok- oder Instagram-Stories mühsam oder unvollständig. Dabei ist er in Wahrheit völlig normal.

Ein weiteres Thema, das in diesem Zusammenhang nicht unterschätzt werden darf, ist der Einfluss von Klischees und idealisierten Selbstbildern. Viele Accounts zeigen Transmänner, die besonders muskulös, sportlich oder „männlich" auftreten. Oder Transfrauen, die sich sehr feminin, gestylt und makellos präsentieren. Das ist ihr gutes Recht, und für manche auch eine Form von Selbstermächtigung. Doch für Menschen, die sich selbst noch nicht sicher sind, was ihnen entspricht und was sie erwartet, entsteht manchmal ein bewusster oder unbewusster Druck: muss ich so aussehen, um „richtig trans" zu sein? Muss ich mich so verhalten? Muss ich so klingen, so sprechen, so wirken? Die Antwort ist natürlich nein! Es gibt keine Norm für Transsein. Und doch fühlen sich viele von diesen Bildern angezogen – oder ausgeschlossen.

Besonders problematisch wird es dann, wenn Bildbearbeitungs-Tools oder KI-gestützte Filter ins Spiel kommen. Viele Apps erlauben es, mit wenigen Klicks das eigene Gesicht „ins andere Geschlecht" zu verwandeln. Die entstehenden Bilder wirken oft verblüffend realistisch – glatte Haut, klare Linien, idealisierte Proportionen. Für Menschen, die gerade in der Selbstfindung stecken oder am Anfang medizinischer Maßnahmen stehen, kann das faszinierend und frustrierend zugleich sein: das Spiegelbild im Alltag weicht deutlich ab von der digitalen Version des gewünschten Ichs, die so viel schöner, passender oder „richtiger" erscheint. Die Gefahr ist groß, dass man beginnt, sich selbst nur noch im Kontrast zu diesem Idealbild wahrzunehmen – und dabei vergisst, dass jeder Körper, jedes Gesicht und jeder Ausdruck seine eigene Schönheit hat. Und dass der reale Weg zur Identität nicht über Filter führt, sondern über echte Erfahrungen.

Umso wichtiger ist es, sich beim Surfen in sozialen Medien immer wieder kleine Anker zu setzen. Etwa durch Fragen wie: Hilft mir dieser Inhalt gerade weiter? Macht er mir Mut, oder verunsichert er mich? Was davon ist Information, was Inszenierung? Und: was will ich selbst eigentlich – jenseits der Likes oder Follower? Das bedeutet nicht, soziale Medien zu meiden. Im Gegenteil: sie können großartige Werkzeuge sein. Aber sie sollten nie Quelle der „Wahrheit" oder des Vergleichs sein.

Es lohnt sich, bewusst nach Vielfalt zu suchen: nach Accounts von Transpersonen mit unterschiedlichen Körpern, Geschichten, Altersstufen oder kulturellen Hintergründen. Es lohnt sich, auch Inhalte zu hinterfragen und sich die Erlaubnis zu geben, nicht alles glauben zu müssen. Es lohnt sich, sich selbst nicht zu vergessen zwischen all den Bildern, Stories und Reels. Und manchmal ist es gut, den Bildschirm einfach auszuschalten, in den Spiegel zu schauen und sich selbst zu sagen: Ich bin auf meinem Weg. Nicht perfekt, nicht inszeniert – aber echt. Und das ist mehr wert als jedes Filtergesicht.

Soziale Medien sind Werkzeuge. Sie können verbinden, stärken, informieren – aber auch täuschen, überfordern oder blenden. Wer sie nutzt, sollte das mit wachem Blick und gesundem Zweifel tun. Und wer anderen dort begegnet, tut gut daran, mit Respekt und Empathie zu kommentieren: Denn hinter jedem Account steckt ein Mensch. Vielleicht einer, der gerade zum ersten Mal öffentlich sagt: Das bin ich. Und das verdient nichts weniger als Mitgefühl und Wertschätzung.

2.5 Selbsthilfegruppen, Peer-Beratung, lokale Kontakte

Der Weg zu sich selbst ist oft nicht nur eine Reise nach innen, sondern auch eine Bewegung nach außen. Sich selbst zu finden, bedeutet nicht, alle Antworten allein zusammenzuschaufeln. Gerade im Kontext von Transidentität kann es enorm entlastend und klärend sein, mit Menschen zu sprechen, die

Ähnliches erlebt haben – oder gerade mittendrin stecken. Wer nur auf das Internet setzt, verpasst womöglich eine ganz entscheidende Ressource: die Kraft echter Begegnungen.

Selbsthilfegruppen, Peer-Beratung und lokale Netzwerke schaffen Räume, in denen Menschen sich auf Augenhöhe begegnen, unabhängig von Alter, Geschlecht, medizinischem Stand oder sozialem Hintergrund. Hier geht es nicht um perfekte Transitionsverläufe oder fehlerfreie Selbstdarstellung. Hier darf Unsicherheit Raum haben, dürfen Zweifel ausgesprochen, darf Hoffnung geteilt werden. Es ist Authentizität, die reale Treffen so wertvoll macht.

Ein gemeinsamer Abend in einem Gruppenraum, eine Runde im Park, ein Gespräch in der Küche einer Beratungsstelle – solche Momente bleiben haften. Sie zeigen: Ich bin nicht allein. Andere hatten auch Angst vor dem Coming-out. Andere wussten auch nicht, ob der Name passt. Andere sind ähnliche Wege gegangen, oder ganz andere, die trotzdem inspirieren.

In diesen Begegnungen entsteht etwas, das kein Bildschirm erzeugen kann: geteilte Präsenz. Mimik, Tonlage, spontanes Lachen oder Tränen – all das kann sich entfalten, ohne Emoji, ohne Filter, ohne „Zurück-Button". Und genau dadurch wirken diese Erfahrungen so intensiv. Manchmal braucht es nur einen Nachmittag mit einer Person, die versteht, um sich weniger verloren zu fühlen.

Peer-Beratung: Hilfe von Menschen mit Erfahrung

In der Peer-Beratung stehen Menschen mit eigener Transitionserfahrung anderen beratend zur Seite. Sie sind keine Therapeut*innen und keine Gutachter, aber sie wissen, wie es sich anfühlt, den Weg einer Transition zu gehen. Sie kennen die Wege durch Behörden, die Hürden in der Familie, die Fragen, die nachts wach halten. Peer-Beratung kann als Einzelgespräch, telefonisch, online oder in Gruppen stattfinden. In vielen Regionen gibt es Träger, die diese Angebote professionell organisieren, oft in Kooperation mit Fachberatungsstellen.

Peer-Berater*innen hören anders zu als z. B. Therapeut*innen. Sie müssen nicht alles erklären, sie wissen, dass es oft nicht nur um die Frage „Wie beantrage ich das?" geht, sondern auch um „Halte ich das aus? Bin ich normal? Wie sage ich es meiner Mutter?" Es ist der Erfahrungsvorsprung, der Peer-Beratung so wertvoll macht. Und das Beste: man muss keine perfekten Worte haben, um sich dort öffnen zu dürfen.

Selbsthilfegruppen: mehr als „nur Reden"

Der Begriff „Selbsthilfegruppe" klingt für manche zunächst abschreckend – nach Stuhlkreis, Begrüßung im Chor, betroffenen Gesichtern und schwierigen

Themen. Doch in Wahrheit sind Selbsthilfegruppen so vielfältig wie die Menschen, die sie tragen. Manche Gruppen treffen sich im Stuhlkreis, ja – aber andere auch zum gemeinsamen Kochen, Spazierengehen, Kinobesuch oder Fachvortrag. Es gibt Gruppen für junge Erwachsene, für Ältere, für nicht-binäre Menschen, für Angehörige, für Eltern, für Partner*innen, für Menschen nach bestimmten Operationen oder mit spezifischen Lebensrealitäten.
Wer den ersten Schritt wagt, stellt oft fest: Hier darf ich sein. Ich darf fragen, darf zweifeln, darf auch einfach zuhören. Niemand wird gedrängt. Und oft entstehen aus solchen Gruppen tiefe, tragende Kontakte. Manche Menschen finden hier Freundschaften, andere langjährige Begleiter*innen, oder einfach den einen Satz, den sie gebraucht haben.

Zugang finden – auch in kleinen Städten oder auf dem Land

Nicht alle leben in Großstädten mit etablierten Beratungszentren und wöchentlichem Trans-Stammtisch. Aber auch in strukturschwächeren Regionen gibt es Möglichkeiten zur Vernetzung im echten Leben. Manchmal gibt es kleinere Initiativen, etwa bei lokalen Aidshilfen, queeren Jugendgruppen oder Vereinen. In anderen Fällen lohnt ein Blick in Online-Verzeichnisse oder auf die Seiten von Landeskoordinationsstellen für queere Angebote.

Und selbst wenn es im direkten Wohnort keine Gruppe gibt: das Internet hilft beim Finden und meistens sind Gruppen in der nächsten Stadt offen für Menschen aus der Region. Mit ein bisschen Mobilität lässt sich oft mehr erreichen, als man denkt. Manche Gruppen bieten hybride Treffen an, andere organisieren gemeinsame Anreisen zu Veranstaltungen. Und nicht selten genügt ein einzelnes Treffen, um sich mit einer Person zu verbinden und den hilfreichen Kontakt dann weiterzuführen, unabhängig von festen Gruppenzeiten.

Veranstaltungen: CSDs, Vortragsabende, queere Cafés

Auch Veranstaltungen können Gelegenheiten zum Austausch bieten. Die jährlich stattfindenden CSDs (Christopher Street Day-Paraden) sind für viele transidente Menschen mehr als nur bunte Demonstrationen. Sie sind ein Ort, an dem Vielfalt sichtbar wird, für manche zum ersten Mal im Leben. Wer zu einem CSD geht, findet dort meistens Infostände von Gruppen, Beratungsstellen oder Initiativen. Wer sich traut, kann dort Kontakte knüpfen, Flyer mitnehmen oder einfach schauen, was möglich ist.

Auch kleinere Veranstaltungen wie Filmabende, Lesungen, thematische Workshops oder Fachvorträge in Volkshochschulen oder Stadtbibliotheken können wertvolle Gelegenheiten bieten. Viele davon sind niedrigschwellig, kostenfrei und offen für alle. Wer ein bisschen sucht, findet oft mehr als gedacht.

In manchen Städten gibt es queere Cafés oder offene Treffs, in denen sich Menschen regelmäßig ohne Anmeldung begegnen können. Auch Städte und Gemeinden bieten mitunter geschützte Räume. Wichtig ist: Man muss kein fertiges Etikett mitbringen. Oft reichen das ehrliche Interesse und der Mut, einmal hinzugehen.

Viele Menschen zögern, eine Selbsthilfegruppe zu besuchen oder sich bei einer Beratungsstelle zu melden. Gedanken wie „Ich gehöre da bestimmt nicht hin“ oder „Ich bin noch nicht weit genug“ oder „Ich habe doch keine Ahnung“ halten sie zurück. Doch genau diese Menschen sind dort richtig. Selbsthilfe heißt: ich helfe mir, indem ich mich traue, Hilfe zuzulassen. Niemand verlangt Vorwissen, perfekte Worte oder einen fertigen Plan. Es geht darum, den eigenen Weg ein kleines Stück weiterzugehen – mit anderen, nicht allein.

Digitale Räume sind wichtig, sie können Orientierung geben und erste Kontakte ermöglichen. Aber echte Begegnungen verändern oft mehr. Ein Blick, ein Lächeln, ein verständnisvolles Nicken – das sind Dinge, die keine Kommentarspalte und kein Like ersetzen kann. Wer sich auf den Weg macht, andere Transpersonen, Angehörige oder Unterstützende im echten Leben kennenzulernen, gewinnt nicht nur Informationen, sondern oft auch Hoffnung und Mut. Die eigene Geschichte bekommt Resonanz, und das macht sie tragfähiger. Gerade in einem Prozess wie der Transition, der so stark von Identität, Selbstbild und Sichtbarkeit geprägt ist, kann es heilsam sein, sich im echten Leben zu spiegeln. Nicht im Filter, nicht im Profilbild, sondern im Gegenüber.

2.6 Zusammenfassung

Eine geschlechtliche Transition bedeutet mehr als medizinische Eingriffe oder amtliche Änderungen. Im Zentrum steht immer auch die soziale Dimension. Wie trete ich im Alltag auf? Wem sage ich wann was? Wie gehe ich mit Reaktionen um?

Das Wichtigste in Kürze

Coming-out: Ein Prozess, kein Ereignis Das innere Coming-out beginnt mit der Frage: „Bin ich trans?" – eine oft lange, zutiefst persönliche Auseinandersetzung. Das äußere Coming-out, also sich anderen gegenüber als trans zu zeigen, ist kein Muss, sondern ein möglicher Schritt. Es kann befreiend sein, bringt aber auch Herausforderungen mit sich. Es ist wichtig, sich zu erinnern: Coming-outs bestehen meistens aus vielen kleinen Schritten – nicht aus einem großen Moment. Sie passieren in Etappen: zu Hause, im Job, beim Arzt, im Freundeskreis. Niemand muss sich outen, wenn es nicht sicher oder passend ist. Selbstschutz geht immer vor. Wer sich vorbereitet und Unterstützung sucht (z. B. durch psychologische Unterstützung, Peer-Beratung oder Online-Communities), geht gestärkter in diesen Schritt.

Den eigenen Weg finden, ohne Druck von außen Es gibt keinen „richtigen" Transitionsverlauf. Manche Menschen möchten alle Optionen nutzen (sozial, medizinisch, rechtlich), andere nur bestimmte oder keine. Wichtig ist es, sich zu verinnerlichen: Der eigene Weg darf wachsen, sich ändern und Pausen enthalten. Druck entsteht oft durch Erwartungen von außen. Wer begleitet, sollte nicht fragen „Wann kommt der nächste Schritt?", sondern „Was brauchst du gerade?". Das stärkt das Sicherheitsgefühl der transitionierenden Person und schafft Vertrauen.

Den Alltag meistern – die kleinen Dinge sind entscheidend Transition zeigt sich besonders im Alltag: beim Gang zur Toilette, im Umgang mit Formularen, im Smalltalk oder bei der Kleidung. Herausforderungen können sein: Namen und Pronomen durchzusetzen, Bürokratie und Formulare, Ausweisdokumente mit dem abgelegten Namen, Blicke und Kommentare in der Öffentlichkeit. Alltag lässt sich mit kleinen Schritten gestalten. Feedback aus dem Umfeld, Begleittherapie oder Peer-Austausch helfen, Sicherheit zu gewinnen. Geduld mit sich selbst ist zentral.

Grenzen setzen ist erlaubt Transpersonen sind nicht verpflichtet, intime Fragen zu beantworten oder sich ständig zu erklären. Es ist legitim, bei Unwissenheit anderer geduldig zu sein – aber auch, sich gegen Grenzüberschreitungen klar abzugrenzen. Standardantworten oder vorbereitete Sätze („Ich entscheide das für mich persönlich – danke für dein Interesse.") können helfen, souverän zu bleiben.

Emotionale Selbstfürsorge gehört dazu Die soziale Transition ist emotional fordernd, auch ohne äußere Konflikte. Kleine Erfolge wahrzunehmen („Ich wurde als Herr begrüßt'!") stärken das Selbstbewusstsein. Diese Erfolge sollte man für sich feiern und als Wegzehr für herausforderndere Tage mitnehmen. Rückschläge oder anstrengende Tage sind normal. Pausen, Rückzug und Unterstützung sind keine Schwäche, sondern Selbstfürsorge.

3

Medizinisches

Inhaltsverzeichnis

Einführung

Medizinische Maßnahmen im Rahmen einer Transition gehören für viele transidente und geschlechtsvariante Menschen zu den wichtigsten und zugleich tiefgreifendsten Schritten auf dem Weg in ein stimmiges Leben im eigenen Geschlecht. Oft sind sie lang ersehnt, mit viel Geduld, Mut und Ausdauer vorbereitet – und manchmal auch gegen innere und äußere Widerstände erkämpft worden. Zugleich gilt: so sehr diese Eingriffe für viele Menschen lebensverbessernd sind, so bedeutsam sind sie auch medizinisch betrachtet. Die meisten Maßnahmen, ob hormonell oder operativ, stellen erhebliche Eingriffe in einen gesunden Körper dar. Sie sind in den meisten Fällen medizinisch nicht *kurativ*, das heißt sie dienen nicht der Heilung einer Krankheit, sondern der Annäherung an das persönliche, das als „richtig" empfundene Geschlecht. Gerade deshalb ist es essenziell, medizinische Schritte gut informiert, individuell reflektiert und möglichst interdisziplinär begleitet zu treffen.

D. N. Scholz, *Transidentität verstehen - transident leben*,
https://doi.org/10.1007/978-3-658-50402-1_3

Dieses Kapitel soll dabei helfen. Es vermittelt medizinisches Basiswissen, erklärt die wichtigsten Maßnahmen – von der Hormonersatztherapie über geschlechtsangleichende Operationen bis zu Angeboten wie Logopädie oder Haarentfernung – und geht dabei auch auf Aspekte wie Kontraindikationen, Langzeitwirkungen, Nebenwirkungen und ärztliche Zuständigkeiten ein.

3.1 Allgemeines zu Wegen und Maßnahmen

Jede Transition ist individuell. Es gibt keinen „Standardweg" – weder in der Reihenfolge noch im Umfang der Maßnahmen. Wer sich dafür entscheidet, medizinische Schritte zu gehen, sollte die eigenen Beweggründe, Wünsche und auch möglichen Risiken so gut wie möglich kennen und sich dafür die Zeit nehmen, die es braucht.

Dieses Kapitel richtet sich an alle, die medizinische Angleichung erwägen oder begleiten – unabhängig von Geschlechtsidentität, Alter oder Transitionsabschnitt. Es liefert keine fertigen Antworten, aber eine möglichst verlässliche Grundlage für eigene, informierte Entscheidungen. Und selbstverständlich können und sollen die Informationen in diesem Kapitel keinesfalls eine fundierte medizinische und psychologische Beratung ersetzen.

Allgemeine Altersgrenzen

Der Beginn einer medizinischen Transition – insbesondere mit gegengeschlechtlichen Hormonen und Operationen – ist ein bedeutsamer Schritt, der nicht nur psychisch entlastend, sondern zugleich auch medizinisch komplex und folgenreich ist. Es ist unerlässlich, dass Behandlungssuchende die Bedeutung dieser signifikanten Eingriffe in den gesunden Körper verstehen und deren Tragweite begreifen können. Behandelnde setzen daher Altersgrenzen und sprechen vor dem Beginn medizinischer Angleichungsschritte klare Voraussetzungen aus.

Bei operativen Angleichungen im Genitalbereich setzen Operateur*innen in Deutschland eine Altersgrenze von 18 Jahren voraus. Die mit einem solchen Eingriff verbundenen tiefgreifenden Veränderungen sowie die Anforderungen an das postoperative Selbstmanagement verlangen ein Mindestmaß an Reife, Eigenverantwortung und psychischer Stabilität. Zudem sind diese Eingriffe weitestgehend irreversibel. Eine „Fehlentscheidung" bzw. ein späteres Bereuen der Maßnahme stellt eine enorme psychische Belastung dar. Eine Genitalangleichung kann man nicht „ausprobieren" und wieder ungeschehen machen, wenn es nicht die richtige Maßnahme war.

Andere Operationen wie z. B. die Mastektomie können unter bestimmten Voraussetzungen ab dem 16. Lebensjahr vorgenommen werden. Irreversibel ist auch diese. Wer später doch wieder eine weibliche Brust haben möchte, müsste sich einem operativen Brustaufbau unterziehen.

Zudem gilt für alle Altersgruppen: Ein medizinischer Schritt – egal ob hormonell oder operativ – sollte nie reflexhaft, aufgrund äußeren Drucks oder als Voraussetzung für gesellschaftliche Anerkennung erfolgen. Er sollte das Ergebnis eines individuellen, informierten und fachlich begleiteten Entscheidungsprozesses sein. Gerade bei Jugendlichen ist es daher besonders wichtig, ein sicheres, gut angebundenes Umfeld und einen Zugang zu erfahrenen, trans-kompetenten Behandler*innen zu gewährleisten, die sorgfältig aufklären und erklären.

Allgemeine medizinische Voraussetzungen und Ausschlusskriterien

So dringend der Wunsch nach medizinischer Angleichung sein mag, jede Maßnahme muss sich an den individuellen körperlichen Voraussetzungen und gesundheitlichen Risiken der jeweiligen Person orientieren. Nicht jede*r kann oder sollte jede medizinische Maßnahme durchführen lassen. Es gibt sogenannte „harte" Ausschlusskriterien, die z. B. eine gegengeschlechtliche Hormontherapie oder geschlechtsangleichende Operationen aus medizinischer Sicht ausschließen oder zumindest stark risikobehaftet machen.

Zu den typischen Kontraindikationen für eine Hormonersatztherapie gehören etwa nicht eingestellte oder schwerwiegende Erkrankungen des Herz-Kreislauf-Systems (z. B. frische Thrombosen, schwerer Bluthochdruck), aktive Krebserkrankungen (insbesondere bei hormonabhängigen Tumoren wie Brust- oder Prostatakrebs), unbehandelte Lebererkrankungen sowie schwere psychiatrische Störungsbilder in akuten Phasen, wenn diese eine sichere Behandlungsteilnahme und -einsicht erschweren. Auch bestimmte Stoffwechselerkrankungen, Gerinnungsstörungen oder ein erhöhtes Schlaganfallrisiko müssen vor Beginn der Hormonbehandlung sorgfältig abgeklärt werden.

Bei operativen Maßnahmen können weitere Risiken hinzukommen – etwa schwere Gerinnungsstörungen, starkes Übergewicht, relevante Einschränkungen der Herz- oder Lungenfunktion oder ein bekanntes Risiko für schwere Wundheilungsstörungen. Solche Faktoren erhöhen das Komplikationsrisiko im OP-Saal und in der postoperativen Heilungsphase mitunter erheblich. In manchen Fällen wird daher empfohlen, z. B. vor einer Operation zunächst bestehende Erkrankungen zu behandeln, das Gewicht zu reduzieren oder den Allgemeinzustand zu verbessern.

Wichtig ist dabei jedoch auch: Eine körperliche Behinderung oder chronische Erkrankung bedeutet nicht automatisch, dass eine medizinische Angleichung unmöglich ist. Viele Transpersonen mit Behinderungen oder chronischen Erkrankungen haben erfolgreich medizinische Maßnahmen durchlaufen. Entscheidend ist, dass die Risiken fachmedizinisch realistisch eingeschätzt und mit einem erfahrenen, interdisziplinären medizinischen Team besprochen werden. Es lohnt sich, in Zweifelsfällen eine zweite Meinung einzuholen. Auch die postoperative Versorgung muss im Vorfeld gut geplant sein – z. B. bei Bewegungseinschränkungen oder kognitiven Besonderheiten.

Eine tragfähige medizinische Entscheidung setzt immer voraus

- eine ausführliche Aufklärung über Chancen und Risiken,
- eine umfassende körperliche und labormedizinische Diagnostik,
- die sorgfältige Ausschlussdiagnostik relevanter Vorerkrankungen,
- sowie eine interdisziplinäre Abstimmung beteiligter Ärzt*innen.

Idealerweise arbeiten Fachärztinnen und -ärzte aus der Allgemeinmedizin, Endokrinologie, Gynäkologie, Urologie, Psychotherapie oder Psychiatrie eng zusammen – nicht in einer hierarchischen Zuweisungskette, sondern im Dialog. Nur so kann sichergestellt werden, dass medizinische Schritte individuell sinnvoll, verantwortungsvoll und im Sinne der Behandelten getroffen werden.

Medizinische Maßnahmen im Rahmen einer Transition sind keine Routineeingriffe, sondern komplexe Behandlungen, die neben der fachlichen Qualifikation auch eine trans-akzeptierende Haltung sowie medizinische Trans-Kompetenz aufseiten der Behandelnden voraussetzen. Nicht jeder Arzt oder jede Ärztin hat damit Erfahrung, selbst wenn er oder sie langjährig in seinem oder ihrem Fachgebiet etabliert ist. Es lohnt sich, sorgfältig zu wählen und dabei sowohl auf Fachkenntnis als auch auf Trans-Verständnis zu achten.

Und noch ein Hinweis, ohne erhobenen Zeigefinger, aber aus medizinischer Verantwortung heraus: Rauchen und erhöhter Alkoholkonsum sind nicht nur allgemein gesundheitsgefährdend, sondern stellen im Zusammenhang mit einer medizinischen Transition ein deutliches Risiko dar. Unter der Einnahme von gegengeschlechtlichen Hormonen – insbesondere bei Östrogengaben – steigt beispielsweise das Risiko für Thrombosen oder Herz-Kreislauf-Komplikationen deutlich an, wenn geraucht wird. Auch im Hinblick auf Operationen kann Nikotin die Wundheilung erheblich verschlechtern und das Risiko für Komplikationen wie Infektionen oder Wundheilungsstörungen deutlich erhöhen. Das gilt selbstverständlich auch für nicht-transidente Menschen – aber im Rahmen einer Transition, bei der der Körper ohnehin vielen Veränderungen ausgesetzt ist, können sich diese

Risiken besonders negativ auswirken. Jede*r, der oder die medizinische Maßnahmen plant, sollte sich dieser Zusammenhänge bewusst sein und, wenn möglich, vor Beginn der Behandlung aktiv gegen diese Risikofaktoren vorgehen.

3.2 Fachinterview: Entwicklungen in der transspezifischen Psychotherapie

Im Gespräch mit Prof. Dr. Udo Rauchfleisch, Klinischer Psychologe und Psychoanalytiker, Basel.

Herr Professor Rauchfleisch, Sie begleiten Transmenschen seit über einem halben Jahrhundert. Was hat Sie damals und was hält Sie bis heute an Ihrer Arbeit interessiert?
U. Rauchfleisch: Als ich 1970 nach Basel kam, war ich auf das Thema Transidentität gar nicht vorbereitet. Damals suchten erste transidente Menschen aus Deutschland bei uns Unterstützung – zunächst zur Abklärung von Hormonbehandlungen und chirurgischen Interventionen. Mit den Jahren habe ich viele trans* Personen begleitet, begutachtet und auch privat kennengelernt. Das hat mein Bild von Transidentität stark verändert und differenziert. Heute sehe ich: trans* Menschen sind so unterschiedlich wie Cismenschen. Wir Fachpersonen müssen uns dafür einsetzen, dass sie ihr Leben in einer cisnormativen Gesellschaft frei und selbstbestimmt gestalten können.

Sie waren maßgeblich an der Entpathologisierung von Transidentität beteiligt und haben früh betont, dass sie keine psychische Krankheit ist. Wie haben sich therapeutische Konzepte und Diagnostik seit den 1970er-Jahren verändert?
U. Rauchfleisch: Früher wurde die psychotherapeutische Begleitung im Rahmen einer Transition als eigentliche Therapie verstanden. Heute sehe ich sie eher als Coaching. Eine Psychotherapie im engeren Sinne ist nur dann angezeigt, wenn eine transidente Person unter psychischen Erkrankungen leidet – so wie Cismenschen auch. Es gibt Depressionen, Angststörungen oder Suizidalität, die durch die schwierigen Lebensumstände in unserer Gesellschaft entstehen können, und es gibt primäre psychische Erkrankungen. Für diese Personen ist Psychotherapie wichtig, weil sie ihre psychische Stabilität stärkt und dadurch die Transition erleichtert. Für die meisten jedoch ist die Begleitung während der Transition eher eine unterstützende Beratung, die Ressourcen stärkt und Orientierung gibt.

In Ihren Veröffentlichungen sprechen Sie von einer „Verflüchtigung des Körpers" im Diskurs – weg von somatischer Pathologiebedeutung, hin zu psychischer Dimension und Lebenspraxis. Wie bewerten Sie diese Entwicklung mit Blick auf Chancen und Risiken?

U. Rauchfleisch: Der frühere Begriff „Transsexualismus" war stark auf den Körper fixiert – auf Operationen und Hormonbehandlungen. Mit dem später eingeführten Begriff „Transidentität" hat sich der Fokus auf die Identität und die psychischen Prozesse verlagert. Das war richtig und wichtig. Dennoch dürfen wir den Körper nicht aus dem Blick verlieren. Viele Menschen müssen ihren Körper nach einer Transition neu entdecken und annehmen. Darum halte ich es für wichtig, die psychotherapeutischen Angebote mit körperorientierten Verfahren zu erweitern.

In den letzten Jahrzehnten sind Themen wie nicht-binäre Identitäten, Transidentität bei Kindern und Jugendlichen oder Detransition stärker in den Fokus gerückt. Welche Entwicklungen nehmen Sie als besonders prägend wahr?

U. Rauchfleisch: Nicht-Binarität, Kinder und Jugendliche sowie Detransition sind keine völlig neuen Themen – sie sind nur sichtbarer geworden. Schon lange gab es Menschen, die sagten: ‚Ich bin sowohl Mann als auch Frau', um ihre Nicht-Binarität zu beschreiben, weil es dieses Konzept damals noch nicht gab. Ebenso gab es Kinder, die früh deutlich machten, dass sie anders leben wollten, als es ihrem bei Geburt zugewiesenen Geschlecht entsprach. Detransitionen hat es ebenfalls immer gegeben, auch wenn sie selten sind. Oft handelt es sich nicht um eine komplette Abkehr, sondern um eine neue Phase des Lebenswegs. Wichtig ist, dies nicht zu tabuisieren, sondern als mögliche Variante des Lebensverlaufs mitzudenken. Es sollte wertschätzend und ohne Vorwürfe besprochen werden – genauso wie die Transition selbst.

Wie verändert sich aus Ihrer Sicht das Verständnis von Transidentität, wenn wir in Zukunft mehr auf gesellschaftliche Teilhabe und Selbstdefinition fokussieren?

U. Rauchfleisch: Es ist entscheidend, dass trans* Personen die gleichen Rechte wie alle anderen haben. Gesellschaftliche Teilhabe darf nicht durch unnötige Hürden oder Fremdbestimmung eingeschränkt werden. Selbstdefinition und Eigenverantwortung sollten im Zentrum stehen.

Welche Rolle spielen psychoanalytische oder psychotherapeutische Begleitformen heute in geschlechtlichen Transitionen – und was halten Sie für zeitgemäß, wenn wir von psychischer Gesundheit von Transmenschen sprechen?
U. Rauchfleisch: Eine therapeutische Begleitung sollte allen trans* Personen empfohlen werden, aber sie darf keine Pflicht sein. Viele kommen zunächst nur für wenige Gespräche und merken dann, wie hilfreich das sein kann. Der gesamte Prozess einer Transition verlangt große psychische Stärke und soziale Kompetenz. Psychische Gesundheit ist daher ein zentraler Faktor – sie erleichtert den Weg und sollte aktiv gefördert werden.

Welche Trends, Herausforderungen oder Chancen sehen Sie in der nächsten Dekade?
U. Rauchfleisch: Die Welt wird bunter und vielfältiger, als es viele gesellschaftliche Vorstellungen bisher zulassen. Besonders die Anerkennung nichtbinärer Identitäten stellt eine Herausforderung dar, da unsere Kultur stark binär geprägt ist. Doch gerade darin liegt auch eine Chance: Vielfalt wird sichtbarer, und wir lernen, offener für unterschiedliche Lebensweisen zu werden. Das kann unsere Gesellschaft insgesamt bereichern.

Was sollten Fachpersonen in Ausbildung unbedingt über Transidentität lernen – basierend auf Ihren Erfahrungen und aktuellen Herausforderungen?
U. Rauchfleisch: Das Wichtigste ist Offenheit – die Bereitschaft, zuzuhören und Erfahrungen ernst zu nehmen. Darauf aufbauend muss das Thema Trans* in die Curricula aufgenommen werden, nicht nur in Psychologie und Medizin, sondern auch in Pädagogik, Sozialarbeit, Theologie und anderen Fächern. Nur so können künftige Fachpersonen angemessen und respektvoll begleiten.

Welchen Leitgedanken möchten Sie Menschen mit auf den Weg geben, die sich mit ihrer Transidentität auseinandersetzen?
U. Rauchfleisch: Habt den Mut, zu dem zu stehen, was ihr innerlich seid und fühlt. Sucht Unterstützung, stärkt euch und geht euren eigenen Weg – so, wie er für euch lebbar ist. Es braucht Kraft, in dieser Gesellschaft den eigenen Weg zu gehen, aber es lohnt sich, sich selbst treu zu bleiben.

3.3 Psychologische Diagnostik und Begleittherapie

Medizinische Maßnahmen im Rahmen einer Transition setzen in Deutschland eine psychotherapeutische oder psychiatrische Diagnostik sowie eine begleitende Therapie voraus. Diese psychotherapeutische Begleittherapie ist nicht nur eine formale Voraussetzung für die Kostenübernahme durch gesetzliche Krankenkassen, sondern auch ein zentraler Bestandteil der psychosozialen Unterstützung. Sie hilft, den eigenen Weg zu reflektieren, Entscheidungen abzusichern und mit den Herausforderungen einer Transition im Alltag besser umzugehen. In diesem Abschnitt wird zwischen erwachsenen Transpersonen und Kindern bzw. Jugendlichen unterschieden, da für beide Gruppen unterschiedliche Anforderungen und Abläufe gelten.

3.3.1 Erwachsene

Bei erwachsenen Transpersonen bildet die gesicherte Diagnose „Transsexualismus“ (ICD-10: F64.0) die Grundlage für alle weiteren Schritte einer medizinischen Transition. Diese Diagnose darf nur von approbierten Psychotherapeut*innen oder Psychiater*innen mit entsprechender Fachkunde gestellt werden. Nach dem Heilpraktikergesetz zugelassene Behandelnde können zwar unterstützend tätig sein, ihre Stellungnahmen oder Therapiezeiten werden jedoch nicht im Rahmen der Kostenübernahme anerkannt.

Die psychotherapeutische Diagnostik dient nicht dazu, Transidentität zu bestätigen oder gar infrage zu stellen. Vielmehr geht es darum, die erlebte Geschlechtsinkongruenz einzuordnen, andere psychische Störungen auszuschließen und zu klären, ob medizinische Schritte geeignet sind, den bestehenden Leidensdruck zu reduzieren. Die MDS-Begutachtungsanleitung stellt klar:

> „Medizinische Maßnahmen sind nur dann als indiziert anzusehen, wenn durch eine psychotherapeutische Behandlung allein keine ausreichende Reduktion des Leidensdrucks erreicht werden kann.“ (MDS, 2020)

Was passiert in der Diagnostik?

Viele Menschen gehen mit Unsicherheit in die erste psychotherapeutische Sprechstunde: Muss ich beweisen, dass ich „trans genug“ bin? Muss ich auf alle Fragen antworten? Bin ich der Bewertung einer fremden Person ausgeliefert? Solche Sorgen sind nachvollziehbar und es ist wichtig, sie ernst zu nehmen. Grundsätzlich gilt: Diagnostik bedeutet, gemeinsam mit der Therapeutin oder dem Therapeuten ein Bild von der aktuellen psychischen Lebenssituation zu entwickeln. Dazu gehören Gespräche, standardisierte Fragebögen und manchmal auch Fremd- oder Selbstbeobachtungsinstrumente. Ziel ist es, herauszufinden:

- Liegt eine Geschlechtsinkongruenz vor, die mit einer F64.0-Diagnose im Sinne der ICD-10 vereinbar ist?
- Wie ausgeprägt ist der damit verbundene krankheitswertige Leidensdruck?
- Gibt es andere psychische Belastungen oder gar Erkrankungen, die beachtet oder zuerst behandelt werden sollten?
- Sind medizinische Maßnahmen zur Linderung des geschlechtsspezifischen Leidensdrucks erforderlich und erfolgversprechend?

Therapeut*innen „durchleuchten" ihre Patienten dabei nicht wie in einem Verhör. Vielmehr ist die Diagnostik ein strukturierter, aber dennoch dialogischer Prozess. Niemand muss sich innerhalb weniger Sitzungen „beweisen". Gerade im Bereich von Geschlechtsidentität ist es essenziell, ausreichend Zeit für Reflexion, Fragen, Unsicherheiten und Zwischentöne zuzulassen.

Was darf gefragt werden? Was muss ich beantworten?
Im Rahmen einer fundierten Diagnostik werden mitunter auch sehr persönliche Fragen gestellt, zu Biografie, Sexualität, Körpererleben und psychischer Verfassung. Diese Fragen sollten immer mit Sorgfalt und Respekt gestellt werden. Sie dienen einem fachlichen Zweck, dürfen aber niemals übergriffig oder suggestiv sein. Es ist vollkommen legitim, Rückfragen zu stellen: „Warum ist diese Information relevant?" oder „Mir ist das gerade zu privat, können wir anders an das Thema herangehen?" Therapeut*innen sollten erklären können, warum bestimmte Themen angesprochen werden. Wer sich unwohl fühlt, sollte dies offen ansprechen. Ist das Vertrauensverhältnis nachhaltig gestört, darf und sollte ein Wechsel der Therapie in Erwägung gezogen werden. Eine gute therapeutische Beziehung lebt von Respekt und Augenhöhe.

In vielen Therapiepraxen wird zu Beginn eine Reihe von Fragebögen ausgegeben: zu Symptomen, zum Stresserleben, zur Lebenszufriedenheit oder zu Selbstbild und Identität. Diese dienen nicht der Bewertung, sondern der systematischen Erfassung von Informationen, die im Gespräch möglicherweise zu kurz kommen oder schwer zu formulieren sind. Sie helfen Therapeut*innen, ein differenziertes Bild zu erhalten und nichts Wichtiges zu übersehen. Im Rahmen von Indikationsschreiben dienen sie der Absicherung.

Therapie als Chance
Im Idealfall wird die psychotherapeutische Begleitung nicht als Pflichtprogramm empfunden, sondern als echte Unterstützung. Sie bietet Raum für Selbstreflexion, für das Ordnen von Gedanken und Emotionen, für das Abwägen von Möglichkeiten. Sie kann helfen, Stolpersteine zu erkennen, Ressourcen zu aktivieren und den eigenen Weg mit mehr Sicherheit zu gestalten. Wer sich auf die Therapie einlässt, investiert nicht nur in die Voraussetzung für medizinische Schritte, sondern auch in die eigene psychische Stabilität. Gerade in einer Phase, die mit tiefgreifenden Veränderungen, Herausforderungen und auch Rückschlägen verbunden sein kann, ist das eine wertvolle Ressource.

Auswahl von Therapeut*innen
Die Wahl der richtigen psychotherapeutischen Begleitung ist eine wichtige Entscheidung. Idealerweise verfügt die Fachperson über Erfahrung in der Arbeit mit Transpersonen. Zwar ist transspezifische Erfahrung keine formale Voraussetzung, doch praktische Kenntnisse erleichtern oft die Kommunikation und bieten Sicherheit im Umgang mit Antragsverfahren. Es ist dabei zu beachten, dass nur kassenzugelassene Psychotherapeutinnen für die notwendige Diagnostik und Indikationsstellung anerkannt werden. Therapieangebote von Beratungsstellen oder Heilpraktikerinnen ohne Kassenzulassung können hilfreich erscheinen, werden jedoch von Krankenkassen und dem Medizinischen Dienst für formale Zwecke nicht anerkannt und sollten daher nicht als Ersatz genutzt werden.

Leider bestehen im psychotherapeutischen Bereich generell, nicht nur im transspezifischen Kontext, oft lange Wartezeiten. Um die Chancen auf einen Therapieplatz zu verbessern, empfiehlt es sich:

- den geografischen Suchradius so weit wie möglich zu stecken,
- sich parallel auf mehreren Wartelisten eintragen zu lassen,
- auch Gruppensettings in Betracht zu ziehen, sofern diese von kassenzugelassenen Fachpersonen geleitet werden,
- Webseiten der Kassenärztlichen Vereinigungen oder Psychotherapeutenkammern zu nutzen oder über die eigene Krankenkasse nach Unterstützung bei der Suche zu bitten.

Die ersten sogenannten probatorischen Sitzungen dienen dem gegenseitigen Kennenlernen. Sie sind dazu gedacht, herauszufinden, ob eine vertrauensvolle Zusammenarbeit möglich ist und die therapeutische Person zur eigenen Situation passt. Erst danach wird gemeinsam über die Fortsetzung einer regulären Therapie entschieden. Wenn es nicht passt, kann man wechseln, ohne den Anspruch auf die von der Krankenkasse genehmigten Sitzungen zu verlieren.

Wie kann die Begleittherapie konkret aussehen?

Nach der Diagnosestellung beginnt die eigentliche Begleittherapie. Sie orientiert sich am individuellen Bedarf und erfolgt in der Regel über einen Zeitraum von mindestens sechs Monaten. Der Fokus liegt auf dem aus der Geschlechtsinkongruenz resultierenden krankheitswertigen Leidensdruck. Die Gespräche sind dabei lösungsorientiert, ressourcenstärkend und nicht bewertend. Typische Themen sind z. B.:

- das eigene Selbstbild und die Diskrepanz zur äußeren Wahrnehmung,
- Umgang mit dem Körper, insbesondere bei starkem körperlichen Unbehagen (Dysphorie),
- Auseinandersetzung mit Rollenbildern und Klischees: Was heißt „männlich", „weiblich" – und was bedeutet das für mich?
- Aufbau von Selbstvertrauen, insbesondere in Alltagssituationen (z. B. „Wie trete ich in der Öffentlichkeit auf?"),
- Strategien im Umgang mit herausfordernden Reaktionen aus dem Umfeld,
- Vorbereitung auf den Alltag in der gewünschten Geschlechtsrolle und/oder auf medizinische Schritte.

Die Therapie kann dabei sowohl entlastend als auch strukturierend wirken. Sie schafft einen Raum, in dem Gedanken und Gefühle ohne Leistungsdruck ausgesprochen werden dürfen. Viele nutzen die Gespräche, um eigene Unsicherheiten zu sortieren, Perspektiven zu entwickeln oder auch um Rückschläge zu verarbeiten.

Indikation und Terminplanung

Sobald die Diagnose F64.0 als gesichert gilt, kann bereits das Gespräch mit der Therapeutin oder dem Therapeuten über eine medizinische Indikation beginnen, etwa für die Hormonbehandlung. Dabei sollte die Frage erlaubt sein: „Wann kann ich mit dem Indikationsschreiben für Hormone rechnen?" Denn die Wartezeiten auf einen Ersttermin in endokrinologischen Praxen sind oft lang. Daher ist es sinnvoll, sich parallel zur weiteren Begleittherapie bereits um einen Termin zu bemühen. Auch die für die Hormonbehandlung notwendigen Voruntersuchungen (Anamnese, körperliche Untersuchung, Blutabnahme) können bereits vor Ausstellung der Indikation in einer geeigneten Fachpraxis erfolgen. Das ermöglicht einen zügigen Start, sobald die Voraussetzungen erfüllt sind.

Formelle Anforderungen an Indikationsschreiben und Therapieberichte
Psychotherapeut*innen, die Indikationen für medizinische Maßnahmen (z. B. Hormonbehandlung, Operationen) ausstellen, müssen sich an die Vorgaben der MDS-Begutachtungsanleitung halten. Ein Indikationsschreiben muss nicht nur die Diagnose F64.0 enthalten, sondern auch eine fachlich nachvollziehbare Begründung, warum die angestrebte Maßnahme erforderlich ist. Die Begutachtenden des Medizinischen Dienstes stützen ihre Entscheidungen wesentlich auf diese Angaben.

Darüber hinaus wird für viele Maßnahmen ein ausführlicher Behandlungs- und Therapieverlaufsbericht benötigt. Dieser dokumentiert die Sitzungen, die Inhalte der Gespräche, die Entwicklung des psychischen Zustands sowie die Einschätzung zur Stabilität der Lebensführung. Auch die Alltagserfahrung in der „anderen" Geschlechtsrolle – sofern für die angestrebte Maßnahme relevant – muss zeitlich eingeordnet und dokumentiert werden. Ein gut strukturierter und nachvollziehbarer Behandlungsverlaufsbericht ist für die Kostenübernahme essenziell. Vor diesem Hintergrund ist es hilfreich, wenn der oder die behandelnde Psychotherapeut*in transerfahren ist, denn Kostenübernahmeanträge scheitern meistens an nicht eingehaltenen Formalitäten und inhaltlich nicht ausreichenden Dokumentationen.

Therapeutenwechsel – Gründe, Rechte und Möglichkeiten
Ein Wechsel der Therapeutin oder des Therapeuten kann aus verschiedenen Gründen notwendig oder sinnvoll sein – sei es aufgrund persönlicher Differenzen, veränderter Lebensumstände (z. B. Umzug) oder einer Praxisschließung. Grundsätzlich gilt: Niemand ist an eine bestimmte Fachperson gebunden. Ein Wechsel ist möglich. Dabei sollte jedoch auf einen möglichst nahtlosen Übergang geachtet werden.

Wichtig bei einem Wechsel des/der Psychotherapeut*in

- Ein Anspruch auf Ausstellung von Attesten und Berichten besteht auch bei einem Wechsel – z. B. eine Bescheinigung über die bisherigen Sitzungen.
- Therapeut*innen sind verpflichtet, eine Kopie relevanter Unterlagen bereitzustellen (z. B. Diagnosen, Verlaufsberichte, Atteste), sofern dies der oder die Patient*in wünscht und eine Schweigepflichtentbindung für eine Weitergabe vorliegt.
- Nach Schließung einer Praxis kann die zuständige Landespsychotherapeutenkammer oder Kassenärztliche Vereinigung kontaktiert werden. Diese wissen, wie und wo Akten archiviert wurden, und helfen ggf. bei der Anforderung alter Unterlagen.

Eine transparente Kommunikation beim Wechsel, möglichst in Absprache mit der bisherigen Therapeutin, ist immer hilfreich. So kann eine neue Fachperson gezielt an das bisher Erarbeitete anknüpfen und die weitere Begleitung effektiv gestalten.

3.3.2 Fachinterview: Transspezifische Psychotherapie bei Erwachsenen

Im Gespräch mit Dipl.-Psych. Gudrun Hoika-Messing-Flöter, psychologische und ärztliche Psychotherapeutin, Köln:

Sie arbeiten seit vielen Jahren psychotherapeutisch mit Transmenschen. Wie hat sich Ihr persönlicher Zugang zum Thema Transidentität entwickelt und was motiviert Sie bis heute hier tätig zu sein?
G. Flöter: Der persönliche Zugang war zufällig. Ein Kinder- und Jugendpsychiater hatte einen jungen Transmann zu mir überwiesen. Meine erste Reaktion war ein Überforderungsgefühl mit der Frage, ob ich der Herausforderung trotz bereits 10jähriger Niederlassung gewachsen sei. Im Verlauf der mehrjährigen Begleitung eines bei Behandlungsbeginn 16jährigen sehr unglücklichen und sozial isolierten jungen Menschen hin zu einem selbstbewussten, sozial integrierten, erfolgreichen und glücklichen Menschen habe ich viel gelernt – über Identität, über die Essenz des Lebens und über mich. Ich bin meinem Patienten für die gemeinsame Arbeit sehr dankbar und bin noch heute erfüllt davon, einen Menschen bei seiner Selbstfindung begleitet haben zu dürfen.

Mein Patient vollzog zunächst seine soziale Transition: Outing in der Familie und Schule. Zum Ende der Schulzeit erfolgte die Personenstands- und Namensänderung, sodass auf seinem Abschlusszeugnis der richtige Name aufgeführt wurde. Hier zeigten sich bürokratische Widerstände, welche wir geduldig und hartnäckig bewältigen konnten. Im Verlauf des letzten Schuljahres begann die Hormonersatztherapie – nach meinem ersten Indikationsschreiben, welches wohlwollend akzeptiert wurde, welches aber im Verlauf erweitert und „professionalisiert“ wurde. Die Mastektomie erfolgte im Studienverlauf – mein Patient ist heute als promovierter Naturwissenschaftler tätig, glücklich in einer Beziehung, hat einen großen Freundeskreis. Je selbstbewusster er wurde, desto marginaler erachtete er die geschlechtsangleichenden Maßnahmen, die er mit großer Gelassenheit anging. Ich kann sagen, dass dieser Patient mich ausgebildet hat, da im verhaltenstherapeutischen Weiterbildungscurriculum zur/zum Psychologischen Psychotherapeut*in erst im Verlauf der letzten Jahre auch Kurse zum Thema Transidentität aufgenommen worden sind. Im Laufe der Jahre wurde meine Praxis zu einer Anlaufstelle für transidente Menschen, bis heute habe ich ca. 500 Menschen im Rahmen von Therapie und/oder TSG-Begutachtung kennengelernt.

Was sind für Sie klare Anhaltspunkte, dass jemand trans ist?
G. Flöter: Zunächst ist es für mich kein ausschlaggebender Anhaltspunkt, wenn jemand in der (frühen) Kindheit nicht geschlechtsrollenkonform war. Zum Beispiel wenn ein Junge mit Puppen oder ein Mädchen mit Autos gespielt hat. Geschlechtliche Nonkonformität kann natürlich bei Transpersonen vorkommen, aber als alleiniges Merkmal ist der Aspekt nicht ausreichend.

Wenn aber etwa in der Pubertät Krisen entstehen, weil der Geschlechtskörper sich in eine Richtung entwickelt, die zutiefst abgelehnt wird, wenn in der pubertären Krise mit dem Bewusstwerden der geschlechtlichen Identität eine innere Zerrissenheit entsteht und vielleicht sogar Suizidalität ins Spiel kommt, dann ist dies für mich ein wichtiger Hinweis, dass es sich um Transidentität handeln könnte. Wobei ich hinzufügen muss, dass nicht alle Transpatienten sich umbringen wollen, aber nicht wenige fühlen Todessehnsucht oder ein allgemeines Gefühl, dass mit ihnen „etwas nicht stimmt". Ich habe nicht selten die Aussage gehört, dass sich transidente Menschen in der Pubertät als „abnorm, widerlich, monströs" erlebt haben und den Blick in den Spiegel gemieden haben.

Bei der Reflektion der Lebensentwicklung meiner Patient*innen zeigte sich, dass es eine erhebliche Belastung darstellt, wenn sie mit Beginn der Pubertät feststellen, dass die Geschlechtsorgane und der Geschlechtskörper nicht zur erlebten bzw. aus dem inneren Verständnis wahrgenommenen geschlechtlichen Identität passen. Dies kann z. B. dazu führen, dass der Körper verhüllt wird, dass Transmänner sich viel Gewicht anessen oder Nahrung verweigern und exzessiv Sport treiben, um die „weiblichen Rundungen" in einem Speckpanzer zu „verstecken" oder „wegzuhungern/wegzutrainieren". Bei Transfrauen kann es vorkommen, dass sie „verstummen", weil sie ihre Stimme nicht mehr ertragen können. In jedem Fall aber kommt es zu sozialem Rückzug, der nicht selten mit sozialer Ächtung seitens der Peer-Gruppe einhergeht und so im Sinne eines Teufelskreises sich die soziale Isolation immer mehr verstärkt.

Wenn sich das Wesen verändert, sich jemand zurückzieht, Gesellschaft meidet, Ekel vor dem eigenen Körper entwickelt, dann muss dies nicht ein Zeichen einer primären psychischen Erkrankung sein, sondern es kann auch eine Reaktion auf die divergente Entwicklung im Sinne einer sekundären psychischen Symptomatik sein, da es keine Schnittmenge mehr zwischen Körper und Geschlechtsidentität gibt. Hier ist sehr viel Sorgfalt und differenzialdiagnostische Kompetenz der/des behandelnden ärztlichen oder psychologischen Psychotherapeut*in gefordert. Darum halte ich den interkollegialen Austausch z. B. innerhalb von Qualitätszirkeln für notwendig.

Sie begleiten viele Transmenschen vor, während oder nach sozialen und medizinischen Schritten. Was ist Ihnen dabei besonders wichtig?
G. Flöter: Zunächst ist am Anfang der Therapie viel Aufklärung notwendig, weil die Vielfalt und Widersprüchlichkeit der in den sozialen Medien verfügbaren Informationen oft nicht wissenschaftlich fundiert ist, d. h. dass persönliche Statements unter Umständen mit unbestreitbaren Tatbeständen verwechselt werden können, was zur Irritation und Verunsicherung beitragen kann. Auch kann ein Wettbewerbsdruck unter Umständen nicht verhindert werden, wenn Normen aufgestellt werden, wie man „richtig transitioniert" und wie schnell man das alles hinter sich bringen kann. Es handelt sich um einen hochkomplexen Prozess, daher ist aus meiner Sicht wichtig, dass man der Seele die Chance gibt, mitzuwachsen und die Veränderungen des Körpers annehmen zu können, so wie in einer Cis-Pubertät, die sich über Jahre erstreckt und nicht innerhalb von maximal 1,5 bis 2 Jahren „abgefrühstückt" wird. Es gibt ein schönes chinesisches Sprichwort: „Wenn Du in Eile bist, gehe langsam". Darum propagiere ich die „sanfte Transition", die der Seele den Raum für die Anpassungsleistungen gibt.

Zu Beginn des gemeinsamen Weges kläre ich die Patienten über die geltenden Regeln der Krankenkassen und Medizinischen Dienste auf, nach denen eine medizinische Transition abläuft, inklusive formeller Anforderungen und Fristen. Fristen gelten für uns Behandler, aber auch für die Kostenträger, d. h. ich setze mich selbstverständlich für meine Patient*innen ein, wenn die Kostenträger Fristen versäumen oder den Prozess verzögern.

Ich begleite die Patient*innen nach dem Prinzip des partizipativen Behandlungsansatzes beziehungsweise der „corporate identity": ein/e praktische/r Expert*in (Patient*in) und eine theoretische Expertin (ich) arbeiten gemeinsam und gleichberechtigt am Prozess. So gehen Patient*innen und ich den Weg gemeinsam. Ich habe die Leit- und Richtlinien im Blick, aber ich nehme mir nicht das Recht heraus, einem anderen Menschen zu sagen, wer oder was er ist.

Ich würde niemals einem Menschen absprechen, sich als trans zu empfinden. Aber es gibt gewisse Ausschlusskriterien für die Diagnose „Transsexualismus". Dazu gehört z. B. transvestitischer Fetischismus, also die sexuelle Erregung durch das Tragen von Kleidung des anderen Geschlechts. Das diskutiere ich dann auch offen mit den Patienten, ohne sie zu beurteilen oder zu bewerten.

Welche Themen und Fragestellungen eruieren Sie mit den Patienten, um herauszufinden, ob eine Transition der richtige Weg ist?
G. Flöter: Zum Beispiel Fragen wie: Wie fülle ich die Identität als Frau oder Mann aus? Welche Vorbilder habe ich? Was sind für mich wichtige Punkte in meiner Identität?

Es reicht zum Beispiel nicht, „nur“ wie ein Mann oder wie eine Frau aussehen zu wollen, sondern jede und jeder sollte an einen Punkt gelangen, zu wissen, wie man sich in dieser Identität bewegen kann. Es ist wichtig, dass die Seele von dem Prozess nicht überfordert ist. Schließlich stellt sich auch die Frage, ob etwa eine geschlechtsanpassende OP im individuellen Fall geeignet ist, eine „Rettung“ zu sein.

Immer wieder berichten Transmenschen von dem Gefühl, in der Transdiagnostik geprüft zu werden und nehmen die verpflichtende Psychotherapie als Gatekeeping wahr. Was müsste sich aus Ihrer Sicht ändern, um dies zu vermeiden?
G. Flöter: Zunächst möchte ich noch einmal betonen, dass die/der begleitende Psychotherapeut*in den medizinethischen Prinzipien des Nichtschadens und der Fürsorge verpflichtet ist. Es geht mitnichten darum, wie ich die Person „lese“ und inwieweit die Person meinen Vorstellungen von Männlichkeit/Weiblichkeit entspricht. Ich nehme für mich die Funktion eines Katalysators in Anspruch: Ich versuche, die Person dazu anzuregen, sich selbst kennenzulernen und ihre Facetten zu ergründen, nach dem Prinzip des Orakels zu Delphi „Erkenne Dich selbst“. Die Suche nach der eigenen Identität ist somit schon so alt wie die Menschheit, die therapeutische Arbeit sollte nach dem Prinzip des sokratischen Dialogs erfolgen, mit dialektischem Ansatz. Ich selbst empfinde den Begriff der „Passung“ als unangenehm. Ich komme aus einer Generation, wo Anpassung als nicht erstrebenswert galt. Ebenso empfinde ich einen Widerstand nur um des Widerstands willen als nicht zielführend. Mein Ansatz gilt dem Austarieren eines individuellen inneren Gleichgewichts. Aus meiner Sicht hat jeder Mensch weibliche und männliche Merkmale, und ich würde es bedauern, wenn zum Beispiel Transfrauen nur feminin sein dürften, um damit zu „beweisen“, dass sie „echte“ Frauen sind. Ich selbst sehe keine Notwendigkeit, mich vor irgendjemandem außer mir selbst in meiner Identität zu rechtfertigen.

Meine Empfehlung an Transmenschen: kein/e Therapeut*in ist wie die/der andere, ebenso ist keine Transperson wie die andere. Wenn man vor einem Therapeuten sitzt und sich bewertet und beurteilt fühlt, sollte man dies ansprechen. Wenn die/der Behandler*in für sich in Anspruch nimmt, ihr/sein Urteil über die Person über die Person zu stellen, würde ich die/den Behandler*in wechseln. Wenn es gut funktioniert, kann eine Therapie segensreich und fruchtbar für beide Seiten sein.

Selbstverständlich kann eine Transperson im Therapieverlauf ihre Haltung/ihre Bedürfnisse ändern. Jeder Mensch hat das Recht, sich im Verlauf einer Transition umzuentscheiden. Die Begleittherapie ist also ein sich verdichtender Prozess, in dem sich jemand immer klarer und „ganz mit sich" werden kann.

Ein Beispiel: ein Patient ist trotz laufender Transition noch innerlich sehr zerrissen und hat noch keine medizinischen Schritte unternommen. Ein anderer Patient hat sehr schnell die komplette medizinische Angleichung durchlaufen, muss aber möglicherweise wegen akuter suizidaler Tendenzen in die Psychiatrie. Letzteres ist für mich nicht der Beweis, dass die zweite Person nicht trans ist – sondern eher dafür, dass der Weg zu schnell gegangen wurde, die Person durch ihre Handlungen ihre Seele überholt hat und nun überfordert ist.

Es ist wichtig, dass Patienten realisieren, dass es zunächst um die Frage geht „Wer bin ich?" und „Was ist mein innerer Kompass?". Wer den inneren Kompass justiert hat, hat die Chance, seinen Transitionsweg und das Transitionstempo selbst zu bestimmen.

Information, Transparenz und sich selbst kritische Fragen zu stellen ist wichtig! Für mich als Therapeutin ist es aber ebenso wichtig, den Prozess gut zu erklären und nicht gekränkt zu reagieren, wenn die Patienten mich kritisch hinterfragen.

Mit zunehmender Sichtbarkeit von nicht-binären Identitäten ergeben sich neue Fragen an therapeutische Konzepte. Wie nehmen Sie diese Entwicklungen wahr?

G. Flöter: Hätten Sie mich das vor zwei Jahren gefragt, hätte ich gesagt, nichtbinäre Personen bewegen sich von was weg, sie vermeiden Identität. Mittlerweile hat sich mein Bild deutlich geändert. Durchaus viele meiner Patienten bezeichnen sich von ihrem Empfinden her eher als nicht-binär, selbst wenn sie binäre Angleichungsschritte gehen. Viele spielen sehr gerne mit ihren männlichen und weiblichen Anteilen. Mancher sagt etwa: „Ich bin eindeutig ein Mann, aber ich kann auch einen Rock anziehen". Manche möchten sich vom gesellschaftlichen Konzept des Geschlechtlichen verabschieden.

Das Problem ist, dass nicht-binäre Personen bisher keinen Anspruch auf transspezifische Gesundheitsleistungen haben. Daher brauchen wir neue Behandlungs- und Kostenübernahmekonzepte. Noch gilt die F64.0 als binäre Diagnose. Somit müssen wir leider in der Begleittherapie vermitteln, dass nur eine binäre Selbstzuordnung Zugang zu kostenübernahmefähigen Leistungen ermöglicht.

Was sind aus Ihrer Sicht zentrale Kompetenzen, die Fachpersonen im Umgang mit transidenten Menschen brauchen?

G. Flöter: Bereitschaft zur Ergebnisoffenheit und Neugier – aber ohne Voyeurismus! Dies beinhaltet die Bereitschaft für einen offenen Dialog und kritisches Hinterfragen sowie für schwierige Interaktionen. Als Psychotherapeut*in muss ich aber auch aufklären über Chancen und Risiken. Nicht in dem Sinne, dem Patienten die Entscheidungsfreiheit abzusprechen.

Behandelnde sollten zudem bereit sein, dazuzulernen und sich für Patient*innen einzusetzen. Das bedeutet manchmal, dass man dem MDK mehrfach schreiben muss, wenn es bei einer Kostenübernahme hakt.

Sie engagieren sich auch auf institutioneller Ebene, etwa in der Ärztekammer, Psychotherapeutenkammer und in Qualitätszirkeln. Welche Entwicklungen nehmen Sie wahr?

G. Flöter: Es ist mir eine große Freude, mich auszutauschen und zu vernetzen. Ich nehme wahr, dass die Ergebnisoffenheit sich auch auf der kollegialen Ebene zeigt. Auch die Offenheit der Weiterbildungsinstitute, mit denen ich zusammenarbeite, freut mich: so ist der Baustein „Psychotherapie mit transidenten Menschen“ in das Weiterbildungscurriculum eines Instituts als fester Bestandteil aufgenommen worden. In einem anderen Institut gebe ich einmal im Quartal ein Online-Seminar. Auch die Bereitschaft der Ärztekammer, das Thema im Rahmen einer überregionalen Hausarztfortbildung anzubieten, freut mich sehr. Somit können Berührungsängste erfolgreich reduziert werden.

Welche Themen oder Fallbeispiele stoßen bei Transbehandelnden oft auf Unsicherheit?

G. Flöter: Hier kann ich mich nur darauf beziehen, was meine Patient*innen mir zugetragen haben. So gab es Interaktionen z. B. mit einem HNO-Arzt bezüglich der Verordnung von Stimmtherapie, der eine aus Sicht der Patientin unangemessene Neugier für ihre körperliche Verfassung im Genitalbereich und für ihre sexuelle Orientierung zeigte. Hier trainiere ich mit den Patient*innen in Form von Rollenspielen, wie man sich gegenüber unangemessenen, distanzlosen und übergriffigen verbalen Äußerungen effektiv und kompetent abgrenzt und seinem Gegenüber deutlich macht, wie unpassend das Verhalten ist. Es ist in diesem Zusammenhang wichtig, an der Vulnerabilität zu arbeiten und soziale Skills zu erlernen, wie man sich effektiv verbal zur Wehr setzen kann und „das Match gewinnt“, sodass das Gegenüber mit Gesichtsverlust das Feld räumt.

Dies gilt nicht nur für den Kontakt mit manchen Ärzten, sondern insgesamt für den Kontakt mit fremden Menschen auf der Straße. An dem Punkt ist es wichtig, bei Bedarf Grenzen zu setzen. Etwa zu sagen „Entschuldigung, das geht mir hier zu weit. Das möchte ich nicht beantworten." Da sind wir wieder beim inneren Kompass.

Wenn Sie eine zentrale Botschaft an Ihre psychotherapeutischen Kolleg*innen formulieren könnten, welche wäre das?

G. Flöter: Kein transidenter Mensch ist wie der andere. Jeder Mensch kommt mit seiner eigenen Geschichte in die Behandlung, und es ist schön, wenn wir offen für das individuelle Schicksal sind. Wir sind Begleiter*innen, keine „Rätsellöser*innen" oder „Retter*innen", die die Person, die vor uns sitzt, besser kennen als er oder sie sich selbst.

Weiterhin ist es wichtig, die GKV-Richtlinie zu kennen und keine Aversion gegen Regeln zu haben, vielmehr sich mit dem Regelwerk und dessen Nutzen auseinandergesetzt zu haben.

Ich würde die Funktion einer/s Behandler*in als die einer/s Vermittler*in und Lotse/Lotsin sehen. Auch habe ich beobachtet, dass meine Patient*innen mit jedem Transitionsschritt zunächst eine große Euphorie empfunden haben, die danach wieder abgeflaut ist, was mit depressiven Gefühlen verbunden war. Darauf sollte man die Patient*innen sorgsam vorbereiten, dies als Teil des komplexen Entwicklungsprozesses einordnen. Patient*innen brauchen viel Geduld, Durchhaltevermögen, Mut und Ausdauer in ihrem Transitionsprozess. Wir Therapeut*innen sollten sie dabei geduldig und ergebnisoffen unterstützen.

Hinweis

Wenn Sie selbst unter starken seelischen Belastungen leiden oder an Suizid denken, holen Sie sich bitte sofort Unterstützung. Sprechen Sie mit Menschen, denen Sie vertrauen, oder wenden Sie sich an professionelle Hilfsangebote, z. B.:

- Telefonseelsorge (kostenlos, anonym, 24/7 erreichbar): Tel. 0800 111 0 111 oder 0800 111 0 222 – www.telefonseelsorge.de
- Nummer gegen Kummer (für Kinder, Jugendliche und Eltern, kostenlos, anonym): Tel. 116 111 – www.nummergegenkummer.de

In akuten Notfällen wählen Sie bitte sofort den Notruf 112 oder suchen Sie die Notaufnahme des nächstgelegenen Krankenhauses auf.
Sie sind nicht allein! Es gibt Hilfe und Menschen, die für Sie da sind!

3.3.3 Kinder und Jugendliche

Die psychotherapeutische Begleitung von Kindern und Jugendlichen mit dem Wunsch nach einer Transition erfordert ein besonderes Maß an fachlicher Sorgfalt, Differenzierung und Verantwortungsbewusstsein. Während Erwachsene für sich selbst sprechen und Entscheidungen auf der Basis ihrer Lebenserfahrung treffen können, befinden sich Kinder und Jugendliche noch in einer Entwicklungsphase, in der Identitätsfindung, Selbstbild und psychosoziale Reifung natürlicherweise starken Veränderungen unterliegen.

Besondere Tiefe und Sorgfalt
Die Diagnostik bei Minderjährigen muss umfassend und entwicklungspsychologisch sensibel erfolgen. Dazu gehört nicht nur die Erhebung der erlebten Geschlechtsinkongruenz, sondern vor allem die sorgfältige Betrachtung von möglichen Begleit- oder Grunderkrankungen und psychosozialen Kontextfaktoren. Diagnostik bedeutet hier nicht das „Erkennen von Transidentität", sondern das differenzierte Erfassen des gesamten seelischen und sozialen Entwicklungsbildes. Zu berücksichtigen sind etwa:

- depressive Symptome,
- Essstörungen,
- Angststörungen,
- selbstverletzendes Verhalten,
- Borderline-Muster oder tiefgreifende Bindungsstörungen,
- Autismus-Spektrum-Störungen oder ADHS,
- posttraumatische Belastungsstörungen,
- Adoleszenzkrisen und Identitätskonflikte,
- internalisierte Homophobie oder soziale Ängste,
- Mobbingerfahrungen oder andere belastende Umweltfaktoren.

Zudem wird in der internationalen Diskussion über die Möglichkeit einer sogenannten „sozialen Ansteckung" diskutiert – etwa durch mediale Vorbilder, Peer-Einflüsse oder online vermittelte Erklärungsmodelle. Die sogenannte ROGD-Theorie (Rapid-Onset Gender Dysphoria), erstmals von Lisa Littman (2018) beschrieben, nimmt einen solchen Mechanismus an. Die Studie, auf der diese Hypothese beruht, wurde allerdings wissenschaftlich stark kritisiert, insbesondere wegen ihrer einseitigen Rekrutierung der befragten Eltern über transkritische Foren, mangelnder Einbeziehung der Perspektiven betroffener Jugendlicher und fehlender Repräsentativität. Die Hypothese der „plötzlich einsetzenden" Geschlechtsdysphorie bleibt somit umstritten und ist keine anerkannte Diagnose. Gleichwohl wird der starke Anstieg von Transitionen, gerade bei als Mädchen geborenen Menschen, in vielen westlichen Ländern fachlich zunehmend diskutiert.

Kein „zu spät", aber möglicherweise ein „zu früh"

Die Vorstellung, man müsse besonders früh und entschlossen handeln, um einem Kind oder Jugendlichen unnötiges Leid zu ersparen, ist nachvollziehbar. Doch ebenso ernst zu nehmen ist die Gefahr, dass medizinische Maßnahmen eingeleitet werden, bevor die komplexen Zusammenhänge der Identitätsentwicklung ausreichend verstanden sind. Viele psychische oder soziale Problemlagen können sich – bei guter therapeutischer Begleitung – auch auf andere Weise auflösen oder neu einordnen. Daher ist es fachlich geboten, in der Versorgung Minderjähriger sehr behutsam vorzugehen.

Nicht wenige Jugendliche verändern ihr Selbstverständnis im Lauf der Pubertät, auch unabhängig von geschlechtlicher Identität. Daher sollte ein therapeutischer Prozess Raum bieten, um diese Entwicklung zuzulassen, statt sie zu fixieren. Das bedeutet nicht, dass man jungen Menschen ihre Empfindungen abspräche, sondern dass man ihnen die Zeit und Unterstützung gibt, sie sorgfältig einzuordnen.

Der deutsche Weg und internationale Entwicklungen

Mit der im Jahr 2023 veröffentlichten S2k-Leitlinie zur Geschlechtsinkongruenz im Kindes- und Jugendalter (S2k-Leitlinie) geht Deutschland aktuell einen Sonderweg. Während viele Länder wie Schweden, Finnland, Großbritannien und Frankreich ihre Leitlinien jüngst angepasst und einen deutlich vorsichtigeren Kurs bei Pubertätsblockern und hormonellen Maßnahmen für Jugendliche eingeschlagen haben, plädiert die deutsche Leitlinie weiter für einen affirmativen Zugang, wenn auch mit Einschränkungen.

Die im Ausland erarbeiteten Empfehlungen – teils auf Basis unabhängiger Gutachten, wie z. B. dem Cass-Report im Vereinigten Königreich (2024) – betonen die Bedeutung sorgfältiger psychotherapeutischer Diagnostik und sprechen sich vielfach gegen frühzeitige medikamentöse Interventionen aus. Der „Tavistock-Skandal" (s. u.), in dessen Folge die einzige Spezialklinik für Geschlechtsdysphorie bei Minderjährigen in Großbritannien geschlossen wurde, hat auch hierzulande für Debatten gesorgt.

Ein Hinweis auf eine zunehmende Zahl diagnostizierter Fälle lässt sich auch aus deutschen Krankenkassendaten ableiten. So zeigt der BARMER Arztreport 2021, dass der Anteil von Kindern und Jugendlichen mit der Diagnose F64 („Störungen der Geschlechtsidentität"), die eine Richtlinientherapie erhielten, zwischen 2009 und 2019 deutlich angestiegen ist – von

0,06 % auf 0,77 % der Altersgruppe, was einer etwa zwölfmal höheren Häufigkeit entspricht (vgl. BARMER, 2021). Zwar sind diese Zahlen differenziert zu betrachten, sie verdeutlichen jedoch die Notwendigkeit einer faktenbasierten und verantwortungsvollen Diskussion.

Der „Tavistock-Skandal" und der Cass-Report

Im internationalen Diskurs rund um die psychotherapeutische und medizinische Begleitung transidenter Jugendlicher spielt der „Tavistock-Skandal" eine zentrale Rolle – insbesondere als Mahnung, die Entwicklung von Behandlungsstandards mit wissenschaftlicher Sorgfalt und ethischer Umsicht zu betreiben.

Die Tavistock Gender Identity Development Service (GIDS) Klinik war bis 2023 die einzige staatliche Klinik im Vereinigten Königreich, die geschlechtsdysphorische Kinder und Jugendliche behandelte. In den 2010er-Jahren stieg die Zahl der Überweisungen rapide an, insbesondere bei weiblich geborenen Jugendlichen. In der Folge geriet die Einrichtung zunehmend unter Druck, weil ehemalige Mitarbeitende, Eltern und später auch medizinische Fachgremien kritisierten, dass dort häufig zu früh, zu schnell und auf Basis unzureichender Diagnostik mit medizinischen Interventionen wie z. B. Pubertätsblockern und Hormontherapien begonnen worden sei.

Diese Vorwürfe führten 2020 zu einer unabhängigen Begutachtung der klinischen Praxis am Tavistock Centre unter Leitung der renommierten Kinderärztin Dr. Hilary Cass. Ziel war es, die wissenschaftliche Evidenz und die klinische Praxis des Tavistock umfassend zu untersuchen und Empfehlungen für eine sichere, langfristig verantwortbare Versorgung auszusprechen. Der Abschlussbericht dieser Untersuchung, der Cass-Report, erschien im April 2024 und stellte gravierende strukturelle und konzeptionelle Mängel im Tavistock-System fest:

- Die Einrichtung war überlastet, personell unzureichend aufgestellt und konnte der rasch wachsenden Patientenzahl nicht gerecht werden.
- Die wissenschaftliche Evidenz zur Wirksamkeit und Sicherheit medizinischer Behandlungen (insbesondere Pubertätsblocker) wurde als unzureichend bewertet.
- Es mangelte an interdisziplinärer Kooperation; viele Jugendliche erhielten keine vollumfängliche psychische oder familiäre Diagnostik.
- Die Praxis, medizinische Maßnahmen auf Grundlage affirmativer, wenig hinterfragender Diagnosen einzuleiten, wurde als riskant eingeschätzt.

Auf Grundlage dieses Berichts wurde die Tavistock-Klinik geschlossen. Künftig sollen in England regionale Versorgungszentren mit klarer interdisziplinärer Struktur und wissenschaftlicher Begleitung aufgebaut werden.

Der Cass-Report hat weit über Großbritannien hinaus Debatten angestoßen. Auch in Deutschland wird die Notwendigkeit einer ausgewogenen, evidenzbasierten Behandlung geschlechtsdysphorischer Kinder und Jugendlicher seither verstärkt diskutiert. Der Abschlussbericht fand sowohl in medizinischen Fachgesellschaften als auch in der Politik Beachtung, insbesondere im Kontext der Entwicklung und Umsetzung der S2k-Leitlinie „Geschlechtsinkongruenz im Kindes- und Jugendalter".

Dabei ist zu betonen: Der Cass-Report spricht sich *nicht grundsätzlich gegen* transspezifische Behandlungen von Kindern und Jugendlichen aus. Er mahnt aber zu methodischer Strenge, psychotherapeutischer Tiefenschärfe und einer tragfähigen ethischen Rahmung. Die zentrale Aussage lautet: Der Schutz und die gesunde Entwicklung der Kinder und Jugendlichen stehen an erster Stelle – nicht ideologische oder politische Positionierungen.

Suizidalität bei Jugendlichen mit Geschlechtsdysphorie

In der öffentlichen Debatte ist häufig zu hören, dass Jugendliche mit Geschlechtsdysphorie – also mit anhaltendem Leiden daran, dass der eigene Körper nicht zum erlebten Geschlecht passt – ein besonders hohes Risiko hätten, sich das Leben zu nehmen. Tatsächlich zeigen verschiedene Befragungen, dass diese Jugendlichen häufiger von Suizidgedanken berichten als Gleichaltrige (Carmichael et al., 2023). Allerdings ist zu beachten, dass es sich dabei meist um Umfragen handelt, die nur eine Momentaufnahme darstellen und stark von der Zusammensetzung der befragten Gruppen abhängen. Die Zahlen sind deshalb nicht eindeutig und lassen keine sicheren Rückschlüsse darüber zu, warum ein erhöhtes Risiko besteht.

Eine große finnische Registerstudie, die über viele Jahre hinweg mehr als zweitausend Jugendliche mit Geschlechtsdysphorie begleitet hat, konnte zwar bestätigen, dass Suizide vorkommen, die Häufigkeit war jedoch deutlich geringer als oft behauptet. Nach einer durchschnittlichen Beobachtungszeit von fast sechs Jahren lag die Zahl der vollendeten Suizide bei nur 0,3 %. Noch wichtiger: Sobald andere psychische Erkrankungen wie Depressionen oder Angststörungen in die Berechnungen einbezogen wurden, zeigte sich kein klarer Unterschied mehr zur allgemeinen Bevölkerung (Heino et al., 2023). Die Autorinnen und Autoren dieser Studie schließen daraus, dass es vor allem diese Begleiterkrankungen sind, die das Risiko bestimmen – nicht die Geschlechtsdysphorie selbst.

Neben solchen medizinischen Faktoren spielen auch die Lebensumstände eine entscheidende Rolle. Viele Jugendliche mit Geschlechtsdysphorie sind zusätzlichen Belastungen ausgesetzt, etwa durch Ausgrenzung in der Schule, Mobbing oder Ablehnung innerhalb der Familie. Fachleute sprechen hier vom sogenannten „Minority Stress" – also dem Stress, der entsteht, wenn man einer gesellschaftlichen Minderheit angehört und Diskriminierung erlebt (Meyer, 2003). Umgekehrt zeigt die Forschung, dass familiäre Unterstützung eine sehr starke Schutzwirkung entfalten kann: In einer Untersuchung berichteten nur vier Prozent der Jugendlichen von einem Suizidversuch, wenn ihre Eltern sie unterstützten, während es bei nicht unterstützenden Familien deutlich mehr waren (Ryan et al., 2010).

Diese Erkenntnisse machen deutlich, dass eine geschlechtsaffirmierende medizinische Transitions-Behandlung ohne sorgfältige Abklärung der Ursachen für die Dysphorie und die Auswirkungen von Minderheitenstress auch kontraproduktiv sein kann. Denn Begleiterkrankungen, die nicht aus der Geschlechtsdysphorie selbst hervorgehen, verschwinden durch eine Transition nicht und müssen gezielt behandelt werden.

Zusammengefasst bedeutet dies: Suizidalität bei Jugendlichen mit Geschlechtsdysphorie ist ein ernstzunehmendes Thema, aber die Ursachen sind komplex. Es wäre zu kurz gegriffen, das Problem allein auf die Geschlechtsidentität zurückzuführen. Entscheidend ist vielmehr, wie stabil die psychische Gesundheit insgesamt ist und ob Jugendliche in einem Umfeld leben, das sie trägt und unterstützt. Hilfreiche Begleitung muss deshalb nicht nur die Geschlechtsdysphorie in den Blick nehmen, sondern immer auch andere psychische Probleme, familiäre Verhältnisse und soziale Belastungen berücksichtigen.

Psychotherapie als zentrales Mittel

In der Behandlung von Kindern und Jugendlichen mit Fragen zur eigenen Geschlechtsidentität sollte Psychotherapie die zentrale Rolle spielen. Ziel ist es nicht, ein „Für oder Gegen" zu formulieren, sondern einen sicheren Raum zu bieten, in dem Fragen gestellt, Unsicherheiten benannt und Entwicklungsschritte in Ruhe gegangen werden können. Eine gute Therapie ermöglicht es:

- Selbstverständnis zu vertiefen,
- Konflikte zu sortieren,
- emotionale Belastungen zu regulieren,
- Ressourcen zu aktivieren,
- und – wenn dies angezeigt ist – medizinische Schritte gut vorbereitet zu begleiten.

Diese Haltung mag für manche frustrierend sein – etwa, wenn Jugendliche oder ihre Eltern schnelle Entscheidungen und Maßnahmen wünschen. Doch aus fachlicher Sicht gilt: wenn überhaupt, ist nicht zu spätes, sondern vorschnelles Handeln das größere Risiko. Gerade weil das Thema so sensibel ist, braucht es ruhige, qualifizierte, gut dokumentierte und individualisierte Prozesse.

Elternarbeit und Umfeld

Ein weiterer wesentlicher Aspekt der therapeutischen Arbeit mit Minderjährigen ist die Einbindung des sozialen Umfelds. Eltern, Lehrer*innen, Freundeskreise spielen eine zentrale Rolle. Eine respektvolle und nicht alarmistische Information, aber auch die Entlastung von Schuldgefühlen oder Überforderung bei Eltern, gehören zur therapeutischen Verantwortung. Ziel ist es, ein unterstützendes, aber zugleich realistisches Netz aufzubauen, das langfristig trägt – unabhängig von der Richtung der weiteren Entwicklung.

Auch hier gilt: Offenheit ja – aber nicht alles glauben, was schnell als Wahrheit erscheint. Wachsamkeit ist keine Ablehnung. Und eine Verzögerung bedeutet nicht, dass etwas verweigert wird, sondern dass es ernst genommen wird.

Fazit

Die Diagnostik und Begleitung junger Menschen mit Geschlechtsdysphorie ist komplex, anspruchsvoll und von hoher Verantwortung geprägt. Es geht nicht um Ideologie, sondern um gute Versorgung. Dazu gehört der Mut, nicht sofort handeln zu müssen – sondern zuerst gut zu verstehen, was genau los ist. Und erst dann, mit Bedacht, weitere Schritte zu prüfen. Das schützt – und gibt Raum für echte Entwicklung.

3.3.4 Fachinterview: Transspezifische Psychotherapie bei Minderjährigen

Im Gespräch mit Luise Eichhorn, M.A. (Soz.Päd.), Kinder- und Jugendlichentherapeutin in Köln:

Sie arbeiten mit geschlechtsdysphorischen Kindern und Jugendlichen. Wann begegnete Ihnen das Thema zum ersten Mal in Ihrer Praxis?

L. Eichhorn: Zum ersten Mal begegnete mir das Thema 2018. Ich war noch relativ frisch approbiert und recht unerfahren. Vor mir saß ein hochbelasteter Teenager. Ich war zuvor noch nicht im Kontakt mit Betroffenen und brachte keine Erfahrungswerte aus der Ausbildung mit. Nachdem sich im Gespräch suizidale Gedanken herausstellten, kristallisierte sich schließlich die Geschlechtsdysphorie als Ursache für die immense Belastung. Seit Jahren wurde seitens des Jugendlichen bereits dagegen angekämpft. Es gab bisher keine Unterstützung und keine Akzeptanz der Eltern, denen er sich bereits anvertraut hatte. Ich leitete dann die Aufnahme in eine stationäre Fachklinik ein, die ein Angebot für transidente Jugendliche aufwies und hoffte sehr, dass dort schnelle und umfassende Unterstützung geboten würde. Ich habe damals intuitiv gehandelt und diesem jungen Menschen erstmals Akzeptanz und Perspektiven vermittelt. Ich bin sehr froh, dass ich mittlerweile viel mehr Erfahrung auf diesem Gebiet sammeln konnte und Familien umfangreich beraten kann.

Beobachten Sie einen Anstieg dieser Anfragen in Ihrem Fachgebiet? Wenn ja, worauf führen Sie dieses Phänomen zurück?

L. Eichhorn: Ich habe schon den Eindruck, dass die Thematik als Spiegel der Gesellschaft allgegenwärtiger wird. Das Verständnis für Transidentität hat sich grundlegend verändert. Die höhere gesellschaftliche Akzeptanz zeigt sich durch ein niedrigschwelligeres Versorgungsangebot. Junge Menschen finden durch Medien mehr Repräsentation und sind sich ihrer Möglichkeiten bewusster. Auch wenn die Thematik über lange Zeit durch äußere Einflüsse wie medizinische Pathologisierung, fehlende Aufklärung und den Stellenwert der Kirche weniger sichtbar war, handelt es sich um ein historisch immer dagewesenes Phänomen.

Es gibt in meiner Praxis einen Personenkreis, von dem ich überdurchschnittlich häufig mit dem Thema Transidentität konfrontiert werde. Es sind junge neurodiverse, meist biologisch weibliche Menschen, die ähnliche kreative Interessen oder Ansichten haben. Häufig definiert man sich in dieser Gruppe auf einem Spektrum zwischen nicht-binär und männlich. Tatsächlich findet sich bei Menschen mit autistischen Zügen laut einigen Studien eine höhere Prävalenz von Transidentität und eine höhere Rate nicht-konformer Geschlechtsidentitäten. Inwiefern der Zusammenhang aus einer geringeren Orientierung an sozialen Normen, aus neurologischen oder biologischen Faktoren resultiert, ist noch unklar. Gewünschte medizinische Maßnahmen zur Unterstützung einer sozialen Transition sind dadurch nicht ausgeschlossen, machen aber eine professionelle Prozessbegleitung komplexer. In diesen Kontexten sollte aufgearbeitet werden, dass neue Geschlechtsidentitäten nicht zwingend mit intuitivem Rollenverständnis einhergehen. Nach meiner Erfahrung sind die beschriebenen jungen Menschen bezüglich des Transthemas recht informiert und reflektiert. Im Internet trifft man auf Gleichgesinnte und auf einen offenen Umgang mit Queer-Sein. Es lässt sich daraus kein „Trend“ ableiten und es ist definitiv keine pubertäre Laune.

Was erleben Sie aktuell als die häufigsten Anliegen junger Menschen bzw. den Eltern der Kinder und Jugendlichen, die sich ihrer Geschlechtsidentität unsicher sind?

L. Eichhorn: Nach meinen Erfahrungen erscheint die Thematik überwiegend, wenn sich die jungen Menschen mit ihrer Geschlechtsidentität schon sehr sicher fühlen und Selbstzweifel bereits bewältigt haben. Die Eltern sorgen sich häufig, dass Traumata oder Manipulationen im Freundeskreis eine Rolle spielen könnten. Das wollen sie abgeklärt wissen. Die jungen Menschen fühlen sich an dieser Stelle häufig nicht ernst genommen, weil sie ihre Geschlechtsdysphorie nicht in den Zusammenhang mit äußeren Einflüssen bringen, sondern vielmehr als eine (wenn auch unbewusste) schon immer dagewesene geschlechtliche Inkongruenz. Eine vorgeburtliche Geschlechtsidentität und somit auch Geschlechtsinkongruenz ist ja auch weitgehend unbestritten.

Junge Menschen beanspruchen psychotherapeutische Unterstützung in der Hoffnung auf eine Begegnung auf Augenhöhe und der Akzeptanz ihres Erlebens. Da sie sich häufig schon intensiv beziehungsweise jahrelang damit auseinandergesetzt haben, wünschen sie sich perspektivisch eine Unterstützung bei den einzuleitenden formalen Schritten, wie zum Beispiel der Ausstellung eines Indikationsschreibens für eine hormonelle Behandlung. Da wir als Kinder- und Jugendlichenpsychotherapeut*innen große Verantwortung tragen, müssen wir uns in jeden Prozess individuell einfinden und die Geduld der jungen Menschen einfordern. Für mich hat sich als besonders große Herausforderung herausgestellt, wenn die Anliegen von Eltern und Kindern sehr divergent sind und die Eltern das transidente Erleben ihrer Kinder nicht anerkennen. Das hat große Auswirkungen auf die Bewältigungsmöglichkeiten der Kinder und Jugendlichen. Ich habe aber auch schon viele Eltern kennengelernt, die bereit sind, sich mit dem Thema auseinandersetzen und der fachlichen Beratung offen gegenüberstehen.

Wie gestaltet sich aus Ihrer Sicht der Prozess, in dem Kinder oder Jugendliche sich ihrer Geschlechtsidentität annähern – beobachten Sie Muster?
L. Eichhorn: Eine hohe Belastung im Zusammenhang mit Geschlechtsdysphorie entsteht nach meiner Erfahrung häufig in der Vorpubertät oder Pubertät. Der Prozess lässt sich gar nicht so leicht rekonstruieren. Betroffene sagen mir häufig, dass sie sich bereits schon viel früher als transident identifiziert hätten, wenn sie von dem Phänomen gewusst hätten. Erst die Erkenntnis „trans" zu sein, hätte das Fremdheitsgefühl gegenüber sich selbst aufgelöst und die Erlebenswelt hätte sich geschärft.

Welche Rolle spielen Familie und Schule im Erleben und im Wohlbefinden von geschlechtsvarianten Kindern und Jugendlichen? Welche Dynamiken beobachten Sie?
L. Eichhorn: Wenn die Jugendlichen Akzeptanz in ihrem Umfeld spüren, verhilft ihnen das zur Selbstakzeptanz. Der Kampf um eine Daseins-

berechtigung kostet immens viel Energie und fehlende Unterstützung erhöht das psychische Erkrankungsrisiko geschlechtsdysphorischer Jugendlicher deutlich. Eltern stellen die Transidentität ihrer Kinder häufig erstmal in Abrede, da sie in großer Sorge sind, dass ihre Kinder durch eine Transition die Aussicht auf ein unbeschwertes Leben verlieren. Die Ängste und Sorgen sind nachvollziehbar. Bei den Kindern bleibt aber hängen, dass sie nicht in Ordnung seien wie sie sind. Sie wollen mit ihrem inneren Erleben angenommen werden und empfinden Ignoranz als höchst verletzend. Eltern müssen berücksichtigen, dass ein fremdbestimmtes Leben ebenfalls sehr unglücklich machen kann und sich die Unterstützung ihrer Kinder lohnt. Man darf nicht vergessen, dass gerade Jugendliche durch eine fehlende Perspektive auf ein erfülltes Leben den Sinn am Weiterleben verlieren können.

Schulen müssen ebenfalls ihren Beitrag leisten, damit sich geschlechtsvariante Kinder und Jugendliche gesund entwickeln können, indem sie die Rahmenbedingungen und das Klima schaffen. Für die Schüler*innen ergeben sich Herausforderungen, insbesondere wenn sie nicht von Anfang an in ihrer geschlechtlichen Identität in der Klassengemeinschaft sozialisiert wurden. Die Umkleidekabine, der Sportunterricht oder Klassenfahrten werden als äußerst unangenehm erlebt, weil Geschlechtsmerkmale dann eine größere Rolle spielen. Geschlechtsvariante Kinder und Jugendliche sind auf Unterstützung angewiesen und die Schule muss ihren individuellen Bedürfnissen nach Transition und der entsprechenden Aufklärung der Mitschüler*innen gerecht werden.

Oft heißt es, Minderjährige seien „zu jung", um medizinische Transitionsentscheidungen zu treffen. Wie gehen Sie mit solchen Bedenken um?

L. Eichhorn: Die Evidenzlage im Jugendalter für körpermodifizierende medizinische Maßnahmen gilt als unsicher, daher muss das Thema kritisch betrachtet werden. Medizinische Behandlungsentscheidungen sind aufgrund der irreversiblen körperlichen Konsequenzen weitreichend. Dennoch kann der geschlechtsdysphorische Leidensdruck von Kindern und Jugendlichen eine gesunde psychische Entwicklung ebenfalls stark beeinträchtigen und irreversible psychische Schäden dürfen ebenfalls nicht unterschätzt werden. Das kann schwer in Einklang gebracht werden. Identitätsentwicklungen sind in Kindheit und Jugend sehr unterschiedlich und können fluide sein. Körperunzufriedenheit, Identitätsunsicherheit oder soziale Ängste können bei Jugendlichen zu einer vorübergehenden gender-nonkonformen Identifikation führen. Diese Unzufriedenheiten müssen von der Geschlechtsdysphorie-

Diagnose klar unterschieden werden. Die Ausmaße von medizinischen Transitionsentscheidungen können Kinder und Jugendliche nicht erfassen und brauchen Unterstützung. Die Erarbeitung eines individuellen Störungsmodells, welches verschiedene Möglichkeiten kausaler und reaktiver Wirkzusammenhänge zwischen psychopathologischen Symptomen einerseits und geschlechtsdysphorischem Leidensdruck andererseits berücksichtigt, ist erforderlich. Die Unsicherheit einer langfristigen Stabilität lässt sich nicht vermeiden.

Welche Herausforderungen erleben Sie derzeit im Gesamtkontext, wenn es um die Unterstützung geschlechtsvarianter junger Menschen geht?
L. Eichhorn: Häufig fehlt eine objektive Sachlage und das Thema wird sehr emotional diskutiert. Manchmal ist das Spannungsfeld unterschiedlicher fachlicher Aussagen und kontroverser ethischer Positionen sehr anstrengend und erschwert die Aneignung von evidenzbasiertem Fachwissen. Vieles ist wissenschaftlich ungeklärt. Ich bin daher für den Austausch in meinem interdisziplinären Qualitätszirkel mit hohem Qualitätsanspruch sehr dankbar. Die Herausforderung bleibt aber: Einerseits dürfen therapeutische Entscheidungen nicht emotional geleitet sein, gleichzeitig ist keine Objektivität herstellbar. Das müssen wir aushalten.

Für eine fachgerecht festgestellte Geschlechtsinkongruenz- beziehungsweise Geschlechtsdysphorie-Diagnose liegen keine standardisierten Diagnostikinstrumente vor. Da sich die Diagnosestellung vorwiegend auf die Exploration des Selbsterlebens der Patient*innen über längere Zeiträume gründet, ist immens viel Erfahrung notwendig, um fachlich fundierte Entscheidungen zu treffen. Das widerspricht oft den Vorstellungen junger Menschen. Sie fordern baldmöglichst medizinische Maßnahmen mit der Argumentation, dass ihre soziale Transition nicht lebbar sei, wenn sie nach außen hin nicht in ihrer Identität wahrgenommen werden. Sie fühlen sich in ihrer gesamten Entwicklung ausgebremst und eingeschränkt, weil sie viele soziale Kontexte aufgrund der Geschlechtsdysphorie vermeiden. Da es Zusammenhänge zwischen Detransitionen und fachlichen Standards gibt, würde fehlende Gewissenhaftigkeit zugunsten schneller Transitionsprozesse zu einem Rückschritt des Erreichten führen, weil die Akzeptanz in der Gesellschaft abnehmen würde. Jeden Fall individuell bestmöglich zu erfassen, ist herausfordernd. Dazu kommt die Sorge um den Schutz der Heranwachsenden vor Diskriminierung. Die Förderung einer inklusiven Umgebung und der Zugang zu Unterstützung sind nicht bedarfsgerecht.

Welche Haltung haben Sie zum umstrittenen Thema Pubertätsblocker?
L. Eichhorn: Bei Pubertätsblockern gibt es ebenfalls Unsicherheiten in Bezug auf Risiken und langfristige Auswirkungen. Auch wenn ich persönlich allen Hilfesuchenden mit Offenheit und individueller Betrachtung begegnen möchte, ist eine gründliche Risikoabwägung angezeigt. Im Konsens mit meinem Qualitätszirkel rate ich dazu, medizinische Eingriffe möglichst bis zum 18. Lebensjahr zu vermeiden.

Gibt es aus Ihrer Sicht besondere Schutzbedürfnisse für junge Menschen auf dem Weg des Trans-Coming-outs – und was kann therapeutische Begleitung hier leisten?
L. Eichhorn: Junge Menschen sind ohnehin vulnerabel und müssen große Entwicklungsaufgaben bewältigen. Ein unbegleitetes Trans-Coming-out birgt hohe Risiken für Stigmatisierung und Diskriminierung. Auf Hinweise und Bemerkungen der Jugendlichen bzgl. der Thematik sollte sensibel reagiert werden. Ich beobachte häufig ein Alleingelassenwerden in diesem Prozess, wenn Eltern die öffentliche Transition ihrer Kinder verbieten. In der Schule kommt die Thematik meistens trotzdem auf den Tisch, sei es durch Social Media, Offenlegung durch Mitschüler*innen denen man sich anvertraut hat, Mutmaßungen durch das Erscheinungsbild oder weil Jugendliche sich den Eltern widersetzen und darauf bestehen, ihre Identität in der Schule offen zu leben. Diese Verläufe sind häufig ungünstig, weil dann kein Raum für einen professionellen und begleiteten Umgang gegeben ist. Diese Selbstversuche nach Anerkennung und Akzeptanz scheitern, weil die Rahmenbedingungen für einen vertraulichen, wertschätzenden Umgang mit aufkommenden Hindernissen nicht durch die jungen Menschen geschaffen werden können, sondern eben nur durch Eltern und Lehrkräfte. Daher sollte versucht werden, die Sorgeberechtigten für eine Haltung zu sensibilisieren, die dem Kind eine Exploration und selbstbestimmte Entwicklung seiner Geschlechtsidentität und sozialen Geschlechtsrolle ermöglicht.

Letztlich wird uns eine Deutungsmacht in Bezug auf psychische Gesundheit und psychische Störung verliehen, daher ist die wissenschaftliche konzeptualisierte Entpathologisierung für Transmenschen ein bedeutender Fortschritt und wir können wertvolle Vermittlungsarbeit im Umfeld der Jugendlichen leisten. Abgesehen davon, dass viele junge Menschen nicht mit ihrer Varianz in den Mittelpunkt der Aufmerksamkeit gestellt werden wollen, ist man in der Schule eben doch noch Diskriminierung ausgesetzt und eine nach außen hin suggerierte Offenheit gegenüber geschlechtlicher und sexueller Vielfalt ist keine Garantie für deren Realisation. An der Stelle sehe ich in Schulen noch Entwicklungsspielraum.

Was wünschen Sie sich von der Gesellschaft im Umgang mit geschlechtsvarianten Kindern und Jugendlichen – und was ganz konkret vielleicht auch von Fachkolleg*innen oder Eltern?

L. Eichhorn: Ich wünsche mir Offenheit gegenüber geschlechtsvarianten Kindern und Jugendlichen. Sie sollten ernst genommen und ihre Bedürfnisse im Ausleben ihrer geschlechtlichen Identität berücksichtigt werden. Ich finde es befremdlich, dass häufig Rahmenbedingungen *für* Menschen geschaffen werden anstatt mit ihnen. Personen fällen Urteile, die mit spezifischen Themen nie Berührung hatten. Ich wünsche mir, dass alle als Menschen wertgeschätzt werden. Jeder Mensch muss doch in der Lage sein, sich vorzustellen, wie furchtbar es sein muss, in seiner Identität abgewertet zu werden.

Nicht zuletzt kommt es bei Jugendlichen zu Suiziden aufgrund von Scham und Selbstabwertungen der eigenen sexuellen Orientierung oder Geschlechtsidentität. Das Ausmaß des Leids einzelner Betroffener schätze ich höher ein als die Gefahr, dass durch eine offene Gesellschaft und ein hohes Versorgungsangebot ein fortschreitender „Trans-Trend" zu befürchten ist. Gesellschaftlicher Wandel passiert auf natürliche Weise und zeigt sich in mehr Individualität. Das menschliche Bedürfnis nach Eindeutigkeit und Kontrolle kann zur Unterdrückung und Ungleichberechtigung führen. Der Trend zum Konservatismus hängt damit zusammen, dass sich Menschen in einer immer komplexer werdenden Welt überfordert und unsicher fühlen. Darauf mit Ablehnung auf die Vielfalt der Menschen zu reagieren, ist abwegig und menschenfeindlich. Auch wenn Individualismus nicht nur positive Entwicklungen hervorbringt: Eine Gesellschaft, die demokratische Werte vertritt, ist in der Verantwortung, sich an dieser Stelle für Gleichberechtigung einzusetzen.

Einer der Gründe, warum mir meine Arbeit mit den Kindern und Jugendlichen so viel Spaß macht, hängt damit zusammen, dass ich in Kontakt mit so vielen verschiedenen Persönlichkeiten komme. Ich erlebe das als riesige Bereicherung. Glücklicherweise gibt es auch gesellschaftliche Entwicklungen, die das große Potenzial menschlicher Vielfalt erkennt. Ich werde zwar häufig in der Praxis aufgrund eines „Andersseins" aufgesucht, sehe es aber als einen Erfolg an, wenn die Jugendlichen zur Selbstakzeptanz finden und nicht mehr versuchen sich einer vermeintlichen Norm anzupassen.

Von Kolleg*innen wünsche ich mir Professionalität und Fachwissen im Umgang mit geschlechtsvarianten Kindern und Jugendlichen. Von Eltern wünsche ich mir, dass sie das Wissen und die Erfahrung der Kolleg*innen in der Beratung beanspruchen. Außerdem wünsche ich mir natürlich von allen Eltern, dass sie ihr Kind genauso annehmen, wie es ist. Ich finde Fragen, die die Identität betreffen, können letztendlich nur von jedem selbst beantwortet werden.

3.3.5 Zusammenfassung Kinder und Jugendliche

Bei Kindern und Jugendlichen mit Geschlechtsdysphorie ist eine sorgfältige und differenzierte Begleitung besonders wichtig. Zunächst steht eine umfassende Diagnostik durch ein interdisziplinäres Team im Vordergrund – dazu gehören Fachleute aus der Kinder- und Jugendpsychiatrie, Psychotherapie und Endokrinologie. Dabei gilt es auch, mögliche andere Ursachen der Dysphorie oder Begleiterkrankungen zu berücksichtigen, etwa Depressionen, Angststörungen, ADHS, Autismus-Spektrum-Störungen oder traumatische Erfahrungen. Denn geschlechtsvariantes Verhalten in der Kindheit bedeutet nicht automatisch, dass eine dauerhafte Transidentität vorliegt.

Die psychotherapeutische Begleitung sollte nicht pathologisierend sein, sondern Kindern und Jugendlichen ermöglichen, ihre Gefühle und ihre Identität in einem geschützten Rahmen zu erkunden. Ebenso wichtig ist die Arbeit mit den Eltern: Aufklärung, Beratung und Unterstützung in der Familie gelten als entscheidender Schutzfaktor für die psychische Gesundheit. Auch der Umgang mit Diskriminierung und Minderheitenstress sowie die Behandlung eventueller Begleiterkrankungen sind wesentliche Bestandteile.

Medizinische Maßnahmen kommen nur in besonderen Fällen infrage. GnRH-Analoga, sogenannte Pubertätsblocker, können eingesetzt werden, wenn die körperliche Pubertät bereits begonnen hat und die Dysphorie stark ausgeprägt ist. Dabei muss betont werden, dass diese Medikamente keine harmlose „Pausetaste" für die Pubertät darstellen. Sie greifen tief in die körperliche Entwicklung ein: Sie verhindern das Einsetzen von Brustwachstum oder Stimmbruch, beeinflussen die Knochendichte und das Wachstum und können auch Auswirkungen auf die Gehirnreifung haben. Langzeitfolgen sind noch nicht abschließend erforscht. Es gibt aber Hinweise auf bleibende Einschränkungen der Knochengesundheit und auf Folgen für die Fruchtbarkeit. In der Praxis zeigt sich zudem, dass die überwiegende Mehrheit der Jugendlichen, die mit Pubertätsblockern beginnen, später auch eine Hormontherapie aufnimmt. Blocker sind deshalb meist kein neutraler Aufschub, sondern faktisch der Einstieg in eine medizinische Transition.

Eine gegengeschlechtliche Hormontherapie kann – je nach individueller Reife und rechtlichen Rahmenbedingungen – ab etwa 16 Jahren erwogen werden, setzt aber eine stabile Identität, eine gründliche Aufklärung über Risiken und Konsequenzen sowie die Zustimmung der Sorgeberechtigten voraus. Unumkehrbare Wirkungen, insbesondere auf die Fruchtbarkeit, müssen vorher klar besprochen werden.

Neben den medizinischen Aspekten spielen auch soziale Schritte eine große Rolle. Viele Kinder und Jugendliche erfahren bereits Entlastung, wenn sie im Alltag Namen, Pronomen oder Kleidung entsprechend ihrer empfundenen Geschlechtsidentität wählen können. Solche Maßnahmen sind umkehrbar, können aber entscheidend für das seelische Wohlbefinden sein – besonders dann, wenn Schule und Institutionen diese Schritte unterstützen.

Grundsätzlich gilt: Jeder medizinische oder soziale Schritt sollte regelmäßig überprüft werden, denn die Entwicklung der Geschlechtsidentität ist in dieser Lebensphase meistens nicht abgeschlossen. Eine kontinuierliche Begleitung, die psychische Gesundheit, familiäre Unterstützung und soziale Integration gleichermaßen im Blick hat, ist daher entscheidend. Dabei sollte auch über Möglichkeiten der Fortpflanzung informiert werden, bevor medizinische Eingriffe erfolgen.

Wichtig ist zudem die Erkenntnis, dass eine Transition nicht alle Probleme löst. Auch nach medizinischen Maßnahmen können Diskriminierung, Minderheitenstress und psychische Belastungen bestehen – weshalb eine umfassende Betreuung, die über rein medizinische Aspekte hinausgeht, für die langfristige Gesundheit von zentraler Bedeutung ist.

3.3.6 Zusammenfassung Psychotherapie

In Deutschland ist eine psychotherapeutische oder psychiatrische Begleitung transidenter Menschen nicht nur ein wichtiger Bestandteil der persönlichen Unterstützung, sondern auch Voraussetzung, damit medizinische Angleichungsmaßnahmen von den gesetzlichen Krankenkassen übernommen werden. Sie dient dazu, den eigenen Weg zu reflektieren, Entscheidungen abzusichern und mit den Veränderungen und Herausforderungen im Alltag besser umzugehen.

Die Diagnostik hat nicht den Zweck, Transidentität infrage zu stellen. Sie soll klären, ob eine Geschlechtsinkongruenz vorliegt, wie stark der damit verbundene Leidensdruck ist, ob andere psychische Belastungen oder Erkrankungen beachtet werden müssen, und ob medizinische Angleichungsmaßnahmen geeignet sind, diesen Leidensdruck zu lindern.

Gespräche, Fragebögen und strukturierte Erhebungen dienen dabei nicht der „Prüfung", sondern der gemeinsamen Bestandsaufnahme. Persönliche Fragen zu Biografie, Körpererleben oder psychischer Verfassung sollten respektvoll gestellt und nachvollziehbar begründet werden. Wer sich unwohl fühlt, darf Rückfragen stellen oder um einen anderen Gesprächsansatz bitten.

Die anschließende Begleittherapie ist kein formaler „Hürdenlauf", sondern kann ein geschützter Raum sein, um Selbstbild, Rollenfragen und den Umgang mit Dysphorie zu bearbeiten. Sie unterstützt beim Aufbau von Selbstvertrauen, beim Entwickeln von Strategien für herausfordernde Alltagssituationen und bei der Vorbereitung auf medizinische Schritte. Die Inhalte orientieren sich am individuellen Bedarf.

Für die Diagnostik und Indikationsstellung sind approbierte, kassenzugelassene Psychotherapeut*innen oder Ärzt*innen erforderlich. Transerfahrung bei den Behandelnden ist keine zwingende Voraussetzung, erleichtert aber oft Kommunikation und Antragsverfahren. Lange Wartezeiten sind üblich. Wer den Suchradius ausweitet, mehrere Wartelisten nutzt und auch Gruppensettings in Betracht zieht, erhöht die Chancen auf einen Therapieplatz.

Sobald die Diagnose gestellt ist, kann das Indikationsschreiben für medizinische Maßnahmen angestrebt werden. Dieses muss die Diagnose (F64.0) und eine fachlich begründete Einschätzung enthalten, warum die gewünschte Maßnahme erforderlich und geeignet ist, den Leidensdruck zu mindern. Gut strukturierte Therapieberichte und formgerechte Unterlagen sind unerlässlich für ein Gelingen der Kostenübernahme.

Bei Minderjährigen ist besondere Sorgfalt gefragt. Hier geht es nicht nur um das Erfassen der Geschlechtsinkongruenz, sondern um die gesamte psychosoziale und psychische Entwicklung. Medizinische Maßnahmen sollten erst erwogen werden, wenn komplexe Zusammenhänge ausreichend verstanden und andere Einflussfaktoren berücksichtigt sind. Internationale Entwicklungen zeigen, dass viele Länder bei medizinischen Eingriffen im Jugendalter inzwischen vorsichtiger vorgehen.

Fazit

Psychotherapie im Kontext einer Transition ist mehr als ein Pflichtschritt: Sie kann helfen, den eigenen Weg klarer zu sehen, Sicherheit in Entscheidungen zu gewinnen und sich auf tiefgreifende Veränderungen vorzubereiten. Wer sie als Teil des Prozesses aktiv nutzt, profitiert nicht nur medizinisch, sondern auch persönlich.

3.4 Hormonelle Behandlung

Die Hormonersatztherapie (HET) ist für viele Transpersonen ein zentraler Baustein ihrer medizinischen Transition. Sie ermöglicht, die sekundären Geschlechtsmerkmale an das eigene Identitätsempfinden anzugleichen. Dabei unterscheidet sich je nach Zielgeschlecht, welche Hormone verabreicht und welche körpereigenen Hormone ggf. unterdrückt werden. Ziel ist das Erreichen einer individuell passenden, gut verträglichen und medizinisch gesicherten Versorgung.

Eine HET kann das äußere Erscheinungsbild, die Stimme (bei Testosteron), die Hautbeschaffenheit, die Fettverteilung, die Libido und das psychische Wohlbefinden verändern – aber auch Nebenwirkungen oder Risiken mit sich bringen. Sie muss ärztlich begleitet und regelmäßig kontrolliert werden.

Wichtig

Eine Hormontherapie ist keine „kleine Entscheidung", sondern ein langfristiger Eingriff in das gesunde endokrine System. Insofern ist ihre medizinische Indikation an klare Voraussetzungen geknüpft – wie z. B. die gesicherte Diagnose F64.0, eine begleitende psychotherapeutische Betreuung und medizinische Voruntersuchungen.

In der Regel beginnt eine Behandlung mit sogenannten „Erwachsenenhormonen" frühestens ab dem 16. Lebensjahr. Zwischen dem 16. und 18. Lebensjahr ist in Deutschland – neben den medizinischen Voraussetzungen und der Indikation – zusätzlich die schriftliche Zustimmung beider Sorgeberechtigten erforderlich. Diese Regelung dient als Schutzmechanismus: Sie soll sicherstellen, dass die jungen Menschen in ihrer Entscheidung medizinisch, psychologisch und familiär ausreichend begleitet werden und dass das Für und Wider einer solchen Maßnahme sorgfältig abgewogen wurde.

Zu unterscheiden ist hierbei auch fachlich: die Hormonbehandlung im Jugendalter wird von Fachärzt*innen für Kinder- und Jugendendokrinologie durchgeführt – ein eigenständiges medizinisches Fachgebiet, das sich deutlich von der Erwachsenen-Endokrinologie unterscheidet. Ein Wechsel der Zuständigkeit erfolgt in der Regel zwischen dem 18. und 21. Lebensjahr, abhängig vom Verlauf der Transition und der regionalen Versorgungslage.

Die gegengeschlechtliche Hormonbehandlung ist insgesamt ein tiefgreifender Eingriff. Sie beeinflusst zahlreiche körperliche Funktionen und kann das äußere Erscheinungsbild deutlich und zum Teil unumkehrbar verändern. Auch wenn die Behandlung bei guter fachärztlicher Betreuung im Allgemeinen gut verträglich ist, ist sie nicht frei von Risiken. Mögliche Kontraindikationen wie Thromboserisiken, bestimmte Stoffwechsel- oder Lebererkrankungen müssen sorgfältig abgeklärt werden.

3.4.1 Unfruchtbarkeit und Kinderwunsch

Die Einnahme von geschlechtshormonellen Medikamenten wie Testosteron oder Östrogen in Kombination mit Androgen- oder Östrogenblockern kann zur dauerhaften Unfruchtbarkeit führen. Auch wenn sich dieser Effekt bei manchen Personen nach Absetzen der Hormone teilweise wieder zurückbildet, muss vor Beginn der HET immer mit einer dauerhaften Beeinträchtigung der Fruchtbarkeit gerechnet werden.

Deshalb gilt: vor dem Start der Hormonersatztherapie sollte ein mögliches zukünftiges Bedürfnis nach biologischer Elternschaft offen angesprochen werden – auch wenn aktuell kein akuter Kinderwunsch besteht.

Je nach individueller Situation können folgende Maßnahmen in Betracht gezogen werden:

- Kryokonservierung (Einfrieren) von Eizellen (bei Transmännern)
- Kryokonservierung von Samen (bei Transfrauen)

Diese Maßnahmen sind aufwendig, aber möglich und in bestimmten Fällen kann die gesetzliche Krankenversicherung die Kosten übernehmen, wenn eine medizinische Indikation vorliegt.

Wichtig

Die Entscheidung für oder gegen Kryokonservierung sollte informiert und frühzeitig getroffen werden. Die Beratung sollte durch transerfahrene Fachärzt*innen erfolgen. Besteht ein möglicher, evtl. auch zukünftiger Kinderwunsch, ist es ärztliche Pflicht, auf diese Optionen hinzuweisen.

3.4.2 Testosteron und Östrogenblocker

Die Hormonersatztherapie in der Angleichungsrichtung Frau-zu-Mann wird in der Regel mit Testosteron durchgeführt. In manchen Fällen erfolgt ergänzend die (zeitweilige) Gabe von Östrogenblockern. Das Sexualhormon Testosteron ist für die Vermännlichung (Maskulinisierung) des Körpers verantwortlich. Auch cisgeschlechtliche Frauen produzieren natürlicherweise geringe Mengen Testosteron, vor allem in der Nebennierenrinde. Diese Mengen reichen jedoch in aller Regel nicht aus, um eine deutliche Maskulinisierung zu bewirken. Deshalb wird bei der Frau-zu-Mann-Hormonersatztherapie Testosteron zugeführt – in einer Dosierung, die idealerweise den männlichen Normbereich erreicht.

Indikation und Verschreibung von Testosteron

Testosteron wird auf Rezept verschrieben, wenn eine therapeutische Indikation vorliegt. Diese stellt eine Psychotherapeut*in nach Diagnostik gemäß ICD-10 F64.0 („Transsexualismus") und in der Regel mindestens sechsmonatiger psychotherapeutischer Begleittherapie aus. Nach dieser Zeit kann ein Indikationsschreiben erstellt werden. Das ist ein kurzes Schreiben (kein „Gutachten") das die Diagnose bestätigt und die gegengeschlechtliche Hormontherapie befürwortet.

Mit diesem Schreiben kann ein Termin in einer endokrinologisch oder andrologisch spezialisierten Fachpraxis vereinbart werden. Auch einige urologische oder gynäkologische Praxen führen Hormonbehandlungen durch. Nach einer umfassenden Voruntersuchung (inkl. Blutbild, Anamnese, ggf. gynäkologischem Check) kann das Rezept für Testosteron ausgestellt werden. Die Medikamente werden dann über ein Kassenrezept bezogen und unterliegen lediglich der normalen Rezeptzuzahlung.

Wichtig

Aktuell wird als Folge eines Urteils vom Bundessozialgericht (BSG) vom 19.10.2023 häufiger berichtet, dass Hormonpraxen vor Beginn einer Hormonersatztherapie eine formale Kostenübernahmezusage der Krankenkasse verlangen. Das Vorgehen in der Praxis ist derzeit noch nicht einheitlich und abschließend geklärt. Daher ist es wichtig, sich vor Beginn einer Hormontherapie genau zu erkundigen, welche Voraussetzungen von den Behandelnden erwartet werden.

Gel oder Spritze?

Für die Wirksamkeit ist weniger die Darreichungsform entscheidend, sondern dass der individuelle Testosteronspiegel stabil im männlichen Normbereich liegt. Ob dies durch Gel, kleine oder große Depotspritzen erreicht wird, hängt von der Verstoffwechslung und dem persönlichen Empfinden ab.

Tab. 3.1 vergleicht die in Deutschland verbreiteten Testosteronpräparate im Überblick.

Ein weit verbreiteter Irrtum ist, dass Spritzen grundsätzlich „besser" wirken als Gel. Dies lässt sich medizinisch nicht belegen. Entscheidend ist die individuelle Einstellung.

Dosierung

Der individuelle Bedarf variiert stark. Bei Testogel® reicht manchen Personen 1 Hub täglich, andere benötigen 3 oder mehr. Bei Nebido® liegt das Intervall bei manchen bei exakt 12 Wochen (das ist das Standardintervall), andere benötigen bereits nach 9 Wochen eine neue Injektion, wieder andere erst nach 13 oder 14 Wochen.

Tab. 3.1 Überblick über die in Deutschland üblichen Testosteronpräparate

Umgangssprachlicher Name	Beispiel Handelsname	Dosierung	Verabreichungsform und -frequenz	Eventuelle Vor- und Nachteile
„großes Depot"	z. B. Nebido®	1000 mg je Spritze	Intramuskulär, Standardintervall 12 Wochen (kann individuell verlängert oder verkürzt werden)	Vorteil: lange Injektionsintervalle. Nachteil: schwierig zu dosieren, denn einmal injiziert, ist die Dosis für mehrere Wochen im Körper, evtl. Schwankungen im Verlauf. Die Injektion ist nicht selbst durchführbar und sollte langsam über mindestens 2 min erfolgen (nicht alle medizinischen Fachpersonen sind mit dieser Injektion vertraut).
„kleines Depot"	z. B. Testosteron-Depot GALEN®	250 mg je Spritze	Intramuskulär oder subkutan, alle 2–4 Wochen	Vorteil: leichter anzupassen als das große Depot, kann mit medizinischer Fachkenntnis oder nach ärztlicher Anleitung selbst gespritzt werden. Nachteil: evtl. stärkere Schwankungen des Hormonspiegels.
Gel	z. B. Testogel®	16,2 mg/g	Auf die Haut aufgetragen, tägliche Anwendung, Standard 2–4 Hübe am Tag	Vorteil: stabile Spiegel, Dosierung individuell anpassbar. Nachteil: Übertragungsgefahr bei Hautkontakt, tägliche Routine nötig, ggf. Hautreizungen.

Die Dosis darf niemals eigenmächtig verändert werden! Sie richtet sich nach Laborwerten, insbesondere dem freien und gesamten Testosteronspiegel, aber auch Blutzellanteil (Hämatokrit-Wert), Leberwerten und Blutfettwerten. Ein zu hoher Testosteronwert kann ebenso wie ein zu niedriger unangenehme Nebenwirkungen verursachen.

Eine Beobachtung: manche Transmänner, die Gel verwenden, erhöhen bisweilen eigenmächtig die Dosis in der Hoffnung auf schnellere und intensivere maskulinisierende Veränderungen. Dies kann jedoch kontraproduktiv bis schädlich sein. Der Körper kann überschüssiges Testosteron in Östrogen umwandeln (Fachbegriff: Aromatase). Das Ergebnis sind dann unter Umständen nicht verstärkte, sondern verlangsamte oder paradoxe Wirkungen. Deshalb: Dosierungen niemals ohne ärztliche Rücksprache anpassen!

Eintreten der Wirkungen

Die vermännlichende Wirkung setzt nicht über Nacht ein – eine körperliche Pubertät dauert Monate bis Jahre. Erste Veränderungen (z. B. Absinken der Stimme, Zunahme der Libido, Klitoriswachstum) können nach wenigen Wochen eintreten. Andere, wie Bartwuchs oder Körperfettverteilung, entwickeln sich über längere Zeit.

Tab. 3.2 stellt typische Wirkungszeiträume dar. Individuelle Verläufe können jedoch stark hiervon abweichen.

Ausbleiben der Menstruation

Testosteron führt bei den meisten Personen nach einigen Monaten zum Ausbleiben der Monatsblutung. Bleibt diese nicht aus, kann zusätzlich eine östrogenfreie Minipille (z. B. Desogestrel®) verschrieben werden. Die einzige Garantie für ein dauerhaftes Ausbleiben der Menstruation ist die Entfernung von Gebärmutter und Eierstöcken siehe Abschn. 3.5.3. Achtung: Testosteron wirkt nicht zuverlässig empfängnisverhütend – es können trotz Ausbleibens der Blutung Eisprünge auftreten.

Reversibilität der Wirkungen

Teilweise reversibel sind: Körperfettverteilung, Muskelmasse. Nicht reversibel ist der Effekt auf die Stimme. Wenn ein Stimmbruch erfolgt ist, bleibt die Stimme dauerhaft tief. Ebenfalls irreversibel, also nicht umkehrbar nach Absetzen von Testosteron sind: Vergrößerung der Klitoris (Klitorishypertrophie), Haarausfall und Bartwuchs (zum Teil).

Tab. 3.2 Effekte und Verlauf vermännlichender Hormonbehandlung

Wirkung	Einsetzen	Maximale Wirkung
Hautfettigkeit und Akne	1–6 Monate	1–2 Jahre
Gesichts- und Körperbehaarung	3–6 Monate	3–5 Jahre
Ausfall der Kopfbehaarung	>12 Monate	Unterschiedlich
Steigende Muskelmasse und Kraft	6–12 Monate	2–5 Jahre dosierungsabhängig
Körperfettverteilung	3–6 Monate	2–5 Jahre
Ende der Menstruation	2–6 Monate	k.A.
Vergrößerung der Klitoris	3–6 Monate	1–2 Jahre
Vaginalatropie	3–6 Monate	1–2 Jahre
Absinken der Stimme	3–12 Monate	1–2 Jahre

(Quelle: WPATH, Standards of Care, Version 7, 2011)

Ärztliche Überwachung

Besonders in der Einstellungsphase sind engmaschige Blutkontrollen (alle 3 Monate) erforderlich. Später reicht meist ein Rhythmus von 1–2 Mal pro Jahr. Folgende Risiken werden regelmäßig überprüft:

Polyglobulie (das Blut ist „zu dick")

- hier können ggf. Aderlasse oder vermehrte Flüssigkeitszufuhr helfen, manchmal muss die Dosierung angepasst oder das Präparat gewechselt werden.

Erhöhter Blutdruck

- auch hier muss bisweilen die Dosierung angepasst werden, das Präparat gewechselt oder durch Veränderungen im Ernährungs- und Lebensstil reagiert werden.

Erhöhte Blutfett- (z. B. Cholesterin) und Leberwerte

- hier wäre wieder eine Anpassung der Ernährung und Lebensweise naheliegend.

Veränderungen im Hormonspiegel (z. B. Testosteron, ggf. Estradiol, LH/FSH)

- an dieser Stelle würde ebenfalls mit einer angepassten Dosierung reagiert.

Der Erfolg einer HET ist nicht an Geschwindigkeit oder Ausmaß der Veränderungen zu messen. Vielmehr ist eine sichere, gut verträgliche und nachhaltig wirkende Einstellung das oberste Ziel.

Wie Transmänner den Beginn der Hormontherapie erleben können

Der Beginn einer Testosterontherapie ist für viele Transmänner ein intensiver, emotional aufgeladener Abschnitt. Endlich „geht es los" und mit dieser Erwartung sind häufig Hoffnungen, aber auch Unsicherheiten verbunden. Es ist normal, zu Beginn der HET besonders sensibel auf körperliche und psychische Veränderungen zu achten. Viele erleben erste Veränderungen – z. B. eine verstärkte Libido, Gereiztheit oder emotionale Schwankungen – deutlich. Diese können durch den veränderten Hormonspiegel, aber auch durch das emotionale Erleben der Transition ausgelöst werden.

Ein häufiges Thema ist der Vergleich mit anderen: Wie schnell wächst der Bart? Wann wird die Stimme tiefer? Warum sehe ich noch nicht „männlich genug" aus? Diese Vergleiche – ob mit anderen Transmännern oder mit cisgeschlechtlichen Männern – sind nachvollziehbar, aber selten hilfreich. Jeder Körper reagiert anders, genetische Voraussetzungen (z. B. Körperbehaarung in der Familie) spielen eine Rolle, aber es gibt keine Garantie für bestimmte Entwicklungen. Geduld ist entscheidend. Eine Hormontherapie ist keine Expressverwandlung, sondern ein Prozess über viele Monate und Jahre. Es kann helfen, sich bewusst von „Hormon-Stories" aus dem Internet abzugrenzen und sich auf die eigene Entwicklung zu konzentrieren. Die besten Ergebnisse werden erzielt, wenn man sich Zeit lässt, sich nicht unter Druck setzt und medizinische Anweisungen konsequent einhält. Eine HET ist kein Wettbewerb. Es geht nicht um „schneller" oder „mehr", sondern darum, in einem sicheren Rahmen gut im eigenen Körper anzukommen.

Auch wichtig: Psychische Nebenwirkungen wie Stimmungsschwankungen, Reizbarkeit oder ein emotionales „Auf und Ab" sollten ernst genommen und offen mit Ärzt*innen und Therapeut*innen besprochen werden. Eine gut begleitete HET bedeutet nicht nur körperliche, sondern auch psychische Veränderungen. Die Begleittherapie kann helfen, mit den psychischen Veränderungen oder „emotionalen Achterbahnfahrten", gerade zum Hormonstart, zurechtzukommen. Sobald sich psychische oder Verhaltensänderungen negativ auf das soziale Umfeld auswirken, sollte gegengesteuert werden. Testosteron ist kein Freifahrtschein dafür, sich „danebenzubenehmen".

Langzeitwirkungen und gesundheitliche Verträglichkeit

Langfristige Hormonbehandlungen mit Testosteron gelten insgesamt als gut verträglich – vorausgesetzt, sie werden fachärztlich begleitet und regelmäßig kontrolliert. Studien zeigen keinen signifikant erhöhten Krebsbefund unter langjähriger Testosterontherapie bei Transmännern. Insbesondere gibt es keine Hinweise auf ein erhöhtes Risiko für Brustkrebs oder gynäkologische Malignome, solange die empfohlene medizinische Überwachung eingehalten wird (vgl. z. B. Irwig 2017; Wierckx et al. 2012).

Auch eine verringerte Lebenserwartung durch Testosterontherapie konnte bislang nicht nachgewiesen werden. Eine große bevölkerungsbezogene Kohortenstudie aus Amsterdam, die Transpersonen über mehrere Jahrzehnte begleitete, zeigte für Transmänner kein signifikant erhöhtes Sterberisiko im Vergleich zur Allgemeinbevölkerung (de Blok et al., 2021). Wichtig ist jedoch, dass der Hormonhaushalt regelmäßig überprüft und altersgerecht angepasst wird. Mit zunehmendem Lebensalter kann sich der individuelle Bedarf an Testosteron verringern, weshalb eine kontinuierliche ärztliche Begleitung essenziell bleibt.

Ein relevanter Aspekt bei langjähriger Testosteronbehandlung ohne operative Entfernung der Gebärmutter oder der Vagina ist die mögliche Scheidentrockenheit (Atropie): Durch den Wegfall von Östrogen kann es zu Schleimhautveränderungen, Trockenheit oder Entzündungen kommen. Diese Beschwerden sind behandelbar, sollten aber frühzeitig erkannt werden. Regelmäßige gynäkologische Untersuchungen sind nicht nur sinnvoll, sondern unbedingt ratsam, auch wenn viele Transmänner diese aufgrund von Dysphorie meiden.

Fazit

Eine lebenslange HET mit Testosteron ist medizinisch gut möglich. Voraussetzung ist eine dauerhafte, aufgeschlossene und fachkundige Betreuung durch langjährig transerfahrene Hormonbehandler*innen, idealerweise mit enger Rückkopplung an andere Behandelnde und die Betroffenen. Dann steht einem gesunden Älterwerden mit Testosteron nichts im Wege.

Bitte merken

- Auch Transmänner ohne operative Genitalangleichung sollten regelmäßig gynäkologische Vorsorgeuntersuchungen erhalten – idealerweise bei transfreundlichen Fachärzt*innen.
- Die Stimmlage, die sich unter Testosteron entwickelt, bleibt in der Regel dauerhaft, auch wenn die Hormontherapie später abgesetzt wird.
- Testosteron kann die rote Blutbildung stark anregen. Ein zu hoher Hämatokritwert erhöht das Risiko für Gefäßprobleme – daher: Blutbildkontrollen mindestens 1-2x jährlich.
- Die Libido kann sich sowohl verstärken als auch abschwächen – beides ist normal und hängt nicht nur von der Testosterondosis ab, sondern auch vom individuellen Empfinden und der psychischen Gesundheit.
- Manche Personen nehmen Testosteron in sehr niedriger Dosierung ein, z. B. bei einer nicht-binären Identität. Solche „low dose"-Regime sind medizinisch möglich, sollten aber ebenso regelmäßig wie individuell ärztlich betreut werden.

Low-dose-Testosteron – Optionen und Grenzen

Einige Personen wünschen sich eine niedrig dosierte Testosteronbehandlung („low dose“), um einzelne körperliche Veränderungen zu erzielen – z. B. eine leicht tiefere Stimme oder mehr Energie – ohne dabei alle typischen maskulinisierenden Wirkungen in vollem Ausmaß zu durchlaufen.

Medizinisch ist eine niedrig dosierte Gabe grundsätzlich möglich und kann in enger ärztlicher Begleitung ein individueller Weg sein. Allerdings darf nicht der Eindruck entstehen, dass man sich gezielt einzelne Wirkungen aussuchen könne. Denn Hormone sind systemisch wirksam. Das bedeutet medizinisch, dass ein Wirkstoff im ganzen Körper wirkt – also über den Blutkreislauf verteilt wird und nicht nur lokal an einer bestimmten Stelle.

Wer Testosteron zuführt, wird über kurz oder lang verschiedene körperliche Veränderungen erleben, unabhängig von Wunschvorstellungen. Auch bei geringer Dosierung können Effekte wie Stimmveränderung, Klitorisvergrößerung oder Akne auftreten und einige dieser Veränderungen (z. B. Stimme, Körperbehaarung) sind nicht oder nur teilweise umkehrbar, auch wenn die Hormontherapie wieder beendet wird.

Eine Testosteron-HET ist daher kein individuell konfigurierbares Wunschpaket, sondern ein tiefgreifender Eingriff in das hormonelle Gleichgewicht. Das bedeutet nicht, dass differenzierte Behandlungswege ausgeschlossen sind – wohl aber, dass sie eine realistische und medizinisch informierte Erwartungshaltung erfordern.

Fazit
Eine „low-dose"-HET kann eine Option sein, wenn sie fachärztlich begleitet wird. Gleichzeitig braucht es Aufklärung darüber, dass hormonelle Veränderungen nicht kontrollierbar im Sinne eines „Cherry-Pickings" sind. Testosteron wirkt mehr oder weniger schnell, aber immer umfassend. Eine individuelle Feinjustierung der Dosierung ist möglich, aber kein Garant für selektive Veränderungen.

Realistische Erwartungen an eine „low-dose"-HET

- Auch bei geringer Dosierung können irreversible Veränderungen auftreten – z. B. Stimmveränderung, Genitalvergrößerung, Körperbehaarung.
- Der Verlauf ist nicht präzise steuerbar – jede Person reagiert individuell auf Testosteron, unabhängig von der Wunschdosis.
- Ein niedriger Hormonspiegel bedeutet nicht automatisch „mildere" Veränderungen – manche Effekte treten schon bei minimaler Dosis auf.
- Die Vorstellung, einzelne Wirkungen auszuwählen, führt oft zu Enttäuschungen. Hormone sind keine punktgenaue Maßnahme, sondern beeinflussen den gesamten Körper.
- Der Wunsch nach „sanfter" Veränderung ist legitim – braucht aber ehrliche Beratung, medizinische Erfahrung und offene Kommunikation.

3.4.3 Mythen über pflanzliche Alternativen zu Testosteron

Gerade am Anfang der Transition sind viele Transmänner ungeduldig, wenn der Start der Testosterontherapie noch auf sich warten lässt. In dieser Phase tauchen oft Fragen nach „natürlichen" oder „pflanzlichen" Alternativen auf, etwa um Bartwuchs, Stimmveränderung oder Muskelaufbau schon vorher anzukurbeln. Aktuelle Fachinformationen machen jedoch deutlich:

Pflanzenstoffe mit angeblich „testosteronsteigernder" Wirkung (z. B. Tribulus terrestris, Bockshornklee, Maca, Ginseng) zeigen in Studien keine klinisch relevante Erhöhung des Testosteronspiegels bei gesunden Menschen. Die beobachteten Effekte sind minimal und meist nur in Laborwerten messbar, nicht aber in Form der gewünschten körperlichen Veränderungen. Falls diese Mittel überhaupt eine Wirkung zeigen, dann am ehesten bei Cismännern mit funktionierender körpereigener Testosteronproduktion – und auch dort sind die Effekte gering und oft nur kurzfristig. Für Transmänner, deren Körper vor Testo-Start keine nennenswerte Menge an Testosteron produziert, sind solche Präparate wirkungslos.

Ernährung und Training können den Testosteronspiegel innerhalb des individuellen Normbereichs leicht beeinflussen, jedoch niemals auf das Niveau anheben, das für eine maskulinisierende Transition nötig wäre. Selbst intensives Krafttraining, eiweißreiche Ernährung oder bestimmte Nahrungsergänzungsmittel ersetzen keine medizinische Testosterontherapie.

„Natürliche Testosteron-Booster" sind oft unreguliert und können verunreinigt sein oder nicht die angegebene Wirkstoffmenge enthalten. Es besteht zudem das Risiko von Nebenwirkungen oder Wechselwirkungen mit anderen Medikamenten.

Bartwuchs und Stimmvertiefung werden fast ausschließlich durch androgene Hormone in ausreichender Konzentration ausgelöst. Ohne Testosteronzufuhr über medizinische HET bleiben diese Veränderungen in aller Regel aus, egal welche pflanzlichen Präparate genommen werden.

Fazit

Geduld bis zum Beginn einer ärztlich begleiteten Testosterontherapie ist der sicherste und wirksamste Weg, um die gewünschten körperlichen Veränderungen zu erreichen. Pflanzliche oder frei verkäufliche „Alternativen" können weder den Effekt noch die Sicherheit einer HET bieten und bergen teilweise gesundheitliche Risiken. Und selbst wenn sich keine negativen Wirkungen einstellen, sind solche Mittel meistens „herausgeworfenes Geld".

3.4.4 Östrogen und Androgenblocker

Die feminisierende Hormonersatztherapie (HET) besteht in der Regel aus einer Kombination aus Östrogenen und, je nach medizinischer Einschätzung, Antiandrogenen zur Blockierung körpereigenen Testosterons. Ziel ist die Entwicklung weiblicher sekundärer Geschlechtsmerkmale.

Wirkprinzip

Östrogen ist das primäre Sexualhormon zur Feminisierung des Körpers. Während es auch im männlichen Körper vorkommt, reicht die natürliche Menge nicht aus, um feminisierende Veränderungen herbeizuführen. Durch die Gabe von Östrogen beginnt eine zweite Pubertät mit ähnlicher zeitlicher Dynamik wie in der Jugend. Sichtbare Effekte stellen sich nicht über Nacht ein, sondern benötigen Monate bis Jahre.

Indikation und Zugang

In Deutschland wird Östrogen verschrieben, wenn eine therapeutische Indikation vorliegt. Das bedeutet:

- eine gesicherte Diagnose F64.0 („Transsexualismus") nach ICD-10,
- in der Regel ca. 6 Monate psychotherapeutische Begleittherapie,
- ein Indikationsschreiben durch eine*n Psychotherapeut*in oder Psychiater*in (kurzes Schreiben, kein Gutachten),
- eine ärztliche Erstuntersuchung (inkl. Anamnese, Blutbild, Hormonstatus).

Anschließend kann ein Rezept durch eine Fachärzt*in (z. B. Endokrinologie, Gynäkologie) ausgestellt werden. Wichtig ist, eine transerfahrene Praxis aufzusuchen und regelmäßige medizinische Kontrollen (zunächst alle 3 Monate, später 1–2 Mal jährlich) durchzuführen.

Wichtig

Aktuell wird als Folge eines Urteils vom Bundessozialgericht (BSG) vom 19.10.2023 häufiger berichtet, dass Hormonpraxen vor Beginn einer Hormonersatztherapie eine formale Kostenübernahmezusage der Krankenkasse verlangen. Das Vorgehen in der Praxis ist derzeit noch nicht einheitlich und abschließend geklärt. Daher ist es wichtig, sich vor Beginn einer Hormontherapie genau zu erkundigen, welche Voraussetzungen von den Behandelnden erwartet werden.

Gängige Präparate

In Deutschland werden häufig verwendet: Estradiol (z. B. *Estreva*®, *Progynova*®) – als Gel, Pflaster, seltener Tabletten (aufgrund des „First-Pass-Effekts"). Der First-Pass-Effekt beschreibt den Abbau eines Wirkstoffs in der Leber, bevor er den Körperkreislauf erreicht. Bei einer HET mit Östrogen betrifft das vor allem Tabletten. Sie werden über den Magen-Darm-Trakt aufgenommen, gelangen zunächst über die Pfortader in die Leber und werden dort teilweise umgewandelt oder abgebaut. Dadurch sinkt die Menge des wirksamen Hormons, die tatsächlich im Blut ankommt, und die Leber wird stärker belastet. Um diesen Effekt zu umgehen, nutzen viele Therapien transdermale (über die Haut, z. B. Pflaster oder Gel) Applikationen – sie umgehen den Leber-„Erstpass" und schonen so den Stoffwechsel.

Verbreitet verwendete Antiandrogene sind *Cyproteronacetat* (z. B. *Androcur*®) oder *Spironolacton* (z. B. Aldactone®).

Injektionen von Östrogen- oder Antiandrogenpräparaten sind in Deutschland eher unüblich. Bei Gels muss auf korrekte Auftrageweise und Verhaltensregeln geachtet werden, z. B. kein Hautkontakt mit Partner*innen für eine gewisse Zeit nach der Anwendung.

Risiken und Nebenwirkungen
Wie jede medizinische Behandlung birgt auch die feminisierende HET gewisse Risiken, vor allem:

- Thrombosegefahr, besonders bei oraler Gabe und/oder Rauchen
- Leberschäden (regelmäßige Blutkontrollen notwendig)
- Veränderungen von Blutfettwerten
- Stimmungsschwankungen
- in seltenen Fällen Osteoporose oder Brustkrebs

Langfristig gelten transdermale Östrogene (Gel, Pflaster) als risikoärmer. Regelmäßige medizinische Überwachung ist entscheidend, um unerwünschte Wirkungen rechtzeitig zu erkennen und zu behandeln.

Feminisierende Effekte
Die Wirkung tritt schrittweise ein. Erste Veränderungen sind oft nach 2–3 Monaten spürbar, das Maximum wird üblicherweise nach 2–3 Jahren erreicht. Typische körperliche Effekte und ihr zeitliches Eintreten zeigt Tab. 3.3 im Überblick.

Nicht reversibel sind z. B. Brustentwicklung oder Hodenschrumpfung. Bestehende, durch Testosteron bedingte Merkmale – etwa eine tiefe Stimme oder ausgeprägter Bartwuchs – lassen sich durch HET nicht rückgängig machen, sondern nur teilweise beeinflussen. Eine bereits abgeschlossene Testosteronpubertät setzt hier biologische Grenzen.

Tab. 3.3 Effekte und Verlauf verweiblichender Hormonbehandlungen

Wirkung	Einsetzen	Maximale Wirkung
Körperfettverteilung	3–6 Monate	2–5 Jahre
Sinkende Muskelmasse und Kraft	3–6 Monate	1–2 Jahre dosierungsabhängig
Weichere Haut, weniger Hautfett	3–6 Monate	Unbekannt
Abnahme der Libido	1–3 Monate	1–2 Jahre
Ausbleiben spontaner Erektionen	1–3 Monate	3–6 Monate
Impotenz	Unterschiedlich	Unterschiedlich
Brustwachstum	3–6 Monate	2–3 Jahre
Hodenschrumpfung	3–6 Monate	2–3 Jahre
Rückgängige Spermienproduktion	Unterschiedlich	Unterschiedlich
Verdünnung und langsameres Wachstum von Gesichts- und Körperbehaarung	3–12 Monate	>3 Jahre Hormone garantieren kein Ausbleiben des Haarwuchses
Männliche Glatzenbildung	Kein Nachwachsen, Haarverlust stoppt nach 1–3 Monaten	1–2 Jahre

(Quelle: WPATH, Standards of Care, Version 7, 2011)

Wichtig zu wissen

- Die Stimmlage verändert sich nicht durch Östrogen – hierfür sind logopädische oder chirurgische Maßnahmen notwendig.
- Haarwuchs: Bart- und Körperbehaarung können langsamer und feiner wachsen, aber nicht von selbst verschwinden – eine dauerhafte Haarentfernung (z. B. Laser, Nadelepilation) bleibt oft notwendig.
- Transdermale Östrogene (Gel, Pflaster) gelten als sicherer als orale Präparate – insbesondere für Personen mit erhöhtem Thromboserisiko.
- Ein hormonell gesteuertes Brustwachstum ist genetisch begrenzt. Wenn nach 24 Monaten keine Körbchengröße von mindestens A erreicht wird, kann ein Antrag auf chirurgischen Brustaufbau (Brustaugmentation) gestellt werden.
- Viele transfeminine Personen erleben eine Abnahme der Libido – manche jedoch auch neue Formen von Sexualität, Körperbezug und Empfindungsfähigkeit.
- Auch nach einer Vaginoplastik (siehe auch Abschn. 3.6.2) sind regelmäßige gynäkologische Nachsorgen wichtig – etwa zur Kontrolle der Schleimhaut und Vorbeugung von Atropie.

Wie Transfrauen den Beginn der HET mit Östrogen erleben können

Der Beginn der feminisierenden Hormontherapie ist für viele Transfrauen ein emotionaler Meilenstein. Endlich beginnt der Körper, sich an das innere Geschlechtsempfinden anzupassen – ein Schritt, der für viele mit Hoffnung, Erleichterung und Neugier, aber auch mit Unsicherheiten verbunden ist.

Einige berichten schon nach wenigen Wochen von emotionaler Aufhellung, einer ruhigeren Grundstimmung oder einem besseren Körpergefühl. Andere nehmen erste körperliche Veränderungen wie empfindlichere Brustwarzen, weichere Haut oder Veränderungen der Libido wahr. Diese frühen Veränderungen sind oft subtil, aber dennoch bedeutsam. Sie machen spürbar: „Es geht los".

Gleichzeitig kann der Start der HET auch mit gemischten Gefühlen verbunden sein, denn manchmal treten körperliche Veränderungen langsamer ein als erhofft. Der Wunsch nach sofortiger „Sichtbarkeit" kann mit Geduld und Akzeptanzprozessen kollidieren. Einige erleben Stimmungsschwankungen oder körperliche Beschwerden zu Beginn, die sich aber meist im weiteren Verlauf stabilisieren.

Wichtig

Die zweite Pubertät verläuft individuell. Wer von Anfang an realistische Erwartungen hat und sich medizinisch wie psychologisch gut begleiten lässt, kann diesen Weg sicher und mit Zuversicht gestalten.

Langzeitwirkungen und gesundheitliche Verträglichkeit

Langfristige feminisierende Hormontherapie mit Östrogen und ggf. Antiandrogenen gilt bei guter ärztlicher Überwachung als sicher und verträglich.

Wissenschaftliche Studien zeigen: hinsichtlich der Sicherheit von Östrogentherapie zeigt sich kein signifikant erhöhtes Sterblichkeitsrisiko bei fachgerechter Durchführung und Anpassung. In einer Langzeitstudie mit einem medianen Follow-up von 18,5 Jahren wurde bei Transmännern keine signifikant erhöhte Gesamtsterblichkeit im Vergleich zur Allgemeinbevölkerung festgestellt. Bei Transfrauen ergab sich zwar eine erhöhte Sterblichkeit, die jedoch auf nicht-hormonbedingte Ursachen wie Suizid, AIDS oder Herz-Kreislauf-Erkrankungen zurückzuführen war – nicht auf die Östrogentherapie selbst, insbesondere solange Ethinylestradiol (eine riskantere Variante von Östrogen) nicht angewendet wurde (Asscheman et al., 2011).

Auch das Brustkrebsrisiko wurde in einer bevölkerungsbezogenen Studie untersucht. Für Transfrauen, die eine Östrogentherapie erhielten, zeigte sich im Vergleich zu Cismännern ein erhöhtes Risiko, während es im Vergleich zu Cisfrauen deutlich niedriger lag. Bei Transmännern wiederum war das Risiko geringer als bei Cisfrauen. Diese Ergebnisse verdeutlichen, dass eine individuelle Brustkrebsvorsorge sinnvoll sein ist, insbesondere bei familiärer oder genetischer Vorbelastung (de Blok et al., 2019).

- Thromboserisiken bestehen u. a. bei oraler Gabe oder bestehenden Risikofaktoren (z. B. Rauchen, Übergewicht). Präparate, die auf die Haut aufgetragen werden, reduzieren dieses Risiko.
- Mit zunehmendem Alter kann sich der Östrogenbedarf verändern – niedrigere Dosen reichen oft aus, um stabile Hormonspiegel zu erhalten. Eine regelmäßige Dosisanpassung in Rücksprache mit der ärztlichen Begleitung ist daher ratsam.

Langzeitprobleme bei unzureichender medizinischer Betreuung können sein:

- Erhöhte Leberwerte
- Veränderungen der Blutfettwerte
- Osteoporose oder Osteopenie (eine Vorstufe der Osteoporose)
- Schleimhautatropie (Trockenheit) in der Neovagina

Fazit
Wer über Jahre hinweg Östrogen einnimmt und fachärztlich gut betreut wird, kann eine gesunde und stabile Lebensweise führen. Die feminisierende HET ist keine kurzfristige Maßnahme, sondern ein dauerhaft angelegter Prozess, der sich mit den Lebensphasen weiterentwickelt. Wichtig ist nicht nur die Medikamentengabe, sondern die Begleitung durch kompetente, respektvolle und informierte Fachpersonen.

3.4.5 Mythen über pflanzliche Alternativen zu Östrogen

Auch bei Transfrauen, die noch auf den Beginn ihrer Östrogentherapie warten, tauchen immer wieder Fragen nach „natürlichen“ oder „pflanzlichen“ Alternativen auf – sei es, um Brustwachstum, Hautveränderungen oder Fettumverteilung schon vorab zu fördern. Die wissenschaftliche Evidenz ist hier eindeutig:

Pflanzenstoffe mit östrogenähnlicher Wirkung Sogenannte Phytoöstrogene (z. B. aus Soja, Rotklee, Leinsamen, Hopfen) können im Körper zwar an Östrogenrezeptoren andocken, wirken aber deutlich schwächer als körpereigenes oder therapeutisch verabreichtes Östrogen. Die Menge, die über normale Ernährung oder handelsübliche Präparate aufgenommen wird, reicht nicht aus, um feminisierende körperliche Veränderungen bei Transfrauen auszulösen. Falls solche Stoffe überhaupt wahrnehmbare Wirkungen haben, dann am ehesten bei Cisfrauen in oder nach den Wechseljahren, deren Östrogenspiegel zwar gesunken, aber das gesamte hormonelle System weiterhin auf Östrogen reagieren kann. Bei Transfrauen (mit funktionierendem Testosteronstoffwechsel) sind die Effekte minimal bis nicht vorhanden.

„Natürliche" oder „pflanzliche" Östrogenpräparate sind oft unreguliert: Wirkstoffgehalt, Reinheit und Sicherheit sind nicht verlässlich geprüft. Es besteht das Risiko von Verunreinigungen, falscher Dosierung oder Wechselwirkungen mit anderen Medikamenten.

Feminine Veränderungen wie Brustentwicklung, Hautverfeinerung oder Fettumverteilung erfordern über längere Zeit eine ausreichend hohe, stabile Östrogenkonzentration im Blut, wie sie nur durch eine medizinisch überwachte Hormontherapie erreicht wird. Pflanzliche Alternativen können diesen Effekt nicht erreichen.

Fazit
Der sicherste, wirksamste und medizinisch geprüfte Weg zu feminisierenden körperlichen Veränderungen ist eine ärztlich begleitete Östrogentherapie. Pflanzliche oder frei verkäufliche „Alternativen" sind dafür ungeeignet und können im schlimmsten Fall gesundheitliche Risiken bergen, ohne den gewünschten Nutzen zu bringen.

3.4.6 Pubertätsblocker

3.4.6.1 Was sind Pubertätsblocker und wie wirken sie?

Die medikamentöse Pubertätsunterdrückung bei Transjugendlichen zählt seit den 2010er-Jahren zu den bekanntesten und zugleich umstrittensten Formen frühzeitiger geschlechtsangleichender Behandlung. Zum Einsatz kommen sogenannte GnRH-Analoga (Gonadotropin-Releasing-Hormon-Agonisten), die die Ausschüttung der körpereigenen Geschlechtshormone unterdrücken.

Damit wird der Eintritt bzw. das Fortschreiten der Pubertät gestoppt. Ziel ist es, geschlechtsdysphorischen Jugendlichen Zeit zur Selbstklärung der Geschlechtsidentität zu geben – ohne den Leidensdruck zu erleben, den irreversible körperliche Veränderungen durch die Pubertät im körperlichen Geburtsgeschlecht verursachen können.

GnRH-Analoga wurden ursprünglich nicht für die Behandlung von Transjugendlichen entwickelt. Ihre Hauptanwendungsgebiete umfassen bis heute:

Pubertas praecox (frühzeitige Pubertät) Bezeichnet den Beginn sekundärer Geschlechtsmerkmale bei Mädchen vor dem 8. und bei Jungen vor dem 9. Lebensjahr. Zur Therapie werden GnRH-Analoga eingesetzt, um das hormonell gesteuerte Fortschreiten der körperlichen Reifung zu stoppen und gleichzeitig das Längenwachstum zu sichern (Deutsche Apotheker Zeitung, 2024). Wissenschaftliche Übersichten bestätigen, dass diese Medikamente weltweit der Standard bei zentraler Pubertas praecox sind (Popovic et al., 2022).

Hormonabhängige Tumoren Bei bestimmten hormonabhängigen Tumoren wie Prostatakarzinom und hormonrezeptorpositivem Brustkrebs wird durch die gezielte Unterdrückung endogener Sexualhormone das Tumorwachstum verlangsamt. Das Deutsche Krebsforschungszentrum (DKFZ) beschreibt die Antihormontherapie als bewährtes Verfahren, um Tumoren die benötigten Hormone zu entziehen (Krebsinformationsdienst des DKFZ, o. J.).

Forensik In der forensischen Psychiatrie kommen GnRH-Analoga zur libidosenkenden Behandlung von Sexualstraftätern zum Einsatz – im allgemeinen Sprachgebrauch oft als „chemische Kastration“ bezeichnet. Dieser Behandlungsansatz ist ethisch hoch umstritten (vgl. Seifert, 2000).

Diese ursprünglichen Indikationen unterlagen und unterliegen strengen medizinischen Kriterien. Es ist daher besonders wichtig, dass auch die Anwendung in der Trans-Gesundheitsversorgung mit größtmöglicher Sorgfalt erfolgt. Bei transidenten Jugendlichen ist die Gabe von Pubertätsblockern grundsätzlich möglich – jedoch nur nach sorgfältiger Diagnostik, interdisziplinärer Begleitung und mit Zustimmung der Sorgeberechtigten. Die Behandlung erfolgt „off-label“, also außerhalb der regulären Zulassung für diesen Zweck, was eine besonders strenge Indikationsstellung notwendig macht.

Mögliche körperliche und psychische Folgen

Während Pubertätsblocker ursprünglich als vollständig reversibel beschrieben wurden, die medizinischen Wirkungen mit Absetzen der Medikation also wieder rückgängig gemacht würde, zeigen neuere Studien, dass diese Einschätzung nur eingeschränkt zutrifft. Zum Beispiel im Hinblick auf:

Knochendichte Die Unterdrückung körpereigener Hormone kann die Knochenmineralisierung beeinträchtigen. Studien berichten von einem signifikanten Rückgang der Knochendichte, der sich auch nach Beginn einer Hormonbehandlung im Erwachsenenalter nicht immer vollständig ausgleicht.

Fruchtbarkeit Wird direkt nach einer Blockerphase mit einer HET begonnen, ohne dazwischen einen Reifungsschub zuzulassen, kann die Fruchtbarkeit dauerhaft eingeschränkt oder ausgeschlossen sein.

Sexuelle Entwicklung Erste Studien deuten auf mögliche Einschränkungen in der Entwicklung sexueller Empfindungsfähigkeit und Orgasmusfähigkeit hin. Belege hierfür sind noch begrenzt, aber klinisch zunehmend diskutiert.

Psychische Entwicklung Der Nutzen für die psychische Stabilität ist uneinheitlich belegt. Während einige Arbeiten kurzfristige Erleichterung beschreiben, zeigen andere Studien keine signifikanten Unterschiede im Vergleich zu unbehandelten Jugendlichen.

Spätere angleichende Operationen Ein weiterer medizinisch relevanter Aspekt betrifft die spätere Durchführung genitalangleichender Operationen. Bei Jugendlichen, die als Jungen geboren wurden und frühzeitig GnRH-Blocker erhalten, kann das Genitalgewebe so gering entwickelt bleiben, dass es für eine klassische Penisinversionsplastik zur Bildung einer Neovagina nicht ausreicht. Dies kann zur Notwendigkeit komplexerer und risikoreicherer Operationstechniken (z. B. mittels Darm- oder Bauchfelltransplantaten) führen (siehe auch Abschn. 3.6.4).

3.4.6.2 Pubertätsblocker in Deutschland: Voraussetzungen und Indikation

In Deutschland ist der Einsatz von Pubertätsblockern bei Jugendlichen mit anhaltender Geschlechtsdysphorie grundsätzlich möglich, allerdings nur unter genau definierten Voraussetzungen. Der Zugang ist streng geregelt und mit hohen fachlichen Anforderungen verbunden. Ziel ist es, eine sorgfältige und abgesicherte Entscheidung zu gewährleisten, um medizinische und psychische Risiken zu minimieren. Die Indikation zur Behandlung mit GnRH-Analoga darf nur von spezialisierten Fachpersonen gestellt werden. Konkret bedeutet das:

Eine psychiatrische oder psychotherapeutische Fachdiagnose muss vorliegen

- gestellt von approbierten Kinder- und Jugendlichenpsychotherapeut*innen, Fachärzt*innen für Kinder- und Jugendpsychiatrie oder psychologischen Psychotherapeut*innen mit entsprechender Zusatzqualifikation und transspezifischer Erfahrung.

Die Diagnostik muss sich an etablierten Leitlinien orientieren. Aktuell sind dies insbesondere die Standards der Endokrinologischen Gesellschaft, die Empfehlungen des MDS (Medizinischer Dienst der Krankenkassen) sowie der S2k-Leitlinie „Geschlechtsinkongruenz im Kindes- und Jugendalter" (Stand 2025).

Internationale Entwicklungen

Nach aktuellen internationalen Empfehlungen – darunter die NICE-Empfehlungen (2020) und der Cass-Report (2024) – sollte der Einsatz von GnRH-Analoga zur Pubertätsunterdrückung nicht routinemäßig, sondern nur in streng ausgewählten Einzelfällen und idealerweise im Rahmen klinischer Studien erfolgen. NICE betont, dass Behandlungspläne individuell angepasst und durch psychologische Unterstützung begleitet werden müssen. Der Cass-Report schränkt den ambulanten Einsatz weiter ein und fordert eine multidisziplinäre und evidenzbasierte Vorgehensweise.

Ähnliche Entwicklungen sind auch in anderen europäischen Ländern zu beobachten: In Schweden hat die Gesundheitsbehörde 2022 beschlossen, Pubertätsblocker sowie gegengeschlechtliche Hormone bei Minderjährigen nur noch in Ausnahmefällen und vorzugsweise im Rahmen von klinischen Studien zu verschreiben, nachdem die Evidenzlage als unzureichend bewertet wurde. Auch in Finnland wurde bereits 2020 ein restriktiverer Ansatz eingeführt, der die psychotherapeutische Begleitung in den Vordergrund stellt und den Einsatz von GnRH-Analoga auf eng definierte Indikationen beschränkt. In Frankreich empfahl die nationale Gesundheitsbehörde 2022 ebenfalls besondere Vorsicht und eine sorgfältige Abwägung von Nutzen und Risiken. Damit zeichnet sich in mehreren europäischen Ländern eine Tendenz ab, Pubertätsblocker nicht mehr als Standardintervention, sondern nur noch als ultima ratio einzusetzen, wenn andere Behandlungsansätze ausgeschöpft wurden und eine eindeutige Indikationsstellung vorliegt.

Was bedeutet Evidenz?
Wenn in der Medizin von der Evidenzlage die Rede ist, geht es darum, wie gut etwas durch wissenschaftliche Studien abgesichert ist. Eine starke Evidenzlage bedeutet, dass es viele gut gemachte Untersuchungen gibt, die zu ähnlichen Ergebnissen kommen. Eine schwache Evidenzlage heißt dagegen, dass nur wenige oder widersprüchliche Studien vorliegen und die Schlussfolgerungen deshalb unsicher bleiben. So ist die Wirksamkeit von Antibiotika bei bakteriellen Infektionen durch eine sehr gute Evidenzlage belegt. Beim Einsatz von Pubertätsblockern bei Jugendlichen mit Geschlechtsdysphorie hingegen ist die Evidenzlage derzeit eher schwach, weil es bislang nur wenige und methodisch begrenzte Studien gibt. Deshalb betonen viele Fachgesellschaften, dass diese Behandlung nur sehr sorgfältig abgewogen und wissenschaftlich begleitet durchgeführt werden sollte.

Aktueller Status der S2k-Leitlinie „Geschlechtsinkongruenz und Geschlechtsdysphorie im Kindes- und Jugendalter"
Am 7. März 2025 wurde offiziell die neue S2k-Leitlinie „Geschlechtsinkongruenz und Geschlechtsdysphorie im Kindes- und Jugendalter – Diagnostik und Behandlung" (AWMF-Register-Nr. 028-014) veröffentlicht. Sie ist bis zum 30. September 2029 gültig und basiert – anders als ursprünglich geplant – auf Konsens statt auf Evidenz (S2k statt S3), da die vorhandene Studienlage für eine höhere Klassifikation nicht ausreichte

In der Konsultationsphase im Frühjahr 2024 kam es zu starker Kritik: Manche Fachgesellschaften kritisierten, hormonelle und chirurgische Interventionen bei Kindern sollten nur extrem selektiv erfolgen und nur mit multiprofessioneller Diagnostik. Diese Kritiken sind im Anhang des Leitlinienreports dokumentiert.

Wesentlicher Kritikpunkt Die Leitlinie wurde entgegen der ursprünglichen Planung nicht als evidenzbasierte S3-Leitlinie, sondern als konsensbasierte S2k-Leitlinie veröffentlicht. Dies bedeutet, dass sie vorwiegend auf praktischem Konsens beruht, nicht auf wissenschaftlicher Evidenz. Eine methodenkritische Kommentierung durch Fachleute führte zu teils weitreichender Kritik, wurde jedoch formal nicht berücksichtigt.

Aktuelle Lage (2025) Die Leitlinie ist gültig und in Kraft. Sie gilt für Deutschland, Österreich und die Schweiz und stellt eine *fachliche Orientierung* dar. Rechtlich bindend ist die Leitlinie nicht, was auch schon ihr Name sagt. Mehrere Fachgesellschaften äußern trotz ihrer Veröffentlichung nach wie vor erhebliche Bedenken wegen mangelhafter Evidenz und möglicher Risiken.

Voraussetzungen für die Behandlung mit Pubertätsblockern
Bevor eine medizinische Pubertätsunterdrückung eingeleitet werden kann, müssen folgende Bedingungen erfüllt sein:

Beginnende Pubertät (Tanner-Stadium 2) Der Körper muss sich bereits erkennbar in der Frühphase der Pubertät befinden. Eine Blockade vor Tanner-Stadium 2 wird in Deutschland nicht praktiziert.

Nachhaltige Geschlechtsdysphorie Die empfundene Geschlechtsinkongruenz muss über einen längeren Zeitraum bestehen, konsistent und intensiv sein.

Umfassende psychotherapeutische Begleitung In der Regel ist eine psychotherapeutische Begleitung über mindestens 6 bis 12 Monate erforderlich, oft länger. Dabei sollen psychische Begleiterkrankungen erkannt, mögliche alternative Erklärungsmodelle für die Geschlechtsdysphorie berücksichtigt und die individuelle psychosoziale Situation stabilisiert werden.

Interdisziplinäre Einschätzung Neben der psychotherapeutischen Stellungnahme ist auch eine kinder- und jugendendokrinologische Untersuchung erforderlich. In komplexeren Fällen können auch Kinderärzt*innen, Ethikkommissionen oder psychosoziale Fachstellen hinzugezogen werden.

Einvernehmen beider Sorgeberechtigten Bei Minderjährigen ist in jedem Fall die schriftliche Zustimmung beider Elternteile bzw. der Sorgeberechtigten erforderlich. In Sonderfällen kann das Familiengericht angerufen werden. Die Behandlung mit Pubertätsblockern erfolgt off-label, das heißt: Die Medikamente sind auch in Deutschland nicht für diesen Anwendungszweck zugelassen. Dadurch ergibt sich eine besondere Pflicht zur *sorgfältigen Risiko-Nutzen-Abwägung* und *Aufklärung*. Die Verantwortung liegt bei den behandelnden Ärztinnen und Ärzten – häufig aus dem Bereich der Kinderendokrinologie oder in spezialisierten pädiatrischen Hormonzentren.

In größeren Städten existieren spezialisierte interdisziplinäre Trans-Versorgungszentren oder Schwerpunktambulanzen an Kinderkliniken. Dort arbeiten meist Fachleute aus der Psychotherapie, Kinder- und Jugendpsychiatrie sowie der Endokrinologie eng zusammen.

Außerhalb städtischer Regionen kann der Zugang zur Versorgung schwieriger sein. In solchen Fällen empfiehlt es sich, zunächst eine lokale psychotherapeutische Begleitung zu etablieren und anschließend den Kontakt zu einer fachkundigen Endokrinologin bzw. einem überregionalen Behandlungszentrum zu suchen.

3.4.6.3 Risikoabwägung und kritische Einordnung

Blocker oder abwarten?
Gerade für jüngere Jugendliche (z. B. im Alter von 11 bis 14 Jahren) stellt sich die Frage, ob ein frühzeitiger medikamentöser Eingriff tatsächlich das geeignetste Mittel der Wahl ist, oder ob es sinnvoller sein kann, die psychotherapeutische Begleitung zunächst fortzusetzen, um bei fortbestehender Geschlechtsdysphorie ab dem 16. Lebensjahr eine Hormonbehandlung mit „Erwachsenenhormonen" einzuleiten. Diese unterliegt ebenfalls klaren medizinischen Voraussetzungen, ist aber im Behandlungskonzept bereits für Jugendliche ab 16 Jahren möglich – wiederum mit Zustimmung der Sorgeberechtigten. In vielen Fällen kann dieser Weg helfen, die Behandlung mit GnRH-Blockern zu vermeiden – und damit auch die mit ihnen verbundenen medizinischen Risiken (z. B. Knochendichteverlust, mögliche Auswirkungen auf die Fruchtbarkeit, die Orgasmusfähigkeit und die psychosexuelle Entwicklung) auszuschließen. Dies gilt insbesondere dann, wenn eine begleitende psychotherapeutische Unterstützung vorhanden ist und keine akute psychiatrische Krisenlage besteht.

Die Einleitung einer Pubertätsblockade in Deutschland ist ein sorgfältig strukturierter, komplexer medizinisch-therapeutischer Prozess. Sie erfordert Zeit, interdisziplinäre Kooperation und klare fachliche Indikation. Die Entscheidung sollte auf einer fundierten Gesamteinschätzung beruhen – nicht auf äußeren Erwartungen, sondern auf der individuellen Lage der betroffenen Jugendlichen. In vielen Fällen kann eine engmaschige psychotherapeutische Begleitung eine medizinisch risikoärmere Perspektive eröffnen.

Kritische Einordnung
GnRH-Blocker werden vielfach als „Pausentaste" dargestellt – als vermeintlich neutrale Maßnahme, die geschlechtsdysphorischen Jugendlichen Zeit zur Selbstfindung geben soll. Tatsächlich zeigt sich, dass der überwiegende Teil der Jugendlichen, die mit GnRH-Blockern behandelt werden, anschließend direkt in eine gegengeschlechtliche Hormonbehandlung übergeht. In der häufig zitierten Studie von de Vries et al. (2014) lag dieser Anteil bei über 95 %. Auch neuere Übersichtsarbeiten und Berichte – etwa die NICE-Empfehlungen und der Cass-Report (2024) – bestätigen, dass die Übergangsquote sehr hoch ist und in den meisten Fällen ein nahtloser Übergang in die Hormontherapie erfolgt, auch wenn hier nicht immer konkrete Prozentzahlen genannt werden. Diese hohe Fortführungsrate stellt das Bild der „Pau-

setaste“ infrage. Der Cass-Report betont in diesem Zusammenhang, dass durch die frühe affirmative medizinische Behandlung die Weichen in den allermeisten Fällen auf eine vollständige medizinische Transition gestellt werden.

Zahlreiche Untersuchungen zeigen, dass ein großer Teil geschlechtsdysphorischer Kinder und Jugendlicher ohne medizinische Eingriffe – jedoch im Rahmen psychotherapeutischer Begleitung – im Verlauf der Pubertät *keine anhaltende Transidentität* mehr erlebt. In der qualitativen Studie von Steensma & Cohen-Kettenis (2011) erkannten viele Jugendliche zwischen 10 und 13 Jahren, dass ihre Geschlechtsdysphorie nicht fortbesteht. Eine Meta-Analyse von Ristori & Steensma (2016), basierend auf zehn Längsschnittstudien mit insgesamt 317 Kindern, kommt zu dem Ergebnis, dass etwa 85 % der Betroffenen nach der Pubertät keine Dysphorie mehr zeigen. Ergänzend zeigt die Follow-up-Studie von Singh et al. (2021) bei 139 Jungen sogar eine Desistenzrate von circa 88 %. Das bedeutet: Zwischen 60 % und 80 % – in einigen Studien sogar bis zu 85–88 % – der Jugendlichen, die in jüngerer Kindheit mit ihrem Geburtsgeschlecht haderten und sich als trans identifizierten, empfinden später keine Dysphorie mehr und versöhnen sich wieder mit ihrem Geburtsgeschlecht.

Ein weiterer kritischer Punkt betrifft die Frage nach den zugrunde liegenden Ursachen der Geschlechtsdysphorie bei Jugendlichen. Eine umfassende Langzeitstudie mit 139 Jungen, die in der Kindheit wegen Genderdysphorie eine Klinik aufgesucht hatten, zeigt, dass eine hohe Anzahl von ihnen im Erwachsenenalter eine homosexuelle oder bisexuelle Orientierung entwickelt. Genauer gesagt: Zwar verharrte bei etwa 12 % der Betroffenen die Dysphorie (sogenannte „Persister“), doch bei rund 88 % („Desister“) verschwand sie. Unter diesen Desistern zeigten sich mehrheitlich homosexuelle oder bisexuelle Orientierungen im Verlauf des Erwachsenenalters, was darauf hinweist, dass nicht alle Jugendlichen, die transidentitätsbezogene Empfindungen äußern, später tatsächlich trans bleiben, sondern einige homosexuell orientiert sind (Singh et al., 2021). Außerdem wird kritisch darauf verwiesen, dass Übergänge von frühem Dysphorie-Empfinden hin zu andersgelagerter sexueller Orientierung nicht immer klar nachzuverfolgen sind – was wiederum ein Risiko darstellt: Es besteht die Gefahr, dass Jugendliche aus dem Wunsch nach Klarheit oder aus psychosozialem Druck medizinisch transidentifiziert werden, obwohl eine homosexuelle Orientierung zugrunde liegen könnte (Zucker, 2019).

Fazit
Pubertätsblocker sind ein gravierender medizinischer Eingriff mit potenziellen langfristigen Folgen. Ihr Einsatz sollte ausschließlich in Einzelfällen nach sorgfältiger Diagnostik, fundierter interdisziplinärer Einschätzung und unter fortlaufender therapeutischer Begleitung erfolgen. Die Erwartung einer neutralen „Pausetaste" lässt sich wissenschaftlich kaum noch aufrechterhalten. In Anbetracht der hohen Weiterbehandlungsrate, der Unsicherheiten über Langzeitfolgen sowie der Möglichkeit psychosozialer Alternativen ohne medizinische Intervention, ist Zurückhaltung angezeigt.

3.4.7 Warnung vor Hormonersatztherapie im DIY-Verfahren

In den vergangenen Jahren ist eine wachsende Zahl an Transpersonen zu beobachten, die sich aufgrund von langen Wartezeiten, fehlender wohnortnaher Versorgung oder schwierigen Erfahrungen mit dem Gesundheitssystem dazu entschließen, eine Hormonersatztherapie in Eigenregie („DIY" = Do it yourself) durchzuführen. Dabei werden Östrogene, Testosteron oder Antiandrogene über den Schwarzmarkt, Online-Apotheken im Ausland oder durch den Austausch in Communitys bezogen, häufig ohne ärztliche Begleitung oder Überwachung. Auch wenn der Wunsch nach schneller Veränderung verständlich ist, birgt eine solche DIY-HET erhebliche gesundheitliche Risiken.

Ohne ärztliche Diagnostik, Laborkontrollen und Begleitung können schwerwiegende Nebenwirkungen unentdeckt bleiben: Dazu zählen u. a. Leberfunktionsstörungen, Thrombosen, Bluthochdruck, Störungen des Fettstoffwechsels oder psychische Entgleisungen. Besonders problematisch ist der unsachgemäße Umgang mit Dosierungen oder Wirkstoffkombinationen – etwa, wenn vermeintlich „mildere" Präparate zu hoch dosiert werden oder eine notwendige begleitende Medikation wie ein Antiandrogen (bei Transfrauen) unterbleibt oder zu hoch dosiert wird. Zudem ist bei Produkten aus unsicheren Quellen nicht gewährleistet, dass sie den angegebenen Wirkstoff in gleichbleibender Dosierung und Qualität enthalten – ein erhebliches Risiko für die Gesundheit. Eine medizinisch fundierte HET ist ein komplexer und individuell anzupassender Prozess, der eine kontinuierliche fachärztliche Betreuung und labordiagnostische Überwachung voraussetzt. Nur so kann das bestmögliche Verhältnis von gewünschter Wirkung und Nebenwirkungsvermeidung erreicht werden.

Fazit

Eine DIY-Hormonersatztherapie ist nicht nur rechtlich problematisch, sondern stellt auch ein vermeidbares erhebliches Gesundheitsrisiko dar. Wer Schwierigkeiten hat, ärztliche Unterstützung zu finden, sollte sich an Beratungsstellen oder Selbsthilfegruppen wenden. Viele dieser Einrichtungen kennen transfreundliche Mediziner*innen und helfen bei der Organisation einer sicheren, legalen Hormontherapie.

3.4.8 Fachinterview: Gegengeschlechtliche Hormonersatztherapie bei Erwachsenen

Im Gespräch mit Dr. med. Eleni Giannakidou-Jordan, Fachärztin für Innere Medizin und Endokrinologie in Köln:

Was hat Sie persönlich an der endokrinologischen Begleitung von Transpersonen angesprochen und wie hat sich Ihre Perspektive auf diese Arbeit im Laufe der Jahre verändert?

E. Giannakidou: Ich habe die Endokrinologie als Bereich der Inneren Medizin als junge Ärztin sehr bewusst ausgewählt. Es gibt in der Inneren Medizin keinen anderen Bereich, in dem sie mit so vielen jungen Menschen arbeiten. Das Durchschnittsalter der Patienten in der Inneren Medizin liegt bei über 70 Jahren, bei mir in der Endokrinologie sind es einige Jahrzehnte weniger. Sie können in der Endokrinologie junge Erwachsene ihr ganzes Leben über betreuen und positive Impulse geben.

Durch die enge Zusammenarbeit mit meinen psychotherapeutischen/psychiatrischen Kollegen kam in den letzten Jahren das Gefühl hinzu, dass ich hier besonders gebraucht werde. Es ist erstaunlich, wie sich Transpersonen entfalten und eine Freude zu sehen, welche souveränen, glücklichen Persönlichkeiten sich entwickeln. Das ist für mich sehr befriedigend und ein guter Grund morgens aufzustehen.

Viele Menschen kommen mit klaren Zielvorstellungen zu Ihnen, andere mit weniger klaren. Wie gewährleisten Sie, medizinisch verlässlich zu arbeiten und zugleich auf unterschiedliche Bedürfnisse einzugehen?

E. Giannakidou: Ich halte mich bei meinem Vorgehen an Leitlinien und medizinische Empfehlungen, die sich in den letzten Jahren langsam entwickelt haben. Die zentrale Frage vor Beginn einer Hormontherapie ist: Gibt es einen Grund, der *gegen* eine Behandlung spricht?

Es gibt ein sehr ausführliches Erstgespräch vor Beginn der Hormontherapie, in dem ich viele Dinge erfrage, um mir ein Bild über mögliche medizinische Risiken der Therapie zu machen. Am gleichen Tag erfolgt eine umfangreiche Blutuntersuchung, um ergänzende Informationen über den gesundheitlichen Zustand des Patienten zu erhalten. Ich bemühe mich bei dieser ersten Vorstellung, das weitere Vorgehen, die eingesetzten Medikamente, erwartbare Veränderungen zu erklären, aber auch alle Fragen der Transperson zu beantworten – manche bringen ganze Listen mit – und ermutige dazu, weitere Fragen aufzuschreiben, damit wir diese beim nächsten Termin besprechen können.

Nach 3–6 Wochen gibt es eine Wiedervorstellung (auch die Laborergebnisse liegen dann vor) und wir besprechen erneut, was unter einer Hormontherapie zu erwarten ist, klären weitere Fragen und können schließlich mit den Hormonen starten. Ich erreiche mit dieser Vorgehensweise nicht alle Transpersonen, die sich bei mir vorstellen, aber 90–95 %.

Einige Patient*innen – gerade nicht-binäre Personen – äußern bisweilen den Wunsch nach gezielten Hormonwirkungen und/oder niedrigdosierter Hormontherapie („low dose"). Wie gehen Sie mit solchen Anliegen um und welche medizinischen Überlegungen fließen dabei ein?

E. Giannakidou: Bestimmte Hormonwirkungen zu erzielen und andere zu vermeiden ist technisch nicht möglich. Man erkauft sich immer ein „Komplettpaket". Nicht-binäre Personen müssen darüber informiert sein, dass bei uns Menschen der Zustand weder männliche *noch* weibliche Hormone zu haben nicht mit einem gesunden Leben vereinbar ist. Ein Fehlen jeglicher Sexualhormone bei Erwachsenen führt zu gravierenden gesundheitlichen Schäden – u. a. Osteoporose mit z. B. Wirbelbrüchen, Muskelabbau, Konzentrations- und Gedächtnisstörungen, depressiven Stimmungslagen, etc.

Aus ärztlicher Sicht ist nichts gegen einen niedrig dosierten Therapiestart einzuwenden. Die seelischen und körperlichen Veränderungen sind sehr intensiv, da darf man sich ruhig etwas Zeit lassen und die Hormondosis langsam erhöhen. Das Ziel der Therapie ist es, gesund alt werden zu können und nicht mehr medizinische Probleme entstehen zu lassen, als man schon vorher hatte. Das gilt generell, bei jeder Therapie.

Ich erlebe oft, dass Transpersonen aber auch nicht-binäre Menschen in ihre neue Situation hineinwachsen und sich immer mehr wiederfinden. Diese Zeit müssen wir haben, das ist schließlich kein Rennen.

Zunehmend gibt es Menschen, die außerhalb klassischer Diagnostikpfade oder ohne formal-genügenden Indikationen in eine Hormonersatztherapie starten möchten – wie begegnen Sie diesen Konstellationen?
E. Giannakidou: Ich bin nicht bereit, ohne eine gesicherte Indikation Medikamente zu verordnen. Ich akzeptiere keine Indikationsschreiben von Personen, die nicht die nötige Qualifikation aufweisen, und die z. B. nach einem 45 minütigen Online-Gespräch oder mittels eines Fragebogens Indikationen ausstellen. Dies führt bei manchen Gesprächen zu Irritationen. Umso wichtiger ist es mir, hier ganz transparent zu sein.

Ich versuche, Patienten mit solchen „Indikationsschreiben" zeitnah an psychotherapeutische Praxen weiterzuleiten, die Erfahrung mit Transpersonen haben. Ich hänge an meiner ärztliche Approbation und – für mich noch wichtiger – ich muss bei allem, was ich beruflich bewirke, morgens gut in den Spiegel schauen können.

Welche Rolle spielt aus Ihrer Sicht die diagnostische Absicherung und wie gehen Sie mit Grauzonen um?
E. Giannakidou: Ich bin schlicht und ergreifend auf eine sichere Diagnose vonseiten der Psychotherapie/Psychiatrie angewiesen. Ich muss darauf vertrauen können, dass meine Kollegen sorgfältig und nach aktuellem Stand der Wissenschaft arbeiten, da ich sonst als Ärztin Schaden anrichte. Ich hafte übrigens als Ärztin für den Schaden, den ich durch nicht indizierte medikamentöse Therapie anrichte. Es haftet nie der Psychotherapeut, der die Diagnose falsch gestellt hat. Es haftet immer der Arzt, der die Rezepte ausstellt.

In welchen Fällen raten Sie zu einem behutsameren Vorgehen oder auch zu einer medizinischen Zurückhaltung – sei es aus körperlichen, psychischen oder sozialen Gründen?
E. Giannakidou: Es gibt zwei Situationen, bei denen ich erfahrungsgemäß medizinisch „bremse": Zum einen, wenn es um die medikamentöse Behandlung sehr junger Menschen geht. Ich persönlich habe noch nie eine Hormontherapie bei Personen unter 16 Jahren eingeleitet – das übersteigt meine Kompetenzen als Internistin.

Zum anderen bin ich zurückhaltend, wenn seelische oder körperliche Vorerkrankungen vorliegen, bei der unter einer Hormontherapie sehr wahrscheinlich gravierende unerwünschte Komplikationen auftreten werden (z. B. Thrombosen unter einer Östrogentherapie, wenn eine genetische Neigung dafür vorliegt, oder Ähnliches). Ich bespreche das immer mit den Betroffenen und lege meine medizinischen Bedenken offen dar.

Wie erleben Sie das erste Jahr einer Hormonbehandlung bei Ihren Patient*innen – was sind typische körperliche oder emotionale Entwicklungen?

E. Giannakidou: Üblicherweise werden die Patienten durch die Hormontherapie wieder in die Phase der Pubertät „geworfen". Nach wenigen Wochen kommt es erfahrungsgemäß zu einer anderen Wahrnehmung der Umwelt: Transmänner berichten, dass sie wacher, kraftvoller, bisweilen auch aggressiver sind. Transfrauen berichten, dass sie milder gestimmt, ausgeglichener oder auch weinerlicher sind (man schafft dann nicht mehr drei, sondern nur noch zwei Liebesfilme pro Abend). Dies wird nicht als Belastung angesehen, sondern als „Ankommen" nach einer langen Zeit, die es bis zum Beginn der Hormontherapie gedauert hat. Es ist klug, vor Beginn der Hormontherapie die Familie und die Freunde zu informieren, damit keine Irritationen entstehen.

Nach 2–3 Monaten stellen sich die ersten körperlichen Veränderungen ein. Transmänner entwickeln eine tiefere Stimme, vermehrte Behaarung des Gesichtes und des Körpers, ein maskulineres Gesicht, einen Umbau von Fett- zu Muskelgewebe (die Hose passt immer noch, nur etwas anders) und dem Ausbleiben der Periode. Transfrauen entwickeln weiblichere Gesichtszüge, berichten über ein Spannen in der Brust, ein Zeichen für einsetzendes Brustwachstum, spärlichere Körperbehaarung, einen Umbau der Körpersilhouette und das Ausbleiben von Erektionen.

Wo braucht es besonders viel Begleitung, auch von psychotherapeutischer Seite?

E. Giannakidou: Ich erlebe häufig, dass gerade jüngere Menschen erwarten, dass gerade die körperlichen Veränderungen am besten sofort und sehr intensiv erfolgen sollen. Transfrauen haben oft eine sehr idealisierte Vorstellung ihres neuen Körpers, die der Realität nicht entspricht. Nicht jede Frau entwickelt einen großen Busen – weil das von der Natur in individuellen Fällen manchmal einfach nicht so vorgesehen ist. Das muss man besprechen.

Wo sehen Sie aktuell die größten strukturellen Herausforderungen in der Versorgung transidenter Menschen?

E. Giannakidou: Ich sehe, dass die Möglichkeiten einer zeitnahen psychotherapeutischen aber auch endokrinologischen Betreuung sich in den letzten zwei Jahren deutlich verzögert/verschlechtert haben. Viele Ambulanzen/Praxen möchten keine Transpersonen mehr betreuen, weil diese Betreuung zeitaufwendig und speziell ist. Genau diese Zeit für Gespräche wird uns oft nicht mehr zur Verfügung gestellt. Dies ist eine generelle Herausforderung unseres

Gesundheitssystems: Die „sprechende Medizin" wird nicht kostendeckend vergütet. Menschen, die viel Zeit kosten, sind für Praxen finanziell unattraktiv und werden oft weitergereicht.

Wenn Sie Transitionierenden eine persönliche Botschaft mitgeben könnten – was wäre das?
E. Giannakidou: Sei mutig! Werde der, der Du bist! Werde die, die Du bist! Es lohnt sich immer.

3.4.9 Zusammenfassung

Die Hormonersatztherapie (HET) ist für viele Transpersonen ein zentraler Schritt auf dem Weg zu einem authentischen Leben. Sie ermöglicht es, den Körper an die eigene Geschlechtsidentität anzugleichen – körperlich, hormonell und psychisch. Gleichzeitig ist sie ein tiefgreifender medizinischer Eingriff, der eine fundierte Entscheidungsfindung, medizinische Begleitung und langfristige Verantwortung erfordert.

Bei Transmännern wird in der Regel Testosteron verabreicht – als Injektion oder Gel. Es führt u. a. zu einer tieferen Stimme, mehr Körperbehaarung, Muskelaufbau und einer Umverteilung des Körperfetts. Die Wirkung ist teilweise irreversibel. Auch bei langfristiger Gabe gilt Testosteron als gut verträglich – vorausgesetzt, es erfolgt eine regelmäßige medizinische Kontrolle (v. a. Blutbild, Leberwerte, Hämatokrit). Besonders bei langjähriger Einnahme ohne Operation kann es zu Scheidenatrophie kommen, was ärztlich betreut werden muss. Wichtig ist, dass Testosteron keine „maßgeschneiderte Wunschbehandlung" ist – auch niedrig dosierte („low-dose") Gaben führen zu systemischen Effekten, die nicht gezielt steuerbar sind.

Bei Transfrauen erfolgt die HET mit Östrogen und ggf. einem Antiandrogen. Typische Veränderungen sind Brustwachstum, weichere Haut, Umverteilung von Fett und Rückgang der Körperbehaarung. Die Wirkung setzt langsam ein und ist individuell unterschiedlich. Östrogene können oral, transdermal oder als Gel verabreicht werden, Injektionen sind eher unüblich. Auch hier ist eine fachärztliche Betreuung unerlässlich, da Risiken wie Thrombosen oder Leberschäden bestehen. Nicht alle körperlichen Merkmale aus der männlichen Pubertät lassen sich rückgängig machen – etwa tiefe Stimme oder Bartwuchs.

Pubertätsblocker (GnRH-Analoga) bei Jugendlichen stellen eine besondere Form der Hormonintervention dar. Sie sollen den natürlichen Pubertätsverlauf unterbrechen, um Zeit zur Identitätsklärung zu geben. Allerdings ist der

Einsatz medizinisch, ethisch und wissenschaftlich stark umstritten. Risiken wie eingeschränkte Knochendichte, Beeinträchtigungen der psychosexuellen Entwicklung oder Fruchtbarkeit müssen sehr ernst genommen werden. In vielen europäischen Ländern wird ihr Einsatz nur noch im Rahmen klinischer Studien empfohlen. Auch in Deutschland sollte ihr Einsatz nur nach sorgfältiger Diagnostik, interdisziplinärer Bewertung und langjähriger psychotherapeutischer Begleitung erfolgen.

Fazit

Die Hormonersatztherapie ist eine medizinisch wirksame und – unter ärztlicher Aufsicht – in der Regel gut verträgliche Maßnahme. Sie verändert Körper und Lebensgefühl tiefgreifend, bietet Chancen zur Selbstverwirklichung, erfordert aber auch medizinisches Wissen, Geduld und verantwortungsvolle Begleitung. Eine offene, ehrliche und evidenzbasierte Aufklärung ist Voraussetzung für eine selbstbestimmte und langfristig tragfähige Transition.

3.5 Operationen Frau-zu-Mann

Für die meisten Transmänner ist die medizinische Angleichung des Körpers nicht mit der Hormonersatztherapie abgeschlossen. Chirurgische Eingriffe können weitere, individuell bedeutsame Schritte zur Linderung der Geschlechtsdysphorie und zur Stärkung des eigenen Körperempfindens sein. In Deutschland gehören geschlechtsangleichende Operationen zu den anerkannten medizinischen Maßnahmen bei einer Diagnose gemäß ICD-10 (F64.0, „Transsexualismus“) bzw. ICD-11 (HA60, „Geschlechtsinkongruenz“). Sie werden von den gesetzlichen Krankenkassen übernommen, sofern eine entsprechende Indikation und Antragstellung vorliegt.

Die Entscheidung für oder gegen bestimmte Operationen ist hochindividuell. Nicht jede transmännliche Person strebt alle operativen Optionen an – manche wählen nur einzelne Eingriffe, andere keine. Dabei spielen körperliches Wohlbefinden, ästhetische und sexuelle Funktionalität, individuelle Risikofaktoren sowie spezifische Operationsrisiken eine zentrale Rolle.

In diesem Abschnitt werden vier zentrale chirurgische Verfahren vorgestellt:

- die Mastektomie (Brustentfernung und Konstruktion einer männlichen Brust),
- die Hysterektomie und Adnexektomie (Entfernung von Gebärmutter, Eierstöcken und Eileitern),

- das Klitorispenoid („Klitpen“) als Option der Genitalangleichung,
- sowie der Penoidaufbau (Phalloplastik, „großer Aufbau“) als komplexe mehrstufige Konstruktion eines funktionalen Penis.

Jede dieser Operationen hat spezifische Voraussetzungen, Risiken und Auswirkungen auf Körperbild, Sexualität und Lebensqualität. Der Zugang zu guter Beratung, Erfahrung der Operateur*innen und eine realistische Erwartungshaltung sind entscheidend für ein zufriedenstellendes Ergebnis.

Wichtig ist: Körperliche Transition ist kein festgelegter Standardweg, sondern ein individuell gestaltbarer Prozess. Die Operationen können hilfreich sein – müssen aber immer im Kontext persönlicher Bedürfnisse und medizinischer Aufklärung betrachtet werden.

Operationen und OP-Optionen für Transmänner

1. **Mastektomie** (Brustentfernung, Formung einer männlichen Brust)
   Schnitt-Techniken
   - „Große Schnitte“ (Double Incision, Unterbrustfaltenschnitt)
   - „Kleine Schnitte“ (Schlüssellochtechnik, „Key Hole“, Periareolarschnitt)

   Brustwarzen
   - Freier Transfer (bei „großen Schnitten“)
   - Gestielt
   - Verkleinert/nicht verkleinert
2. **Hysterektomie** (Entfernung Gebärmutter und/oder Eierstöcke/Eileiter)
   Umfang der Organentfernung
   - Totale (Gebärmutter, Eierstöcke, Eileiter, Gebärmutterhals)
   - Entfernung einzelner Organe und Verbleib der weiteren

   Zugangstechniken
   - Ausschließlich laparaskopisch (Schlüssellochtechnik)
   - Laparoskopischer Zugang zu den Organen, Entfernung durch Vaginalkanal
   - Bauchschnitt
3. **Klitorispenoid** (Metaidoioplastik, „Klitpen“, „kleiner Aufbau“)
   Optionen
   - Harnröhre verlängern
   - Kolpektomie/Kolpokleisis (Entfernung der Vaginalschleimhaut und Scheidenverschluss)
   - Skrotumplastik (Formung eines Hodensacks) mit späterem Einsetzen von Hodenimplantaten
   - Einsetzen eines Platzhalters (Spacers), wenn eine Phalloplastik mit Harnröhrenpräformation folgen soll

4. **Phalloplastik** (Penoidaufbau, „großer Aufbau")
   Mehrstufige Methode

   1. Bildung der Phalloplastik (i. d. R. aus Arm oder Oberschenkel)
   2. Harnröhrenanschluss, Skrotumplastik, Glansplastik
   3. Einsetzen einer Erektionsprothese (hydraulische Systeme, „Pumpe" oder semirigide Systeme, „Stäbe") und Einsetzen von Hodenimplantaten

   Zwei-Schritt-Methode (derzeit nur in Privatkliniken)

   1. Phalloplastik (i. d. R. mit Lappenentnahme vom Arm), Harnröhrenanschluss, Skrotumplastik, Glans, Hodenimplantate
   2. Einsetzen einer Erektionsprothese

3.5.1 Mastektomie

Die Mastektomie, also die Entfernung der weiblichen Brust mit gleichzeitiger Formung eines maskulin wirkenden Brustbereiches, zählt zu den häufigsten geschlechtsangleichenden Operationen bei transmaskulinen Personen. Dieser Schritt spielt meistens eine zentrale Rolle für die Akzeptanz des eigenen Körperbildes, für die Verringerung der Geschlechtsdysphorie, die Lebensqualität und das psychische Wohlbefinden.

Während viele Brustzentren in Deutschland Mastektomien durchführen, ist nicht jede Klinik oder Praxis auf diese OP bei Transpersonen spezialisiert. Für ein gutes Ergebnis im Sinne einer transmännlichen Erwartung ist die Wahl eines trans-erfahrenen Teams mit nachweislicher Expertise in Transmann-Mastektomien entscheidend – denn es geht nicht allein um Brustentfernung, sondern um die ästhetisch überzeugende Formung einer männlichen Brust. Einfach gesagt: das kann nicht jede*r, der/die Brüste entfernt.

Auswahl der Operateur*in

Viele Mastektomie-Ärzt*innen operieren regelmäßig Cisfrauen mit Brustkrebs, doch das bedeutet nicht automatisch Erfahrung mit Mastektomien bei Transmännern. Wichtig ist es, schon in der Recherche und bei Vorgesprächen gezielt auf die Anzahl dieser Operationen bei Transmännern zu achten. Idealerweise wird die Mastektomie schon seit einem längeren Zeitraum und sehr regelmäßig durchgeführt. Sowohl Fachärzt*innen für Plastische Chirurgie als auch für Gynäkologie können auf diesem Gebiet kompetent sein. Die in Deutschland bekanntesten Operateur*innen für Transmann-Mastektomien sind entweder Plastische Chirurg*innen oder spezialisierte gynäkologische Operateur*innen.

Wichtig zu wissen

Die Entfernung zum Wohnort oder kürzere Wartezeiten sollten nicht das wichtigste Auswahlkriterium sein. Lieber ein hochwertiges Ergebnis mit längerer Anreise, als ein korrekturbedürftiger Eingriff „vor der Haustür", sodass man für die Korrektur, die möglicherweise nicht auf Anhieb von der Krankenkasse übernommen wird, doch weiter reisen muss.

Schnitttechniken bei der Transmann-Mastektomie

Die Auswahl der passenden Schnitttechnik bei einer Mastektomie für Transmänner richtet sich nicht ausschließlich nach der Körbchengröße. Vielmehr spielen eine ganze Reihe anatomischer Faktoren eine Rolle: Dazu gehören etwa die individuelle Verteilung von Drüsen- und Fettgewebe, die Hautbeschaffenheit und die Qualität des Bindegewebes, der Hängegrad der Brust sowie eventueller Hautüberschuss und die Position und Größe der Brustwarzen.

In Deutschland werden vor allem zwei Techniken regelmäßig angewendet. Eine schematische Darstellung findet sich in Abb. 3.1. Bei sehr kleinen Brüsten kann die sogenannte Keyhole- oder Schlüssellochtechnik (umgangssprachlich genannt „kleine Schnitte") zum Einsatz kommen. Hierbei erfolgt ein kleiner Schnitt am Rand der Brustwarze, wobei diese nicht verpflanzt wird. Diese Methode kommt allerdings nur bei bestimmten anatomischen Voraussetzungen infrage.

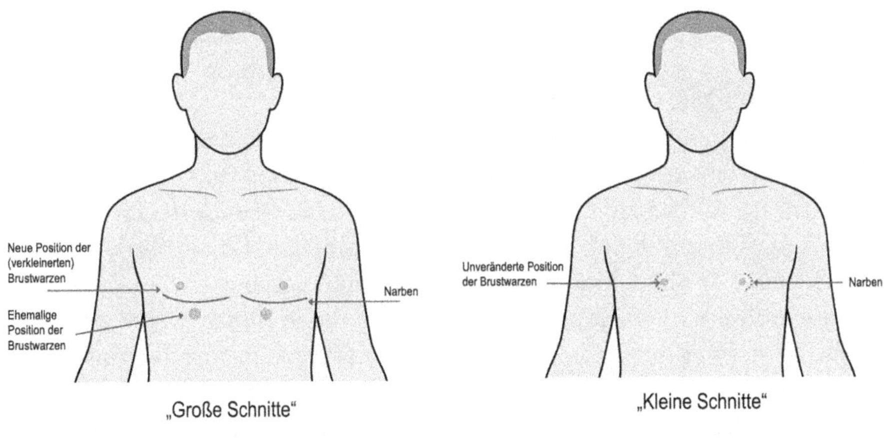

Abb. 3.1 Übliche Schnitt-Techniken bei Transmann-Mastektomien. (Eigene Illustration)

Deutlich häufiger angewandt wird die sogenannte Double-Incision-Technik, insbesondere bei mittelgroßen bis großen Brüsten (umgangssprachlich „große Schnitte“). Hierbei werden horizontale Schnitte unterhalb bzw. in der Brustfalte gesetzt und die Brustwarzen werden in der Regel als freie Transplantate neu positioniert. Diese Methode bietet gute ästhetische und funktionale Ergebnisse bei einem maskulineren Brustbild. Durch den üblicherweise bei dieser Methode angewandten freien Transfer der Mamillen (die Brustwarzen werden mitsamt Vorhof „ausgestanzt“ und an die für ein männliches Brustbild anatomisch korrekte Stelle versetzt) können aber durchaus Gefühlseinschränkungen in den Brustwarzen vorkommen. Diese können vorübergehend sein, bleiben aber manchmal, zumindest zum Teil, bestehen.

Wenn „große Schnitte“ geplant sind, sollte man übrigens durchaus den Operateur oder die Operateurin fragen, ob man beim Anzeichnen der neuen Brustwarzenposition mitsprechen kann. Es gibt Chirurg*innen, die das ermöglichen und sogar Wert darauf legen, dass der Patient beim Anzeichnen „mitschaut“. Andere ermöglichen das nicht und machen die Anzeichnung erst dann, wenn der Patient in Narkose liegt. Auch sollte beim freien Transfer angesprochen werden dürfen, ob die Vorhöfe verkleinert oder die Brustwarzen (Nippel) gekürzt werden können – oder ob man genau das nicht möchte.

Wichtig zu wissen

Auch bei einem kleinem A-Körbchen können „große Schnitte“ medizinisch sinnvoll sein. Der Wunsch nach minimaler Narbe sollte nicht zulasten des Gesamtergebnisses gehen.

„Nicht-binäre Mastektomie“

Bei Mastektomien ist es der medizinische Standard, die Brustwarzen und Vorhöfe zu erhalten und – je nach Technik – zu rekonstruieren oder als freie Transplantate wieder aufzusetzen. Dieser Standard orientiert sich am häufig geäußerten Wunsch vieler Transmänner, ein möglichst maskulines Brustbild zu erreichen. Für nicht-binäre Personen, die sich ein neutraleres oder bewusst brustwarzenfreies Erscheinungsbild wünschen, kann dieser Ansatz jedoch unpassend sein. Wer auf einen Brustwarzentransfer oder eine Rekonstruktion verzichten möchte, sollte diesen Wunsch unbedingt im Vorgespräch deutlich ansprechen, damit die individuelle Körpervorstellung respektiert und in der OP-Planung entsprechend berücksichtigt wird.

Für Trans-Mastektomien ungeeignete Schnitte

Nicht empfohlen für die geschlechtsangleichende Mastektomie sind Techniken wie der T- oder Ankerschnitt, die ursprünglich aus der Brustkrebsbehandlung stammen. Sie führen meist zu unvorteilhaften Narbenverläufen und einem wenig maskulinen Brustbild. Ebenso wenig geeignet sind horizontale Schnitte, die durch die Brustwarze hindurch verlaufen, da sie häufig mit funktionalen und optischen Nachteilen einhergehen. Abb. 3.2 zeigt schematisch für Transmänner ungeeignete Schnitt-Techniken.

Krankenhausaufenthalt und Nachsorge

Nach einer Mastektomie ist in der Regel ein stationärer Krankenhausaufenthalt von drei bis fünf Tagen vorgesehen. Die Entlassung erfolgt meist dann, wenn die Drainagen entfernt werden konnten. Von ambulanten Eingriffen ist dringend abzuraten, da ein Risiko für Nachblutungen oder andere Komplikationen besteht, auf die im häuslichen Umfeld nicht schnell genug reagiert werden kann.

Die Nachsorge spielt eine zentrale Rolle für eine gute Heilung und ein zufriedenstellendes Ergebnis. In den ersten drei bis sechs Wochen sollte durchgängig eine Kompressionsweste getragen werden, um Schwellungen zu reduzieren und die Haut bei der Anpassung an die neue Kontur zu unterstützen. Schwere körperliche Belastungen – insbesondere das Heben von Lasten über fünf Kilogramm – sind in den ersten sechs Wochen zu vermeiden. Auch auf Schwimmen und Baden sollte verzichtet werden, bis die Wundheilung vollständig abgeschlossen ist, um Infektionen zu verhindern.

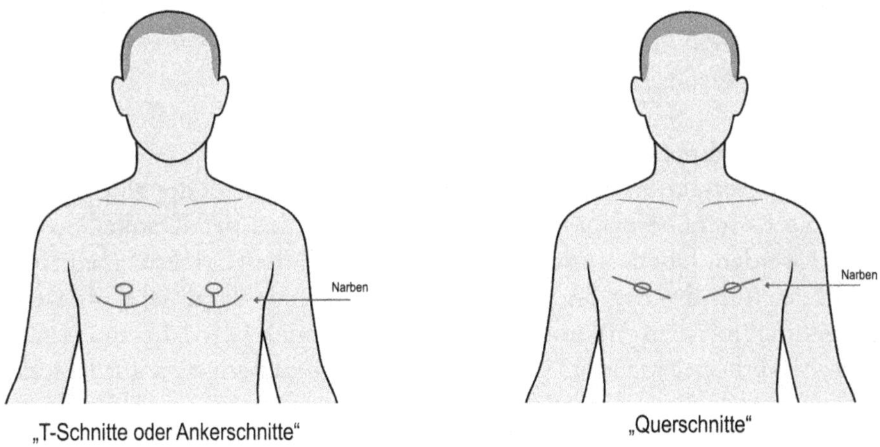

Abb. 3.2 Für Transmann-Mastektomien ungeeignete Schnitte. (Eigene Illustration)

Sportliche Aktivitäten, vor allem solche mit starker Beanspruchung der Brustmuskulatur, sollten frühestens nach drei, besser erst nach sechs Monaten wieder aufgenommen werden. Ganz wichtig ist dabei: Der eigene Körper gibt oft selbst ein gutes Gefühl dafür, was bereits wieder möglich ist und was nicht. Im Zweifelsfall sollte jedoch immer ärztlicher Rat eingeholt werden, um Komplikationen zu vermeiden und den Heilungsverlauf optimal zu unterstützen.

Typische Revisionen ach einer Transmann-Mastektomie

Nach einer Mastektomie bei Transmännern kann es in einigen Fällen zu späteren Korrektureingriffen kommen. Besonders häufig tritt überschüssige Haut im Bereich der seitlichen Brustwand oder Achseln auf, sogenannte *Dog Ears*. Diese kleinen Hautwülste entstehen typischerweise, wenn das Brustvolumen recht groß war, bei einem höheren Körpergewicht oder nach einem stärkeren Blutverlust während der Operation. Sie lassen sich in einem kleinen Eingriff, meist frühestens sechs Monate nach der Erstoperation, gut korrigieren.

Ein weiterer möglicher Revisionsbedarf besteht in der Entfernung von verbliebenem Brustdrüsengewebe oder Fett, wenn nach der Heilung Unregelmäßigkeiten in der Brustkontur sichtbar werden. Auch Narbenkorrekturen sind gelegentlich erforderlich, etwa bei wulstigen, verbreiterten oder stark pigmentierten Narben. Größere Komplikationen wie Infektionen, Hämatome oder Serome sind vergleichsweise selten, können aber ebenfalls eine erneute Operation notwendig machen.

Insgesamt sind Revisionseingriffe nach Mastektomien nichts Ungewöhnliches. Sie betreffen schätzungsweise zehn bis dreißig Prozent der operierten Personen und dienen in der Regel der funktionalen Optimierung und erhöhen die individuelle Zufriedenheit mit dem Ergebnis. Es ist hilfreich, diesen Aspekt bereits vor der Operation mitzudenken und offen mit der operierenden Fachperson zu besprechen.

Kostenübernahme für Korrekturen

Wenn eine Korrektur nach der Mastektomie erforderlich oder gewünscht ist, muss die Kostenübernahme hierfür meist erneut bei der Krankenkasse beantragt werden. Überaus wichtig ist es dafür, dass die Korrektur medizinisch begründet und die Begründung ärztlich bescheinigt wird! Sehr oft werden Korrekturen mit dem Argument abgelehnt, es handele sich dabei um rein kosmetische Verbesserungen. Deshalb muss die Kostenübernahme für Korrekturen immer mit einem Arztbrief beantragt werden, der die medizinische Notwendigkeit des erneuten Eingriffs belegt, z. B. aufgrund von Funktionseinschränkungen oder Schmerzen.

Mastektomie ohne vorherige Testosteroneinnahme

Ein vorheriger Beginn der Testosteronbehandlung ist keine Voraussetzung für die Mastektomie. Auch ohne Testosteron können sehr gute, ästhetische Ergebnisse erzielt werden. Zwar kann sich unter Testosteron das Brustvolumen leicht verringern – der Hautüberschuss bleibt jedoch meist bestehen und beeinflusst die Schnitttechnik. Die führenden Operateur*innen bestätigen, dass Testosteron keine zwingende Rolle für den Operationserfolg spielt.

Mastektomie als Selbstzahlerleistung

Einige Personen entscheiden sich, die Operation selbst zu bezahlen – etwa um die Wartezeit auf die OP zu verkürzen. Die Kosten bewegen sich bei seriösen Operateur*innen in Deutschland je nach Klinik und Leistungsumfang zwischen ca. 4.000 und 10.000 € (Stand: November 2025).

Wichtig: Vorab klären, was enthalten ist (z. B. Korrekturen, Nachsorge, stationäre Tage). Seriöse Kliniken verlangen auch bei Selbstzahlern ein psychologisches Indikationsschreiben mit gesicherter Diagnose F64.0 – dies gilt auch für OPs im Ausland.

Wichtig zu wissen

- Die Schnitttechnik wird individuell festgelegt – nicht nur nach Körbchengröße!
- Operateur*innen sollten erfahren im Bereich Transmann-Mastektomien sein – Nachfragen im Vorgespräch ist wichtig, ebenso das Ansehen von Beispielbildern von OP-Ergebnissen, um eine realistische Erwartungshaltung entwickeln zu können!
- Korrekturen nach unpassender Schnittwahl oder unästhetischen Ergebnissen sind möglich, aber nicht immer Kassenleistung. Hierbei kommt es auf die Anerkennung (und Attestierung) medizinischer Notwendigkeit an. Rein ästhetische Begründungen werden von den Krankenkassen nicht akzeptiert!
- Ambulante Mastektomien sind nicht empfehlenswert – Sicherheitsrisiken, insbesondere in der ersten Nacht nach dem Eingriff sind real.
- Es besteht kein OP-Zwang: Manche Transmänner oder transmaskuline Personen leben auch ohne Mastektomie.

Vorbereitung auf die Mastektomie – Wichtige Überlegungen und praktische Schritte

Die Entscheidung für eine Mastektomie ist ein bedeutsamer Schritt, der gut überlegt und sorgfältig vorbereitet sein will. Bereits im Vorfeld sollten einige grundlegende Voraussetzungen erfüllt sein. Dazu gehört die Diagnose F64.0, die in der Regel psychotherapeutisch oder fachärztlich gestellt wird. Ebenso ist ein Indikationsschreiben von psychologischer/psychiatrischer Seite notwendig, um die Operation offiziell empfohlen zu bekommen, sowie ein Attest von einem Vorgespräch bei der Klinik, wo die Operation durchgeführt werden soll.

Es ist wichtig, sich umfassend über die verschiedenen Schnitttechniken zu informieren, um gemeinsam mit der Operateur*in eine fundierte Entscheidung treffen zu können.

Bei der Wahl der Klinik oder Operateur*in lohnt es sich, genau hinzuschauen: Führt die betreffende Person regelmäßig Mastektomien speziell bei Transmännern durch – und nicht überwiegend bei Cisfrauen? Gibt es Fotodokumentationen mit Vorher-Nachher-Bildern, die einen realistischen Eindruck von den Ergebnissen vermitteln? Auch Erfahrungsberichte anderer Transpersonen können eine wertvolle Orientierung bieten. Aber auch nur das – es gibt niemals ein Ergebnis „aus dem Katalog", denn jeder Körper ist individuell.

Wichtig ist, sich bewusst zu machen, dass Entfernung zum Wohnort oder Wartezeit nachrangig sind – die Qualität der Operation sollte immer im Vordergrund stehen.

Unmittelbar vor der Operation gilt es, einige organisatorische und medizinische Punkte zu klären. Dazu zählen notwendige Voruntersuchungen.

Die Kostenübernahme durch die Krankenkasse sollte bestätigt sein, oder es sollte ein realistischer Überblick über die Kosten bei Selbstzahlung bestehen.

Auch für die Zeit nach dem Eingriff sollte vorgesorgt werden: Eine Betreuungsperson für die Heimfahrt und den Alltag ist ebenso hilfreich wie bequeme Kleidung und eine bereitliegende Kompressionsweste, wenn man diese nicht schon im Krankenhaus bekommt.

In Bezug auf Nachsorge und Genesung ist es essenziell, sich über Einschränkungen im Alltag im Klaren zu sein – etwa wie lange auf Sport, schweres Heben oder Schwimmen verzichtet werden muss. Zudem sollte man sich über mögliche Risiken wie Taubheitsgefühle, Narbenbildung oder eventuelle Korrekturoperationen informiert haben. Ein Nachsorgetermin sollte bereits im Voraus vereinbart sein. Nicht zuletzt ist es wichtig, sowohl psychisch als auch praktisch gut auf die Zeit nach der OP vorbereitet zu sein, z. B. im Hinblick auf Selbstfürsorge oder Unterstützung im Haushalt.

3.5.2 Hysterektomie und Adnexektomie

Viele Transmänner entscheiden sich im Rahmen ihrer geschlechtsangleichenden Maßnahmen für eine operative Entfernung der inneren weiblichen Geschlechtsorgane – also der Gebärmutter, Eierstöcke und Eileiter. Im

Alltag wird diese Operation oft schlicht „Hysto" oder „Hysto und Adnek" genannt. Medizinisch korrekt handelt es sich um eine Hysterektomie (Entfernung der Gebärmutter) in Kombination mit einer Adnexektomie (Entfernung von Eierstöcken und Eileitern).

Diese Eingriffe können aus verschiedenen Gründen sinnvoll sein: zur Reduktion von Dysphorie, zur Vermeidung gynäkologischer Vorsorgeuntersuchungen, zur Risikoreduktion hormonell sensibler Erkrankungen oder als Voraussetzung für weitere geschlechtsangleichende Genitaloperationen.

Fachbegriffe im Überblick

- Hysterektomie: Entfernung der Gebärmutter
- Ovarektomie: Entfernung der Eierstöcke
- Adnexektomie: Entfernung von Eierstöcken und Eileitern
- Suprazervikale Hysterektomie: Entfernung der Gebärmutter unter Verbleib des Gebärmutterhalses
- Totale Hysterektomie: Entfernung der gesamten Gebärmutter inklusive Gebärmutterhals

Operationsmethoden

Je nach körperlichen Voraussetzungen, ärztlicher Einschätzung und persönlicher Präferenz gibt es unterschiedliche operative Zugangswege:

- Abdominale Hysterektomie (AH): Zugang über einen Bauchschnitt. Wird meist bei größeren Organen oder Verwachsungen gewählt.
- Vaginale Hysterektomie (VH): Entfernung durch die Scheide. Diese Methode wird von vielen Transmännern abgelehnt, da der Vaginalkanal als OP-Zugang genutzt wird.
- Laparoskopische suprazervikale Hysterektomie (LASH): Schlüssellochmethode durch kleine Einschnitte im Bauch, Verbleib des Gebärmutterhalses.
- Laparoskopisch-assistierte vaginale Hysterektomie (LAVH): Kombination aus minimalinvasivem Zugang und vaginaler Organentnahme.
- Totale laparoskopische Hysterektomie (TLH): Entfernung der Gebärmutter und des Gebärmutterhalses ausschließlich durch Schlüssellochtechnik.

Die Wahl des Verfahrens richtet sich nach Größe und Lage der Organe, eventuellen Voroperationen (z. B. Kaiserschnitt), individuellem Erleben der Dysphorie und ärztlicher Einschätzung.

Ablauf der Operation

Die Operation selbst dauert meist nur 45 bis 60 min, sofern keine Komplikationen (z. B. durch Verwachsungen) vorkommen. Der Bauchraum wird mit CO_2-Gas gefüllt, um den Zugang zu erleichtern – was nach der OP einen vorübergehenden „Blähbauch" verursachen kann. Kümmeltee, Bewegung oder Medikamente wie Lefax® oder SAB® helfen dabei, das Gas aus dem Körper zu transportieren. Zum Teil resorbiert der Körper das Gas selbst.

Während der OP wird oft ein Blasenkatheter gelegt, der in der Regel am nächsten Tag entfernt wird. Der stationäre Aufenthalt beträgt je nach Methode 2–5 Tage. Wichtig ist eine ärztliche Untersuchung der Nahtstelle, da wo der Vaginalkanal nach oben hin verschlossen wurde, vor der Entlassung – diese erfolgt meist per Ultraschall oder Spekulum.

Nachsorge und Heilungsverlauf

- 6 Wochen kein Heben über 5–6 kg
- Kein Sport, kein vaginaler Geschlechtsverkehr, kein Baden oder Schwimmen in dieser Zeit
- Nachblutungen bis einige Wochen nach der OP sind möglich
- Schmerzmittel bei Bedarf, erste Mobilisierung meist schon am OP-Tag

Wichtig

Die körperliche Erholung verläuft individuell. Der eigene Körper gibt meist klare Signale – auf diese sollte geachtet werden.

Kombination mit anderen Operationen

Die Kombination von Hysterektomie und Mastektomie ist möglich, erfordert jedoch eine fundierte therapeutische Begründung. Nach den MDS-Kriterien wird die Mastektomie bereits nach ca. 6 Monaten Begleittherapie und Alltagserfahrung ermöglicht, während genitalangleichende Operationen (wie die Hysterektomie) formal eine 12-monatige therapeutisch begleitete und dokumentierte Alltagserfahrung voraussetzen. Ein sorgfältig verfasstes Indikationsschreiben kann mit besonderer medizinisch-therapeutischer Begründung eine Unterschreitung der 12-Monats-Vorgabe ermöglichen.

Auch die Kombination mit Genitaloperationen wie dem Klitorispenoid („Klitpen") oder der Phalloplastik ist möglich. Hierbei ist zu beachten, ob die Operation mit gynäkologischer und urologischer Zusammenarbeit erfolgt, da sich dies auf Terminplanung und Wartezeiten auswirken kann.

Testosteron und Organverbleib
Es gibt keine medizinische Pflicht, Gebärmutter oder Eierstöcke zu entfernen, wenn man Testosteron einnimmt. Das oft kolportierte erhöhte Risiko für Krebs dieser Organe unter Testosteron wurde bislang nicht wissenschaftlich belegt. Wichtig ist jedoch:

- So lange Organe vorhanden sind, besteht das *normale Krebsrisiko*
- Regelmäßige gynäkologische Vorsorge ist deshalb weiterhin notwendig
- Der Gebärmutterhals (wenn erhalten) muss z. B. weiterhin auf humane Papillomaviren (HPV) untersucht werden

Verhütung: Auch wenn die Menstruation unter Testosteron ausbleibt – eine Schwangerschaft ist nicht ausgeschlossen. Wer mit zeugungsfähigen Personen Geschlechtsverkehr hat und nicht schwanger werden möchte, muss weiterhin verhüten!

3.5.3 Fachinterview: Mastektomie und Hysterektomie

Im Gespräch mit Ute Ebert, Fachärztin für Gynäkologie und Geburtshilfe, Frechen:

Frau Ebert, Sie begleiten seit vielen Jahren Transmänner operativ. Seit wann machen Sie das und wie sind Sie zu diesem Schwerpunkt Ihrer Arbeit gekommen?
U. Ebert: Meine erste Begegnung mit transidenten Menschen hatte ich schon vor über dreißig Jahren. Damals war ich noch in der Ausbildung und mein damaliger Chefarzt erhielt die Anfrage eines Patienten nach einer Operation. Diese Begegnung hat mich sehr berührt: Menschen, die trotz vieler Hürden und Umwege ihren Weg gehen, habe ich als unglaublich mutig empfunden. Ich wollte Teil dieser Arbeit sein und bat darum, in die Betreuung und auch operative Tätigkeit einbezogen zu werden. Seither begleite ich Transmänner bei Mastektomien – ein Aufgabenfeld, das für mich sehr erfüllend ist.

Ein Aspekt hat mich dabei besonders bewegt: In der Onkologie habe ich viele Cisfrauen erlebt, denen aus medizinischen Gründen die Brust entfernt werden musste – für sie war das ein zutiefst trauriger Eingriff. Bei Transmännern dagegen führt die fast identische Operation zu großer Erleichterung und Freude. Für mich ist das bis heute eine Art Ausgleich: dieselbe Operation kann Leid oder Befreiung bedeuten, je nach Kontext.

Was erleben Sie in den Vorgesprächen zur Mastektomie besonders häufig mit Blick auf die Erwartungen und Sorgen?
U. Ebert: Überraschenderweise äußern Transmänner kaum Sorgen zur Brustoperation selbst. Viel mehr erlebe ich freudige Erwartung, verbunden mit Aufregung. Manche Befürchtungen gibt es eher im Zusammenhang mit der Hysterektomie oder Eierstockentfernung. In Bezug auf die Mastektomie ist die Grundstimmung positiv – die Patient*innen freuen sich, endlich einen Schritt in Richtung ihres Körperselbstbilds gehen zu können. Natürlich sind die Gespräche sehr intim, was zunächst eine gewisse Hemmung mit sich bringt. Doch sobald Vertrauen aufgebaut ist, überwiegt die Freude auf den Eingriff.

In Ihren Aufklärungsgesprächen sprechen Sie über Schnitttechniken, Brustform und Narbenführung. Welche Fragen oder Vorstellungen begegnen Ihnen hier besonders häufig?
U. Ebert: Die meisten Patienten vertrauen sehr auf meine Erfahrung und akzeptieren die medizinischen Kriterien für die Wahl der Methode. Bei kleinen Brüsten ohne Hängeform ist eine subkutane Mastektomie mit kleinem Schnitt möglich, bei größeren oder hängenden Brüsten ist dagegen ein größerer Eingriff mit quer verlaufenden Narben notwendig. Nur in wenigen Fällen kann ich zwischen zwei gleichwertigen Methoden eine echte Wahl anbieten – und dann bespreche ich die Optionen ausführlich.

Manche Transmänner haben ein sehr konkretes Wunschbild. Dann weise ich darauf hin, dass kosmetische Ergebnisse nie exakt vorhersehbar sind. Faktoren wie Körperstatur oder Gewebeart beeinflussen das Ergebnis stark. Um realistische Erwartungen zu schaffen, habe ich ein anonymisiertes Fotoalbum zusammengestellt, das Beispiele für unterschiedliche Ausgangssituationen und Ergebnisse zeigt. Das hilft vielen Patienten, eine Vorstellung davon zu bekommen, was realistisch erreichbar ist.

Manche Patienten haben sehr konkrete Erwartungen an das ästhetische Ergebnis. Wie helfen Sie, realistische Perspektiven zu entwickeln?
U. Ebert: Ich mache deutlich: Perfekte Bilder oder Idealvorstellungen lassen sich nicht erreichen. Natürlich verstehe ich den Wunsch, genau zu wissen, wie man nach der OP aussehen wird. Aber ich erkläre, dass das Ergebnis von vielen Faktoren abhängt. Neben der OP-Technik spielen auch Hautelastizität, Heilungsverlauf und die individuelle Gewebestruktur eine Rolle. Mit meinem Fotoalbum zeige ich daher verschiedene Ergebnisse – manche sehr zufriedenstellend, andere, bei denen später Korrekturen nötig waren. So entsteht ein ehrlicher, realistischer Eindruck.

Es ist auch wichtig, Geduld zu haben. Manche Ergebnisse sehen nach Monaten ganz anders aus als direkt nach der OP. Deshalb rate ich, mit Korrekturen abzuwarten und dem Körper Zeit zu geben, sich zu entwickeln.

Welche medizinischen Kriterien sind ausschlaggebend für die Wahl der Operationsmethode?

U. Ebert: Entscheidend sind Größe und Form der Brust. Kleine, feste Brüste ohne Hängeform können über die sogenannte Schlüsselloch-Technik entfernt werden. Dabei bleibt die Brustwarze an Ort und Stelle. Große oder hängende Brüste erfordern dagegen die modifizierte Ablatio Mammae mit größeren Schnitten, Entfernung überschüssiger Haut und Neuplatzierung der Brustwarze. Diese Technik hinterlässt deutlich sichtbare Narben, ermöglicht aber ein stabiles, ästhetisch sinnvolles Ergebnis.

Manchmal zeigt sich erst nach Monaten, dass Hautüberschüsse nicht ausreichend zurückgehen. Dann ist eine Korrektur nötig, bei der überschüssige Haut entfernt und die Brustwarze eventuell neu transplantiert wird. Auch das gehört zum realistischen Bild der Behandlung.

Zur Hysterektomie: Welche Unsicherheiten begegnen Ihnen bei Ihren Patienten?

U. Ebert: Manche Transmänner äußern Ängste vor Senkungsbeschwerden oder „verrutschenden Organen“. Medizinisch ist das nicht durch die Hysterektomie selbst begründet. Senkungen entstehen meist durch Bindegewebsschwäche, Alter oder Übergewicht – nicht durch die Operation. In meiner Praxis habe ich kaum Fälle gesehen, in denen es nach einer Hysterektomie zu Senkungsproblemen kam.

Ein wichtiges Thema ist die Unfruchtbarkeit nach der Hysterektomie. Auch wenn der Wunsch nach der OP klar besteht, müssen wir dies offen ansprechen. Manche Patienten wollen die Hysterektomie nicht, weil sie einen Kinderwunsch haben. Das respektiere ich sehr.

Ein hartnäckiger Mythos betrifft ein angeblich erhöhtes Krebsrisiko durch Testosteron. Nach meinem Kenntnisstand gibt es dafür keine wissenschaftlichen Belege. Seit der Gesetzesänderung 2011 ist die Entfernung der inneren Organe keine Voraussetzung mehr für die rechtliche Transition. Auch nach über zehn Jahren Beobachtungszeit sehe ich keine erhöhte Krebsrate – gleichwohl empfehle ich regelmäßige Vorsorgeuntersuchungen, solange Gebärmutter oder Eierstöcke vorhanden sind. Was im Körper da ist, muss kontrolliert werden.

Welche Rolle spielt die Einnahme von Testosteron vor einer Mastektomie?
U. Ebert: Für den Erfolg der OP ist Testosteron nicht zwingend notwendig. Manche Krankenkassen und Leitlinien setzen es voraus, aber medizinisch ist es nur in Grenzfällen relevant. Bei einigen Patienten verkleinert sich die Brust durch Testosteron, sodass eine narbenärmere Technik möglich wird. Deshalb empfehle ich in bestimmten Fällen eine Einnahme von mindestens sechs Monaten vor der OP. Insgesamt aber kann eine gute Mastektomie auch ohne vorherige Hormoneinnahme durchgeführt werden.

Ich beobachte zudem, dass Testosteron das Brustgewebe oft fester und härter macht. Wissenschaftlich ist das nicht abschließend untersucht, aber es ist eine klinische Beobachtung. Wichtig bleibt: Ab einem Alter von 40 Jahren fordere ich eine Mammographie vor der OP ein, um Brustkrebsrisiken auszuschließen.

Welche besonderen emotionalen Situationen erleben Sie bei Ihren Patienten?
U. Ebert: Viele Transmänner erleben rund um die Operation eine starke Mischung aus Aufbruchsstimmung und Unsicherheit. Da wird die Freude auf den neuen Körper von Ängsten überlagert – etwa vor dem Aufwachen aus der Narkose, vor Schmerzen oder vor dem endgültigen Ergebnis. Als Behandelnde können wir diese Ambivalenz auffangen, indem wir zuhören, Sicherheit geben und transparent über mögliche Ergebnisse sprechen. Ich empfinde diese Gespräche als sehr wertvoll und oft bewegend.

Wenn Sie einem Transmann, der gerade in der Entscheidung zu Mastektomie oder Hysterektomie steht, einen Satz mitgeben könnten – welcher wäre das?
U. Ebert: Nehmen Sie sich Zeit für Ihre Entscheidung. Suchen Sie sich gute ärztliche Beratung – und sprechen Sie auch mit anderen Betroffenen. Die eigenen Schritte sollen gut überlegt sein, und niemand sollte sich von äußeren Erwartungen unter Druck setzen lassen.

3.5.4 Klitorispenoid („kleiner Aufbau")

Die Metaidioplastik, im deutschsprachigen Raum oft umgangssprachlich als „Klitpen" bezeichnet, ist eine geschlechtsangleichende Operation für Transmänner. Dabei wird die unter Testosteron vergrößerte Klitoris chirurgisch so freigelegt und mobilisiert, dass sie ein penisähnliches Erscheinungsbild erhält – das sogenannte Klitorispenoid oder der „kleine Aufbau“. Viele Personen entscheiden sich bewusst für diese Variante, da sie im Vergleich zur Phalloplastik („großer Aufbau“) mit weniger medizinischen Risiken und operativen Eingriffen verbunden ist. Der Klitpen kann als vollständiges Ergebnis angesehen werden oder als Schritt zu weiteren Operationen wie Skrotumbildung oder der Phalloplastik. Die OP wird frühestens 1–2 Jahre nach Beginn der Testosterontherapie durchgeführt, da erst dann das testosteronbedingte Wachstum der Klitoris als abgeschlossen gilt. In dieser Zeit kann eine Länge von mehreren Zentimetern erreicht werden, je nach individueller hormoneller Reaktion und Veranlagung. Die Metaidioplastik besteht aus mehreren möglichen chirurgischen Komponenten:

Freilegung und Mobilisierung der Klitoris Die Klitoris wird durch Lösen umliegender Haltestrukturen weiter nach vorn verlagert und dadurch optisch „verlängert“. Transplantate werden nicht eingesetzt – es handelt sich um die Nutzung eigenen Gewebes.

Harnröhrenverlängerung (Neoharnröhre) Durch die kleinen Schamlippen wird ein neuer Kanal geformt, der die Harnröhre bis zur Klitorisspitze führt. Damit ist – je nach anatomischen Voraussetzungen – das Urinieren im Stehen möglich. Eine Garantie hierfür gibt es jedoch nicht. Oftmals ist selbst nach der Längenoptimierung des Klitpen der „Mini-Penis“ schlichtweg zu kurz, um „unfallfrei“ im Stehen wasserlassen zu können.

Abb. 3.3 zeigt verschiedene Varianten von „Klitpens“.

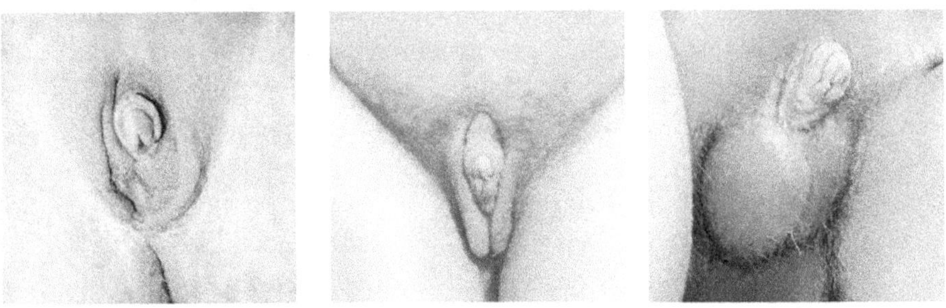

Klitpen ohne Skrotum und Hodenimplantate

Klitpen mit Skrotumplastik (noch ohne Hodenimplantate)

Klitpen mit Skrotumplastik und Hodenimplantaten

Abb. 3.3 Klitpen-Optionen im Vergleich. (Eigene Darstellung)

Skrotumplastik Aus dem Gewebe der großen Schamlippen kann ein Hodensack geformt werden, in den später – nach ca. 6 Monaten – Hodenimplantate eingesetzt werden können.

Kolpektomie/Kolpokleisis Optional kann die Vaginalschleimhaut entfernt und der Vaginalkanal verschlossen werden. Dies wird oft empfohlen, da es das Risiko für Fistelbildungen (insbesondere zwischen Harnröhre und Vagina) deutlich verringert.

Die Metaidioplastik kann mit folgenden Eingriffen kombiniert werden Hysterektomie (Entfernung der Gebärmutter und Eileiter), Kolpektomie/Kolpokleisis (Entfernung der Scheidenschleimhaut und Scheidenverschluss) und Skrotumplastik (Formung eines Hodensacks aus den großen Schamlippen).

Die OP-Dauer liegt je nach Umfang und Technik bei ca. 1,5–2,5 h. Der stationäre Aufenthalt beträgt 10–12 Tage, meist mit Harnröhrenkatheter. In einigen Kliniken wird als „Back-up" zum Harnröhrenkatheter zusätzlich ein Bauchdeckenkatheter gesetzt, der ambulant nach ca. 3–4 Wochen entfernt wird.

Funktionalität und sexuelle Sensibilität

Der Klitpen ist voll funktional im Sinne von sexueller Erregbarkeit, „Erektionsfähigkeit" durch Schwellkörperanteile der Klitoris (was natürlich nicht mit der Erektion eines cismännlichen Penis vergleichbar ist) und Orgasmusfähigkeit. In manchen Fällen ist – bei ausreichender Mobilisierung und anatomischer Länge – Penetration möglich, auch wenn dies in Umfang, Tiefe und Steifigkeit nicht ansatzweise mit einem cismännlichen Penis vergleichbar ist. Das Wasserlassen im Stehen gelingt einigen Klitpen-Trägern nach etwas Übung – dies hängt jedoch stark von der individuellen Anatomie, der operativen Technik und dem individuellen Heilungsverlauf ab.

Nachsorge und mögliche Korrekturen

Nach der Operation ist eine sorgfältige Nachsorge entscheidend für die Heilung und Funktion des neu gestalteten Genitals. In den ersten Wochen ist körperliche Schonung wichtig, vor allem bei Schwellungen, Blutergüssen oder Spannungsgefühlen. Wundpflege, regelmäßige ärztliche Kontrollen (insbesondere zur Blasenentleerung bzw. eventuellem Harnverbleib) und eventuell ein gezieltes Narbenmanagement gehören zur Standardnachsorge.

In manchen Fällen kann es zu Korrekturbedürfnissen kommen – etwa bei Problemen mit der Harnröhre wie Undichtigkeiten (Fistelbildung), Engstellen (Stenosen) oder ästhetischen Anpassungen. Auch die Empfindsamkeit kann variieren: Manche Personen empfinden anfangs eine starke Reizempfindlichkeit der neu exponierten Klitoris, andere spüren zunächst wenig – beides kann sich im Laufe mehrerer Monate verändern. Die oft berichtete Reizempfindlichkeit geht meistens zurück, so wie auch zeitweise verlorene Empfindsamkeit zurückkommen kann.

Wenn die Harnröhre nicht verlängert wurde oder eine sogenannte „simple Meta" ohne größere Rekonstruktion durchgeführt wurde, ist die Nachsorge in der Regel unkomplizierter, konzentriert sich aber ebenfalls auf Wundheilung und funktionelle Kontrolle. Insgesamt gilt: Geduld, gute Kommunikation mit dem Behandlungsteam und eine individuelle Betrachtung des Heilungsverlaufs sind bei dieser OP-Form besonders wichtig.

Wie bei allen chirurgischen Eingriffen bestehen auch bei der Metaidioplastik Risiken, z. B.

- Fistelbildung, z. B. zwischen Harnröhre und Haut oder Vagina
- Harnwegsinfekte, v. a. wenn die Blase nicht vollständig entleert werden kann
- Wundheilungsstörungen, Nachblutungen, Infektionen
- Probleme mit Kathetern oder der Neoharnröhre

Deshalb gilt:

- Ausführliche Vorgespräche führen, alle persönlichen Fragen stellen, insbesondere zu Methoden und Risiken. Es ist wichtig, in den Vorgesprächen zu verstehen, was gemacht wird, wie es gemacht wird und was passieren *kann*.
- Möglichst mehrere ärztliche Meinungen einholen
- Erfahrungen anderer einholen (z. B. über Selbsthilfegruppen oder Onlineforen)

Gut zu wissen

- Das Klitorispenoid („der Klitpen") ist eine funktionale und ästhetisch reduzierte Alternative zum Penisaufbau (Phalloplastik).
- Die OP ist weniger invasiv, hat aber ihre eigenen Risiken (v. a. im Urogenitalbereich).
- Das OP-Ergebnis hängt stark von der individuellen Ausgangslage und der Erfahrung der Operateur*innen ab.
- Die langfristige Zufriedenheit ist bei vielen Transmännern hoch, insbesondere bei realistischer Erwartungshaltung.
- Wichtig: Ein „Klitpen" ist kein „halber Penis", sondern ein eigenständiges OP-Ergebnis mit spezifischen Vorzügen, aber auch Nachteilen, die individuell abgewogen werden müssen.

3.5.5 Phalloplastik („großer Aufbau")

Die Phalloplastik ist ein komplexer chirurgischer Eingriff zur Bildung eines Penis aus körpereigenem Gewebe. Sie ist die invasivste geschlechtsangleichende Operation in der Angleichungsrichtung Frau-zu-Mann. Ziel ist es, ein Penoid (einen sogenannten Neophallus) mit möglichst natürlichem Aussehen und Funktionalität zu schaffen, inklusive Harnröhrenanschluss, der Wasserlassen im Stehen ermöglicht und optional Erektionsfähigkeit durch Prothesen. Die Entscheidung für eine Phalloplastik ist sehr individuell und sollte gut informiert sowie äußerst sorgfältig vorbereitet getroffen werden.

Was ist eine Phalloplastik?
Bei der Phalloplastik wird aus körpereigenem Haut- und Fettgewebe ein Penis geformt. Dafür werden Transplantate aus verschiedenen Körperregionen entnommen, am häufigsten:

- vom Unterarm (Radial Forearm Flap/RFF) oder
- vom Oberschenkel (Anterolateral Thigh Flap/ALT).

Diese Gewebestücke werden mitsamt Blutgefäßen und Nerven mikrochirurgisch von der Entnahmestelle präpariert, zu einem Phallus geformt und an der anatomisch korrekten Stelle implantiert. Die Wahl der Entnahmestellen (Arm oder Oberschenkel) hat Einfluss auf Aussehen, Sensibilität, Komplikationsrisiken und spätere Narben. Die Oberschenkel-Methode ist allerdings nicht ganz so weit verbreitet, da die Blutgefäße und Nerven im Arm „optimaler" für das Penoid verlaufen. Die Blutversorgung und auch das Nervengefühl können mit dem Armlappen besser gesichert werden. Die meisten Operateur*innen machen den Oberschenkelaufbau daher „nicht so gerne" bzw. nach Möglichkeit nur dann, wenn der Aufbau aus dem Arm aus physischen Gründen nicht möglich ist, z. B. bei sehr dünnem Unterarm, oder aus ästhetischen Gründen nicht gewünscht wird (z. B. bei Tätowierungen am Arm). Zudem ist die Unterhautfettschicht am Oberschenkel dicker als am Arm, wodurch die Aufbauten aus dem Oberschenkel voluminöser werden und oft operativ (ggf. sogar mehrfach) ausgedünnt werden müssen.

Bei der Lappenplastik, egal ob aus Arm oder Oberschenkel, wird die Entnahmestelle mit Spalthaut (meistens vom Oberschenkel) oder Vollhaut (meistens vom Bauch, seltener aus der Leiste) abgedeckt.

Armnarbe von der Entnahme des Unterarmlappens

Die Narbe verläuft trapez- oder annähernd quadratförmig am Unterarm zwischen Handgelenk und Armbeuge. Ihre Größe hängt direkt von der Fläche des verwendeten Hautlappens ab. Je mehr Haut zur Bildung des Neophallus entnommen wird, desto auffälliger ist die Narbe. Sie kann unter Umständen auch aus der Vorderansicht sichtbar sein. Operateur*innen, die möglichst hautsparend arbeiten, hinterlassen oft eine schmalere Narbe, die aus bestimmten Blickwinkeln unauffällig bleibt. Mit zunehmender Wundfläche steigt das Risiko funktioneller Einschränkungen und ästhetischer Unzufriedenheit.

Narben der Hautentnahmestelle zur Deckung des Spenderarms

Um den Unterarm nach Entnahme des Hautlappens für den Neophallus zu verschließen, wird meist entweder Vollhaut aus der Unterbauchfalte oder Spalthaut vom Oberschenkel entnommen. Die Vollhautentnahme vom Unterbauch hinterlässt eine lange horizontale Narbe entlang des Hosenbundes. Die Entnahmestelle von Spalthaut am Oberschenkel hinterlässt eine oft quadratische Narbe seitlich oder frontal am Oberschenkel.

Abb. 3.4 zeigt schematisch typische Narben geschlechtsangleichender OPs bei Transmännern.

Methoden der Harnröhrenbildung

Es gibt vorrangig zwei Methoden für die Erstellung der Neoharnröhre. Bei der einen Methode wird die Harnröhre aus dem Hautlappen gerollt, das nennt sich "Tube-in-Tube"-Methode. Abb. 3.5 zeigt eine schematische Darstellung der Tube-in-Tube-Methode.

Bei der anderen Variante wird die Harnröhre durch einen sogenannten Spacer (Platzhalter) vorgeformt (Harnröhrenpräformation). Der Spacer ist ein Plastikrohr, das für mehrere Monate an der späteren Entnahmestelle des Hautlappens unter der Haut getragen wird. Dadurch entsteht ein Hohlraum, welcher später die Harnröhre bildet, siehe Abb. 3.6.

Welche Harnröhrenmethode „besser“ ist, lässt sich nicht verallgemeinernd sagen. Es gibt Operateur*innen, die in der Verwendung des Spacers keinen medizinischen Vorteil sehen. Patienten entscheiden sich bisweilen für die Spacer-Methode, da oftmals zumindest versucht wird, die Neoharnröhre schon in der Phalloplastik-OP mit anzuschließen. Das kann allerdings auch bei der Tube-in-Tube-Methode gelingen. Es kommt dabei auf die individuelle Ausgangslage des Patienten und die OP-Technik an.

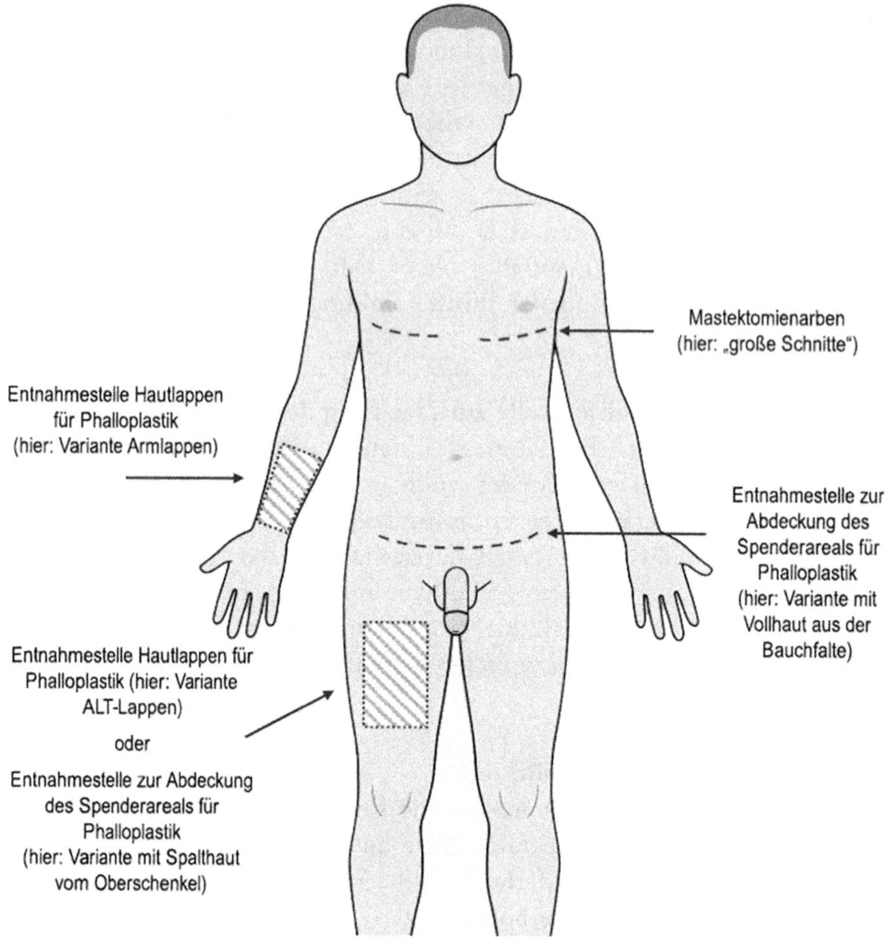

Abb. 3.4 Schematische Darstellung typischer Narben nach geschlechtsangleichenden OPs bei Transmännern. (Eigene Illustration)

Manche Patienten entscheiden sich bewusst gegen den Spacer, da sie nicht mehrere Monate einen Fremdkörper im Arm tragen möchten. Daher sollte man auch an dieser Stelle bei der Auswahl infrage kommenden Methoden gut abwägen und eine individuelle Entscheidung treffen.

„All-in-one" vs. mehrstufiger Aufbau

Einige Kliniken bieten eine sogenannte All-in-one-OP an, bei der folgende Eingriffe gleichzeitig durchgeführt werden:

- Penoidaufbau
- Harnröhrenanschluss

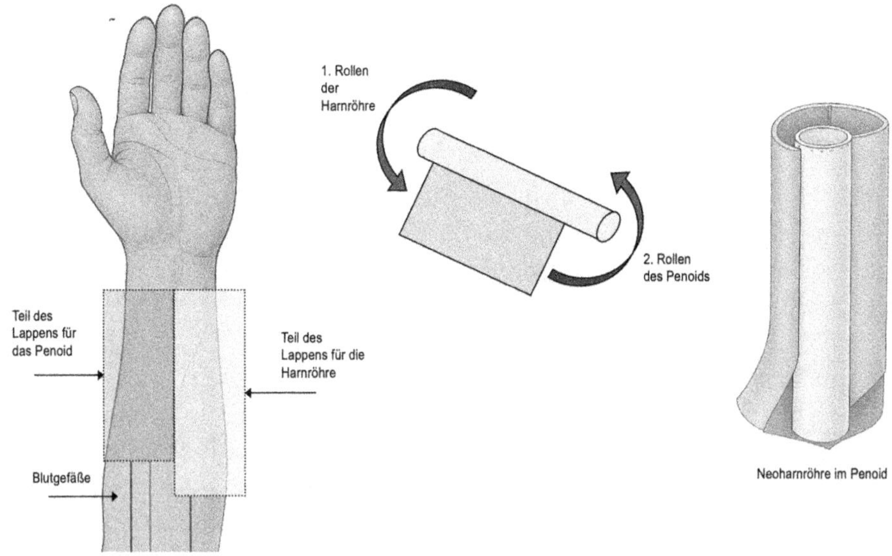

Abb. 3.5 Schematische Darstellung der Tube-in-Tube-Methode zum Penoidaufbau. (Eigene Illustration)

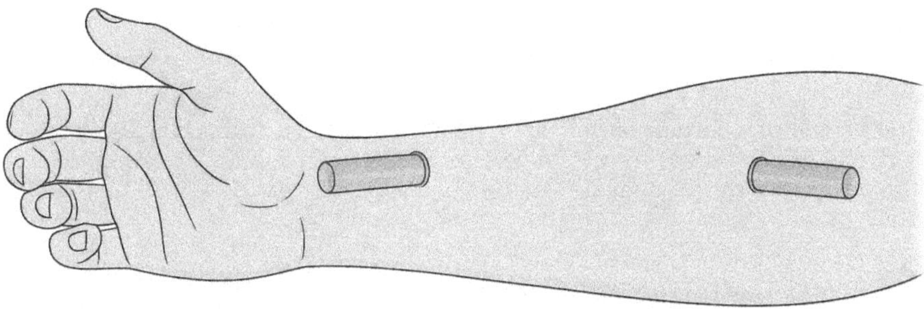

Abb. 3.6 Schematische Darstellung eines Spacers (Platzhalters) zur Harnröhrenpräformation. (Eigene Illustration)

- Hysterektomie
- Kolpektomie
- Skrotumbildung
- Mastektomie (optional)

Später können folgen, wenn gewünscht:

- Einsetzen von Hodenimplantaten
- Einsetzen einer Erektionsprothese

Diese Methode sollte zutreffender als „zweischrittiger Penoidaufbau" bezeichnet werden. Diese OP-Vorgehensweise ist in Deutschland nur in Privatkliniken verfügbar und bei der Kostenübernahme durch gesetzliche Krankenkassen muss regelmäßig ein hoher Eigenanteil geleistet werden. Selbst bei teilweiser Kostenübernahme durch eine gesetzliche Krankenkasse entstehen Eigenkosten im deutlich fünfstelligen Bereich. Im Regelfall wird die Phalloplastik jedoch mehrstufig durchgeführt, über Monate oder Jahre hinweg. So kann auf Heilungsverläufe reagiert und können Komplikationen schrittweise behandelt werden.

Warum Urologie und plastische Chirurgie wichtig sind

Da der Harnröhrenanschluss ein zentraler Teil der OP ist, sollte das Behandlungsteam urologisch versiert sein. Viele Komplikationen entstehen in diesem Bereich und die Durchführung der Phalloplastik ohne Urolog*innen birgt höhere Risiken für Fisteln, Strikturen oder Infektionen. Die Plastische Chirurgie ist beim Penoidaufbau vor allem für die mikrochirurgische Präparierung des Armlappens sowie für den Anschluss von Nerven und Blutgefäßen verantwortlich. Beide Fachgebiete sind wichtig und es ist wertvoll, wenn diese beiden Disziplinen bei der Phalloplastik Hand in Hand arbeiten.

Tipp

Bereits bei den Vorgesprächen sollte man sich nach der fachlichen Zusammensetzung des OP-Teams für die Phalloplastik erkundigen und eine Entscheidung treffen, wie wichtig einem die Interdisziplinarität des Teams ist.

Mögliche Komplikationen

Die Phalloplastik ist eine komplexe Operation und entsprechend hoch ist das Risiko für Komplikationen. Häufig sind:

- Fisteln: Urin tritt aus ungewollten Öffnungen aus (z. B. zwischen Harnröhre und Haut)
- Strikturen: Engstellen in der Harnröhre, die den Urinfluss behindern
- Divertikel: Aussackungen in der Harnröhre, in denen sich Urin sammeln kann
- Wundheilungsstörungen: z. B. durch unzureichende Durchblutung, Nekrosen
- Infektionen: sowohl oberflächliche Wunden als auch tiefere Strukturdefekte

- Gefühlsverlust: eingeschränkte oder nicht vorhandene (sexuelle) Sensibilität am Penoid
- Orgasmusfähigkeit: kann beeinträchtigt oder verloren gehen (selten)
- Verlust des Penoids: in sehr seltenen, aber schweren Fällen möglich

Wichtig

Komplikationen lassen sich nicht vollständig und selbst bei den besten OP-Teams nicht vermeiden. Sie sollten jedoch früh erkannt und professionell behandelt werden.

Funktionalität und Langzeitergebnisse

Ein erfolgreich durchgeführter Penoidaufbau ermöglicht das Wasserlassen im Stehen (bei erfolgreichem Harnröhrenanschluss), kann mit Hodenimplantaten ein maskulines Genitalbild schaffen und mit einer Erektionsprothese (z. B. ein hydraulisches System = „Pumpe" oder ein semirigides System = „Stäbe") die vaginale Penetration ermöglichen. Für die anale Penetration sind die gängigen Erektionsprothesen nicht wirklich stabil genug. Manche Transmänner berichten dennoch, dass aktiver Analverkehr möglich sein kann.

Die sexuelle Sensibilität hängt stark von der operativen Technik ab – insbesondere davon, ob und wie der Klitorisnerv angeschlossen wurde. Orgasmusfähigkeit ist nicht garantiert, bei einigen bleibt sie vollständig erhalten, bei anderen reduziert sie sich oder geht in seltenen Fällen verloren.

Wichtig zu wissen

- Die OP ist komplex und psychisch sowie physisch herausfordernd, kann aber ein entscheidender Schritt in der Geschlechtsangleichung sein.
- Es braucht ein einschlägig erfahrenes, interdisziplinäres Team.
- Die Gesamtdauer des OP-Zyklus kann sich aufgrund der Heilungszeiten, Wartezeiten und etwaiger Revisionen (Korrekturen) über Jahre erstrecken.
- Eine realistische Erwartungshaltung, gerade hinsichtlich des Umgangs mit Komplikationen, ist entscheidend für Zufriedenheit.
- Die Phalloplastik ist kein Muss, sondern eine Option. Niemand ist weniger Transmann, weil er sich gegen den Penoidaufbau entscheidet.

Epilation des Spenderareals vor der Phalloplastik

Im Rahmen der Phalloplastik wird zur Bildung des Penoids ein Hautlappen von einem bestimmten Spenderareal genutzt, häufig vom Unterarm (Fachbegriff: radialer Unterarm-Flap, RFF), vom Oberschenkel (Fachbegriff: anterolateraler Oberschenkel-Flap, ALT), in sehr seltenen Fällen Hauttransplantate vom Rücken oder Unterbauch.

Unabhängig vom gewählten Spenderareal ist es medizinisch erforderlich, manche Bereiche der zu transplantierenden Haut vor dem operativen Eingriff dauerhaft zu enthaaren. Dies betrifft insbesondere jene Abschnitte, die später zur Bildung der Harnröhre verwendet werden. Anderenfalls besteht ein erhebliches Risiko für postoperative Komplikationen. Wenn Haare in die neugebildete Harnröhre transplantiert werden, kann es zu folgenden Problemen kommen:

- Harnwegsinfektionen durch eingewachsene oder verkeilte Haare,
- Urinsteinbildung,
- Fistelbildungen oder Abszesse entlang der Harnröhre,
- mechanische Komplikationen beim Wasserlassen.

Diese Vorkommnisse führen im ungünstigsten Fall zu Revisionsoperationen oder dauerhaften Einschränkungen der Funktionalität. Eine nachträgliche Entfernung der Haare im transplantierten Gewebe ist sehr aufwendig.

Zur sicheren und dauerhaften Haarentfernung stehen zwei Verfahren zur Verfügung: zum einen die Laser-Epilation (vorzugsweise angewendet bei dunklen Haaren auf heller Haut), und die Elektro-Epilation (Nadelepilation) – geeignet für alle Haarfarben und Hauttypen, jedoch zeitaufwendiger.

Für eine vollständige Haarentfernung an der Hautentnahmestelle sind in der Regel mehrere Sitzungen über einen Zeitraum von mehreren Monaten notwendig, da die Verfahren nur in bestimmten Haarwachstumsphasen wirksam sind. Die genaue Anzahl der Sitzungen hängt von Haardichte, Hauttyp, Schmerzempfindlichkeit und der individuellen Reaktion auf das Verfahren ab.

Die Epilation sollte rechtzeitig vor dem OP-Termin abgeschlossen sein, häufig wird ein Abstand von mindestens 6–12 Wochen zur Operation empfohlen. Die exakte Fläche des zu behandelnden Areals wird im Rahmen des präoperativen Gesprächs durch das OP-Team markiert oder schriftlich benannt. Einige Kliniken verlangen einen Nachweis über die vollständige Epilation, z. B. in Form einer ärztlichen Bescheinigung oder eines Behandlungsprotokolls.

Die dauerhafte Haarentfernung vor einer Phalloplastik ist medizinisch notwendig. Voraussetzung für eine Kostenübernahme ist in der Regel:

- eine fachärztliche Bescheinigung über die medizinische Notwendigkeit,
- ein ausführlicher Antrag inklusive OP-Planung und Skizze des zu behandelnden Areals,
- idealerweise ein Hinweis auf mögliche schwerwiegende Komplikationen ohne vorherige Epilation.

Wird der Antrag abgelehnt, bleibt die Behandlung in der Regel eine Selbstzahlerleistung, deren Kosten sich – je nach Methode und Umfang – auf mehrere hundert bis mehrere tausend Euro belaufen können.

Zusammenfassung
Die präoperative Epilation des Spenderareals stellt einen essenziellen Schritt im Rahmen der operativen Vorbereitung auf eine Phalloplastik dar. Sie sollte frühzeitig geplant, in enger Absprache mit dem behandelnden OP-Team organisiert und – soweit möglich – vor der OP vollständig abgeschlossen sein, um Risiken zu minimieren und eine komplikationsarme postoperative Heilung zu ermöglichen.

3.5.6 Phalloplastik vs. Klitpen

Viele Transmänner empfinden den Klitpen zunächst als ausreichend und bevorzugen die geringeren Risiken und die kürzere Rekonvaleszenzzeit. Im Verlauf (manchmal nach Monaten, manchmal nach Jahren) kann jedoch das Gefühl entstehen, dass die „kleine Lösung" doch nicht ausreicht – etwa beim Wasserlassen im Stehen, in Umkleidesituationen oder in der Intimität. Es ist daher wichtig zu wissen: Eine Phalloplastik ist auch nach einer Klitpen-OP jederzeit möglich.

Tab. 3.4 vergleicht die OP-Optionen Klitpen und Phalloplastik im Überblick.

Tab. 3.4 Phalloplastik vs. Klitpen

Kriterium/Maßnahme	Klitpen	Phalloplastik
OP-Komplexität	Relativ gering, 1 Eingriff möglich, bei Einsetzen von Hodenimplantaten i. d. R. nur eine 2. OP	Sehr hoch, bei den standardisierten mehrschrittigen Verfahren i. d. R. mindestens 3 oder 4 OPs im Verlauf von mehreren Jahren (auch abhängig von Revisionsbedarfen und Wartezeiten auf Folge-OPs).
Harnröhrenverlängerung	Möglich, aber nicht immer zum Wasserlassen im Stehen geeignet, hängt von der Länge der vergrößerten Klitoris und der individuellen Anatomie ab	Komplex, führt nicht selten zu Korrekturbedarf (z. B. durch Fisteln, Divertikel oder Strikturen)

(Fortsetzung)

Tab. 3.4 (Fortsetzung)

Kriterium/Maßnahme	Klitpen	Phalloplastik
Penetrationsfähigkeit	Nur sehr eingeschränkt möglich und keinesfalls vergleichbar mit Penetration mit einem Penis	Möglich mit Erektionsprothese oder externen Hilfsmitteln
Sexuelle Sensibilität	Sehr gut, da die Klitoris erhalten und exponiert bleibt	Klitoral (in der i. d. R. an der Basis der Phalloplastik versenkten Klitoris) meistens sehr gut, im Penoid selbst bisweilen eingeschränkt. Orgasmusfähigkeit nur über alleinige Stimulation des Penoid meistens nicht möglich, sondern nur unter Einbeziehung der (versenkten) Klitoris.
Aussehen	Klein, manchmal wie ein „Mini-Penis", manchmal aber auch „nur" wie eine vergrößerte Klitoris (sehr stark abhängig von der individuellen Ausgangslage und von der OP-Methode)	„Normale" Penisgröße möglich, visuell (je nach OP-Technik und individueller Heilung) einem Penis sehr ähnlich
Alltagstauglichkeit	Für manche ausreichend	In manchen Kontexten vorteilhafter (v. a. beim Urinieren im Stehen, aber auch z. B. in Umkleidesituationen)
OP-Risiken	Geringer, Fisteln möglich	Höher, v. a. im Zusammenhang mit der Neoharnröhre, aber auch durch die großen Hauttransplantate
Kostenübernahme	Vollständig von gesetzlichen Krankenkassen übernommen	Mehrschrittige Methoden werden von gesetzlichen Krankenkassen übernommen, „All-in-one" und andere in Privatkliniken angebotenen Methoden werden wenn, dann nur teilweise übernommen.
Reversibilität	Schwierig	Sehr schwierig

Checkliste: Vorbereitung auf eine geschlechtsangleichende Genital-OP (Klitpen oder Phalloplastik)

Vor der Entscheidung:

- Habe ich mich umfassend über alle verfügbaren OP-Methoden informiert (Klitpen, Phalloplastik, keine OP oder Nutzung von Hilfsmitteln)?
- Habe ich realistische Erwartungen an Aussehen und Funktion des Genitals nach der OP?
- Habe ich Erfahrungsberichte von anderen Transmännern gelesen oder Gespräche geführt (z. B. in Selbsthilfegruppen)?

Vorbereitungsgespräche:

- Habe ich mindestens ein ausführliches Vorgespräch mit dem OP-Team geführt?
- Wurde ich über Risiken, Nebenwirkungen, Komplikationen aufgeklärt?
- Habe ich nach dem Umfang der Erfahrung der Klinik mit Trans-OPs gefragt?
- Habe ich Informationen zur postoperativen Nachsorge erhalten?

Praktische Planung:

- Habe ich die Kostenübernahme für alle gewünschten (Teil-) Schritte beantragt und genehmigt bekommen? Gerade für Folge-OPs nach dem Klitpen oder der Phalloplastik verlangen die Kliniken oft eine Bestätigung der Krankenkasse, dass die spezifische OP übernommen wird.
- Habe ich ggf. eine psychologische Begleitung für die Zeit vor und nach der OP organisiert?
- Wie gestalte ich die An- und Abreise? Autofahren ist nach vielen Genital-OPs nicht oder nur stark eingeschränkt möglich und ist nicht empfehlenswert!
- Ist eine Begleitperson oder Unterstützung für die erste Zeit nach dem Krankenhausaufenthalt verfügbar?

Nachsorge:

- Habe ich einen Nachsorgeplan abgesprochen?
- Kenne ich die typischen Anzeichen von Fisteln, Infektionen, Harnverhalt?
- Habe ich ggf. einen Plan B für den Fall von Komplikationen (z. B. weiterführende Kliniken, hausärztliche Unterstützung, Ansprechpartner*innen)?

3.5.7 Erektionsprothesen

Viele Transmänner, die sich für eine Phalloplastik entscheiden, wünschen sich im Anschluss eine Erektionsprothese, also eine künstliche Möglichkeit, den Neophallus steif werden zu lassen, um damit penetrativen Geschlechtsverkehr ausüben zu können. Der Wunsch ist nachvollziehbar: das Gefühl von voller Funktionalität des Neopenis oder einfach das Bedürfnis nach einem voll-

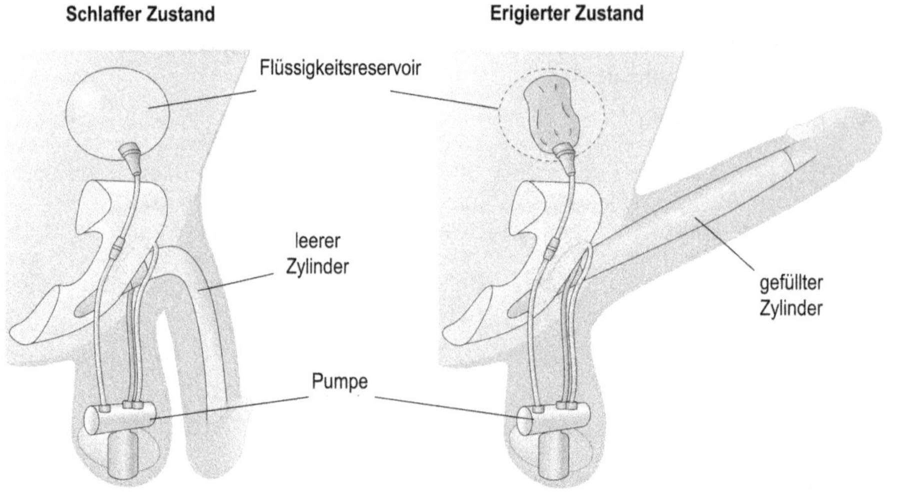

Abb. 3.7 Schematische Darstellung einer Erektionsprothese. (Foto: Adobe Stock | #181596444)

ständigen Genitaleindruck. Gleichzeitig ist der Einsatz einer Erektionsprothese ein medizinisch anspruchsvoller Schritt, der gut überlegt sein will. Abb. 3.7 zeigt ein Beispiel einer hydraulischen Erektionsprothese („Pumpe“).

Zwei Systeme: hydraulische Prothesen und semirigide Stäbe

Hydraulische Prothesen (umgangssprachlich genannt „Pumpe“) bestehen aus drei Komponenten: einem Zylinder im Inneren des Neophallus, einer kleinen Pumpe im Skrotum (Hodensack) und einem Flüssigkeitsreservoir. Durch Drücken der Pumpe wird Flüssigkeit aus dem Reservoir in den Zylinder geleitet und das Genital wird steif. Zum Entspannen wird ein Ventil betätigt, der Penis wird wieder schlaff. Diese Methode ermöglicht eine recht natürliche Wirkung, ist aber technisch aufwendig.

Semirigide Prothesen sind biegsame Silikonstäbe, die dauerhaft im Penis verbleiben. Sie sind einfacher in der Handhabung, benötigen keine Pumpe oder Reservoir, bieten aber keinen echten Wechsel zwischen schlaffem und steifem Zustand – sie sind quasi immer „halbsteif“.

So überzeugend diese Lösungen klingen mögen: Sie sind bei weitem kein Selbstläufer, vor allem nicht bei einer Phalloplastik, bei der keine natürlichen Strukturen wie die Schwellkörper oder die schützende Bindegewebshülle (Tunica albuginea) vorhanden sind. Entsprechend sind die Komplikationsraten deutlich höher als bei vergleichbaren Operationen bei Cismännern. In Studien wird berichtet, dass mehr als ein Drittel der eingesetzten Erektionsprothesen bei Transmännern wieder entfernt oder revidiert werden muss – häufig aufgrund von Infektionen, technischen Defekten oder Durchstoßungen der Haut. Manche erleben sogar Schäden an der Neoharnröhre, wenn sich ein Zylinder oder Stab ungünstig bewegt. Auch technisches Versagen der Pumpe, unzureichende Fixierung im Körper oder Materialprobleme können auftreten. Die Infektionsrate liegt je nach Studie bei bis zu 20 %. Bisweilen kommt es sogar zur vollständigen Entfernung der Prothese, weil sie nicht mehr funktionsfähig oder verträglich ist.

Ein erheblicher Anteil der Transmänner entscheidet sich nach einer oder mehreren Korrektur-OPs ganz bewusst gegen eine Erektionsprothese. Manche lassen das Gerät wieder entfernen, weil es zu viele Probleme macht – andere treffen schon vorher die Entscheidung, ohne Prothese leben zu wollen. Diese Entscheidung ist legitim und darf nicht als „unvollständig" gewertet werden. Ein Leben und auch Sexualität ohne Prothese können genauso erfüllt sein wie mit.

Wichtige Überlegungen zu Erektionsprothesen

- **Beratung im Vorfeld:** Ausführliche Fachinformationen über beide Systeme (hydraulisch und semirigid) einholen. Abwägen, was für den individuellen Bedarf besser passt. Realistische Erwartungen entwickeln. Ein Erektionsimplantat ist keine Garantie für „Normalität" oder sexuelle Erfüllung.
- Die Auswahl erfahrener Operateur*innen mit Spezialisierung auf Trans-Phalloplastiken und Prothesenimplantate.
- Einen Plan B für mögliche Komplikationen haben – inklusive Nachsorge, Ansprechpartner*innen und ggf. Revisionsmöglichkeiten.
- Und: Zeit nehmen. Es gibt keinen Grund, den Schritt zur Prothese direkt im Anschluss an die Phalloplastik zu machen. Viele Betroffene warten bewusst mehrere Jahre, um herauszufinden, was sie wirklich brauchen und wollen.
- Es gibt auch funktionale Alternativen: Externe Hilfsmittel bieten manchmal eine zufriedenstellende Option – ohne Operation, ohne Komplikationen (Abschn. 5.13.6).

Fazit

Eine Erektionsprothese kann ein sinnvolles Mittel sein, aber sie ist kein Muss. Sie ist ein Angebot, keine Verpflichtung. Wichtig ist, gut informiert zu sein, keine überzogenen Erwartungen zu haben, mit Korrekturen und Revisionen zu rechnen und zu wissen: Auch ohne Erektionsprothese kann ein Körper vollständig, richtig und männlich sein.

3.5.8 Wie Transmänner verschiedene Angleichungs-OPs erleben können

Die Entscheidung für geschlechtsangleichende Operationen ist für viele Transmänner ein zentraler Bestandteil ihrer Transition – aber ebenso individuell wie der gesamte Weg selbst. Körperliche Angleichungen bringen oft tiefgreifende emotionale Veränderungen mit sich und sind mehr als nur chirurgische Eingriffe: Sie sind Schritte zu einem Leben in größerem Einklang mit sich selbst.

Die Mastektomie ist in vielen Fällen die erste OP und für viele auch die emotional bedeutsamste. Der Wegfall der Brust kann eine enorme Erleichterung darstellen, das Gefühl, „endlich frei atmen“ zu können, wird häufig geäußert. Viele Transmänner berichten von einem sprunghaften Anstieg des Selbstvertrauens, einem deutlich verbesserten Alltagsgefühl und dem ersten echten „Zuhause-Sein“ im eigenen Körper. Die Mastektomie gibt oft die Energie und die innere Stabilität, um weitere Schritte der Transition überhaupt erst anzugehen.

Die Hysterektomie ist für viele weit mehr als ein „medizinischer Routineeingriff“. Die Entfernung der Gebärmutter (und ggf. der Eierstöcke) wirkt bei vielen massiv dysphoriemindernd – vor allem bei Personen, für die die inneren weiblichen Organe ein permanentes Fremdheitsgefühl erzeugen. Das Nicht-mehr-schwanger-werden-können wird häufig als große Erleichterung empfunden, nicht als Verlust. Auch das dauerhafte Ausbleiben der Menstruation ist für fast alle Transmänner ein zentraler Gewinn – körperlich, emotional und identitär.

Das Klitorispenoid („Klitpen“) bietet vielen eine vergleichsweise risikoarme Möglichkeit, ein nicht mehr weiblich erscheinendes, funktionales Genital zu haben. Die Erhaltung der sexuellen Sensibilität, die (theoretische) Möglichkeit im Stehen zu urinieren und das maskulinisierte Körpergefühl tragen zur Zufriedenheit bei. Manche erleben nach längerer Zeit jedoch Grenzen – etwa in intimen Situationen oder in alltäglichen Situationen wie bei der Toilettennutzung oder in Umkleiden – und ziehen dann eine spätere Phalloplastik in Betracht. Sich diese Möglichkeit offen halten zu können, ist ein beruhigender Aspekt bei der Klitpen-Entscheidung.

Die Phalloplastik ist ein großer Schritt, der mit vielen Überlegungen und nicht selten auch mit Unsicherheiten verbunden ist. Wer sich dafür entscheidet, ist meist gut informiert und bereit, auch mehrere OP-Schritte und

Komplikationen in Kauf zu nehmen. Viele berichten nach abgeschlossener OP-Reihe (mit oder ohne Erektionsprothese) von einem tiefen Gefühl der Geschlossenheit, von einem Körper, der sich endlich stimmig anfühlt. Der Weg dorthin ist oft lang – manchmal über Jahre – und kann auch psychisch herausfordernd sein, gerade wenn Korrekturen notwendig werden. Dennoch berichten viele Betroffene trotz dieser Herausforderungen von großer Zufriedenheit mit dem Ergebnis, einem gewachsenen Selbstbild und größerer sozialer Sicherheit.

Fazit

Jeder Weg ist anders und jede OP bedeutet nicht nur körperliche Veränderung, sondern auch emotionale Verarbeitung. Für viele Transmänner sind die Angleichungs-OPs jedoch nicht bloß Mittel zum Zweck, sondern emanzipatorische Schritte – körperlich, sozial, psychisch.

3.5.9 Fachinterview: Chirurgische Genitalangleichung bei Transmännern

Im Gespräch mit Dr. Silke Riechardt, Fachärztin für Urologie, und PD Dr. Katharina Grupp, Fachärztin für Allgemeine Chirurgie und Fachärztin für Plastische und Ästhetische Chirurgie, Itzehoe:

Sie arbeiten interdisziplinär zusammen bei genitalangleichenden Operationen für Transmänner. Wie teilen Sie sich Ihre Aufgaben und wie erleben Sie die Zusammenarbeit?

K. Grupp: Die Lappenhebung und der Gefäßanschluss der Phalloplastik erfolgt durch die Plastische Chirurgie. Im Allgemeinen ist unserer Meinung nach eine sehr enge und gute Zusammenarbeit notwendig, um bestmögliche Resultate zu schaffen.

S. Riechardt: Wir sind hier in Itzehoe erst seit Kurzem zusammen tätig und haben im Moment noch unterschiedliche Sprechstunden, aber wir werden das enger verbinden und zusammenlegen. Im Augenblick gehen die Transmänner mit dem Wunsch nach einer Phalloplastik zunächst in die plastisch-chirurgische Sprechstunde. Wer etwa Harnröhrenkomplikationen hat, kommt zu mir in die Urologie. Aber wann immer nötig und möglich, arbeiten wir zusammen und stehen zusammen im OP.

Es gibt für die Phalloplastik Teams aus Urologie und Plastischer Chirurgie und solche, die ohne Urologie arbeiten. Wo sehen Sie Vorteile der Interdisziplinarität?
S. Riechardt: Bei der Phalloplastik haben plastische Chirurgen und Urologen unterschiedliche Aufgaben. Wir Urologen beschäftigen uns mit Fragen wie und wo legt man den Harnröhrenanschluss und die Harnröhrenöffnung? Was macht man mit der Klitoris und der Vulva? Wie bereitet man den Genitalbereich für weitere Operationen vor? Die plastischen Chirurgen haben den Fokus auf die Anschlüsse – Blutbahnen und Nerven – sowie die Präparation des Lappens aus Arm oder Oberschenkel, aus dem das Penoid geformt wird.

Könnte man sagen Urologie ist unbedingt wichtig bei der Phalloplastik?
K. Grupp: Wir halten es auf jeden Fall für sinnvoll, dass die genitalangleichenden Operationen in einem interdisziplinären Zentrum durchgeführt werden.

S. Riechardt: Tatsächlich ist die Phalloplastik ja nur ein Schritt von vielen möglichen in der Genitalangleichung Frau-zu-Mann. Die meisten Komplikationen treten im Bereich der Harnröhre auf. Diese wird von Plastikern angelegt, aber von uns Urologen im Bedarfsfall korrigiert.

Es gibt für Transmänner in der Genitalangleichung grundsätzlich zwei OP-Modelle: Klitpen und Phalloplastik. In welchen Fällen empfehlen Sie den Klitpen als Vorstufe zur Phalloplastik?
K. Grupp: Im Allgemeinen ist es möglich, zunächst einen Klitpen zu konstruieren und im Verlauf bei Wunsch eine Phalloplastik durchführen. In unserer Klinik erfolgt jedoch der Aufbau meist ohne vorherige Klitpenkonstruktion – es sei denn der Transmann wünscht dieses. Prinzipiell sind aber beide Vorgehensweisen möglich und letztendlich abhängig von den Wünschen der Transmänner.

Gibt es Besonderheiten in der OP-Technik, wenn der Klitpen als finales Ergebnis gewünscht wird?
S. Riechardt: Es kommen tatsächlich viele zu uns, die den Klitpen als endgültiges Ergebnis haben wollen. Da versuche ich, optisch mehr zu optimieren, um dem Aussehen eines „kleinen Penis" näherzukommen. Oft ist es allerdings so, zum Beispiel wenn die Person nicht ganz schlank und der Venushügel recht ausgeprägt ist, dass der Klitpen sozusagen darin oder in den Schamlippen verschwindet. Das wäre, wenn der Klitpen direkt als Vorstufe zum Aufbau geplant wäre, nicht so schlimm. Soll der Klitpen aber die finale Version

werden, dann würde ich versuchen, die Klitoris mehr „auszugraben“, sei es durch eine kleine Fettabsaugung, oder durch einen plastischen Kniff im Ansatz – das ist Einzelfallentscheidung.

Wir beobachten bei Patienten eine Veränderung der Vorstellungen und Erwartungen an die Ergebnisse bei Klitpen und Phalloplastik. Heute gibt es deutlich mehr Nachfragen nach Wegen, die früher nicht angeboten wurden – etwa Phalloplastik oder Klitpen ohne Harnröhre, Verzicht auf Scheidenverschluss oder Skrotumplastik. Solche Optionen können die Komplikationsrate senken. Deshalb bieten wir individualisierte Lösungswege an.

K. Grupp: Zu den individualisierten Konzepten möchte ich noch ergänzen, dass es auch zunehmend Transmänner gibt, für die es irrelevant ist, ob ein Urinieren im Stehen möglich ist. In diesen Fällen kann eine Phalloplastik ohne Neu-Harnröhre sinnvoll sein und dieses sollte individuell besprochen werden.

Wäre es möglich, wenn jemand später doch den Wunsch nach einer Harnröhre hat, diese anzulegen?

K. Grupp: Ja, dieses ist möglich, allerdings technisch sehr anspruchsvoll und aufwendig.

Können Sie die zwei Verfahren zur Bildung einer Neoharnröhre kompakt beschreiben?

K. Grupp: Die Neourethra kann entweder als präformierte Neoharnröhre oder in der Tube-in-Tube-Technik angelegt werden. Bei der präformierten Neoharnröhre wird die Harnröhre mehrere Monate vor dem eigentlichen Aufbau, der Phalloplastik, mittels Hauttransplantat kreiert. Bei der Tube-in-Tube-Technik wird die Neourethra direkt im Rahmen der Phalloplastik-OP geformt.

Welche Revisionsbedarfe gibt es typischerweise bei Klitpen und Phalloplastik?

K. Grupp: Zu häufigsten Komplikationen im Rahmen der Penoidkonstruktion gehören u. a. lokale Infektionen, Entzündungen und kleine Wundheilungsstörungen. Diese sind in der Regel mittels Antibiotikagabe zu behandeln und klingen meist schnell ab. Ausgedehnte Infektionen und Entzündungen des Penoids sind sehr selten. Weiterhin können Blutungen und Nachblutungen auftreten. Auch diese Komplikationen sind selten. Infolge von Verschlüssen der Gefäßanastomosen (Gefäßanschlüsse) im Rahmen der Phalloplastik kann es zu einer Teilnekrose, einem Teiluntergang oder im schlimmsten Fall zu einem Totalverlust kommen.

Kommt es vor, dass ein Penoid ganz verloren geht?
K. Grupp: Ein Totalverlust ist äußerst selten, aber möglich. Wesentlich häufiger als ein Totalverlust des Transplantates treten Teilnekrosen auf. Diese bedürfen chirurgischer Intervention und verlängern den stationären Aufenthalt. Das endgültige ästhetische Ergebnis kann jedoch meistens erhalten bleiben.

S. Riechardt: Auch die Kolpektomie, also der Scheidenverschluss, kann Probleme machen. Es können Fisteln, beziehungsweise Teileröffnungen mit Aussackungen und Ähnliches auftreten. Dabei kann es auch zu Urinsammlungen kommen, die Infekte verursachen können.

Im Bereich der Harnröhre sind Haare ein großes Thema. Wenn ein Teil des Transplantats für die Harnröhre Haarbewuchs hatte, können sich Steine bilden – denn Harn ist salzig und Salzkristalle bleiben an den Haaren hängen. Deshalb sollten Transmänner mit ausgeprägtem Haarwuchs am Spenderarm (bei der Tube-in-Tube-Methode) diesen unbedingt epilieren lassen.

Haare sind übrigens auch das Hauptproblem bei den Lappen vom Oberschenkel, denn dort gibt es keine haarfreie Haut und Epilieren ist dort nicht möglich. Harnröhrensteine können ein buchstäblich großes Problem sein.

Ist das ein Grund, warum Aufbauten aus dem Oberschenkel von vielen Operateuren „nicht so gerne" gemacht werden?
K. Grupp: Ja, unter anderem. Ein weiterer Nachteil der Penoidkonstruktion aus dem Oberschenkellappen ist das große Volumen des Penoides, das durch die relativ dicke Fettschicht am Oberschenkel (im Vergleich zum Unterarm) bedingt ist.

Was ist Ihnen, neben der Aufklärung über Risiken und Komplikationen, in Vorgesprächen wichtig?
K. Grupp: Meiner Meinung nach können sich die Transmänner über die einzelnen OP-Methoden mit ihren Vor- und Nachteilen nicht ausreichend genug informieren. Letztendlich muss eine ganz individuelle Entscheidung getroffen werden.

S. Riechardt: Es ist wichtig, zu verdeutlichen, dass eine Genitalangleichung bei Transmännern immer mehrere OPs beinhaltet. Jede davon braucht Zeit zum Heilen, bevor die nächste stattfinden kann. Und jede kann Korrektur-OPs erfordern. Selbst wenn alles glatt läuft, dauert eine vollständige Angleichung mit Phalloplastik, Anschluss, Prothesen, etc. mindestens zwei Jahre.

Auch auf die Wahrscheinlichkeit gewisser Komplikationen, die eine besondere Nachsorge, z. B. Katheterversorgung benötigen, muss hingewiesen sein. Und manchmal müssen wir „Zwischenlösungen" finden, wenn etwa aus beruflichen oder privaten Gründen eine Korrektur-OP warten muss. Man sollte auch nicht vergessen, dass unter zahlreichen OPs das Sozialleben leiden kann. Mir ist wichtig, dass Interessenten verstehen, wie lang der Weg sein kann.

Was raten Sie Transmännern, die sich unsicher fühlen bezüglich Klitpen versus Phalloplastik?
S. Riechardt: In sich gehen, nochmal beraten lassen, Informationen sacken lassen, nichts überstürzen. Ich würde auf keinen Fall jemanden operieren, der sich unsicher ist. Es gibt so viele Optionen, das muss man sich gut überlegen. Und selbst wenn jemand erst am OP-Tag feststellt, dass noch Unsicherheit vorhanden ist, ist es besser, die OP in dem Moment nicht zu machen, als sie später zu bereuen.

K. Grupp: Wenn sich der Transmann unsicher ist, sollte er nichts überstürzen. Ich denke, dass die individuelle Entscheidung reifen muss. Erst wenn die Entscheidung sicher getroffen werden kann, sollte eine Operation geplant werden.

S. Riechardt: Zur Entscheidung Klitpen versus Phalloplastik sollte man sich sehr genau fragen, was individuell wichtig ist: die sexuelle Empfindsamkeit? Eine möglichst einfache, komplikationsarme Lösung? Urinieren im Stehen? Geschlechtsverkehr, sei es mit der Phalloplastik oder mit Hilfsmitteln, z. B. Epithesen? Die Frage, die sich jeder stellen muss ist: was will ich auf jeden Fall und welche Komplikationen und welche Verzögerungen bin ich bereit, dafür in Kauf zu nehmen?

Wenn Sie Transpatienten einen Satz mit auf den Weg geben könnten, welcher wäre das?
S. Riechardt: Jeder Mensch und jeder Weg ist anders.

3.5.10 Zusammenfassung

Die medizinischen Angleichungsoptionen für Transmänner sind vielfältig und komplex. Während die Hormontherapie häufig den ersten körperlichen Schritt der Transition darstellt, folgen bei Bedarf operative Maßnahmen, die das Körperbild weiter an die eigene Geschlechtsidentität anpassen können. Diese chirurgischen Schritte sind hochindividuell – kein Mensch muss alle oder überhaupt welche gehen, um ein „richtiger“ Transmann zu sein.

Mastektomie und Hysterektomie

Die Entfernung der weiblichen Brust mit gleichzeitiger Formung eines männlichen Oberkörpers ist für viele Transmänner der erste operative Schritt – oft auch der wichtigste. Die Brustentfernung lindert häufig massiv die Geschlechtsdysphorie, erhöht die Lebensqualität und stärkt das Selbstbild.

Entscheidend für ein gutes Ergebnis sind:

- die Erfahrung des OP-Teams mit Transpersonen (nicht nur mit Brustkrebs-OPs),
- eine passende Schnitttechnik, abgestimmt auf Gewebe, Haut und Brustform,
- eine fundierte Nachsorge mit realistischer Heilungserwartung.

Die operative Entfernung von Gebärmutter, Eierstöcken und Eileitern kann psychisch entlastend sein, insbesondere bei starker innerer Dysphorie. Sie reduziert zudem die Notwendigkeit gynäkologischer Vorsorgeuntersuchungen und ist für weitere Genitaloperationen oft Voraussetzung.

> **Wichtig zu wissen**
>
> - Eine Testosteronbehandlung macht die Hysterektomie nicht zwingend erforderlich,
> - Krebsvorsorge ist weiterhin nötig, solange einzelne Organe erhalten bleiben,
> - Auch dieser Eingriff ist kein Muss, er sollte auf individueller Bedürfnislage beruhen.

Klitorispenoid (Metaidioplastik) – Der „kleine Aufbau"

Beim sogenannten Klitpen wird die unter Testosteron gewachsene Klitoris freigelegt und nach vorn verlagert. Je nach Technik kann eine Harnröhrenverlängerung, eine Skrotumbildung und ein Vaginalverschluss ergänzt werden. Vorteile:

- Weniger Eingriffe als bei der Phalloplastik,
- hohe sexuelle Sensibilität bleibt erhalten,
- geringeres Risiko für schwere Komplikationen.

Diese Option reicht vielen Transmännern vollkommen aus. Der Klitpen ist kein „halber Penis", sondern ein eigenständiges OP-Ergebnis. Eine spätere Phalloplastik bleibt möglich, aber ist nicht notwendig.

Phalloplastik – Der „große Aufbau"

Die aufwendigste geschlechtsangleichende OP ist die Phalloplastik. Hier wird aus Eigengewebe (meist vom Unterarm oder Oberschenkel) ein Penoid geformt, optional mit Hodenimplantaten und Erektionsprothese. Diese Methode bietet eine penisähnliche äußere Form, ermöglicht das Urinieren im Stehen und ggf. Penetrationsfähigkeit (mit Erektionsprothese oder Hilfsmitteln).

Die Phalloplastik ist mehrstufig, mit langen Heilzeiten und Komplikationsrisiken (v. a. im Harnröhrenbereich). Sie bedeutet körperlich und emotional eine Herausforderung und benötigt Geduld und Zeit.

Entscheidungsfreiheit statt Erwartungsdruck

Viele Transmänner glauben zu Beginn ihrer Transition, eine Phalloplastik sei „Pflicht", um als Mann anerkannt zu werden. Diese Annahme ist falsch und gefährlich. Die Realität ist: Die meisten Transmänner gehen ihren Weg Schritt für Schritt und entscheiden sich erst im Verlauf von mehreren Jahren für weitere Operationen. Viele entscheiden sich dauerhaft gegen Genital-OPs. Zufriedenheit entsteht nicht durch „Vollständigkeit", sondern durch Passing und individuelle Selbstanerkennung. Niemand muss seine Transition „schnell" oder „komplett" durchlaufen. Ein innerlich stimmiger Weg braucht Zeit, Information, Geduld und Selbstakzeptanz. Wer vorschnell in riskante OPs geht, wird oft enttäuscht – medizinisch und emotional.

Fazit

Transsein ist keine Frage des OP-Status. Ob mit Mastektomie, mit Klitpen, mit Phalloplastik oder ganz ohne chirurgische Schritte: Jeder Weg ist individuell und jeder ist gültig. Es gibt kein „zwingend" oder „zu wenig". Und gerade bei aufwendigen Operationen wie der Phalloplastik gilt: Nur wer wirklich dazu bereit ist, sollte sich auf diesen Weg machen.

3.6 Operationen und Angleichungsmaßnahmen Mann-zu-Frau

Nicht alle Transfrauen streben geschlechtsangleichende Operationen an – für manche ist allein die Hormonersatztherapie ausreichend, um Körper und Identität in Einklang zu bringen. Für viele andere sind operative Maßnahmen jedoch ein wichtiger Bestandteil ihrer Transition. Diese Operationen verfolgen unterschiedliche Ziele: Sie können bestehende Geschlechtsdysphorie lindern, das körperliche Erscheinungsbild im Sinne eines weiblichen Geschlechtsbildes anpassen oder das eigene Wohlbefinden und Selbstverständnis im eigenen Körper stärken. Welche Eingriffe vorgenommen werden, hängt stark von den individuellen Bedürfnissen, Erwartungen, medizinischen Voraussetzungen und nicht zuletzt von persönlichen Ressourcen ab.

Der wichtigste und für viele bedeutendste Eingriff ist die geschlechtsangleichende Genitaloperation („GaOP"), also die operative Formung einer Neovagina (Vaginoplastik). Dieser Eingriff gilt – je nach Perspektive – als „abschließender" oder „zentraler" Schritt in der körperlichen Transition. Daneben gibt es aber auch weitere Operationen, etwa zur Entfernung der Hoden (Orchiektomie), zur Verkleinerung des Kehlkopfes oder feminisierende Eingriffe im Gesicht (z. B. Stirnwulstreduktion, Kieferverschmälerung, Haarlinienkorrektur). Nicht alle diese Operationen werden von gesetzlichen Krankenkassen übernommen.

Einige Operationen sind aus medizinischer Sicht sinnvoll oder notwendig, andere gelten als sogenannte „Wunscheingriffe". Auch hier gilt: Nicht jede Transfrau entscheidet sich für die gleichen Maßnahmen und nicht alle Eingriffe sind für jede Person gleichermaßen geeignet oder finanziell zugänglich. Die persönliche Entscheidung sollte gut überlegt, ausführlich ärztlich begleitet und unter realistischen Erwartungen getroffen werden.

Die folgenden Abschnitte erläutern die wichtigsten operativen Maßnahmen für Transfrauen im deutschsprachigen Raum. Neben den medizinischen Aspekten werden auch psychosoziale, rechtliche und versorgungstechnische Fragen berücksichtigt. Die Darstellung orientiert sich an der Versorgungspraxis in Deutschland und berücksichtigt die aktuell geltenden Begutachtungsrichtlinien des Medizinischen Dienstes sowie die jeweils anerkannten medizinischen Standards.

Operationen und OP-Optionen für Transfrauen

1. **Neovagina** (oft „die GaOP")
   Methoden:
   1. Chonburi Flap (nicht in Deutschland verfügbar)
   2. „Zero-Depth" Vagenoid (nur Vulva, keine Tiefe)
   3. Penile Inversion (PI)
   4. Erweiterte PI
   5. Kombinierte Methode
   6. Sigma-Scheide

   Ohne Bildung einer Neovulva/Neovagina
   Orchiektomie (Hodenentfernung)

2. **Brustaufbau**
   Inlays
   1. Implantate (Silikon oder Kochsalz)
   2. Eigenfett

   Methoden
   1. Ein-Schritt-Methode
   2. Zwei-Schritt-Methode (Expander)

   Position der Implantate
   1. Vor dem Brustmuskel
   2. Hinter dem Brustmuskel
   3. Dual Plane (vor und hinter dem Muskel)

   Schnittpositionen
   1. Achselhöhle
   2. Brustwarzenhof
   3. Unterbrustfalte
3. **Stimme und Adamsapfel**
   Methoden
   1. Chondrolaryngoplastik (Abschleifen des Adamsapfels)
   2. Larynkreduktionsplastik (Verkleinern des Adamsapfels)
   3. Glottoplastik (Stimmband-OP)
   4. Cricothyroidopexie (Verkippen des Kehlkopfes durch Fixierung der Ringknorpel)
4. **Gesicht und Haare**
   Facial Feminization Surgery (FFS), möglich bei:
   1. Kinn
   2. Kiefer
   3. Stirn
   4. Wangenknochen
   5. Lippen bzw. Lippenabstand
   6. Nase
   7. Augenbrauen
   8. Haartransplantation

3.6.1 Neovagina

Die Vaginoplastik ist ein zentraler Bestandteil der geschlechtsangleichenden Operationen für viele Transfrauen. Ziel ist es, eine funktionale und ästhetisch ansprechende Neovagina zu schaffen, die sowohl in anatomischer Tiefe als auch in sexueller Empfindsamkeit den Bedürfnissen der Patientin möglichst gut entspricht. In Deutschland kommen unterschiedliche chirurgische Methoden zum Einsatz, wobei die Wahl der Technik in enger Absprache mit den behandelnden Operateur*innen erfolgen sollte. Sie richtet sich nach individuellen körperlichen Voraussetzungen, persönlichen Erwartungen und medizinischen Indikationen. Gängige Operationsmethoden sind:

Penile Inversion Die Penile-Inversionsplastik ist die in Deutschland am weitesten verbreitete Technik zur Bildung einer Neovagina. Dabei wird die Haut des Penis nach innen gewendet (invertiert), um die Vaginalhöhle auszukleiden. Je nach verfügbarer Gewebemenge (Größe des Penis und der Hoden) wird zusätzlich Haut aus dem Hodensack verwendet. Der Penisschaft wird vollständig entfernt, die Schwellkörper entfernt und eine Höhle zwischen Harnröhre und Enddarm gebildet. Die invertierte Penishaut bildet die innere Vaginalwand. Aus Anteilen der Eichel wird eine Klitoris mit erhaltener sexueller Sensibilität geformt. Die äußeren Vulvalippen entstehen aus verbliebenem Gewebe. Diese Methode ist technisch etabliert, gilt als vergleichsweise komplikationsarm und ermöglicht ästhetisch überzeugende Ergebnisse – vorausgesetzt, es steht ausreichend Hautmaterial zur Verfügung. Einschränkungen bestehen bei geringer Gewebemenge, etwa infolge frühzeitiger oder langjähriger Hormonbehandlung, was die erreichbare Tiefe limitiert. Abb. 3.8 zeigt schematisch eine Penile Inversion.

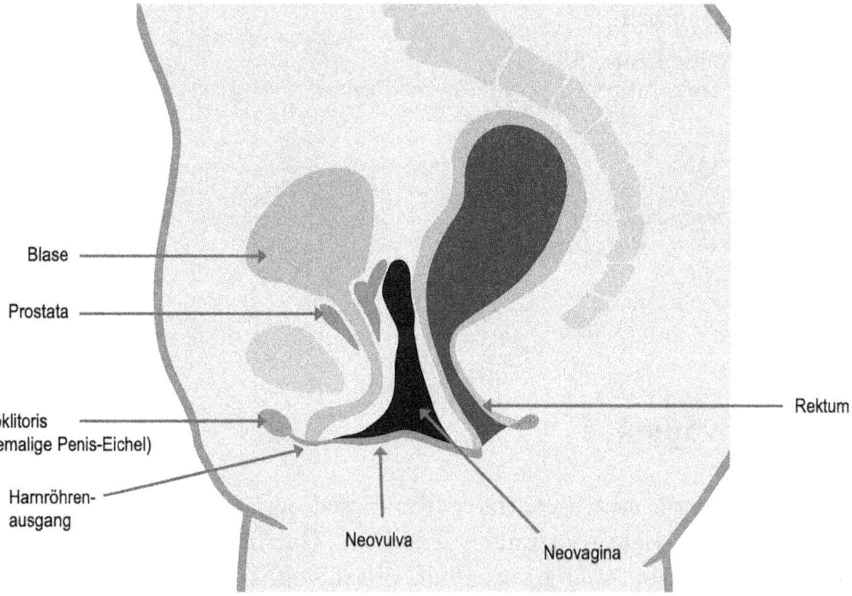

Abb. 3.8 Schematische Darstellung einer Neovagina nach Peniler Inversion. (Quelle: nach Smart et al., 2023)

Erweiterte Penile Inversion Die erweiterte Variante wird angewendet, wenn das Gewebe des Penis allein nicht ausreicht, um die gewünschte Tiefe der Neovagina zu erreichen. Zusätzlich zur invertierten Penishaut wird Hodensackhaut zur Auskleidung der Neovagina verwendet. Diese Methode bietet Vorteile hinsichtlich Vaginaltiefe und Flexibilität. Da sich Hodensackhaut strukturell von Penishaut unterscheidet, kann es jedoch zu leichten Unterschieden in Textur und Empfindung kommen.

Kombinierte Methode Diese Variante erweitert das Konzept der erweiterten Penilen Inversion um die Integration eines gespaltenen Abschnitts der Harnröhre. Durch die zusätzliche Einbettung von Harnröhrenschleimhaut soll eine gewisse natürliche Befeuchtung der Neovagina ermöglicht werden. Die kombinierte Methode wird aktuell unter anderem in Potsdam (Privatklinik Sanssouci) angeboten. Aufgrund der komplexeren Technik kann die Heilungsdauer verlängert sein, auch das Risiko für Infektionen oder Komplikationen liegt geringfügig höher. Sie eignet sich für Patientinnen mit ausreichend Gewebe und dem Wunsch nach mehr Feuchtigkeitsbildung.

Heilung, Nachsorge und Risiken

Nach der Operation ist eine mehrwöchige Rekonvaleszenz vorgesehen, beginnend mit einem Krankenhausaufenthalt von etwa sieben bis vierzehn Tagen. Danach folgt eine ambulante Nachsorgephase. Ein zentraler Bestandteil dieser Phase ist das regelmäßige Bougieren (Dilatieren, Erweitern) der Neovagina, um die Tiefe, Elastizität und Offenheit langfristig zu erhalten. In den ersten Wochen ist dies mitunter schmerzhaft oder ungewohnt, wird jedoch mit der Zeit routinierter.

Mögliche Komplikationen umfassen Blutungen, Infektionen, Wundheilungsstörungen, Stenosen (Verengungen) der Vaginalöffnung sowie selten Fistelbildungen. In einzelnen Fällen kann es notwendig werden, eine Korrektur-OP vorzunehmen. Die meisten Komplikationen sind bei frühzeitiger Diagnostik und konsequenter Nachsorge gut behandelbar.

Die sexuelle Empfindsamkeit bleibt in der Regel erhalten, insbesondere wenn die neugeformte Klitoris aus gut durchbluteten Anteilen der Eichel geschaffen wurde. Das individuelle Empfinden variiert jedoch stark. Einige Patientinnen berichten von einem intensiven sexuellen Erleben, andere benötigen Zeit, um sich an den veränderten Körper zu gewöhnen.

Was bedeutet Bougieren?

Nach einer Vaginoplastik ist das sogenannte Bougieren ein zentraler Bestandteil der Nachsorge. Dabei wird regelmäßig ein medizinischer Dehnstab in die Neovagina eingeführt, um den neu geschaffenen Vaginalkanal offen, beweglich und in ausreichender Tiefe zu erhalten. Dies ist notwendig, weil es sonst durch natürliche Narbenbildung zu einer Verengung (Stenose) oder sogar zum Verschluss kommen kann. Das Bougieren beginnt meist wenige Wochen nach der Operation, wird zunächst mehrmals täglich durchgeführt und später reduziert.

Wichtig ist, dass man dafür eine sorgfältige und medizinisch fundierte Anleitung erhält – idealerweise direkt durch das Klinikpersonal oder die betreuende Fachärzt*in. Hygiene, Gleitmittel und eine entspannte Umgebung sind essenziell, um Verletzungen oder Infektionen zu vermeiden.

Bougieren ist eine therapeutische Maßnahme, keine Form der Selbstbefriedigung. Auch wenn mit der Zeit ein gewisses Körpergefühl zurückkehrt und dabei angenehme Empfindungen möglich oder sogar willkommen sind, steht die medizinische Funktion im Vordergrund. Das Ziel ist es, den Körper gesund zu erhalten und die Neovagina langfristig funktionsfähig zu halten.

Mögliche Revisionsbedarfe nach einer Neovagina-Operation

Wie bei vielen größeren chirurgischen Eingriffen kann es auch nach einer geschlechtsangleichenden Operation zur Bildung einer Neovagina später zu Korrekturen kommen. Solche Revisionen sind nicht ungewöhnlich und dienen oft dazu, das ästhetische Ergebnis zu verbessern oder funktionelle Beschwerden zu beheben.

Ein häufiger Grund für eine Nachoperation ist eine sogenannte Stenose. Das bedeutet, dass der neu geschaffene Vaginalkanal enger oder kürzer ist als gewünscht. Ursache dafür ist meist eine unzureichende oder unregelmäßige Anwendung der Dehnungsstäbe (Bougierstäbe oder Dilatatoren genannt), die zur Nachsorge gehören. In manchen Fällen kann die Verengung so stark sein, dass die Öffnung ganz verschlossen ist. Dann ist ein weiterer Eingriff notwendig, bei dem manchmal Gewebeteile anderer Körperpartien verwendet werden, um den Vaginalkanal zu verlängern oder wiederherzustellen.

Auch im Bereich der Harnröhre kann es zu Problemen kommen, etwa durch eine Verengung der Harnröhrenöffnung (meatale Stenose), Schwierigkeiten beim Wasserlassen oder, seltener, zu ungewolltem Harnverlust (Inkontinenz). In solchen Fällen können kleine Korrekturen helfen. Ebenso kann es sein, dass die äußeren Genitalien, also Vulvalippen, Klitoris oder

Scheidenvorhof, noch einmal angepasst oder symmetrischer gestaltet werden, um ein harmonisches Gesamtbild zu erreichen.

Selten, aber möglich sind auch Komplikationen wie eine Verbindung zwischen Darm und Vagina (rektovaginale Fistel), ein Prolaps (eine Vorwölbung der Neovagina) oder Blutergüsse und Wundheilungsstörungen im frühen Verlauf nach der OP. Diese können ebenfalls operative Nachbehandlungen notwendig machen.

Insgesamt lässt sich sagen: Revisionen gehören zum möglichen Verlauf einer Neovagina-Operation dazu. Viele Transfrauen wünschen sich im Laufe der Zeit eine ästhetische oder funktionale Optimierung. Wichtig ist eine offene Kommunikation mit dem Behandlungsteam, sowohl vor dem ersten Eingriff als auch im weiteren Heilungsverlauf. Ein gutes Ergebnis ist oft nicht nur das Resultat der ersten OP, sondern auch von Geduld, guter Nachsorge und gegebenenfalls kleineren Korrekturen.

Erwartungen und Auswahl der Methode
Die Entscheidung für eine bestimmte Methode sollte stets auf Basis einer umfassenden ärztlichen Beratung getroffen werden. Wichtige Faktoren sind anatomische Gegebenheiten, medizinische Vorerkrankungen, Haut- und Gewebemenge sowie persönliche Erwartungen in Bezug auf Ästhetik, Funktion und Empfindsamkeit. Da alle Methoden gewisse Vor- und Nachteile aufweisen, ist es ratsam, mehrere Vorgespräche bei unterschiedlichen Operateur*innen zu führen.

In der Praxis kombinieren viele Operateur*innen Elemente aus verschiedenen Techniken oder entwickeln eigene Varianten. Eine pauschal „beste" Methode existiert nicht. Entscheidend ist vielmehr, dass die gewählte Methode zu den individuellen Voraussetzungen und Wünschen passt und dass eine realistische Einschätzung der möglichen Ergebnisse erfolgt.

3.6.2 Orchiektomie und Vagenoid („Zero Depth")

Neben der vollständigen Vaginoplastik stehen Transfrauen auch weniger invasive operative Optionen zur Verfügung, die aus medizinischer oder persönlicher Sicht als passende Alternativen gewählt werden können. Dazu zählen insbesondere die Orchiektomie – also die Entfernung der Hoden – sowie die sogenannte „Zero-Depth"-Methode, bei der keine vaginale Höhle geschaffen wird. Beide Verfahren ermöglichen eine teilweise oder vollständige geschlechtsangleichende Anpassung des äußeren Genitals, ohne dass die vollständige vaginale Rekonstruktion durchgeführt werden muss.

Orchiektomie

Die Orchiektomie bezeichnet die chirurgische Entfernung der Hoden. Da die Hoden die Hauptquelle der körpereigenen Testosteronproduktion darstellen, führt die Operation in den meisten Fällen zu einem deutlichen Rückgang des Testosteronspiegels. Viele Transfrauen empfinden die Orchiektomie daher nicht nur als körperlich erleichternd, sondern auch als psychisch entlastend. Sie erleben den Eingriff als wichtigen Schritt auf dem Weg zur geschlechtlichen Selbstbestimmung.

Ein weiterer Vorteil liegt in der medikamentösen Nachbehandlung: Häufig können die Dosis von Östrogen reduziert und Antiandrogene (wie z. B. Cyproteronacetat) abgesetzt werden. Dies kann sich positiv auf die Verträglichkeit der Hormonersatztherapie auswirken, da gerade Antiandrogene nicht frei von Nebenwirkungen sind.

Der Eingriff erfolgt meist ambulant oder mit kurzem stationärem Aufenthalt, in Teilnarkose oder Vollnarkose. Über einen kleinen Schnitt im Hodensack werden beide Hoden entfernt und der Schnitt chirurgisch vernäht. Die Operationsdauer liegt bei etwa 30 min, die Heilungszeit beträgt im Regelfall wenige Wochen. Das Risiko für Komplikationen ist gering, gelegentlich kann es zu Blutergüssen, Schwellungen oder Infektionen kommen.

Die Orchiektomie kann grundsätzlich von jedem urologischen OP-Team durchgeführt werden. Es empfiehlt sich dennoch, ein transfreundliches Behandlungsumfeld mit entsprechender Erfahrung in der Versorgung von Transpersonen zu wählen, insbesondere im Hinblick auf Kommunikation, Unterbringung und Nachsorge.

Zero-Depth-Vaginoplastik („Vagenoid")

Die „Zero-Depth"-Methode ist eine operative Variante der geschlechtsangleichenden Genitaloperation, bei der keine Neovagina mit Tiefe geschaffen wird. Stattdessen liegt der Fokus auf der äußeren Gestaltung eines ästhetisch weiblich erscheinenden Genitals (Vulva), bestehend aus Labien und Klitoris. Diese Methode richtet sich insbesondere an Frauen, die keinen vaginalen Geschlechtsverkehr planen, oder die sich aus gesundheitlichen oder persönlichen Gründen gegen eine tief reichende vaginale Rekonstruktion entscheiden.

Die Zero-Depth-Methode weist gegenüber der vollständigen Vaginoplastik einige spezifische Vorteile auf: Die Operation ist weniger invasiv, die Heilungszeit kürzer, und das postoperative Risiko für Komplikationen wie Fisteln oder Narbenverengungen deutlich geringer. Zudem entfällt die Notwendigkeit des lebenslangen Bougierens, das bei der vollständigen Vaginabildung zur Erhaltung der Tiefe und Weite unerlässlich ist.

Sollte keine Orchiektomie im Vorfeld erfolgt sein, kann diese im selben Eingriff mit durchgeführt werden. Die Haut des Penisschafts wird verwendet, um die äußeren und inneren Schamlippen (Labia majora und minora) zu formen. Aus Anteilen der Eichel wird eine empfindliche Klitoris modelliert, die in ihrer anatomischen Position fixiert wird. Am ehemaligen Penisansatz wird eine kleine Vertiefung geschaffen und ein Hautsegment dort eingenäht, um einen angedeuteten Vaginaleingang zu formen. Dieser Kniff gibt dem äußeren Genital eine plastisch-anatomisch überzeugende Gestalt, ohne in die Tiefe zu reichen.

Die Operationsdauer beträgt etwa drei bis vier Stunden, der stationäre Aufenthalt liegt je nach Klinikstandard zwischen wenigen Tagen und einer Woche. Die Nachsorge ist insgesamt weniger aufwendig als bei der vollständigen Vaginoplastik. Die Zero-Depth-Methode wird von nahezu allen operierenden Teams angeboten, die auch vollständige Vaginoplastiken durchführen.

Diese Operationsvariante stellt eine eigenständige Option der geschlechtsangleichenden Chirurgie dar. Die Entscheidung für oder gegen die Zero-Depth-Variante sollte im Rahmen eines ausführlichen ärztlichen Beratungsgesprächs unter Einbezug der individuellen Erwartungen, Lebensumstände und Gesundheitsvoraussetzungen getroffen werden.

Tab. 3.5 zeigt verschiedene Optionen für Genitalangleichungen bei Transfrauen im Vergleich.

3.6.3 Fachinterview: Genitalangleichende Operationen bei Transfrauen

Im Gespräch mit Dr. Benjamin Meister, Facharzt für Urologie, Mannheim:

Sie begleiten Transfrauen bei der genitalen Angleichung. Was motiviert Sie an dieser Arbeit und hat sich Ihre Sicht auf diese OPs im Lauf der Zeit verändert?

B. Meister: Mich motiviert besonders, dass dieses Randgebiet in der Humanmedizin noch unterrepräsentiert ist. Es gibt verschiedene Operateure und Verfahren und es ist sinnvoll, diesen Bereich medizinisch zu standardisieren. Ich freue mich, dazu beitragen zu können. Mit zunehmender Erfahrung hat

Tab. 3.5 Vergleich chirurgischer genitalangleichender Optionen für Transfrauen

Aspekt	Orchiektomie	Vagenoid („Zero-Depth")	Vollständige Vaginoplastik
Ziel der Operation	Entfernung der Hoden zur Testosteronreduktion	Gestaltung eines äußeren Genitals (Vulva) ohne vaginale Höhle	Gestaltung eines vollständigen Genitals mit Neovagina
Tiefe der Vagina	Keine	Keine (nur angedeuteter Eingang)	Funktionale Tiefe (je nach Ausgangslage und Methode 10–15 cm)
Sexualität/Empfindung	Keine Veränderung der äußeren Genitalien	Klitoris mit sexueller Empfindsamkeit	Klitoris mit sexueller Empfindsamkeit, ggf. vaginale Penetration
Hormonelle Auswirkungen	Haupt-Testosteronproduktion endet, Antiandrogene ggf. absetzbar	Haupt-Testosteronproduktion endet, Antiandrogene ggf. absetzbar	Haupt-Testosteronproduktion endet, Antiandrogene ggf. absetzbar
OP-Dauer (ca.)	30 min bis 1 h	3–4 h	4–6 h (je nach Methode)
Krankenhausaufenthalt	Ambulant oder 1–2 Tage	5–7 Tage	7–14 Tage
Nachsorgeaufwand	Gering	Mäßig, keine Bougierung notwendig	Hoch: regelmäßige Bougierung, engmaschige Kontrollen
Risiken/Komplikationen	Gering: Blutergüsse, Infektionen	Gering: Narben, Infektion, ästhetisches Ergebnis, Funktionseinschränkungen	Höher: Fisteln, Infektionen, Narben, Funktionseinschränkungen
Kassenleistung (bei Indikation)	Ja	Ja	Ja
Geeignet für	Transfrauen, die keine Vaginoplastik wünschen oder sich vorbereiten	Frauen ohne Wunsch nach vaginaler Penetration oder bei erhöhtem OP-Risiko	Frauen mit Wunsch nach vollständiger genitaler Angleichung
Bougierung notwendig	Nein	Nein	Ja

sich gezeigt, wie detailreich eine genitalangleichende OP ist, welche Fallstricke es gibt, was wichtig ist für OP und Nachsorge. Als Arzt erlernt man das nicht von heute auf morgen und vieles entwickelt sich, man lernt ständig weiter.

Welche Faktoren entscheiden, welche OP-Methode für eine Patientin geeignet ist?
B. Meister: Ein sehr wichtiger Faktor sind die individuellen Wünsche und Erwartungen. Auch die individuelle körperliche und medizinische Ausgangslage (zum Beispiel Voroperationen oder Vorerkrankungen) sind wichtig, um zu entscheiden, welche Operationsmethode angewendet wird.

Welche Voraussetzungen sollte man für eine Genital-OP mitbringen, unabhängig von der Methode?
B. Meister: Es sollte ein Vorgespräch vor einer Operation stattfinden und die verschiedenen OP-Methoden mit den Wünschen und den Erwartungen der Patientinnen abgeglichen werden. In seltenen Fällen kann es sein, dass das OP-Verfahren angepasst werden muss. In der modernen Medizin kommt es jedoch selten vor, dass eine Operation aufgrund von Vorerkrankungen gänzlich nicht stattfinden kann. Weiterhin sollte, wie auch in der S3-Leitlinie genannt, ein psychotherapeutisches Indikationsschreiben vorliegen.

Wie informiert sind die Patientinnen, die zu Ihnen kommen?
B. Meister: Heute wird sich über soziale Medien ausgetauscht, im Internet recherchiert, manche haben auch schon Vorgespräche in anderen Kliniken gehabt. Es herrscht schon ein gewisser Aufklärungsstandard. Natürlich muss man im Vorgespräch manchen Irrglauben aufklären, vielleicht Fehlinformationen geraderücken. Selten kommen ganz unaufgeklärte Patientinnen zu mir.

Welchen Fehlinformationen oder Mythen begegnen Sie in Ihrer Sprechstunde?
B. Meister: Im Hinblick auf Methoden, OP-Schritte und wie sie benannt werden, was sie beinhalten, muss ich des Öfteren korrigieren, was falsch kursiert – etwa bezüglich Peniler Inversion (PI), Kombinierter Methode oder Verfahren aus dem Ausland. Auch muss klar sein, dass man das Aussehen des Genitals nicht einfach frei wählen kann. Hinsichtlich der Optik arbeiten wir Ärzte natürlich mit Methoden, die es möglich machen, ein natürlich gestaltetes Genital herzustellen.

Viele Unklarheiten oder Ängste gehen darauf zurück, dass Personen, die Schlimmes erlebt haben, eher darüber berichten als Personen, bei denen alles glatt gelaufen ist. Man sollte natürlich Risiken auf keinen Fall verschweigen, sondern realistisch benennen, denn wir operieren auch viele junge Menschen, die noch nie zuvor eine OP hatten.

Können Sie die Unterschiede zwischen den in Deutschland vorherrschenden Methoden für die Genitalangleichung bei Transfrauen kurz beschreiben?
B. Meister: Die *Penile Inversion* (PI) ist die Grundmethode: Herstellung einer Neovagina mittels umgestülpter Penisschafthaut. Die *Erweiterte PI* ist im Grunde das Gleiche, aber es wird zusätzlich Vollhaut verwendet, sei es vom Hodensack, vom Bauch oder von anderen Stellen am Körper. Die sogenannte *Kombinierte Methode* ist eine Kombination von PI unter Verwendung von Gewebe der Harnröhre zum Auskleiden der Neovagina.

Werden Sie oft nach der Kombinierten Methode gefragt?
B. Meister: Ja, aber wir wenden diese Methode bei uns nicht an. Die Fachmeinungen gehen auseinander. Man kann allerdings definitiv sagen, dass in dem Teil der Harnröhre, der in die Vagina eingebracht wird, keine Drüsen vorhanden sind, die eine natürliche Befeuchtung verursachen. Wir gehen eher davon aus, dass die direkte Verbindung vom Harnröhrenausgang zur Neovagina dafür sorgt, dass Sekret aus der Prostata und den Drüsen, die sich tiefer im Körper befinden, leichter in die Neovagina hineinkommt. Man kann diese Verbindung aber auch auf andere Art und Weise, zum Beispiel mit einer bestimmten Konfiguration des Harnröhrenausgangs herstellen. Wir erleben auch nicht selten, dass das Einbringen von Teilen der Harnröhre in die Vagina zu unangenehmen Gefühlen und Schmerzen führen kann.

Viele Transfrauen wünschen sich vaginale Tiefe, andere bevorzugen die sogenannte Zero-Depth-Methode, bei der keine Tiefe geschaffen wird. Welche Vor- und Nachteile haben diese Optionen?
B. Meister: Die Zero-Depth-Methode führt zu weniger Nebenwirkungen, Komplikationen und eine grundsätzlich kürzere Heildauer – allein schon deshalb, weil man keine ca. 15 cm tiefe Vaginalhöhle herstellen muss und dabei Gewebe auseinanderdrängen und schneiden muss. Das Risiko, Nachbarorgane wie Prostata, Enddarm, Harnblase oder Bauchfell zu verletzen, ist deutlich geringer. Zu beachten gibt es noch, dass nach Durchführung der Zero-Depth Methode die spätere Anlage einer Neovagina möglich ist, jedoch etwas erhöhte OP-Risiken bestehen und das kosmetische Ergebnis eingeschränkt sein kann.

Welche Erwartungen haben Patientinnen bezüglich der Ästhetik und der Tiefe? Wie sieht es mit dem Erhalt der Sensibilität aus?

B. Meister: Wenn man *sehr* genau hinschaut, wird man immer sehen, dass eine Neovulva nicht die einer Cisfrau ist. Man kann aber mit Teilen des Venushügels, der äußeren und inneren Labien, der Neoklitoris, dem Harnröhrenausgang und dem Vaginaleingang die Vulva sehr realistisch herstellen.

Man will prinzipiell eine Tiefe von ca. 15 cm erreichen, weil man weiß, dass sich insbesondere nach der (Erweiterten) PI das Gewebe etwas zusammenzieht, sodass eine Tiefe von 12–13 cm übrig bleiben sollte. Das entspricht ungefähr der Durchschnittstiefe einer europäischen Cisfrau.

Das Genital ist von Anfang an, zumindest im Bereich der Vulva (inklusive Neoklitoris), sehr sensibel. Im vorderen Anteil der Vagina, bei der invertierten Penishaut, ist ebenfalls von Anfang an Sensibilität gegeben. Bei der Erweiterten PI ist im Bereich der transplantierten Haut nicht von Anfang an Hautsensibilität vorhanden. Diese stellt sich in der Regel innerhalb der ersten zwei Jahre nach der OP ein. Man muss aber bedenken, dass in dem ganzen Raum, in dem die Neovagina platziert ist, auch sensible Nerven liegen.

In der Tiefe der Neovagina ist es nicht immer leicht zu unterscheiden, ob eine Sensibilität von der Haut kommt oder eine Reaktion von einem tiefer im Gewebe liegenden Nervenende ist. Die Sensibilität in der Neoklitoris ist von Anfang an voll da, weil keine Nervenbahnen unterbrochen werden.

Welche Komplikationen begegnen Ihnen und wie gehen Sie und die Patientinnen damit um?

B. Meister: Es gibt Komplikationen, die direkt während der OP auftreten können, zum Beispiel können umliegende Organe verletzt werden. Das kommt in etwa 1 % der Fälle vor. Hierzu zählen zum Beispiel Verletzungen von Nachbarorganen der Neovagina, wie dem Enddarm (Rektum).

Bei Komplikationen ist natürlich der postoperative Ablauf verändert. Zum Beispiel kann es bei Rektumverletzungen notwendig sein, einen künstlichen Darmausgang anzulegen. Dieser bleibt dann für 2–3 Monate nach der OP bestehen, um Fisteln zu vermeiden. Harnröhrenverletzungen sind ebenfalls sehr selten, können aber vorkommen. Diese heilen in der Regel nach direkter Naht ohne weitere Maßnahmen wieder ab.

Wir müssen sicherstellen, dass das OP-Ergebnis nicht unter einer Komplikation leidet. Bei guter Versorgung und gutem Komplikationsmanagement stellen sich Lebensqualität und Körperfunktion nach der Genesung wieder voll ein, auch wenn eine Komplikation aufgetreten ist. Das ist wichtig zu wissen.

Hingegen sind Wundkomplikationen im Genitalbereich durch die starke Umformung des Gewebes eher häufig als selten. Es sind jedoch nur in den seltensten Fällen weitere Operationen nötig. Meist heilen sie von selbst ab. Aber auch hier ist es wichtig, einen Maßnahmenplan festzulegen.

Klitorisnekrosen, eine sehr seltene Komplikation, treten in unter 1% der Fälle auf. Ansonsten gibt es noch zum Beispiel Scheidenstenosen, die man oft erst nach vollständiger Abheilung bemerkt. So etwas kann repariert werden.

Welchen Tipp geben Sie Transfrauen, die sich in der Entscheidungsfindung zur genitalangleichenden OP befinden?

B. Meister: Ich begrüße es immer, wenn Patientinnen sich verschiedene Kliniken anschauen, mit verschiedenen Operateuren sprechen, sich in Peergroups mit anderen Transfrauen, die die Operation schon durchgemacht haben, unterhalten, um am Schluss ein Informationsgerüst aufzubauen: Ablauf der Operation, Methoden, Risiken, Erwartungen. Man sollte so gut wie möglich informiert sein, um übereilte Entscheidungen zu vermeiden. Leider ist es so, dass in vielen Kliniken eine längere Wartezeit auf den OP-Termin herrscht. Diese Zeit kann man sinnvoll nutzen, um sich weiter zu informieren. Hinsichtlich der Methoden möchte ich noch einmal betonen, dass die Erweiterte PI nicht ohne Grund Standard ist: sie führt mit einem sehr guten Nutzen-Risiko-Verhältnis zu in der Regel sehr guten OP-Ergebnissen.

Was sagen Sie zu alternativen Methoden wie Sigma-Scheide oder Peritoneal-Scheide?

B. Meister: Sigma- und Peritonealscheide sind eher Methoden der zweiten Wahl. Wenn etwa nach einer (Erweiterten) PI wiederkehrende Stenosen der Scheide auftreten, kann man nicht unbegrenzt neue Haut transplantieren. Wenn sehr wenig Penismaterial vorhanden ist, zum Beispiel bei ganz früher Pubertätsblockade, kann diskutiert werden, ob man von Anfang an eine Sigma- oder Peritonealscheide anlegt. Es gilt wieder, mit den Betroffenen die Optionen sowie Vor- und Nachteile individuell zu besprechen. Diese Aspekte werden auch in der chirurgischen S2k-Leitlinie enthalten sein, die hoffentlich bald veröffentlicht wird.

Möchten Sie den Leserinnen und Lesern dieses Ratgebers zum Abschluss noch etwas mitgeben?

B. Meister: Stellen Sie sich gerne in der Sprechstunde vor, informieren Sie sich, nehmen Sie Kontakt mit uns Operateuren, mit dem Gesundheitssystem auf, um Unklarheiten zu beseitigen.

3.6.4 Brustaufbau

Da die hormonelle Behandlung mit Östrogen und Antiandrogenen nicht immer ein ausreichendes Brustwachstum bewirkt, entscheiden sich viele Transfrauen für einen operativen Brustaufbau. Die Mammaaugmentation ist ein etablierter chirurgischer Eingriff mit hoher Zufriedenheitsrate, erfordert jedoch eine sorgfältige Indikationsstellung und individuelle Beratung.

Voraussetzungen
Vor einer operativen Brustvergrößerung wird von den gesetzlichen Krankenkassen in Deutschland eine mindestens 24-monatige feminisierende Hormonersatztherapie verlangt. Der Hintergrund: Östrogene bewirken ein gewisses Maß an Brustwachstum, das erst nach längerer Zeit beurteilt werden kann. Eine medizinische Indikation zur Kostenübernahme besteht laut Begutachtungsrichtlinie nur dann, wenn nach Ablauf der HET-Zeit die Brustentwicklung unterhalb einer Cupgröße A bleibt.

Operative Verfahren: Implantate
Am häufigsten erfolgt der Brustaufbau durch das Einsetzen von Implantaten. Hierbei werden zwei Hauptarten unterschieden:

- Silikonimplantate: Gefüllt mit kohäsivem Silikongel gelten sie als Standard in der ästhetischen und rekonstruktiven Brustchirurgie. Sie bieten eine natürliche Haptik und stabile Form.
- Kochsalzimplantate: Diese sind mit steriler Kochsalzlösung gefüllt. Sie sind in Deutschland weniger verbreitet, da sie sich weniger natürlich anfühlen und bei Defekten vollständig kollabieren.

Die Platzierung der Implantate kann erfolgen:

- Submuskulär (unter dem großen Brustmuskel),
- Subglandulär (unter der Brustdrüse, über dem Muskel),
- oder in DualPlane-Technik, einer Kombination beider Varianten.

Gerade bei Transfrauen mit geringer Brustdrüsenausbildung wird meist die submuskuläre oder duale Technik bevorzugt, um sichtbare Kanten oder Falten der Implantate zu vermeiden.

Abb. 3.9 zeigt mögliche Positionierungen von Brustimplantaten.

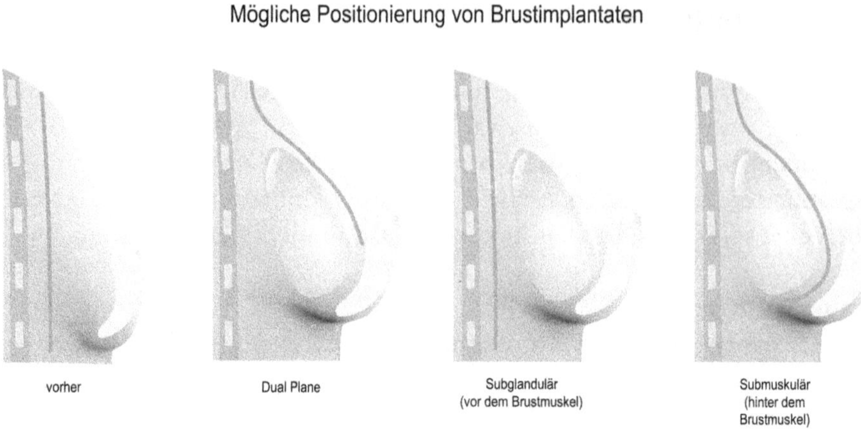

Abb. 3.9 Mögliche Positionierung der Brustimplantate. (Foto: Adobe Stock #291512057)

Eigenfetttransplantation (Lipofilling)

Alternativ oder ergänzend kann eine Brustvergrößerung mit Eigenfett erfolgen. Dabei wird Fettgewebe aus anderen Körperregionen (z. B. Bauch, Flanken, Oberschenkel) entnommen, aufbereitet und in die Brust injiziert. Diese Methode hat den Vorteil, dass kein Fremdmaterial eingesetzt wird. Allerdings resorbiert der Körper regelmäßig einen Teil des eingebrachten Fetts, was Folgeeingriffe notwendig machen kann. Zudem ist die Formgebung mit Fett technisch komplexer und die erreichbaren Volumina sind limitiert. Eine vollständige Brustformung ausschließlich durch Lipofilling ist bei Transfrauen mit geringer Grundausbildung der Brustdrüse selten ausreichend. Der kombinierte Einsatz mit Implantaten kann je nach Ausgangslage eine Option sein.

Ästhetik, medizinische Sicherheit und anatomische Besonderheiten

Neben der gewünschten optischen Wirkung sollte bei der Planung eines Brustaufbaus immer auch die medizinische Sicherheit im Vordergrund stehen. Gerade wenn vor der Operation nur wenig eigenes Brustgewebe vorhanden ist, entsteht bei manchen Patientinnen der Wunsch, mit sehr großen Implantaten einen besonders deutlichen Unterschied zu erzielen. Ein voluminöses Implantat verspricht auf den ersten Blick mehr Weiblichkeit, kann jedoch in mehrfacher Hinsicht problematisch sein. Ist das Implantat im Verhältnis zu Brustkorb, Schulterbreite und Hautelastizität zu groß gewählt, werden Haut und Gewebe dauerhaft überdehnt, was zu Spannungsgefühlen, Schmerzen und einer beschleunigten Erschlaffung der Brust führen kann. Zudem steigt das Risiko, dass das Implantat verrutscht oder sich dreht, was sichtbare Asymmetrien nach sich ziehen kann. Eine stärkere Belastung des Gewebes erhöht darüber hinaus die Wahrscheinlichkeit für Komplikationen wie Kapselfibrosen, die mit Verhärtungen, Formveränderungen und Schmerzen einhergehen. Auch kann es bei sehr großen Implantaten zu Bewegungseinschränkungen, Druck- oder Scheuerstellen sowie einer höheren Revisionsrate kommen, da überproportionale Größen häufiger ausgetauscht oder korrigiert werden müssen.

Neben der Größe spielt die Implantatform eine wesentliche Rolle für das ästhetische Ergebnis. Runde Implantate erzeugen eine gleichmäßige Fülle über die gesamte Brust und betonen besonders den oberen Brustbereich, was einen sehr präsenten Look schaffen kann. Anatomisch geformte, sogenannte tropfenförmige Implantate ahmen dagegen den natürlichen Verlauf einer Brust nach und wirken häufig harmonischer, insbesondere bei einem schmaleren Brustkorb. Welche Form im Einzelfall am besten geeignet ist, hängt stark von den körperlichen Voraussetzungen und den persönlichen Vorstellungen der Patientin ab.

Bei Transfrauen sind zudem besondere anatomische Merkmale zu beachten. Häufig ist der Brustkorb im Durchschnitt breiter und die Schultern sind ausgeprägter als bei vielen Cisfrauen, zudem liegt die Position der Brustwarzen oft etwas weiter außen oder tiefer. Auch nach mehrjähriger Hormontherapie bildet sich meist weniger Brustdrüsengewebe und das vorhandene Gewebe bleibt straffer, sodass die Implantatränder leichter sichtbar oder tastbar sein können. Diese Faktoren erfordern eine besonders sorgfältige Vermessung und Planung, um Größe, Form und Platzierung der Implantate optimal auf die individuelle Anatomie abzustimmen. In vielen Fällen ist es sinnvoll, die Implantate unter den Brustmuskel zu setzen, um einen weicheren Übergang zu schaffen und die Implantatränder zu kaschieren. Mitunter kann es auch ratsam sein, zunächst ein kleineres Volumen zu wählen und später, wenn sich das Gewebe angepasst hat, schrittweise zu vergrößern.

Eine enge Abstimmung zwischen Patientin und Operateurin oder Operateur, realistische Erwartungen sowie eine Planung, die ästhetische Wünsche und medizinische Sicherheit gleichermaßen berücksichtigt, sind entscheidend. Langfristig führt eine maßvolle Implantatwahl zu einem harmonischen, proportionalen und dauerhaft natürlichen Ergebnis, das sowohl in Ruhe als auch in Bewegung stimmig wirkt und zugleich das Risiko für Komplikationen reduziert.

Risiken und Nachsorge

Wie bei allen chirurgischen Eingriffen bestehen auch bei der Brustaugmentation Risiken. Dazu gehören:

- Infektionen,
- Nachblutungen,

- Kapselfibrose (Verhärtung der Bindegewebskapsel um das Implantat),
- Implantatverschiebungen,
- Asymmetrien oder Unzufriedenheit mit dem Ergebnis.

Die Nachsorge bedeutet Schonung des Oberkörpers, das Tragen eines speziellen Kompressions-BHs sowie regelmäßige ärztliche Kontrollen. Moderne Implantate haben eine hohe Haltbarkeit, dennoch kann ein Austausch nach mehreren Jahren erforderlich sein.

Selbstfinanzierung und frühzeitiger Brustaufbau
Einige Transfrauen entscheiden sich aus persönlichen Gründen dafür, den Brustaufbau bereits vor Ablauf der 24-monatigen HET durchzuführen und die Kosten selbst zu tragen. Hierbei sollte bedacht werden, dass sich die Brustform durch die Hormontherapie weiterhin verändern kann, was zu ästhetisch ungünstigen Ergebnissen führen kann. Eine frühzeitige Operation sollte daher gut abgewogen und wenn, dann nur durch transerfahrene Fachärzt*innen durchgeführt werden.

3.6.5 Logopädie

Die Stimme spielt eine zentrale Rolle in der geschlechtlichen Wahrnehmung. Für viele Transfrauen ist eine weiblich wahrgenommene Stimme ein wichtiges Anliegen, insbesondere im Alltag, im Beruf oder im sozialen Umfeld. Gleichzeitig ist die Stimme ein Ausdruck der Persönlichkeit – sie zu verändern, ist daher ein sensibler Schritt im Verlauf der Transition.

Ziele der logopädischen Stimmtherapie
Eine logopädische Stimmfeminisierung hat das Ziel, die Stimme einer Transfrau in Klang, Tonhöhe und Sprechweise an das individuell gewünschte weibliche Erscheinungsbild anzupassen. Dabei wird nicht nur die Tonhöhe trainiert, sondern auch:

- Resonanz (Vibrationsraum der Stimme),
- Intonation (Sprechmelodie und Betonung),
- Sprechtempo und Artikulation,
- aber auch Körpersprache und nonverbale Kommunikation.

Ein wichtiges Ziel ist es, eine natürlich klingende Stimme zu entwickeln, die dauerhaft eingesetzt werden kann, ohne die Stimmbänder zu überlasten oder zu schädigen.

Ablauf und Dauer
Die logopädische Stimmanpassung erfolgt meist in Einzeltherapie bei Logopädinnen oder Sprachtherapeutinnen mit Erfahrung in der Arbeit mit Transpersonen. Je nach Bedarf und persönlicher Ausgangslage werden etwa 10 bis 30 Sitzungen angesetzt, in manchen Fällen auch mehr. Zwischen den Sitzungen ist das regelmäßige eigenständige Üben unerlässlich. Die Behandlung kann durch ärztliche Verordnung erfolgen (z. B. durch Hausärzt*innen, HNO-Ärzt*innen oder Endokrinolog*innen), wodurch die gesetzliche Krankenversicherung die Kosten in der Regel übernimmt – vorausgesetzt, es liegt eine gesicherte Diagnose F64.0 (ICD-10) vor.

Wann ist logopädische Therapie sinnvoll?
Die Stimmtherapie kann zu jedem Zeitpunkt der Transition begonnen werden, unabhängig von der Hormontherapie. Auch bei einer bereits femininen Stimme ist die logopädische Begleitung häufig hilfreich, etwa zur Stabilisierung oder zum gezielten Feinschliff. In vielen Fällen ist die logopädische Stimmfeminisierung so erfolgreich, dass keine Operation notwendig wird. Selbst wenn später eine operative Stimmfeminisierung (z. B. Glottoplastik) in Betracht gezogen wird, ist eine vorherige logopädische Therapie sinnvoll, um die Ausgangslage zu verbessern und die postoperative Stimmentwicklung gezielt zu unterstützen.

Nicht in jedem Fall lassen sich die gewünschten Veränderungen allein durch Training erreichen – insbesondere dann, wenn die anatomischen Voraussetzungen eine deutlich tiefere Stimmlage mit sich bringen. In solchen Fällen kann eine operative Stimmfeminisierung in Erwägung gezogen werden. Dennoch bleibt auch nach einem chirurgischen Eingriff die logopädische Begleitung ein wichtiger Bestandteil des Gesamtprozesses.

3.6.6 Operationen an Stimmbändern und Kehlkopf

Während sich die Stimmlage durch logopädische Stimmtherapie bei vielen deutlich verändern lässt, genügt dies nicht in allen Fällen. Bei unzureichender Wirkung der Stimmtherapie oder bei starker Dysphorie kann ein chirurgischer Eingriff, die sogenannte Glottoplastik, erwogen werden.

Ziel des Eingriffs
Die Glottoplastik ist ein mikrochirurgischer Eingriff an den Stimmbändern, der darauf abzielt, die Grundfrequenz der Stimme dauerhaft anzuheben und dadurch eine feminisierte Stimmlage zu erreichen. Dies geschieht durch die

Verkürzung und Straffung der Stimmbänder, wodurch ihre Schwingungsfrequenz erhöht wird. Der Eingriff wird in der Regel minimalinvasiv durch den Mund (transoral) durchgeführt und erfordert eine spezialisierte Expertise im Bereich der Laryngologie oder Phoniatrie.

Chirurgische Verfahren

Wendler-Glottoplastik (Standardmethode) Bei dieser Methode wird der vordere Anteil der Stimmbänder chirurgisch miteinander vernäht, wodurch die funktionale Länge der Stimmbänder verkürzt wird. Die Folge ist eine Erhöhung der Grundfrequenz, also eine höhere, in der Regel weiblicher klingende Stimme. Die Operation erfolgt unter Vollnarkose, transoral, ohne äußere Schnitte. Diese Methode gilt als Standard in Europa und Nordamerika und wird häufig mit gutem Erfolg eingesetzt.

Laryngoplastik (Veränderung der Kehlkopfstruktur) In Einzelfällen wird zusätzlich zur Stimmbandverkürzung auch der Kehlkopf selbst verändert, etwa durch Reduktion von Knorpelanteilen oder Modifikation der Kehlkopfanatomie, um zusätzliche Effekte auf die Stimmbildung zu erzielen. Diese Methode ist komplexer und wird nur in ausgewählten Fällen angewandt.

Cricothyroid Approximation (CTA) Diese Technik stammt aus dem asiatischen Raum und zielt auf eine permanente Spannungserhöhung der Stimmbänder ab. Hierzu werden die beiden großen Kehlkopfknorpel durch Nähte oder Implantate dauerhaft angenähert, was zu einer höheren Stimmlage führt. Die Methode ist deutlich invasiver, die Ergebnisse sind teils schwer vorhersehbar, weshalb CTA außerhalb Ostasiens nur selten durchgeführt wird.

Ablauf und Nachsorge

Vor dem Eingriff findet eine umfassende Diagnostik und Beratung statt, in der auch die bisherige Wirkung der logopädischen Therapie sowie die individuelle Anatomie und Erwartungshaltung besprochen werden. Der Eingriff selbst dauert meist 60–90 min. Im Anschluss ist in der Regel eine mehrere Wochen andauernde Phase der absoluten Stimmruhe (nicht Sprechen!) notwendig – üblicherweise 1–3 Wochen. Danach beginnt eine logopädische Nachsorge, um die neue Stimme korrekt einzusetzen, Muskelspannungen zu regulieren und das Sprechverhalten anzupassen. Die vollständige Stabilisierung der neuen Stimmlage kann mehrere Monate in Anspruch nehmen. Geduld und therapeutische Begleitung sind entscheidend für den Erfolg.

Risiken und mögliche Komplikationen

Wie bei jedem chirurgischen Eingriff bestehen auch bei der Glottoplastik Risiken, über die im Vorgespräch ausführlich aufgeklärt werden sollte. Dazu gehören:

- vorübergehende oder dauerhafte Heiserkeit,
- eine unnatürlich klingende oder tonhöheninstabile Stimme,
- eingeschränkte stimmliche Belastbarkeit (z. B. beim Singen),
- Schluckbeschwerden oder „Kloßgefühl",
- Narbenbildung an den Stimmbändern (Granulome oder Verwachsungen),
- unzureichende oder übermäßige Anhebung der Stimmlage.

Erfahrene Operateur*innen mit Spezialisierung in der transspezifischen Phoniatrie können diese Risiken deutlich minimieren.

Fazit

Die Glottoplastik ist ein effektives Mittel zur chirurgischen Stimmfeminisierung bei Transfrauen, insbesondere wenn die logopädische Therapie allein nicht ausreicht. Sie kann die geschlechtliche Selbstwahrnehmung und das soziale Passing entscheidend verbessern. Voraussetzung für ein gutes Ergebnis sind realistische Erwartungen, eine fundierte präoperative Beratung und eine konsequente stimmtherapeutische Nachsorge.

Kostenübernahme durch gesetzliche Krankenkassen

Die Kostenübernahme für eine Glottoplastik durch die gesetzlichen Krankenkassen in Deutschland ist grundsätzlich möglich, unterliegt jedoch bestimmten Voraussetzungen. Eine chirurgische Stimmangleichung gilt als sogenannte „Leistung zur Angleichung an das gewünschte Geschlecht" im Sinne der geschlechtsangleichenden medizinischen Maßnahmen nach § 27 SGB V in Verbindung mit § 12 SGB V (Wirtschaftlichkeitsgebot).

Für die Beantragung der Kostenübernahme wird in der Regel Folgendes verlangt:

- gesicherte Diagnose F64.0 (ICD-10),
- umfassende logopädische Stimmtherapie über mindestens 6–12 Monate, dokumentiert und mit begründetem Nicht-Ausreichen der Therapie,
- fachärztliches Gutachten (Phoniatrie/HNO) mit objektiver Stimmanalyse und Empfehlung der OP,
- psychotherapeutische Stellungnahme oder ein fachärztliches Indikationsschreiben mit Einschätzung der Notwendigkeit.

Die Glottoplastik wird von spezialisierten Zentren in Deutschland durchgeführt (z. B. Leipzig, Frankfurt, München, Berlin). Da es sich um eine sogenannte „Kann-Leistung“ handelt, variiert die Bewilligungspraxis.

Operationsmöglichkeiten im Ausland
Einige Transfrauen entscheiden sich für eine Glottoplastik im Ausland – insbesondere in Südkorea oder Thailand, wo diese Eingriffe häufiger durchgeführt werden. In Seoul gibt es spezialisierte Kliniken mit langjähriger Erfahrung in der feminisierenden Stimmchirurgie. Häufig eingesetzte Verfahren sind dort die Cricothyroid Approximation (CTA) und erweiterte Varianten der Wendler-Glottoplastik mit zusätzlichen Knorpelkorrekturen.

Gründe für eine OP im Ausland sind unter anderem:

- kürzere Wartezeiten,
- spezialisierte Routine und umfangreiche Erfahrung,
- Angebote von Kombinations-„Paketen“ inklusive Vor- und Nachsorge.

Allerdings gilt es zu beachten:

- Die Eingriffe müssen in der Regel vollständig selbst finanziert werden. Eine Kostenübernahme durch deutsche Krankenkassen ist nur ausnahmsweise und mit vorheriger Genehmigung möglich.
- Sprachbarrieren, fehlende persönliche Nachsorge und ggf. Unterschiede in der Haftungssituation sollten bei der Entscheidungsfindung bedacht werden.
- Die Standards in der chirurgischen Qualität und Nachsorge variieren. Eine sorgfältige Auswahl der Klinik ist entscheidend.

Fazit
Die Glottoplastik kann in Deutschland als Regelleistung der GKV übernommen werden – unter klar definierten Voraussetzungen. Der Eingriff im Ausland kann eine Alternative darstellen, sollte jedoch nur nach eingehender Information und Vorbereitung in Betracht gezogen werden. Eine Nachsorge durch erfahrene Logopäd*innen und HNO-Ärzt*innen sollte in jedem Fall sichergestellt sein, unabhängig vom OP-Ort.

3.6.7 Gesichtsoperationen (Facial Feminization Surgery, FFS)

Für viele Transfrauen ist das Gesicht eines der zentralen Merkmale, das im Alltag über das Passing entscheidet. Die Stimme, das äußere Erscheinungsbild, insbesondere aber auch Gesichtszüge beeinflussen maßgeblich, ob eine Person als Frau wahrgenommen wird. Wenn Hormontherapie, Styling oder Make-up nicht ausreichen, kann eine sogenannte gesichtsfeminisierende Operation (FFS) in Erwägung gezogen werden.

Ziele der Gesichtsfeminisierung

FFS umfasst eine Reihe chirurgischer Eingriffe, die männlich gelesene Gesichtsmerkmale gezielt reduzieren oder verfeinern, um ein feminineres Erscheinungsbild zu erzielen. Häufig behandelbare Merkmale sind:

- Ausgeprägter Stirn-/Brauenwulst (Reduktion von Glabella und Supraorbitalbogen)
- Kantige Kiefer- oder Kinnpartie (Kieferwinkel-Reduktion, Kinnverkleinerung)
- Tiefer Haaransatz oder hohe Stirn (Haarlinienkorrektur oder Stirnlifting)
- Prominente Nase (Rhinoplastik)
- Adamsapfel (Tracheal Shave, also die Reduktion des Schildknorpels)
- Lippenform und -fülle (z. B. Lip Lift oder Filler)

Da sich die individuelle Anatomie stark unterscheidet, wird FFS in der Regel als Kombination verschiedener Maßnahmen geplant, die individuell auf die Patientin abgestimmt werden.

Kostenübernahme durch gesetzliche Krankenkassen

In Deutschland erfolgt die Kostenübernahme für gesichtsfeminisierende Eingriffe durch gesetzliche Krankenkassen nur in sehr begrenztem Umfang. FFS wird zumeist als kosmetischer Eingriff eingestuft und gilt daher formal nicht als medizinisch notwendig im Sinne des SGB V. Möglich sind jedoch Einzelfallentscheidungen, wenn z. B. das psychische Leiden durch die ausgeprägten Gesichtszüge deutlich dokumentiert ist oder wenn medizinische Indikationen vorliegen. Ein Beispiel ist die Rhinoplastik (Nasenoperation): Bei einer nachgewiesenen Verkrümmung der Nasenscheidewand (Septumdeviation) kann eine Korrektur aus funktionellen Gründen übernommen werden. In diesem Zusammenhang ist es manchmal möglich, auch ästhetisch-feminisierende

Korrekturen mit vorzunehmen – der medizinisch notwendige Anteil wird dann von der Krankenkasse übernommen, der rein ästhetische Teil muss privat gezahlt werden.

Einige Patientinnen kombinieren medizinisch begründbare Eingriffe (z. B. Kieferfehlstellungen oder Atemwegseinschränkungen) mit feminisierenden Maßnahmen, um zumindest einen Teil der OP-Kosten erstattet zu bekommen. Hierbei ist eine sehr sorgfältige ärztliche und juristische Vorbereitung erforderlich, idealerweise begleitet durch erfahrene transfreundliche Anwält*innen oder Beratungsstellen.

Chirurgische Möglichkeiten im Ausland

In Ländern wie Spanien, Südkorea, Thailand und Mexiko gibt es spezialisierte Kliniken für FFS, häufig mit umfassender Erfahrung und zum Teil geringeren Kosten als in Deutschland. Allerdings handelt es sich in der Regel um reine Selbstzahlerleistungen, bei denen keinerlei Erstattung durch deutsche gesetzliche Krankenkassen erfolgt. Zudem sind Nachsorge, Qualitätsstandards und rechtliche Absicherung im Ausland unterschiedlich zu bewerten.

Fazit: Gesichtsfeminisierende Operationen können einen tiefgreifenden Einfluss auf das Selbstbild und die gesellschaftliche Wahrnehmung von Transfrauen haben. Sie stellen jedoch in Deutschland nur in Ausnahmefällen eine Kassenleistung dar und sind meist mit erheblichen Eigenkosten verbunden. Eine fundierte medizinische Beratung, ggf. auch interdisziplinär (Plastische Chirurgie, HNO, Psychotherapie), ist vor der Entscheidung essenziell. Wer die Option verfolgt, medizinisch begründete Eingriffe mit ästhetischen Maßnahmen zu kombinieren, sollte dies frühzeitig mit den behandelnden Fachärzt*innen und der Krankenkasse besprechen.

Gesichtsfeminisierende Operationen im frühen Transitionsstadium – eine kritische Einordnung

In den letzten Jahren ist ein wachsender Trend zu beobachten, dass sich manche Transfrauen bereits in einem sehr frühen Stadium ihrer Transition für gesichtsfeminisierende Operationen entscheiden – mitunter sogar vor Beginn oder ohne längere Durchführung einer feminisierenden Hormontherapie. Diese Entwicklung ist kritisch zu betrachten. Zum einen kann die Hormontherapie im Verlauf von 12 bis 24 Monaten bereits signifikante Veränderungen im Gesichtsgewebe bewirken, etwa durch Fettverteilung, Hautbeschaffenheit und generelle Weichzeichnung der Gesichtszüge. Diese Veränderungen können sich durchaus positiv auf das Erscheinungsbild und das Passing auswirken – manchmal in einem Ausmaß, das eine chirurgische Operation überflüssig macht oder zumindest in Umfang und Radikalität reduziert.

Zum anderen sind chirurgische Eingriffe irreversibel und mit Risiken verbunden. Wer zu früh operieren lässt, ohne die volle Wirkung der Hormontherapie abzuwarten, läuft Gefahr, später mit einem OP-Ergebnis zu leben, das nicht mehr zur gewachsenen Gesichtsstruktur passt oder zusätzliche Korrekturen notwendig macht. Auch die psychische Stabilität und Selbstwahrnehmung am Beginn der Transition können sich im Verlauf deutlich verändern – was zu einer anderen Einschätzung der eigenen Bedürfnisse führen kann.

Ärztliche Fachgesellschaften und erfahrene Operateur*innen betonen daher die Bedeutung einer sorgfältigen Indikationsstellung, psychischen Reife und ausreichenden Beobachtungszeit vor solchen Eingriffen. In der Regel wird empfohlen, gesichtsfeminisierende Operationen frühestens nach einem längeren Zeitraum der Hormontherapie (meist 18–24 Monate) und in einem stabilen sozialen und psychischen Umfeld durchzuführen. Dieser kritische und abwägende Zugang kann helfen, unnötige Risiken zu vermeiden und langfristig zufriedenstellende Ergebnisse zu erzielen.

3.6.8 Haartransplantationen

Androgenetischer Haarausfall (meist im Bereich der Geheimratsecken und des Scheitels) bei Transfrauen kann durch eine frühere Testosteronwirkung bereits vor Beginn der Hormontherapie eingesetzt haben, daher reicht die alleinige Einnahme von Östrogen und Antiandrogenen häufig nicht aus, um das Haarbild vollständig zu regenerieren. In solchen Fällen kann eine Haartransplantation eine ästhetisch sinnvolle Option sein, um die Geschlechtsdysphorie zu lindern.

Methoden der Haartransplantation

Die gängigsten Verfahren sind die FUE-Technik (Follicular Unit Extraction), bei der einzelne Haarwurzeleinheiten aus dem Hinterkopf entnommen und in lichte oder kahle Bereiche verpflanzt werden, sowie die FUT-Technik (Follicular Unit Transplantation), bei der ein Hautstreifen entnommen und dann in einzelne Einheiten zerlegt wird. Die FUE-Methode ist heute am weitesten verbreitet, da sie keine sichtbaren Narben hinterlässt und als weniger invasiv gilt.

Spezifische Aspekte bei Transfrauen

Bei Transfrauen besteht das Ziel der Haartransplantation oft darin, einen typischen weiblichen Haaransatz zu rekonstruieren – etwa in Form einer weichen, leicht gerundeten Haarlinie anstelle der typischen M-Form (Geheimratsecken). Auch eine Verdichtung im Scheitelbereich kann notwendig sein.

Wichtig ist, dass der/die behandelnde Ärzt*in Erfahrung mit feminisierenden Haartransplantationen hat, da Form, Dichte und Wuchsrichtung sorgfältig geplant werden müssen, um ein natürliches und stimmiges Ergebnis zu erzielen.

Kostenübernahme und Finanzierungsaspekte
Haartransplantationen gelten in der Regel als kosmetische Maßnahme und werden von den gesetzlichen Krankenkassen nicht übernommen – auch nicht im Rahmen einer geschlechtsangleichenden Behandlung.

Vorsicht bei vermeintlich günstigen Angeboten im Ausland
Zahlreiche Anbieter – insbesondere in der Türkei – werben mit vermeintlich günstigen Komplettangeboten für Haartransplantationen. Während es dort durchaus qualifizierte und erfahrene Fachzentren gibt, ist bei der Auswahl Vorsicht geboten. Mangelhafte Hygienestandards, unzureichende medizinische Aufklärung, fehlende Nachsorge sowie unqualifiziertes Personal sind keine Seltenheit. Es sind Fälle dokumentiert, in denen Transplantationen durch kosmetisches Hilfspersonal durchgeführt wurden – ein klarer Verstoß gegen medizinische Standards.

Hinzu kommt, dass insbesondere bei Transfrauen spezifische medizinische und ästhetische Anforderungen bestehen, die nicht jeder Anbieter erfüllt. Wird beispielsweise ein männlich wirkender Haaransatz verpflanzt oder ist die Transplantationsdichte zu gering, kann das Ergebnis dem Ziel der Feminisierung entgegenwirken. Auch spätere Korrekturen in Deutschland können sehr teuer und medizinisch herausfordernd sein.

Fazit
Eine Haartransplantation kann für Transfrauen ein wichtiger Schritt zur Vervollständigung ihres äußeren Erscheinungsbildes sein – insbesondere, wenn hormonell bedingter Haarausfall zu erheblicher Dysphorie führt. Die Wahl der richtigen Methode und insbesondere eines seriösen, auf feminisierende Haartransplantationen spezialisierten Anbieters ist dabei entscheidend. Wer eine Haartransplantation erwägt, sollte sich umfassend informieren, mehrere Beratungsgespräche führen und nicht vorschnell auf preisgünstige Angebote im Ausland zurückgreifen. Langfristige Zufriedenheit, Sicherheit und ein natürliches Ergebnis sollten Vorrang vor kurzfristigen Kostenersparnissen haben.

3.6.9 Körperhaar- und Bartentfernung

Für viele Transfrauen stellt insbesondere der männliche Bartwuchs eine der stärksten Quellen körperlicher Dysphorie dar. Der Anblick und das tägliche Rasieren von Bartstoppeln können als stark belastend empfunden werden – nicht nur im Spiegelbild, sondern auch im sozialen Kontext. Bartschatten und Hautreizungen erschweren häufig das Passing und können psychisch sehr belasten. Auch dichte oder ausgeprägte Körperbehaarung an Brust, Händen und Armen, Bauch oder Rücken wird oft als hinderlich für das persönliche Wohlbefinden und das Passing erlebt.

Obwohl die dauerhafte Entfernung von Gesichts- und Körperbehaarung mit Methoden wie der Lasertherapie oder der Nadelepilation technisch möglich ist, ist die Situation für gesetzlich versicherte Transfrauen in Deutschland bisweilen schwierig: Die Kostenübernahme durch die gesetzlichen Krankenkassen ist nicht automatisch gewährleistet und unterliegt einem teils aufwendigen Antrags- und Prüfverfahren. Während einige Kassen bei entsprechender medizinischer Indikation die Kosten übernehmen, wird in anderen Fällen abgelehnt – nicht selten mit der Begründung, es handle sich um eine kosmetische Leistung.

Diese Diskrepanz zwischen medizinisch empfundener Notwendigkeit und formaljuristischer Bewertung stellt für viele Transfrauen eine Belastung dar. Die dauerhafte Entfernung von Bart- und Körperhaaren ist für viele jedoch ein zentraler Bestandteil einer erfolgreichen Transition – sowohl psychisch als auch sozial. Der folgende Abschnitt beleuchtet die gängigen Methoden zur Haarentfernung und die Bedingungen für eine Kostenübernahme.

Methoden zur dauerhaften Haarentfernung

Für die Epilation stehen verschiedene Verfahren zur Verfügung, die sich hinsichtlich Wirkung, Aufwand und Eignung unterscheiden:

Laserepilation arbeitet mit hochenergetischem Licht, das vom Melanin im Haar absorbiert wird und so den Haarfollikel zerstört. Diese Methode eignet sich vor allem bei dunklen Haaren und heller Haut. Sie ist relativ schnell, gut für größere Hautflächen geeignet und im Vergleich zu anderen Verfahren weniger schmerzhaft. Allerdings sind mehrere Sitzungen notwendig, und die Methode ist bei hellen oder grauen Haaren nicht wirksam.

Elektro-Epilation (Elektrolyse oder Nadelepilation) gilt als einzige Methode zur vollständigen und permanenten Haarentfernung, unabhängig von Haarfarbe oder Hauttyp. Dabei wird eine feine Nadel in den Haarfollikel eingeführt, über die ein elektrischer Impuls den Follikel zerstört. Diese Technik ist besonders präzise, aber auch sehr zeitintensiv und oft schmerzhaft. Zudem ist sie im Vergleich zur Laserepilation deutlich kostenintensiver.

IPL (Intense Pulsed Light) ist eine Methode, bei der Lichtimpulse in die Haut abgegeben werden, um die Haarwurzel zu schädigen. Die Wirkung ist bei IPL jedoch in der Regel schwächer als bei der Laserepilation, die Ergebnisse sind weniger dauerhaft. Für helles Haar ist IPL ebenfalls wenig geeignet.

Kostenübernahme durch gesetzliche Krankenkassen

Die gesetzliche Krankenversicherung kann die Kosten für eine dauerhafte Bartentfernung übernehmen, wenn eine medizinische Indikation im Rahmen einer Transition mit gesicherter Diagnose (ICD-10 F64.0) vorliegt. Voraussetzung ist ein vollständiger Antrag, der u. a. folgende Unterlagen enthalten sollte:

- Ärztliches Attest bzw. Indikationsschreiben (z. B. durch Psychotherapeut*in oder Psychiater*in)
- Detaillierte Behandlungsplanung
- Kostenkalkulation eines qualifizierten Anbieters

Ein entscheidender Punkt für die Bewilligung ist der sogenannte Arztvorbehalt nach § 27 SGB V. Dieser schreibt vor, dass entsprechende medizinische Leistungen entweder von Ärzt*innen selbst oder unter ärztlicher Aufsicht erfolgen müssen. Die dauerhafte Haarentfernung durch nicht-medizinisches Fachpersonal (z. B. in Kosmetikstudios) wird deshalb nur dann übernommen, wenn eine Zusammenarbeit mit einer ärztlichen Praxis besteht.

Praktische Umsetzung und strukturelle Probleme

In der Praxis zeigt sich jedoch, dass nur wenige dermatologische Praxen bereit sind, die Epilation im Rahmen der GKV zu erbringen. Die Gründe dafür sind vielfältig:

- Die Vergütung nach ärztlichen Abrechnungsschlüsseln liegt meist deutlich unter den üblichen Marktpreisen spezialisierter Epilationsstudios.
- Die Behandlungen sind sehr zeitintensiv: Eine vollständige Bartentfernung kann mehrere hundert Stunden in Anspruch nehmen, verteilt über Monate oder Jahre.

- Viele Hautärzt*innen verfügen weder über die personellen noch die räumlichen Kapazitäten, diese Leistungen regelmäßig anzubieten.
- Insbesondere in ländlichen Gebieten fehlt es oft ganz an geeigneten Anlaufstellen.

Ein möglicher Kompromiss besteht darin, eine Kooperation zwischen Epilationsstudio und Hautarztpraxis zu finden. Dabei wird die Behandlung durch geschultes Fachpersonal durchgeführt, die Abrechnung und medizinische Überwachung erfolgen über die ärztliche Praxis. Diese Modelle existieren vor allem in größeren Städten, sind aber schwer zu finden.

Empfehlung und rechtliche Möglichkeiten
Betroffene sollten sich frühzeitig um eine geeignete Behandlungsmöglichkeit bemühen. Es empfiehlt sich, gezielt nach Studios oder dermatologischen Praxen mit Erfahrung in der transmedizinischen Versorgung zu suchen. Bei Ablehnung eines Antrags durch die Krankenkasse sollte unbedingt der Rechtsweg gewählt werden. Sozialgerichte haben wiederholt im Sinne der Betroffenen geurteilt, insbesondere wenn eine klare medizinische Indikation vorliegt.

Auch wenn der Zugang zur Epilation oft mit hohem bürokratischem und organisatorischem Aufwand verbunden ist, bleibt sie für viele Transfrauen ein essenzieller Baustein auf dem Weg zu einem kongruenten Leben.

3.6.10 Wie Transfrauen verschiedene Angleichungs-OPs erleben können

Die Entscheidung für geschlechtsangleichende Operationen ist für viele Transfrauen ein bedeutender Schritt in ihrer Transition und ebenso individuell wie der gesamte Weg selbst. Körperliche Angleichungen bringen häufig tiefgreifende emotionale Veränderungen mit sich und sind weit mehr als medizinische Eingriffe. Sie sind Schritte in ein Leben mit größerer Selbstkongruenz und innerem Frieden.

Die Vaginoplastik gilt für viele als zentraler Meilenstein, sowohl körperlich als auch emotional. Das Vorhandensein eines stimmigen Genitals kann Dysphorie nachhaltig lindern und das Gefühl verstärken, „endlich ganz“ zu sein. Viele berichten von einer deutlichen Steigerung des Selbstwertgefühls, größerer Gelassenheit im Alltag und einer neuen Leichtigkeit in intimen Situationen. Gleichzeitig erfordert der Weg dorthin Geduld: Nachsorge, Heilungsprozesse und mögliche Korrekturen gehören oft dazu. Trotz möglicher Komplikationen – etwa bei der Wundheilung oder der Empfindungsentwicklung – schildern viele Transfrauen am Ende große Zufriedenheit und Dankbarkeit.

Die Orchiektomie, also die Entfernung der Hoden, wird von einigen als entlastender Zwischenschritt gewählt – sei es, um den Testosteronspiegel dauerhaft zu senken, die Einnahme von Antiandrogenen zu beenden oder Dysphorie zu mindern, ohne sofort eine umfassende Genital-OP vorzunehmen. Viele erleben schon durch diesen Eingriff eine spürbare Verbesserung des Körpergefühls und einen deutlichen Rückgang von Belastung.

Gesichtsfeminisierende Operationen (FFS) haben für viele Transfrauen eine besondere Bedeutung. Sie können nicht nur das äußere Erscheinungsbild an die Identität angleichen, sondern auch das Selbstvertrauen im sozialen Alltag massiv stärken. Viele berichten, dass ihnen alltägliche Begegnungen – vom Smalltalk bis zum Einkaufen – deutlich leichter fallen, wenn das Gesicht nicht mehr als maskulin wahrgenommen wird. FFS wird daher oft nicht nur als ästhetischer, sondern auch als zutiefst identitätsbestätigender Eingriff erlebt. Allerdings werden die meisten gesichtsfeminisierenden Operationen nicht von gesetzlichen Krankenkassen übernommen und selbstfinanzierte Operationen, z. B. im Ausland, sind für viele Transfrauen finanziell nicht erreichbar.

Der Brustaufbau ist für manche ein wichtiger Schritt, vor allem, wenn die Hormontherapie allein nicht das gewünschte Brustvolumen bringt. Die Operation wird oft als bestärkend für das Körperbild und die Weiblichkeit beschrieben. Gleichzeitig entscheiden sich manche bewusst dagegen, weil sie mit den hormonellen Ergebnissen zufrieden sind oder Risiken vermeiden wollen. Es sollte stets beachtet werden, dass ein Brustaufbau vor der Hormoneinnahme oder nach weniger als 24 Monaten feminisierender Hormontherapie nicht zu empfehlen ist, da der Körper sich durch die HET deutlich verändern kann und frühere Operationen zu ungünstigen Ergebnissen führen können.

Fazit
Jede Transition verläuft anders und jede OP bringt nicht nur körperliche Veränderungen, sondern erfordert auch emotionale Verarbeitung. Für viele Transfrauen sind Angleichungs-OPs jedoch nicht bloß funktionale Korrekturen, sondern tiefgreifende, befreiende Schritte.

3.6.11 Zusammenfassung

Für Transfrauen sind die operativen und nicht-operativen Angleichungsmaßnahmen ebenso vielfältig wie für Transmänner, jedoch ist die Kostenerstattung durch die gesetzliche Krankenversicherung in vielen Bereichen stärker eingeschränkt.

Genitalangleichung: Neovagina oder Zero Depth

Der häufigste operative Wunsch von Transfrauen ist die Vaginoplastik, bei der eine funktionale Neovagina gebildet wird. Die gängigste Methode ist die Penile Inversion, eine erprobte Standardmethode, die von vielen erfahrenen Operateur*innen in Deutschland seit langem angewandt und kontinuierlich weiterentwickelt wird. Durch den Erhalt von Teilen der Eichel als Element der neugeformten Klitoris bleibt in der Regel die sexuelle Sensibilität erhalten. Die OP ist anspruchsvoll, etabliert und wird in Deutschland von den gesetzlichen Krankenkassen unter den in diesem Buch erläuterten Voraussetzungen übernommen.

Alternativ entscheiden sich manche Transfrauen für eine Zero-Depth-Vaginoplastik („Vagenoid"), bei der keine Vaginalhöhle gebildet wird. Diese Option ist weniger invasiv, hat kürzere Heilungszeiten und erfordert kein Bougieren (Dehnen). Für Transfrauen ohne Wunsch nach Penetration oder mit medizinischen Einschränkungen kann sie eine vollwertige Lösung sein.

Ebenfalls möglich ist die Orchiektomie (Hodenentfernung) als Einzelmaßnahme. Sie senkt den Testosteronspiegel, kann die Einnahme von Antiandrogenen überflüssig machen und wird oft als entlastend erlebt, sowohl körperlich als auch psychisch.

Die Wahl der OP-Methode sollte sorgfältig, realistisch abgewogen und ohne äußeren Druck erfolgen. Jede Variante hat Vor- und Nachteile – eine „richtige" Entscheidung gibt es nur individuell.

Brustaufbau – von der Hormontherapie zur Mammaaugmentation

Viele Transfrauen erleben unter Östrogen ein gewisses Brustwachstum, aber nicht alle erreichen ein für sie zufriedenstellendes Ergebnis. Ein operativer Brustaufbau kann hier Abhilfe schaffen. Die gesetzlichen Krankenkassen übernehmen für einen Brustaufbau die Kosten, wenn nach mindestens 24 Monaten feminisierender Hormonersatztherapie kein Wachstum über ein A-Körbchen hinaus erreicht wird. Frühere Eingriffe sind Selbstzahlerleistungen und sollten mit Bedacht gewählt werden, da sich die Brustform und das Volumen durch Östrogene noch verändern kann.

Stimme und Gesicht – zentrale Merkmale des Passings

Die logopädische Therapie ist eine anerkannte, wirksame und oft vollständig GKV-finanzierte Maßnahme zur Stimmfeminisierung. Sie kann ausreichend sein, um eine als weiblich wahrgenommene Stimmlage zu erreichen. Eine operative Stimmanpassung wird in Deutschland meistens nach der Methode der Glottoplastik angeboten und kann bei klarer Indikation ebenfalls GKV-finanziert sein.

Gesichtsfeminisierende Operationen (FFS) können das äußere Erscheinungsbild erheblich verändern. In Deutschland gelten sie meist als kosmetische Eingriffe und werden grundsätzlich nicht von der GKV übernommen. Viele Transfrauen mit Wunsch nach FFS-Maßnahmen weichen daher auf Kliniken im Ausland aus – z. B. in Spanien, Thailand oder Südkorea. Wichtig: Diese Eingriffe sind nahezu immer Selbstzahlerleistungen und bergen Risiken (z. B. Sprachbarrieren, fehlende Nachsorge zuhause, Qualitätssicherung). Frühzeitige FFS-Eingriffe – etwa vor voller Wirkung der Hormontherapie – sind mit Vorsicht zu betrachten. Eine fundierte Beratung, Geduld und psychische Stabilität sind essenziell für langfristige Zufriedenheit.

Weitere Maßnahmen – Haarentfernung, Haartransplantation
Für viele Transfrauen sind Bartentfernung (Laser oder Nadelepilation) und ggf. Haartransplantationen (z. B. Haarlinienkorrektur) zentral für das Wohlbefinden. Die dauerhafte Bartentfernung kann bei medizinischer Indikation durch die GKV übernommen werden, vorausgesetzt, sie erfolgt durch ärztliches oder ärztlich überwachtes Fachpersonal. Die Realität ist jedoch: der Zugang zu kostenübernahmefähigen Angeboten ist oft lückenhaft und nicht selten bleibt nur die Selbstzahlung oder der Klageweg.

Haartransplantationen gelten hingegen fast immer als kosmetisch und müssen selbstfinanziert werden. Qualität, Nachsorge und Aufklärung sind hier entscheidend wichtiger als der Preis.

Fazit
Jeder Weg ist individuell. Für Transfrauen gibt es keine Pflichtliste an Operationen. Manche lassen nur eine Orchiektomie machen, andere wünschen eine vollständige Vaginoplastik und kombinieren diese mit Brust- und Stimmoperation. Viele verzichten auf gesichtschirurgische Eingriffe oder warten die Wirkung der Hormone ab.

Entscheidend ist: Kein Körper ist „falsch" oder „nicht weiblich genug". Niemand muss alle Schritte gehen. Jede Transfrau bestimmt ihr Tempo und ihre Route selbst. Was auf dem Weg hilft, sind realistische Aufklärung, medizinische Erfahrung und psychische Vorbereitung.

3.7 Medizin und Alltag

Hochs und Tiefs nach Transitionsschritten
Nach wichtigen Schritten in der Transition, zum Beispiel dem Beginn einer Hormontherapie (HET) oder einer Operation, berichten viele Menschen zu-

nächst von einem regelrechten Höhenflug. Endlich ist „etwas passiert“, oft nach Monaten oder sogar Jahren des Wartens, der Gutachten, der Gespräche und der Anträge. In dieser Phase stehen Freude, Erleichterung und eine spürbare innere Entlastung im Vordergrund. Psychologisch lässt sich dieser Effekt gut erklären: Das Erreichen eines lange angestrebten Ziels aktiviert das körpereigene Belohnungssystem. Dopamin und andere Botenstoffe sorgen dafür, dass wir Euphorie, Energie und neue Zuversicht empfinden – ein Zustand, der oft als „Aufatmen“ oder „Ankommen“ beschrieben wird.

Doch dieser emotionale Höhenflug hält nicht unbegrenzt an. Mit der Zeit normalisiert sich der neue Zustand, der Alltag kehrt zurück und mit ihm rücken neue Ziele und Wünsche in den Vordergrund. Manchmal dauert es auch einfach, bis körperliche Veränderungen sichtbar werden oder der nächste geplante Schritt ansteht. In dieser Übergangszeit kann sich das Gefühl einstellen, „irgendwie stecken geblieben“ zu sein. Ungeduld, Frustration oder sogar eine gewisse Leere sind nicht ungewöhnlich. Psychologisch ist das eine Anpassungsreaktion: Nach dem Hoch passt sich das Gehirn an die neue Realität an, die anfängliche Dopaminausschüttung sinkt, und die Wahrnehmung verschiebt sich vom Erreichten hin zum noch Fehlenden.

Solche Schwankungen sind völlig normal. Emotionen bewegen sich in Wellen – auf einen „Sonnenschein“-Moment kann ein „Regenschauer“ folgen, und umgekehrt. Wichtig ist, diese Dynamik zu kennen: Wer weiß, dass auch ein Tief nur eine Phase ist, kann es leichter einordnen und sich bewusst auf die nächste Aufwärtsbewegung einstellen.

Begleitende Psychotherapie oder Peer-Beratung kann in diesen Phasen eine wichtige Rolle spielen. Sie bietet einen geschützten Rahmen, um Gefühle zu sortieren, Enttäuschungen realistisch einzuordnen und Strategien zu entwickeln: Wie kann ich Wartezeiten sinnvoll gestalten? Welche kleinen, erreichbaren Ziele kann ich mir setzen, um das Gefühl des Fortschritts zu erhalten? Wie kann ich meine Erwartungen so justieren, dass ich mich nicht selbst unter Druck setze? So wird die Transition nicht nur eine Abfolge medizinischer und rechtlicher Schritte, sondern ein bewusster, reflektierter Weg mit Raum für die unvermeidlichen Hochs und Tiefs (siehe Abb. 3.10).

Versorgungslücken

Die generelle medizinische Versorgungssituation im trans-spezifischen Kontext ist ein nicht zu vernachlässigender Aspekt. Zwar wird seit einigen Jahren der Aufbau spezialisierter Versorgungszentren vorangetrieben. Dies sind Einrichtungen, in denen mehrere trans-relevante Fachdisziplinen unter einem Dach eng zusammenarbeiten, z. B. Psychotherapie, Endokrinologie und Chirurgie. Das kann eine große Erleichterung sein. Gleichzeitig bringt ein solches

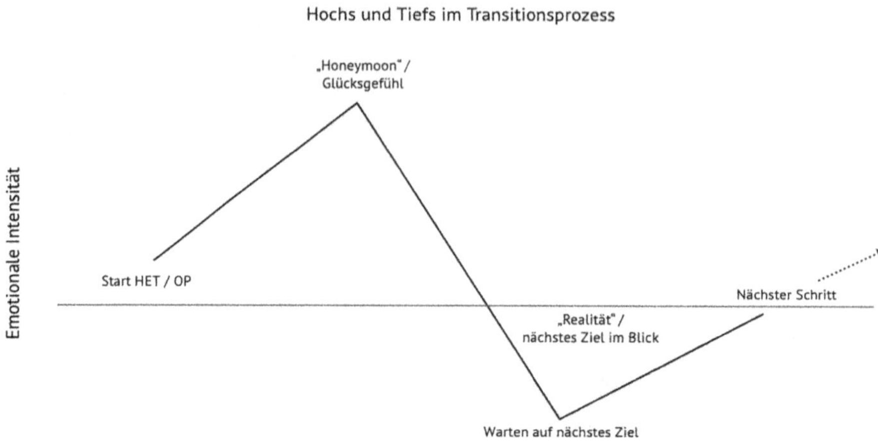

Abb. 3.10 Hochs und Tiefs im Transitionsverlauf. (Eigene Illustration)

Modell auch Herausforderungen mit sich: Ist ein solches Zentrum die einzige erreichbare Anlaufstelle in einer Region, bleibt im Falle persönlicher oder fachlicher Konflikte mit Behandler*innen oft kaum eine Alternative. Die theoretische freie Arztwahl wird in der Praxis durch strukturelle Engpässe schnell zur Illusion.

Besonders außerhalb von Großstädten oder Ballungsräumen bestehen nach wie vor erhebliche Versorgungslücken. Hausärztinnen, Endokrinologinnen, Gynäkologinnen oder Urologinnen mit Erfahrung in der transmedizinischen Betreuung sind vielerorts schlicht nicht verfügbar. Auch in der ärztlichen und psychotherapeutischen Weiterbildung klafft eine Lücke. Selbst aufseiten von Allgemeinmediziner*innen fehlt es häufig an Wissen und Handlungssicherheit, etwa wenn sich eine Patientin oder ein Patient als trans outet und medizinische Fragen stellt – oder einfach nur wissen möchte, was der erste Schritt zu einer medizinischen Transition ist.

Ein weiteres Problem, das viele betrifft, ist die zunehmende Zahl an Fachpersonen – insbesondere in der Psychotherapie –, die sich aus der transbezogenen Versorgung zurückziehen. Auch wenn diese Entscheidung individuell nachvollziehbar sein mag, führt sie in vielen Regionen zu Versorgungsengpässen. Wer gerade eine therapeutische Begleitung gefunden hat, kann bei einer kurzfristigen Praxisaufgabe plötzlich ohne Unterstützung dastehen, mit teils weitreichenden Folgen für die medizinische oder psychische Stabilität.

All diese Punkte machen deutlich: Der Zugang zu medizinischer Versorgung für geschlechtliche Transition ist in Deutschland noch immer nicht selbstverständlich, weder strukturell noch inhaltlich. Umso wichtiger ist es, sich frühzeitig zu informieren, eigene Bedarfe klar zu benennen und sich nicht entmutigen zu lassen, wenn der Weg steinig ist. Gute medizinische Begleitung ist möglich, aber sie braucht manchmal Geduld, Hartnäckigkeit und Unterstützung von außen.

Medizinische Versorgung und Outing jenseits transspezifischer Behandlungen

Ein letzter Aspekt, der im Zusammenhang mit medizinischer Versorgung nicht unerwähnt bleiben sollte, betrifft die Zeit nach der aktiven Transition, also dann, wenn sich eine Person mit ihrem Körper im Einklang fühlt und ein gutes Passing erreicht hat. Wer im Alltag durchgehend als Mann oder Frau wahrgenommen wird, muss sich nicht ständig erklären oder outen und genau das ist für viele auch eines der zentralen Ziele der medizinischen Maßnahmen: im gelebten Geschlecht gesehen und anerkannt zu werden, ohne Diskussion, ohne Erklärungsbedarf.

In medizinischer Hinsicht jedoch gilt das nur eingeschränkt. Auch nach einer abgeschlossenen medizinischen Transition bleiben bestimmte anatomische und biologische Gegebenheiten bestehen, die für Diagnostik und Behandlung von Bedeutung sein können, unabhängig davon, wie stimmig das äußere Erscheinungsbild inzwischen ist. Während es im Alltag kaum nötig oder sinnvoll sein dürfte, sich etwa in der Zahnarztpraxis als trans zu outen, kann es beim Hausarzt oder bei einer akuten Notfallversorgung sehr wohl entscheidend sein.

So zeigen sich etwa Herzinfarkte bei Männern und Frauen oft mit unterschiedlichen Symptomen. Wenn ein Transmann mit hundertprozentigem Passing in der Notaufnahme nach typischen „Männersymptomen" befragt wird – Brustschmerz, Engegefühl, Ausstrahlung in den linken Arm –, dabei aber die typischen „Frauensymptome" wie Übelkeit, Atemnot oder Kieferschmerzen nicht gezielt abgefragt werden, kann das im Ernstfall zu einer Fehldiagnose führen. Wer sich in so einer Situation – sofern es möglich ist – *nicht* als trans outet, geht ein vermeidbares Risiko ein.

Auch andere Beispiele zeigen die medizinische Relevanz: Eine Transfrau mag es als Kompliment bzw. Bestätigung für ihr Passing empfinden, wenn sie beim Röntgen gefragt wird, ob eine Schwangerschaft vorliegen könnte – doch für die medizinische Planung ist die Frage irrelevant, da keine Gebärmutter vorhanden ist. Für einen Transmann hingegen, der äußerlich vollkommen männlich erscheint, kann dieselbe Frage unangenehm oder übergriffig wirken – ist aber medizinisch korrekt, wenn er seine Gebärmutter und Eierstöcke noch hat und potenziell schwanger sein könnte. In solchen Situationen ist medizinische Präzision wichtiger als äußere Etikette.

Was daraus folgt, ist kein allgemeiner Zwang zum Coming-out in medizinischen Kontexten – wohl aber eine Einladung, im Sinne der eigenen Sicherheit und Versorgungssituation eine informierte Entscheidung zu treffen. Auch wenn man mit der eigenen Transition „durch" ist, kann es sinnvoll sein, gegenüber Ärzt*innen offen mit der Vorgeschichte umzugehen. Der eigene Körper bleibt – auch nach vollständiger Transition – biologisch der Körper des Geburtsgeschlechts und in bestimmten medizinischen Fragestellungen komplexer als es auf den ersten Blick scheint.

3.7.1 Fachinterview: Allgemeinärztliche Betreuung und Anästhesie

Im Gespräch mit Dr. med. Mika Julian Wenk, Facharzt für Allgemeinmedizin und Facharzt für Anästhesiologie und Notfallmedizin, Griesheim:

Sie sind als Allgemeinmediziner tätig und sind auch Facharzt für Anästhesiologie. Welche Rolle spielt aus Ihrer Sicht die hausärztliche Betreuung im Rahmen einer geschlechtlichen Transition?
M. Wenk: Die hausärztliche Betreuung spielt eine sehr wichtige Rolle. Viele Menschen wenden sich zunächst mit ihrem Anliegen an die Hausärztin oder den Hausarzt, manchmal sogar noch bevor sie psychologische Begleitung suchen. Gerade in dieser frühen Phase ist entscheidend, wie die Ärztin oder der Arzt reagiert. Als Hausarzt sehe ich mich nicht nur als medizinische Fachperson, sondern auch als Begleiter: Ich helfe dabei, den Weg zu strukturieren, erste Schritte zu gehen und psychische Belastungen einzuordnen. Viele Betroffene kommen erst dann, wenn sie bereits wissen: "Ich bin trans und wie mache ich jetzt weiter?" Genau an dieser Stelle kann die hausärztliche Rolle sehr unterstützend sein. Transidente Menschen, besonders die am Anfang des Weges, sind oft psychisch sehr belastet und noch ohne therapeutische Begleitung. Da kann der Hausarzt sehr helfen, wenn er sich etwas auskennt.

Gibt es aus Ihrer Sicht Verbesserungspotenzial in der allgemeinmedizinischen Ausbildung zum Thema Transidentität?
M. Wenk: Auf jeden Fall. Die meisten Hausärzt*innen wissen bislang viel zu wenig über die Abläufe und Möglichkeiten im Rahmen einer Transition. Oft wird nur an Psychotherapeut*innen überwiesen, was lange Wartezeiten nach sich zieht – und die Patient*innen bleiben monatelang ohne echte Begleitung. Dabei gäbe es bereits gute Beratungsstellen. Vielen ist das schlicht nicht bekannt. Bisher gibt es kaum spezielle Fort- oder Weiterbildungen in diesem

Bereich, auch nicht für Psychotherapeut*innen. Umso wichtiger sind neue Formate, wie etwa ärztekammergestützte Fortbildungen zum Umgang mit transidenten Patient*innen. Hier passiert gerade viel, aber es ist noch ein weiter Weg.

Viele Transmenschen zögern, in der hausärztlichen Versorgung ihre Transidentität offenzulegen, z. B. aus Angst vor Diskriminierung oder Missverständnissen. Was würden Sie Patient*innen raten, die sich fragen, ob oder wie sie sich outen sollten?
M. Wenk: Grundsätzlich halte ich es für sinnvoll, die eigene Transidentität in der hausärztlichen Praxis offen anzusprechen – zumindest dann, wenn es medizinisch relevant ist, etwa im Zusammenhang mit Hormonen, Operationen oder bei anstehenden Untersuchungen. Diskriminierende Haltungen habe ich im Kolleg*innenkreis selten erlebt. Häufiger ist es Unwissenheit oder Unsicherheit, wie man reagieren soll. Ein Outing hilft in vielen Fällen, Missverständnisse zu vermeiden und die medizinische Versorgung passgenau zu gestalten.

Allerdings ist es nicht schlimm, wenn der Patient sich beim Arztbesuch, wenn Transidentität keine Rolle spielt, nicht erklärt. Wenn man z. B. mit einer starken Erkältung zum ärztlichen Bereitschaftsdienst geht, oder wenn man zum Blutdruckeinstellen zum Hausarzt geht, wäre es nicht zwingend notwendig, sich zu outen. Der Hausarzt kennt seine Patienten in der Regel und erfahrene Ärzte sehen die Transidentität an Narben oder Medikamenten. Meine transidenten Patienten sind alle vor mir geoutet und viele fühlen sich doch wohler damit, wenn der Arzt informiert ist. In anderen Bereichen könnte es aber auch wichtig sein. So hat der Herzinfarkt bei Frauen andere Symptome als beim Mann und da wäre es für den Arzt gut, von der Transidentität zu wissen, um besser reagieren zu können.

Kommt es vor, dass Sie transidente Menschen nach geschlechtsangleichenden Operationen (z. B. Mastektomie, Genital-OP) hausärztlich begleiten? Gibt es hier typische Herausforderungen – etwa bei der Wundkontrolle, Schmerztherapie, Infektionsprophylaxe?
M. Wenk: Ja, ich habe bereits mehrere Patient*innen nach geschlechtsangleichenden Operationen begleitet. Das ist medizinisch sinnvoll, weil Betroffene nicht immer direkt zu den Kliniken zurückkehren können, in denen sie operiert wurden. Hausärzt*innen können selbstverständlich Wundkontrollen oder Schmerztherapie übernehmen – auch wenn nicht jede Praxis mit diesen Operationen vertraut ist. Meine Erfahrung ist: Entscheidend ist weniger das Spezialwissen über die jeweilige OP, sondern die Bereitschaft, sich

auf die Situation einzulassen. Leider spielt das Gesundheitssystem da auch bisweilen nicht mit und der Arzt kann häufige Wundkontrollen nicht abrechnen. Deswegen verweisen viele zu den Kliniken, die operiert haben. Auch das Material für Wundpflege und Verbinden kann der Arzt nicht beliebig auf Rezept aufschreiben, denn wenn die Kassen das nicht akzeptieren, bekommt er erst nach 2 Jahren eine Rechnung dafür und die kann hoch sein.

Viele Transmenschen erleben ihre erste geschlechtsangleichende OP zugleich als erste OP überhaupt, inklusive der ersten Narkose. Welche Sorgen begegnen Ihnen besonders häufig im Anästhesie-Vorgespräch?
M. Wenk: Die größte Sorge ist fast immer die Angst, aus der Narkose nicht wieder aufzuwachen. Dieses Risiko ist heutzutage extrem gering, insbesondere bei jungen und gesunden Patient*innen. Die Anästhesie ist ein hochsicheres Verfahren, und es ist sehr selten, dass es dabei zu lebensbedrohlichen Komplikationen kommt. Ich versuche, diese Ängste ernst zu nehmen, aber auch zu beruhigen. Wichtig ist, dass Patient*innen wissen, dass während der gesamten Operation ein Anästhesist oder eine Anästhesistin an ihrer Seite bleibt und ihre Vitalfunktionen überwacht.

Was passiert medizinisch bei einer Narkose? Welche Mythen oder Ängste halten sich besonders hartnäckig, und wie klären Sie hier vertrauensvoll auf?
M. Wenk: Eine Vollnarkose besteht aus mehreren Komponenten: Sedierung, Schmerzmedikation und Muskelentspannung. All dies wird individuell dosiert und kontinuierlich überwacht. Ein weit verbreiteter Mythos ist die Angst, nicht mehr aufzuwachen. Das ist heute, bei moderner Anästhesie, extrem unwahrscheinlich. Ich erkläre den Patient*innen, dass ihre Angst verständlich ist, aber dass das eigentliche Risiko sehr gering ist. Es ist eher wie beim Fliegen: Viele haben Angst, aber objektiv betrachtet ist es sehr sicher.

Wie wichtig ist es, dass Patient*innen im Vorgespräch auch Dinge ansprechen, die ihnen vielleicht peinlich erscheinen – etwa bestehende Ängste, Drogenerfahrungen?
M. Wenk: Sehr wichtig. Alle Informationen helfen uns, eine Narkose sicher zu planen. Gerade auch Angaben zu Vorerkrankungen, Medikamenten oder Drogenkonsum sind entscheidend, um Risiken zu minimieren. Es gibt keinen Grund, sich zu schämen. Alles, was relevant sein könnte, sollte offen angesprochen werden. Je ehrlicher das Gespräch, desto sicherer ist die Narkose.

Was unterscheidet längere Narkosen, wie sie etwa bei der Phalloplastik oder Vaginoplastik vorkommen, von kürzeren Eingriffen?
M. Wenk: Bei sehr langen Operationen wie der Phalloplastik oder Vaginoplastik handelt es sich um große Eingriffe mit besonderer Herausforderung. Patient*innen werden währenddessen engmaschig überwacht, regelmäßig werden Blutwerte kontrolliert und bei Bedarf korrigiert. Ein wichtiger Aspekt ist, dass der Körper während dieser langen Zeit auskühlen kann – deshalb wird der OP-Saal stark aufgeheizt, um Gewebe und Kreisläufe stabil zu halten. Nach solchen Operationen verbringen Patient*innen meist mindestens eine Nacht auf der Intensiv- oder Überwachungsstation, damit sie in Ruhe und sicher aufwachen können, bis sie so stabil sind, dass sie auf die Normalstation verlegt werden können.

Was kann man selbst zur guten körperlichen und seelischen Vorbereitung auf eine geplante Operation mit Vollnarkose tun?
M. Wenk: Ich empfehle allen, die Zeit bis zur Operation aktiv zu nutzen, um den eigenen Körper so fit wie möglich zu machen. Dazu gehört: Bewegung, gesunde Ernährung, gegebenenfalls Gewichtsreduktion und vor allem der Verzicht auf Nikotin. Verzicht auf Nikotin sollte mindestens 3–6 Monate vorher erfolgen. Eine Woche vorher ist besser als nichts für die Wundheilung, aber die erste Zeit nach Nikotinverzicht produzieren Schleimhäute der Atemwege und Lunge eher mehr Sekret, sodass es zu Beatmungsproblemen kommen kann. Nichts, was nicht lösbar ist, aber das Narkoserisiko ist erhöht. Auch Übergewicht erhöht massiv das Narkoserisiko. Allerdings werden Wahl-Operationen, also solche OPs, die nicht der Abwendung von akut lebensbedrohlichen Situationen dienen, von ärztlicher Seite bei starkem Übergewicht nicht empfohlen. Gerade lange Operationen sind für den Körper wie ein Marathon. Wer gut vorbereitet in den Eingriff geht, hat ein geringeres Risiko für Komplikationen und eine bessere Heilung.

Was möchten Sie Patient*innen und Angehörigen mit auf den Weg geben, die große Angst vor der ersten OP haben?
M. Wenk: Es ist normal, Angst zu haben – das gehört zu einem so großen Eingriff dazu. Wichtig ist, sich umfassend zu informieren und vertrauenswürdige Ärzt*innen auszuwählen. Die Ärzt*innen sollten für die spezifischen Eingriffe bekannt sein. Es ist nicht sinnvoll, auch im Hinblick auf das Ergebnis, bei der Auswahl der Klinik primär auf Wohnortnähe oder kurze Wartezeiten zu setzen.

Mein Rat: Stellen Sie alle Fragen, die Ihnen in den Sinn kommen. Es gibt keine dummen Fragen! Wer gut aufgeklärt ist und Vertrauen in das Behandlungsteam hat, kann ruhiger in die Operation gehen. Die Angst wird dadurch nicht verschwinden, aber sie wird handhabbarer. Und es gibt ja auch noch die Beruhigungspille vor der OP, die man durchaus nehmen kann. Insgesamt kann ich sagen, dass die Narkose zwar für den Körper eine Belastung ist, aber heutzutage nicht gefährlich ist. Autofahren ist statistisch gesehen gefährlicher.

3.7.2 Zusammenfassung: Medizinisches

Medizinische Maßnahmen im Rahmen einer geschlechtlichen Transition sind ein wichtiger Baustein, um sich mit dem eigenen Körper im Einklang zu fühlen. Ob Hormontherapie, Operationen oder unterstützende Behandlungen wie Haarentfernung oder Stimmtherapie – all diese Schritte können erheblich zur Linderung der Geschlechtsdysphorie und zur Verbesserung der Lebensqualität beitragen. Dabei ist der Weg individuell sehr unterschiedlich: Nicht jede Person benötigt oder wünscht alle verfügbaren Maßnahmen. Wichtig ist, dass die Entscheidungen gut informiert, fachmedizinisch begleitet und in Übereinstimmung mit den eigenen Bedürfnissen getroffen werden können.

Viele dieser Leistungen werden grundsätzlich von den gesetzlichen Krankenkassen übernommen – allerdings nur unter bestimmten Voraussetzungen. Dazu zählen unter anderem eine gesicherte Trans-Diagnose, qualifizierte fachärztliche oder psychotherapeutische Stellungnahmen und in einigen Fällen ergänzende Gutachten. Das Verfahren zur Kostenübernahme kann komplex sein und ist für viele mit Unsicherheit verbunden. Umso wichtiger ist es, die rechtlichen Grundlagen, Abläufe und Anforderungen gut zu kennen. Aus diesem Grund widmen sich spätere Abschnitte dieses Buches ausführlich dem Thema „Kostenübernahme durch die Krankenkasse" (Abschn. 4.2 ff. und 5.4) und geben praxisnahe Hinweise zur Antragstellung, zu Widersprüchen und zum Umgang mit Kostenübernahmeablehnungen.

Literatur

Arbeitsgemeinschaft der Wissenschaftlichen Medizinischen Fachgesellschaften (AWMF). (2025). S2k-Leitlinie: Geschlechtsinkongruenz und Geschlechtsdysphorie im Kindes- und Jugendalter – Diagnostik und Behandlung (AWMF-Registernummer 028-014). AWMF. https://www.awmf.org/service/awmf-aktuell/geschlechtsinkongruenz-und-geschlechtsdysphorie-im-kindes-und-jugendalter-diagnostik-und-behandlung. Zugegriffen: 17. Aug. 2025.

Asscheman, H., Giltay, E. J., Megens, J. A. J., de Ronde, W. P., van Trotsenburg, M. A. A., & Gooren, L. J. G. (2011). A long-term follow-up study of mortality in transsexuals receiving treatment with cross-sex hormones. *European Journal of Endocrinology*, 164(4), 635–642. https://pubmed.ncbi.nlm.nih.gov/21266549/. Zugegriffen: 17. Aug. 2025.

BARMER. (2021). *BARMER Arztreport 2021: Psychotherapie bei Kindern und Jugendlichen.* BARMER Institut für Gesundheitssystemforschung (bifg). https://www.bifg.de/media/dl/Reporte/Arztreporte/2020/bifg_BARMER_B_170x210_Arztreport_2021_BF.pdf. Zugegriffen: 16. Aug. 2025.

de Blok, C. J. M., Wiepjes, C. M., Nota, N. M., van Engelen, K., Adank, M. A., Dreijerink, K. M. A., Barbé, E., Konings, I. R. H. M., & den Heijer, M. (2019). Breast cancer risk in transgender people receiving hormone treatment: Nationwide cohort study in the Netherlands. *BMJ, 365*, l1652, https://www.bmj.com/content/365/bmj.l1652. Zugegriffen: 17. Aug. 2025.

de Blok, C. J. M., Wiepjes, C. M., van Velzen, D. M., Staphorsius, A. S., Nota, N. M., Gooren, L. J. G., Kreukels, B. P. C., & den Heijer, M. (2021). Mortality trends over five decades in adult transgender people receiving hormone treatment: A report from the Amsterdam cohort of gender dysphoria. *The Lancet Diabetes & Endocrinology, 9*(10), 663–670., https://www.thelancet.com/journals/landia/article/PIIS2213-8587(21)00185-6/abstract. Zugegriffen: 17. Aug. 2025.

Carmichael, P., Butler, G., Masic, U., Cole, T. J., De Graaf, N., & Vrouenraets, L. J. J. J. (2023). Suicidality in children and adolescents with gender dysphoria: A systematic review of the literature. *Child and Adolescent Psychiatry and Mental Health*, 17(1), 1–18. https://doi.org/10.1186/s13034-023-00654-3. Zugegriffen: 18. Aug. 2025.

Cass, H. (2024). *Independent review of gender identity services for children and young people: Final report* (Cass Review). NHS England. https://cass.independent-review.uk/home/publications/final-report/. Zugegriffen: 15. Aug. 2025.

Deutsche Apotheker Zeitung. (2024, 5. Juni). *Pubertas praecox: Wann wie behandeln?* Deutsche Apotheker Zeitung, https://www.deutsche-apotheker-zeitung.de/news/artikel/2024/06/05/pubertas-praecox-verlorene-kinderjahre. Zugegriffen: 17. Aug. 2025.

Heino, E., Ellilä, H., & Aronen, E. T. (2023). Suicide mortality among gender dysphoric adolescents and young adults: A register-based cohort study in Finland. *BMJ Mental Health, 26*(1), e300712. https://segm.org/Suicide-Gender-Dysphoric-Adolescent-Young-Adult-Finland-2024. Zugegriffen: 18. Aug. 2025.

Irwig, M. S. (2017). *Testosterone therapy for transgender men: A reduced risk of breast cancer and clinical considerations. Lancet Diabetes & Endocrinology, 5*(4), 301–311, https://www.thelancet.com/journals/landia/article/PIIS2213-8587(16)00036-X/abstract. Zugegriffen: 17. Aug. 2025.

Krebsinformationsdienst des Deutschen Krebsforschungszentrums. (o. J.). *Hormontherapie bei Krebs.* https://www.krebsinformationsdienst.de/hormontherapie. Zugegriffen: 17. Aug. 2025.

Littman, L. (2018, reviewed 2019). Parent reports of adolescents and young adults perceived to show signs of a rapid onset of gender dysphoria. *PLOS ONE*, 13(8), https://journals.plos.org/plosone/article?id=10.1371/journal.pone.0202330. Zugegriffen: 16. Aug. 2025.

Medizinischer Dienst des Spitzenverbandes Bund der Krankenkassen (MDS) (2020). *Begutachtungsanleitung Transsexualität*, https://md-bund.de/fileadmin/dokumente/Publikationen/GKV/Begutachtungsgrundlagen_GKV/BGA_Transsexualismus_201113.pdf. Zugegriffen: 15. Aug. 2025.

Meyer, I. H. (2003). Prejudice, social stress, and mental health in lesbian, gay, and bisexual populations: Conceptual issues and research evidence. *Psychological Bulletin, 129*(5), 674–697. https://doi.org/10.1037/0033-2909.129.5.674. Zugegriffen: 18. Aug. 2025.

National Institute for Health and Care Excellence. (2020). *Evidence review: Gonadotrophin-releasing hormone analogues for children and adolescents with gender dysphoria* (2020). NHS England. https://www.engage.england.nhs.uk/consultation/puberty-suppressing-hormones/user_uploads/nice-evidence-review-gnrh-analogues-for-children-and-adolescents-with-gender-dysphoria-october-2020.pdf. Zugegriffen: 17. Aug. 2025.

Popovic, J., Geffner, M. E., Rogol, A. D., Silverman, L. A., Kaplowitz, P. B., Mauras, N., Zeitler, P., Eugster, E. A. & Klein, K. O. (2022). Gonadotropin-releasing hormone analog therapies for children with central precocious puberty in the United States. *Frontiers in Pediatrics, 10*, 968485. https://www.frontiersin.org/journals/pediatrics/articles/10.3389/fped.2022.968485/full. Zugegriffen: 17. Aug. 2025.

Ristori, J., & Steensma, T. D. (2016). *Gender dysphoria in childhood: a review of the past 10 years*. International Review of Psychiatry, advance online publication. Zitiert aus Metaanalyse: https://www.researchgate.net/publication/325444204_A_critical_commentary_on_follow-up_studies_and_desistence_theories_about_transgender_and_gender_non-conforming_children. Zugegriffen: 21. Aug. 2025.

Ryan, C., Russell, S. T., Huebner, D., Diaz, R., & Sanchez, J. (2010). Family acceptance in adolescence and the health of LGBT young adults. *Journal of Child and Adolescent Psychiatric Nursing, 23*(4), 205–213. https://doi.org/10.1111/j.1744-6171.2010.00246.x. Zugegriffen: 18. Aug. 2025.

Seifert, D. (2000). *Medikamentöse Therapie bei Sexualstraftätern*. In: Sexuologie-Info. https://sexuologie-info.de/artikel/2000.1.1.pdf. Zugegriffen: 17. Aug. 2025.

Singh, D., Bradley, S. J., Zucker, K. J., & et al. (2021). A follow-up study of boys with gender identity disorder. *Frontiers in Psychiatry, 12*, Article 632784, https://www.frontiersin.org/journals/psychiatry/articles/10.3389/fpsyt.2021.632784/full. Zugegriffen: 21. Aug. 2025.

Smart, A., Liu, K., Domogauer, J., et al. (2023). Gender-Affirming Surgery and Cancer: Considerations for Radiation Oncologists for Pelvic Radiation in Transfeminine Patients. *International Journal of Radiation Oncology, Biology, Physics, 117*, 301–311. https://www.redjournal.org/article/S0360-3016%2823%2900513-8/fulltext

Steensma, T. D., Biemond, R., de Boer, F., & Cohen-Kettenis, P. T. (2011). *Desisting and persisting gender dysphoria after childhood: A qualitative follow-up study.* Clinical Child Psychology and Psychiatry. Advance online publication, https://pubmed.ncbi.nlm.nih.gov/21216800/. Zugegriffen: 20. Aug. 2025.

Wierckx, K., Mueller, S., Weyers, S., Van Caenegem, E., Roef, G., Heylens, G., & T'Sjoen, G. (2012). Long-term evaluation of cross-sex hormone treatment in transsexual persons: No significant hormone-related cancers in trans men after approximately 10 years of therapy. *The Journal of Sexual Medicine, 9*(10), 2641–2651, https://pubmed.ncbi.nlm.nih.gov/22906135/. Zugegriffen: 17. Aug. 2025.

World Professional Association for Transgender Health. (2011). *Standards of Care for the Health of Transsexual, Transgender, and Gender-Nonconforming People (Version 7).* World Professional Association for Transgender Health. https://gendergp.s3.eu-west-2.amazonaws.com/media/Standards-of-Care-V7-2011-WPATH.pdf. Zugegriffen: 17. Aug. 2025.

Zucker, K. J. (2019). Adolescents with gender dysphoria: Reflections on some contemporary clinical and research issues. Archives of Sexual Behavior, Volume 48, pages1983-1992.,https://link.springer.com/article/10.1007/s10508-019-01518-8. Zugegriffen: 21. Aug. 2025.

4

Rechtliches

Inhaltsverzeichnis

Einführung

Neben den medizinischen Maßnahmen ist die Korrektur des Vornamens und des Geschlechtseintrags oft ein wesentlicher Schritt zu einem Leben im Einklang mit sich selbst. Auch darüber hinaus gibt es eine Vielzahl rechtlicher Fragestellungen, mit denen sich Transpersonen früher oder später konfrontiert sehen – sei es im Umgang mit Behörden, im Gesundheitswesen, Arbeitsumfeld oder Familienrecht.

Dieses Kapitel bietet einen Überblick über die wichtigsten rechtlichen Grundlagen und Verfahren. Dazu gehören das Selbstbestimmungsgesetz (SBGG), das seit November 2024 das Transsexuellengesetz (TSG) abgelöst hat, sowie Informa-

D. N. Scholz, *Transidentität verstehen - transident leben*,
https://doi.org/10.1007/978-3-658-50402-1_4

tionen zur Kostenübernahme medizinischer Maßnahmen, zur Krankenversicherung, zu Rechten im Berufsleben und zu Diskriminierungsschutz. Auch das Thema der rechtlichen Vertretung bei minderjährigen Transpersonen sowie bestehende Regelungen für transgeschlechtliche Elternschaft werden angesprochen.

Ziel ist es, eine möglichst klare und verständliche Orientierung in einem rechtlich oft komplexen Feld zu geben. Viele der rechtlichen Verfahren sind an Fristen, Anträge und bestimmte formale Voraussetzungen geknüpft. Gut informiert zu sein kann nicht nur Sicherheit geben, sondern auch helfen, unnötige Hürden oder Verzögerungen zu vermeiden.

Wichtig: Auch wenn dieses Kapitel mit großer Sorgfalt und auf dem zum Zeitpunkt des Schreibens aktuellen Stand der Gesetzgebung verfasst wurde, ersetzt es keine juristische Einzelfallberatung. Gerade bei komplexeren Anliegen kann es sinnvoll sein, anwaltlichen Beistand in Anspruch zu nehmen.

4.1 Vornamens- und Geschlechtseintragsänderung nach dem SBGG

4.1.1 Einführung

Seit dem Inkrafttreten des Selbstbestimmungsgesetzes am 1. November 2024 haben transgeschlechtliche, nicht-binäre und intergeschlechtliche Personen die Möglichkeit, Vornamen und Geschlechtseintrag im Personenstands- und Geburtenregister durch eine einfache Erklärung beim Standesamt ändern zu lassen. Das neue Prozedere ersetzt das frühere, aufwendige Gerichtsverfahren nach dem Transsexuellengesetz, das mit psychologischen Gutachten, hohen Kosten und bisweilen langen Verfahrenszeiten verbunden war.

Die Änderung erfolgt nun über eine sogenannte „Erklärung zur Geschlechtszugehörigkeit“ (§ 2 SBGG), die persönlich beim zuständigen Standesamt abgegeben werden muss. Zuständig ist das Standesamt des Geburtsortes oder hilfsweise des Wohnortes.

Bei der Erklärung vor dem Standesamt wird sowohl der gewünschte neue Vorname als auch der gewünschte Geschlechtseintrag angegeben. Zur Auswahl stehen männlich, weiblich, divers oder „kein Geschlechtseintrag“. Eine erneute Änderung, zum alten Namen und Geschlechtseintrag oder zu einem neuen Namen und Eintrag, ist frühestens nach zwölf Monaten möglich.

Für Personen zwischen 14 und 17 Jahren ist eine Einverständniserklärung der Sorgeberechtigten erforderlich. Sollte diese nicht erteilt werden, kann das

Familiengericht angerufen werden. Das Familiengericht muss dann beurteilen, ob die gewünschte Änderung dem Kindeswohl *nicht widerspricht*. Für Kinder unter 14 Jahren müssen die Sorgeberechtigten die Erklärung beim Standesamt abgeben.

Nach Abgabe der Erklärung wird die Änderung offiziell in das Personenstandsregister eingetragen. Die geänderten Daten sind Grundlage für alle weiteren Dokumente wie Personalausweis, Reisepass, Sozialversicherungsnummer und Krankenversicherungskarte. Die Steuer-ID ändert sich übrigens nicht. Wichtig zu wissen: Die Angabe eines neuen Geschlechts oder Namens verpflichtet weder zur Durchführung medizinischer Maßnahmen noch zu weiteren rechtlichen Schritten. Auch eine bestehende Ehe oder Lebenspartnerschaft bleibt von der Änderung unberührt.

Für Betroffene ist es ratsam, frühzeitig zu klären, welche Stellen über die Änderung informiert werden müssen, insbesondere im Arbeitsumfeld, bei Bildungseinrichtungen, Versicherungen oder Banken. In manchen Fällen kann es sinnvoll sein, eine Übergangsregelung zu treffen, etwa durch begleitende Schreiben oder Gespräche, um Missverständnissen vorzubeugen. Das neue Verfahren soll mehr Selbstbestimmung, Würde und Sicherheit im Alltag ermöglichen. Dennoch kann es – trotz rechtlicher Änderung – weiterhin zu Diskriminierung oder Unsicherheiten kommen. Entsprechend wichtig bleibt eine gute Aufklärung der gesellschaftlichen und institutionellen Umfelder.

4.1.2 Das SBGG im Detail

Was regelt das SBGG und wie funktioniert es?
Das Selbstbestimmungsgesetz vereinfacht den rechtlichen Weg zur Änderung von Vornamen und Geschlechtseintrag. Es ersetzt das Transsexuellengesetz von 1980 sowie die Sonderregelung in § 45b des Personenstandsgesetzes (PStG), die bisher speziell für intergeschlechtliche Menschen galt. Die neue Regelung verzichtet auf Gerichtsverfahren und psychologische Gutachten. Entscheidend ist nun allein die persönliche Erklärung vor dem Standesamt. Auch intergeschlechtliche Personen müssen kein ärztliches Attest über eine „Variante der Geschlechtsentwicklung" mehr vorlegen. Das Gesetz betrifft ausschließlich die personenstandsrechtliche Ebene. Medizinische Maßnahmen sind nicht Gegenstand des SBGG. Die Änderung des Geschlechtseintrags und/oder der Vornamen erfolgt in zwei Schritten:

1. **Anmeldung beim Standesamt**
   Wer eine Änderung beabsichtigt, muss dies zunächst drei Monate vorher schriftlich oder mündlich beim Standesamt anmelden. Die Anmeldung ist bei jedem deutschen Standesamt möglich. Wichtig ist nur, dass die Erklärung später beim gleichen Standesamt abgegeben wird. In der Anmeldung müssen weder neue Vornamen noch der gewünschte Geschlechtseintrag bereits angegeben werden. Wer es dennoch tut, kann diese Angaben später noch ändern. Die dreimonatige Frist ist als Bedenkzeit gedacht, soll vor übereilten Entscheidungen schützen und muss eingehalten werden.
2. **Abgabe der Erklärung**
   Frühestens drei Monate nach Anmeldung kann und spätestens sechs Monate danach muss die persönliche Erklärung beim Standesamt erfolgen. Dabei gibt die antragstellende Person an, welchen Geschlechtseintrag sie zukünftig führen möchte: männlich, weiblich, divers oder „kein Geschlechtseintrag“. Zusätzlich müssen die neuen Vornamen bestimmt werden, sofern diese geändert werden sollen. Mit der Erklärung ist zu versichern, dass der gewünschte Eintrag der eigenen Geschlechtsidentität entspricht und man sich der Tragweite der Entscheidung bewusst ist. Dies ist keine „Versicherung an Eides statt“, sondern eine einfache Erklärung. Die Änderung wird anschließend in das Geburtenregister eingetragen.

Auswahl der Vornamen

Im Rahmen der Erklärung können neue Vornamen gewählt werden. Diese sollen dem gewählten Geschlechtseintrag entsprechen. Dies ergibt sich aus der Systematik des deutschen Personenstandsrechts. Namen, die eindeutig einem anderen Geschlecht zugeordnet sind, können in der Regel nicht mit einem gegengeschlechtlichen Eintrag kombiniert werden (also kann sich zum Beispiel ein „Paul“ nicht als weiblich eintragen lassen). Für den Eintrag divers oder einen leeren Geschlechtseintrag besteht größere Freiheit in der Namenswahl. Auch Kombinationen aus weiblichen, männlichen und genderneutralen Namen sind hier zulässig.

Fantasienamen oder anstößige Bezeichnungen sind nicht erlaubt. Der Name muss klar individualisierbar sein und darf keine berechtigten Interessen anderer verletzen. Zur Anzahl der Vornamen macht das Gesetz keine Vorgaben. In der Praxis gelten bis zu fünf Vornamen noch als akzeptabel.

„Rückkehr-Sperrfrist“

Nach einer Änderung gilt eine Sperrfrist von zwölf Monaten. Innerhalb dieses Zeitraums kann keine erneute Erklärung abgegeben werden – weder zur

Rückänderung noch zur weiteren Änderung. Die Sperrfrist gilt nicht für Minderjährige.

Vornamensänderung ohne Änderung des Geschlechtseintrags?
Das SBGG sieht eine isolierte Änderung des Vornamens ohne Änderung des Geschlechtseintrags nicht vor. Solche Änderungen können gegebenenfalls nach dem Namensänderungsgesetz erfolgen, wenn ein wichtiger Grund vorliegt. Dies ist ein öffentlich-rechtlicher Vorgang.

Minderjährige
Für Minderjährige gelten je nach Alter unterschiedliche Regelungen:

Kinder unter 14 Jahren Die Erklärung wird von den Sorgeberechtigten abgegeben. Ist ein Vormund bestellt, muss das Familiengericht zustimmen. Kinder ab fünf Jahren müssen der Erklärung aktiv zustimmen. Diese Zustimmung erfolgt durch das Kind selbst. Die Anwesenheit des Kindes beim Termin ist verpflichtend. Die gesetzlichen Vertreter müssen zusätzlich bestätigen, aber nicht beweisen, dass sie beraten wurden.

Jugendliche ab 14 Jahren Sie geben die Erklärung selbst ab, benötigen aber die Zustimmung der Sorgeberechtigten. Verweigern diese die Zustimmung, kann sie durch das Familiengericht ersetzt werden. Jugendliche müssen zudem erklären, dass sie beraten wurden. Eine Pflicht zum Nachweis einer Beratung besteht nicht – es genügt die Erklärung, dass eine Beratung stattgefunden hat.

Geschäftsunfähige Erwachsene
Für volljährige, aber geschäftsunfähige Personen kann die Erklärung nur durch einen rechtlichen Betreuer oder eine Betreuerin abgegeben werden. Diese Personen benötigen dafür die Genehmigung des Betreuungsgerichts. Die betreute Person muss bei der Erklärung nicht anwesend sein.

Staatsangehörigkeit und Auslandsthemen
Deutsche Staatsangehörige können das Verfahren unabhängig vom Wohnsitz oder weiteren Staatsangehörigkeiten in Anspruch nehmen. Auch im Ausland lebende deutsche Staatsangehörige können über Auslandsvertretungen mit öffentlicher Beglaubigung und Weiterleitung an das zuständige Standesamt das Verfahren nutzen.

Nicht-deutsche Personen mit gewöhnlichem Aufenthalt in Deutschland können deutsches Recht für die Änderung wählen, wenn bestimmte aufenthaltsrechtliche Voraussetzungen erfüllt sind (z. B. Niederlassungserlaubnis oder Blaue EU-Karte).

Personen ohne deutschen Personenstandseintrag

Wer keinen Eintrag in einem deutschen Geburtenregister hat, kann eine sogenannte maßgebliche Geschlechtsangabe gegenüber dem Standesamt erklären (männlich, weiblich, divers oder kein Eintrag). Das Standesamt I in Berlin führt hierzu ein Verzeichnis. Auf Wunsch wird eine Bescheinigung ausgestellt, die zur Vorlage bei Behörden oder für Ausweisdokumente dienen kann.

Wirkung der Änderungen

Die geänderten Angaben sind verbindlich und gelten im gesamten deutschen Rechtsverkehr. Personalausweis und Reisepass müssen neu beantragt werden. Der alte Pass verliert mit dem Tag der Änderung seine Gültigkeit. Bei einem Eintrag divers oder einem leeren Geschlechtseintrag wird im Pass das Geschlecht mit „X" bezeichnet. Auch Zeugnisse, Verträge und andere Dokumente, die auf alte Daten ausgestellt wurden, können neu ausgestellt werden. Die Kosten für diese Änderungen müssen selbst getragen werden, dürfen aber nicht unangemessen hoch sein. Eine Richtschnur für „unangemessen" ist leider nicht vorhanden.

Medizinische Versorgung und andere Lebensbereiche

Medizinische Leistungen richten sich seit Gelten des SBGG nicht nach dem Geschlechtseintrag, sondern nach dem individuellem Bedarf. So bleibt z. B. die Prostata-Vorsorge auch bei geändertem Eintrag medizinisch notwendig, sofern eine Prostata vorhanden ist. Gleiches gilt für die Brustkrebsvorsorge. Im Strafvollzug gilt weiterhin das Recht der Bundesländer. Eine Änderung des Geschlechtseintrags führt nicht automatisch zu einer Verlegung in ein anderes Gefängnis – die Anstalten müssen das Sicherheits- und Persönlichkeitsrecht aller Beteiligten beachten. In diesem Aspekt steckt allerdings großes Konfliktpotenzial.

Elternschaft und SBGG-Änderungen

Für die Frage der rechtlichen Elternschaft kommt es weiterhin auf biologische Kriterien an: Die gebärende Person ist *Mutter*, der zeugende Elternteil *Vater*. Bei Anerkennung der Elternschaft oder Ehe wird jedoch auf den Geschlechtseintrag zum Zeitpunkt der Geburt abgestellt. Die Frage, mit welchem Vornamen Elternteile in der Geburtsurkunde genannt werden, ist gesetzlich nicht abschließend geregelt. Es gilt die allgemeine Regel: Maßgeblich sind die aktuellen Vornamen. In der Praxis können jedoch Einzelfallentscheidungen notwendig sein.

4.1.3 Offenbarungsverbot

Ein zentraler Bestandteil des SBGG ist das sogenannte *Offenbarungsverbot*. Es dient dem Schutz der Persönlichkeitsrechte von Transpersonen, indem es eine ungewollte Offenlegung früherer Namen und des früheren Geschlechtseintrags untersagt. In seiner Funktion ist dieses Verbot vergleichbar mit dem *Recht auf informationelle Selbstbestimmung* – einem fundamentalen Prinzip des Datenschutzes. Es schützt Transpersonen grundsätzlich davor, gegen ihren Willen als trans geoutet zu werden.

Was bedeutet das Offenbarungsverbot?
Das Offenbarungsverbot (§ 13 SBGG) regelt, dass niemand ohne ausdrückliche Zustimmung der betroffenen Person Auskunft über den früheren Vornamen oder den früheren Geschlechtseintrag geben darf. Dies gilt für Behörden, Arbeitgeberinnen, Schulen, medizinische Einrichtungen und alle anderen Stellen, die von einer Änderung Kenntnis haben. Auch Dritte dürfen diese Informationen nicht einfach weitergeben, wenn sie z. B. durch Akteneinsicht oder persönliche Bekanntschaft davon wissen. Diese Regelung stärkt die Privatsphäre transgeschlechtlicher Menschen und schützt sie insbesondere vor Diskriminierung oder Bloßstellung. Das Gesetz macht klar, dass die frühere Namens- und Geschlechtszugehörigkeit eine besonders schutzwürdige Information ist.

Ausnahmen vom Offenbarungsverbot
Das Offenbarungsverbot gilt allerdings nicht absolut. Es gibt eng begrenzte Ausnahmen, bei denen eine Offenbarung zulässig oder notwendig sein kann, z. B.:

- wenn die betroffene Person der Offenbarung ausdrücklich zustimmt, z. B. in einem medizinischen Kontext oder im Rahmen einer Bewerbung, in der frühere Zeugnisse oder Urkunden eingebracht werden,
- wenn die Offenbarung aus rechtlichen Gründen zwingend erforderlich ist, etwa zur Strafverfolgung oder bei bestimmten rechtlichen Prüfungen,
- wenn Gerichte oder Behörden ausdrücklich zur Einsicht befugt sind und ein rechtliches Interesse besteht (z. B. im Rahmen familienrechtlicher Verfahren).

In solchen Fällen muss allerdings stets das Prinzip der Verhältnismäßigkeit gewahrt bleiben. Eine Offenbarung darf nur erfolgen, wenn sie zur Erfüllung einer rechtlich relevanten Pflicht notwendig ist. Die betroffene Person sollte – sofern möglich – über die Offenbarung informiert werden.

Sanktionsbewehrung des Offenbarungsverbotes
Mit dem SBGG wurde erstmals eine ausdrückliche Sanktionsmöglichkeit bei Verstößen gegen das Offenbarungsverbot eingeführt (§ 14 SBGG). Wer nach Änderung von Vornamen und Geschlechtseintrag die früheren Daten einer betroffenen Person ohne deren Zustimmung absichtlich in schädigender Absicht offenbart, handelt ordnungswidrig und kann mit einer Geldbuße von bis zu 10.000 € belegt werden. Damit wird ein zentraler Schutzgedanke gesetzlich unterfüttert: das Recht, in der neuen Geschlechtszugehörigkeit leben zu können, ohne befürchten zu müssen, dass frühere Daten ungefragt publik werden.

So begrüßenswert dieser Schutz ist, birgt er auch gewisse Risiken in der Praxis. Denn die Regelung sanktioniert nur vorsätzlich schädigendes Verhalten – doch wo endet ein unbeabsichtigter „Versprecher" und wo beginnt eine absichtsvolle Verletzung? Es besteht die Gefahr, dass es vermehrt zu Anzeigen wegen vermeintlich absichtlicher Offenbarungen kommt, etwa in Arbeitskontexten oder im privaten Alltag. Nicht jeder sprachliche Fehler oder jede unbedachte Äußerung ist jedoch Ausdruck von Transfeindlichkeit oder Schädigungsabsicht.

Ein zu schneller Griff zu rechtlichen Mitteln könnte zu mehr Misstrauen zwischen trans- und cisgeschlechtlichen Personen führen – und paradoxerweise die gesellschaftliche Akzeptanz für Transpersonen schwächen, obwohl gerade diese mit dem Gesetz gestärkt werden sollen. Umso wichtiger ist daher ein sensibler Umgang mit dem Offenbarungsverbot: Es geht nicht um die Sanktion jeder kleinen Ungenauigkeit, sondern um den Schutz vor gezielter Bloßstellung und Diskriminierung. Prävention, Aufklärung und gegenseitige Gesprächsbereitschaft bleiben essenziell, ebenso wie der Rechtsweg im Einzelfall.

Offenbarungsverbot mit Fingerspitzengefühl durchsetzen
Gerade im Arbeitsumfeld (dazu im Detail Abschn. 4.6 und noch ausführlicher in meinem Fachbuch „Transidentität im Arbeitsumfeld" (Scholz, 2025) oder im sozialen Nahfeld kommt es immer wieder zu unbeabsichtigten „Versprechern" oder unreflektierten Fragen zur Geschlechtsvergangenheit. Auch wenn das Selbstbestimmungsgesetz mit dem Offenbarungsverbot klare rechtliche Grenzen setzt, empfiehlt es sich, zunächst das Gespräch zu suchen –

freundlich, aber bestimmt. Viele cisgeschlechtliche Personen sind sich der Tragweite ihrer Worte schlicht nicht bewusst. Falls jedoch der Eindruck entsteht, dass die Offenbarung gezielt erfolgt ist oder sich wiederholt, kann zunächst eine dokumentierte, sachliche Beschwerde bei der zuständigen Stelle (z. B. Personalabteilung, Vorgesetzte, Gleichstellungsstelle, Mobbingbeauftragte) sinnvoll sein. Erst wenn Gespräche keine Wirkung zeigen und eine absichtliche Schädigung naheliegt, sollte eine Anzeige wegen Ordnungswidrigkeit in Betracht gezogen werden. So bleibt das Miteinander konstruktiv und die eigene Integrität gewahrt.

Praktische Hinweise

- Dokumente, in denen der alte Name oder das frühere Geschlecht auftauchen, sollten nach Möglichkeit geschützt abgelegt werden, sowohl privat als auch betrieblich.
- Institutionen, die Daten speichern, sollten ihre Systeme so gestalten, dass der frühere Name oder Geschlechtseintrag nur zugänglich ist, wenn dies rechtlich erforderlich ist – und nicht im normalen Arbeitsablauf automatisch sichtbar bleibt.
- Für schulische oder berufliche Zeugnisse gibt es die Möglichkeit, eine Neuausstellung zu beantragen.
- Die betroffene Person kann verlangen, dass alte Daten nach einer rechtlichen Änderung nicht mehr ohne weiteres abrufbar sind.

Das nunmehr sanktionsversehene Offenbarungsverbot ist damit ein bedeutsames Element im neuen rechtlichen Rahmen für Transpersonen. Es soll nicht nur den Schutz der Privatsphäre sichern, sondern auch aktiv zur gesellschaftlichen Anerkennung und Teilhabe beitragen. Wie wirkungsvoll diese Schutzregelung im Alltag greift, wird auch davon abhängen, wie ernst Behörden, Institutionen, Arbeitgeber*innen und Einzelpersonen diese Regelungen nehmen und ob Verstöße konsequent verfolgt werden.

4.1.4 Hausrecht und Antidiskriminierungsrecht

Seit Einführung des SBGG taucht in der öffentlichen Debatte immer wieder die Frage auf, wie sich das Hausrecht, also das Recht einer Person oder Institution, in den eigenen Räumen über Regeln und Zutritt zu entscheiden, und das Recht auf geschlechtliche Selbstbestimmung zueinander verhalten – vor allem, wenn es um den Zugang zu geschlechtergetrennten Räumen geht, wie z. B. Toiletten, Umkleiden oder Saunen. Die Kernfrage lautet: „Wer darf welche Räume nutzen und wer nicht?“

In vielen Alltagssituationen ist das unkompliziert: Wer von anderen klar als Mann oder Frau gelesen wird, wird nicht hinterfragt. Konflikte entstehen meistens dann, wenn eine Person geschlechtlich nicht eindeutig wahrgenommen wird – sei es, weil eine Transition noch nicht begonnen hat, körperliche Veränderungen noch nicht sichtbar sind oder weil aus anderen Gründen keine optische Geschlechtseindeutigkeit gegeben ist. Diese Unsicherheiten können zu Irritation, Ablehnung oder sogar offenen Auseinandersetzungen führen. Solche Reaktionen betreffen nicht nur transidente Personen, sondern alle, die nicht in Geschlechterklischees passen. Deshalb ist es wichtig, bei der Debatte um geschlechtergetrennte Räume zu vermeiden, dass Menschen unter den sozialen Druck geraten, Klischees zu erfüllen.

Was regelt das Gesetz?

Das SBGG legt fest: Im Rechtsverkehr gilt grundsätzlich das amtlich eingetragene Geschlecht. Gleichzeitig bleibt das Hausrecht bestehen. Das heißt, wer für einen Raum verantwortlich ist, darf entscheiden, wem Zutritt gewährt wird. Dabei dürfen unter bestimmten Voraussetzungen z. B. Transfrauen und Cisfrauen unterschiedlich behandelt werden, solange dafür sachliche Gründe vorliegen, zum Beispiel der Schutz der Intimsphäre oder der persönlichen Sicherheit. Das Allgemeine Gleichbehandlungsgesetz (AGG) nennt solche Gründe ausdrücklich (§ 20 AGG).

In der Praxis bedeutet das: ein Ausschluss bestimmter Personen oder Personengruppen aus bestimmten Räumen kann rechtlich zulässig sein, wenn das Schutzbedürfnis anderer höher wiegt. Eine pauschale Ablehnung allein aufgrund der Geschlechtsidentität ist hingegen nicht erlaubt. Ob ein Ausschluss rechtmäßig ist, hängt immer vom Einzelfall ab.

Es gab auch schon Streitfälle, z. B.:

- Ein Frauenfitnessstudio verweigerte einer Transfrau die Mitgliedschaft mit Hinweis auf den Schutz der anderen Kundinnen – das Gerichtsverfahren läuft noch (Stand: November 2025).
- In Berlin kam es zu einem Rechtsstreit zwischen einer Transfrau und ihrem Arbeitgeber über die Nutzung einer Damenumkleide – das Verfahren wurde mit einem Vergleich beendet, ohne dass über die Frage entschieden wurde, ob eine unrechtmäßige Diskriminierung erfolgt war oder nicht. Das war weder ein „Sieg“, noch eine „Niederlage“ für die Transperson, da eine arbeitsrechtliche Klärung der vorgeworfenen Diskriminierung unterblieb. Die Zahlung der Abfindung war eine „normale“ Trennungsmaßnahme, ohne dass jemandem die Schuld für die Beendigung des Arbeitsverhältnisses gerichtlich zugewiesen wurde.

Fazit
Hausrecht und Antidiskriminierungsrecht stehen in einem Spannungsverhältnis, welches das Gesetz nicht vollständig auflöst. Statt sich allein auf juristische Lösungen zu verlassen, ist es meist hilfreicher, im konkreten Fall das Gespräch zu suchen und die Interessen aller Beteiligten zu berücksichtigen.

4.1.5 Auseinandersetzung mit der Debatte um das SBGG

Das Selbstbestimmungsgesetz, das im Mai 2024 vom Bundestag verabschiedet wurde und im November 2024 in Kraft trat, markiert einen tiefgreifenden Wandel im rechtlichen Umgang mit Transgeschlechtlichkeit in Deutschland. Es ersetzt das über Jahrzehnte geltende Transsexuellengesetz und vereinfacht die Änderung des Vornamens und des Geschlechtseintrags deutlich. Die Reaktionen auf das Gesetz reichen von großer Erleichterung und Zustimmung bis hin zu massiver Kritik und Ablehnung. Nicht selten wird die politische und gesellschaftliche Debatte emotional und mit unvereinbaren Grundhaltungen geführt.

Befürworter*innen des Gesetzes begrüßen insbesondere die Entpathologisierung transgeschlechtlicher Identitäten. Sie betonen, dass es überfällig gewesen sei, Menschen das Recht auf ihre geschlechtliche Selbstdefinition zuzugestehen, ohne sie durch psychologische Gutachten oder gerichtliche Verfahren beweisen zu müssen. Auch der Schutz der Persönlichkeitsrechte und die Verringerung bürokratischer Hürden werden vielfach positiv hervorgehoben.

Kritische Stimmen hingegen äußern Sorgen über die vermeintliche Leichtfertigkeit des Verfahrens. Insbesondere die Möglichkeit, Vornamen und Geschlechtseintrag durch eine einfache Erklärung beim Standesamt ändern zu lassen, ohne eidesstattliche Versicherung, ohne nachzuweisende Fachberatung. Dies wird von manchen als zu niedrigschwellig angesehen. In Teilen der Debatte werden Auswirkungen auf das Frauenhauswesen, geschlechtergetrennten Sport oder den Strafvollzug diskutiert. Fälle wie „Marla-Svenja Liebich" (Vorreyer, 2025) oder „Cleopatra/Henrico G." (Kröning, 2025) plakatieren die geäußerten Sorgen, bilden jedoch nicht notwendigerweise die komplexe Realität transgeschlechtlicher Lebensrealitäten ab. Zudem gibt es Stimmen aus der transfeindlichen Szene, die das Gesetz grundlegend ablehnen. Solche Positionen erschweren den sachlichen Dialog.

Zugleich gibt es auch innerhalb transnaher oder medizinischer Kreise differenzierte Kritik: So wird beispielsweise eingewendet, dass der erleichterte Zugang zum amtlichen Geschlechtseintrag nicht darüber hinwegtäuschen dürfe, dass medizinische Maßnahmen weiterhin klaren Indikationskriterien und psychotherapeutischer Begleitung unterliegen sollten. Auch stellen manche Fachleute infrage, ob das SBGG ausreichend Schutz bietet – etwa, wenn Eltern für Minderjährige eine Änderung beantragen. In dieser aufgeheizten Gemengelage ist es wichtig, nüchtern zu bleiben und die Lebensrealitäten der Betroffenen nicht aus dem Blick zu verlieren, aber auch nicht bereits offenbare Missbrauchsfälle, in denen das Gesetz offensichtlich oder möglicherweise entgegen seines Zweckes benutzt wurde.

Das SBGG regelt nicht medizinische Maßnahmen, sondern ausschließlich die zivilrechtliche Anerkennung der Geschlechtsidentität. Wer Zugang zu medizinischer Versorgung sucht, sei es Hormontherapie oder geschlechtsangleichende Operationen, unterliegt weiterhin den geltenden Standards der psychologischen und medizinischen Begutachtung, Versorgung und Qualitätssicherung. Wenn allerdings der Zugang zur rechtlichen Änderung so bedingungs- und hürdenlos ist wie unter dem SBGG, könnte der Weg in Richtung medizinischer Transition vorgezeichnet sein. Und dieser Weg mag für viele richtig und notwendig sein, jedoch nicht für alle, die in irgendeiner Form mit ihrer Identität im Unreinen sind, aus welchen Gründen auch immer.

Die Bundesregierung hat angekündigt, das Gesetz innerhalb der laufenden Legislaturperiode zu evaluieren. Diese Evaluierung bietet die Chance, das SBGG anhand praktischer Erfahrungen, empirischer Daten und Rückmeldungen aus Fachkreisen weiterzuentwickeln. Ein solcher Prozess kann nur für alle zum Guten gelingen, wenn er differenziert, sachlich und im respektvollen Austausch geführt wird und nicht entlang ideologischer Gräben, sondern mit dem Ziel, die Lebensrealität aller Beteiligten ernst zu nehmen und verantwortungsvoll zu gestalten.

4.2 Rechtsprechung zur Kostenübernahme

4.2.1 Das BSG-Urteil vom 19. Oktober 2023

Rechtliche Einordnung und praktische Konsequenzen
Am 19. Oktober 2023 hat das Bundessozialgericht (BSG) in einem Verfahren einer nicht-binären Person entschieden, dass geschlechtsangleichende körpermodifizierende Behandlungen sozialrechtlich dem Methodenrecht des § 135 SGB V unterfallen. Die Entscheidung hat die bisherige Versorgungspraxis wesentlich verändert und zu erheblicher Rechtsunsicherheit geführt (Pressemitteilung des BSG, 2023). Die klagende Person begehrte die Kostenübernahme für eine Mastektomie, die Krankenkasse lehnte ab. Es folgten Klagen

vor dem Sozialgericht und dem Landessozialgericht, beide erfolglos. Das BSG als Revisionsinstanz bestätigte diese Entscheidungen.

Von grundsätzlicher Bedeutung ist: Sowohl das BSG als auch das Bundesverfassungsgericht (BVerfG) erkennen ausdrücklich die Existenz nicht-binärer Geschlechtsidentitäten an. Urteilsentscheidend war nicht die Geschlechtsidentität, sondern die rechtliche Einordnung des Behandlungskonzepts.

Was bedeutet „Neue Untersuchungs- und Behandlungsmethode"?
Im Sozialrecht bezeichnet dieser Begriff medizinische Verfahren, die bislang nicht vom Gemeinsamen Bundesausschuss (G-BA) geprüft und in den Leistungskatalog der GKV aufgenommen wurden. „Neu" meint dabei nicht zwingend, dass es die Behandlung erst seit Kurzem gibt. Auch seit Jahren praktizierte Verfahren können als „neu" gelten, wenn sie bislang nicht formal bewertet wurden.

Rechtsfolge Solche Methoden müssen von der GKV nur bezahlt werden, wenn der G-BA nach eingehender wissenschaftlicher Prüfung eine positive Empfehlung beschlossen hat (§ 135 SGB V). Ohne diesen Beschluss besteht grundsätzlich kein Anspruch auf Kostenübernahme, unabhängig davon, ob die Methode in der Praxis etabliert ist oder nicht.

Der Gemeinsame Bundesausschuss (G-BA)
Der G-BA ist das oberste Beschlussgremium der gemeinsamen Selbstverwaltung im deutschen Gesundheitswesen. Er setzt sich zusammen aus Vertreter*innen der Kassenärztlichen Bundesvereinigung, der Kassenzahnärztlichen Bundesvereinigung, der Deutschen Krankenhausgesellschaft und des Spitzenverbandes der gesetzlichen Krankenkassen. Patient*innenorganisationen wirken beratend mit.

Zentrale Aufgabe des G-BA ist es, den Leistungskatalog der gesetzlichen Krankenversicherung zu gestalten. Dazu prüft das Gremium neue Untersuchungs- und Behandlungsmethoden in aufwendigen Verfahren, die wissenschaftliche Evidenz, medizinische Notwendigkeit und Wirtschaftlichkeit einbeziehen. Bewertungsverfahren können mehrere Jahre dauern, da umfangreiche Studien ausgewertet, externe Gutachten eingeholt und Stellungnahmen berücksichtigt werden. Erst nach einer G-BA-Entscheidung dürfen neue Behandlungsmethoden regulär von den GKVen bezahlt werden.

Im Fall geschlechtsangleichender Behandlungen bestand bis Frühjahr 2026 weiterhin keine abschließende bundesweit einheitliche Neuregelung. Damit bleibt die Versorgungslage rechtlich und praktisch weiterhin angespannt.

Alte Rechtslage: Hormontherapie und Operationen

Bis 2023 galt für die Hormonersatztherapie (HET): Sie wurde in der Praxis ärztlich verordnet, regelmäßig ohne klassisches Antragsverfahren bei der Krankenkasse. Rechtsgrundlage für die Kostenübernahme war häufig der vom BSG entwickelte Dreistufentest. Danach kann die GKV ausnahmsweise auch nicht zugelassene („off-label“) Anwendungen finanzieren, wenn alle drei Voraussetzungen erfüllt sind:

1. **Schwerwiegende Erkrankung:** Die Geschlechtsdysphorie wird international als eigenständige Diagnose anerkannt (ICD-10/11, DSM-5) und ist mit erheblichem Leidensdruck verbunden. Ohne Behandlung drohen gravierende psychische und psychosomatische Folgeschäden, bis hin zu Depressionen und erhöhter Suizidalität. Damit erfüllt sie das Kriterium der schwerwiegenden Erkrankung.
2. **Keine zugelassene, gleichwertige Alternative:** Es existiert kein anderes zugelassenes Medikament, das die gewünschten geschlechtsangleichenden körperlichen Veränderungen herbeiführt. Psychotherapeutische Begleitung kann zwar den Umgang mit der Dysphorie unterstützen, sie ersetzt jedoch i. d. R. keine hormonelle oder chirurgische Angleichung.
3. **Begründete Aussicht auf Erfolg:** Jahrzehntelange klinische Erfahrung und eine solide internationale Studienlage belegen, dass HET die angestrebten körperlichen Veränderungen zuverlässig einleitet und den psychischen Zustand vieler Betroffener deutlich verbessert. Unter fachgerechter medizinischer Überwachung ist das Nutzen-Risiko-Profil günstig.

Da diese drei Voraussetzungen in der Praxis regelmäßig erfüllt waren, konnte die HET nach dem Dreistufentest, unterstützt durch die Empfehlungen der Bundesärztekammer und die S3-Leitlinie „Geschlechtsinkongruenz, Geschlechtsdysphorie und Trans-Gesundheit“, über viele Jahre hinweg ohne grundlegende rechtliche Probleme von der GKV übernommen werden.

Eine HET sollte regelmäßig nicht vorschnell im Wege eines formalen Kostenübernahmeantrags bei der Krankenkasse beantragt werden. Die Kasse oder der MD können nun mit direktem Verweis auf die BSG-Entscheidung von 2023 ablehnen, und damit einen Ablehnungsbescheid schaffen, der später möglicherweise nur schwer angreifbar ist. Rechtsprechung zu Widerspruchsverfahren gegen Kostenübernahmeablehnungen aufgrund des BSG-Urteils von 2023 gibt es derzeit allerdings noch nicht. Daher sind Erfolgschancen bei Widersprüchen mit Bezug zum BSG-Urteil von 2023 im Moment kaum bezifferbar (Stand: Frühjahr 2026).

Umso wichtiger ist es, sich an erfahrene Endokrinolog*innen zu wenden, die im Rahmen ihrer ärztlichen Therapiefreiheit eine medizinisch indizierte HET durchführen. Es wird jedoch zunehmend berichtet, dass endokrinologische Praxen zumindest von Neupatient*innen, die eine HET erstmalig beginnen, Kostenübernahmeerklärungen der Krankenkasse verlangen. Eine bundesweit einheitliche Praxis gibt es diesbezüglich derzeit nicht.

Für Operationen gilt: In der Praxis wird weiterhin häufig auf die Begutachtungsanleitung des Medizinischen Dienstes von 2020 Bezug genommen. Dennoch wird zunehmend auch hier das BSG-Urteil von 2023 als vorrangige Hürde angeführt. Kassen und Medizinische Dienste argumentieren teilweise, dass ohne G-BA-Beschluss auch bei erfüllten MD-Kriterien keine Kostenübernahme möglich sei – weder für binäre noch für nicht-binäre Personen.

Diese Entwicklung ist besorgniserregend, da sie zu einer realen Verschlechterung des Zugangs zu notwendigen medizinischen Leistungen führt. Sie sollte jedoch nicht zu Panik oder vorschneller Resignation führen: Der Rechtsweg ist weiterhin offen und es bestehen nach wie vor enge Ausnahmefallkonstellationen (z. B. akute Gefährdungslage, „Systemversagen"), in denen eine Kostenübernahme grundsätzlich möglich bleibt.

Was bedeutet „Vertrauensschutz" im Kontext des BSG-Urteils 2023?
Das BSG hat in seiner Entscheidung ausdrücklich darauf hingewiesen, dass laufende Behandlungen, die vor dem Urteil begonnen und von der Krankenkasse bewilligt oder faktisch getragen wurden, in der Regel unter Vertrauensschutz stehen.

Das bedeutet Wer bereits eine Kostenübernahme durch die GKV zugesagt bekommen hat oder sich in einer laufenden, bereits finanzierten Maßnahme befindet, kann sich grundsätzlich auf Vertrauensschutz berufen.

Dieser Schutz ist jedoch nicht absolut Er gilt vor allem für die Fortführung bewilligter Leistungen, nicht automatisch für spätere Folgemaßnahmen oder neue Anträge. Auch kann der Schutz im Einzelfall entfallen, wenn die ursprüngliche Bewilligung unter falschen Voraussetzungen erteilt wurde oder erhebliche medizinische Gründe gegen die Fortsetzung sprechen.

Es gibt immerhin bisher (Frühjahr 2026) eine sozialgerichtliche Entscheidung auf Landesebene, die feststellt, dass auch nach dem Grundsatzurteil des BSG aus 2023 laufende Transitionsprozesse weitergeführt werden können. Das Landessozialgericht Rheinland-Pfalz (Urteil vom 18.11.2024, Az. L 5 KR 129/23) hat entschieden, dass einem Versicherten, der seit Jahren medizinisch begleitet wird, hormonell behandelt wurde und bereits eine Personenstandsänderung nach dem TSG durchlaufen hat, aus Gründen des Vertrauensschutzes die beantragten Operationen (Mastektomie, Hysterektomie und Ovarektomie) zu gewähren seine. Das Gericht stellte klar, dass die unter der alten Rechtslage geschaffenen irreversiblen Veränderungen nicht ins Leere laufen dürfen: Wer seinen Transitionsprozess in Übereinstimmung mit damaliger Rechtsprechung und Krankenkassenpraxis begonnen hat, habe Anspruch darauf, diesen zu Ende zu führen, auch wenn die Rechtslage inzwischen restriktiver geworden ist. Damit wird deutlich, dass Vertrauensschutz nicht nur ein theoretischer Grundsatz bleibt, sondern konkret greifen kann, wenn der Transitionsprozess nachweislich begonnen und durch die Kasse bereits unterstützt wurde.

Für Betroffene ist daher wichtig, bei bestehenden Leistungen alle Unterlagen und Genehmigungen sorgfältig aufzubewahren, um den Vertrauensschutz im Streitfall belegen zu können. Auch wenn die aktuelle Rechtsprechung die Hürden deutlich erhöht, gilt: Stand heute werden nicht alle Anträge abgelehnt – es werden weiterhin Leistungen bewilligt, insbesondere in gut begründeten Einzelfällen. Die Zahl der Ablehnungen nimmt jedoch spürbar zu. Umso wichtiger ist es, Anträge formal und inhaltlich korrekt einzureichen, die vorgesehenen Mindestzeiten (z. B. Therapiezeiten, Alltagserfahrung) einzuhalten und alle medizinischen Voraussetzungen sauber zu dokumentieren. Kommt es dennoch zu einer Ablehnung, ist es entscheidend, nicht in Angst zu verfallen, sondern gezielt professionelle rechtliche Unterstützung in Anspruch zu nehmen. So lassen sich die persönlichen Interessen bestmöglich wahren und durchsetzen.

Handlungsempfehlungen in der aktuellen Rechtslage

- Keine vorschnellen Anträge auf HET bei der Krankenkasse stellen und erfahrene Endokrinolog*innen aufsuchen: Viele große Hormonpraxen verschreiben bei „Bestandspatienten" (die sich in einer laufenden Hormonbehandlung befinden) weiterhin die Hormonpräparate ohne formale Kostenübernahmezusage der Krankenkassen. Bei Neuaufnahme einer HET wird gleichwohl zunehmend eine Kostenübernahmebestätigung erwartet. Das Vorgehen in der Praxis ist derzeit bundesweit uneinheitlich und entwickelt sich dynamisch.
- Operationen sorgfältig vorbereiten: Auch wenn die MDS-Begutachtungsanleitung von 2020 formell weiter gilt, wird sie in der Praxis häufig durch das BSG-Urteil überlagert. Anträge sollten nur mit fundierter psychotherapeutischer Indikation, ggf. psychiatrischer Zweitsicht, vollständiger medizinischer Dokumentation (Atteste, Befunde, Berichte etc.) und somatisch-ärztlicher Indikation gestellt werden. Ein Leitfaden für Kostenübernahmeanträge findet sich in Abschn. 5.4.

- Im Ablehnungsfall nach anwaltlicher Beratung fristgerecht Widerspruch einlegen: Die Widerspruchsfrist beträgt in der Regel einen Monat nach Zustellung des Bescheids. Ein kurzer Widerspruch („Ich lege Widerspruch gegen den Bescheid vom ... ein. Begründung folgt.") ist fristwahrend und genügt zunächst. Eine belegte Begründung für den Widerspruch muss aber innerhalb einer kurzen Frist nachgereicht werden.
- Fachanwaltliche Beratung im Sozialrecht einholen: Thematisch erfahrene juristische Beratung hilft, unnötige Risiken zu vermeiden und die Erfolgsaussichten realistisch einzuschätzen. Anwält*innen mit Erfahrung in der Trans-Gesundheitsversorgung (Medizinrecht, Sozialrecht) sind hier besonders empfehlenswert.
- Rechtsweg bewusst wählen: Klagen gegen die Krankenkasse sind möglich, sollten aber nur mit anwaltlicher Begleitung und nach Abwägung der Erfolgsaussichten geführt werden. Der Rechtsweg ist oft langwierig und erfordert Geduld sowie belastbare medizinische Unterlagen.
- Dokumentation und Nachweise sichern: Indikationen, Bewilligungen, Behandlungspläne und Fachgutachten sollten sorgfältig archiviert werden. Dies ist besonders wichtig, um sich im Zweifel auf den Vertrauensschutz berufen zu können.

4.2.2 Rechtsprechung zur Genehmigungsfiktion

Nach § 13 Abs. 3a SGB V gilt: Wenn eine Krankenkasse nicht innerhalb von 3 Wochen (ohne Gutachterverfahren) oder 5 Wochen (mit Gutachterverfahren) über einen vollständig gestellten Antrag entscheidet und diese Frist nicht begründet verlängert, ist die beantragte Leistung automatisch genehmigt. Das nennt man Genehmigungsfiktion.

In der Theorie klingt das einfach: die Frist ist vorbei, der Antrag gilt als bewilligt. In der Praxis, vor allem bei geschlechtsangleichenden Operationen, ist es aber komplizierter. Denn das Bundessozialgericht hat 2020 entschieden, dass aus einer Genehmigungsfiktion zwar ein Anspruch auf die Behandlung als Sachleistung gegenüber der Krankenkasse entsteht, eine Erstattung für eine selbst bezahlte OP aber nur unter bestimmten Bedingungen möglich ist. Diese Bedingung lautet: Die versicherte Person muss die Leistung im guten Glauben an die Genehmigung selbst beschafft haben – also bevor sie von einer Ablehnung erfährt – und davon ausgegangen sein, dass der Antrag bewilligt ist. Wird die OP jedoch erst nach Zugang eines ablehnenden Bescheids durchgeführt, gibt es auch dann keine Kostenerstattung, wenn die Frist vorher abgelaufen war.

Konkrete Fälle seit 2020 – was zeigt die aktuelle Rechtsprechung?

Landessozialgericht (LSG) München, Urteil vom 26.02.2021 (L 4 KR 675/19) (LSG München, 2021) In einem Fall mit mehrstufiger Liposuktion erkannte das Sozialgericht München die Genehmigungsfiktion an. Die Krankenkasse musste die erste OP-Etappe als Sachleistung durchführen und auch deren Kosten erstatten. Es wurde jedoch deutlich gemacht, dass die Fiktion eine vorläufige Rechtsposition darstellt. Die Krankenkasse kann das Verfahren weiterführen und es bleibt offen, ob ein dauerhafter Anspruch besteht.

Sozialgericht (SG) Augsburg, Urteil vom 31.05.2022 (S. 3 KR 377/21) (SG Augsburg, 2022) In diesem Fall wurde die Genehmigungsfiktion abgelehnt. Die Krankenkasse hatte rechtzeitig über die Ablehnung informiert, sodass keine automatische Genehmigung eintrat. Erwähnt wird ausdrücklich, dass das BSG 2020 klargestellt hat, dass keine Sachleistung gewährt wird und die Fiktion nur einen Kostenerstattungsanspruch bei Selbstbeschaffung ermöglicht.

SG Baden-Württemberg, Urteil vom 27.01.2023 (L 5 KR 4214/19) Hier bestätigte das Gericht die neue Linie des BSG: Die Genehmigungsfiktion verschafft lediglich eine vorläufige Rechtsposition, die erst nach tatsächlicher, gutgläubiger Selbstbeschaffung in eine Erstattung umschlägt. Auch hier führt sie nicht direkt zu einer Sachleistung.

SG Augsburg, Urteil vom 19.08.2024 (L 5 KR 533/20) Das Gericht bestätigte nochmals unmissverständlich: Ein Anspruch auf Erstattung der Kosten einer selbstbeschafften Leistung besteht nur, wenn der Versicherte bis zum Zeitpunkt der Selbstbeschaffung keine Kenntnis und auch keine grob fahrlässige Unkenntnis über das Fehlen eines Anspruchs hatte.

Sachleistung, Eigenbeschaffung und „Gutgläubigkeit" kurz erklärt

Sachleistung bedeutet: Die Krankenkasse bezahlt die medizinische Behandlung unmittelbar. Das heißt, die Operation oder Therapie wird in einem zugelassenen Krankenhaus oder bei einer Vertragspraxis durchgeführt, ohne dass die versicherte Person selbst in Vorkasse gehen muss.

Selbstbeschaffung bedeutet: Die versicherte Person nimmt die medizinische Leistung auf eigene Initiative in Anspruch, bezahlt diese zunächst selbst und beantragt anschließend eine Kostenerstattung bei der Krankenkasse. Ob die Kosten erstattet werden, hängt davon ab, ob die Kasse die Leistung grundsätzlich hätte übernehmen müssen. Andernfalls bleiben die Kosten bei der versicherten Person.

Kurz: Sachleistung = direkte Übernahme durch die Krankenkasse, Selbstbeschaffung = zunächst Eigenzahlung mit eventueller Kostenerstattung.

„Gutgläubig" bedeutet hier, dass eine versicherte Person davon ausgehen durfte, dass die Krankenkasse eine Leistung übernimmt. Wer also eine Behandlung erhält und darauf vertraut, dass die Zusage oder das bisherige Verhalten der Krankenkasse korrekt ist, handelt „gutgläubig". Wichtig: Gutgläubig heißt, dass keine Täuschung, kein Verschweigen von wichtigen Umständen und kein „Wissen um die Rechtswidrigkeit" vorlagen. Das Vertrauen auf die Übernahme der Leistung ist dann schutzwürdig.

Schlussfolgerung für Trans-OPs

Die Genehmigungsfiktion wurde seit 2020 deutlich verschärft. Die neuere Rechtsprechung, bestätigt durch mehrere Urteile, macht klar: Die Genehmigungsfiktion allein führt nicht automatisch zu einem Anspruch auf Sachleistung, sondern lediglich zu einer vorläufigen Rechtsposition, die nur dann in einen Erstattungsanspruch umschlägt, wenn die beantragte Leistung gutgläubig selbst beschafft wurde.

Für Trans-OPs bedeutet das in der Praxis ein fast unüberwindbares Hindernis. Die Wartezeiten auf eine Operation liegen oft bei vielen Monaten oder sogar Jahren. In dieser Zeit kann die Krankenkasse jederzeit einen Ablehnungsbescheid erlassen, bevor die OP stattfindet.

Eine „Selbstbeschaffung" im rechtlichen Sinn erfordert, dass die OP bereits vorgenommen und privat bezahlt wurde, bevor eine Ablehnung eintrifft. Bei Kosten im vier- bis fünfstelligen Bereich und langen OP-Wartelisten ist das für die meisten Betroffenen unrealistisch. Anders als bei kurzfristig terminierbaren Eingriffen fehlt hier die Möglichkeit, den Zeitvorteil der Genehmigungsfiktion praktisch auszunutzen.

Fazit

Die Genehmigungsfiktion ist bei Trans-OPs nur selten ein wirksames Druckmittel, um eine Operation tatsächlich schneller als von der Kasse getragene Sachleistung (d. h. ohne selbst in Vorleistung zu gehen) zu erhalten. Realistisch ist sie allenfalls als Argumentationsgrundlage, um die Kasse zu einer zügigen Entscheidung oder zur direkten Beauftragung der OP zu bewegen – nicht jedoch als verlässlicher Weg zur nachträglichen Kostenerstattung.

4.2.3 Rechtsprechung zur Epilation

Die dauerhafte Entfernung von Barthaaren ist für viele Transfrauen ein wichtiger Bestandteil der geschlechtsangleichenden Behandlung. Sozialgerichte behandeln dabei häufig die Frage, ob und unter welchen Voraussetzungen die gesetzliche Krankenversicherung (GKV) die Kosten übernehmen muss.

Nadelepilation
Die Nadelepilation ist derzeit die einzige Methode, mit der auch helle, graue oder rötliche Haare dauerhaft entfernt werden können. In einem Urteil des Sozialgerichts Berlin (S. 182 KR 1443/19, 18.10.2022) wurde entschieden, dass die Krankenkasse die Kosten einer medizinisch indizierten Nadelepilation auch dann zu übernehmen hat, wenn die Leistung nicht von einer vertragsärztlich abrechnenden Person erbracht wird, sofern keine andere gleichwertige vertragsärztliche Versorgung zur Verfügung steht. Das Gericht stellte klar, dass die Patientin Anspruch auf eine effektive und geeignete Behandlung hat, wenn diese Teil der medizinisch notwendigen geschlechtsangleichenden Maßnahmen ist.

Laser- und andere Epilationsverfahren
Laser- und Blitzlampenverfahren werden von der GKV grundsätzlich nur übernommen, wenn sie durch Ärzt*innen erbracht werden, die zur vertragsärztlichen Versorgung zugelassen sind. Mehrere Landessozialgerichte (u. a. das LSG Niedersachsen-Bremen, Urteil vom 17.03.2020 – L 16 KR 462/19) haben klargestellt, dass die Durchführung in einem Kosmetikstudio oder durch nichtärztliches Personal nicht erstattungsfähig ist, selbst wenn die medizinische Indikation gegeben ist. Begründet wird dies mit dem sogenannten Arztvorbehalt, der die fachgerechte Durchführung und die Sicherheit der Behandelten gewährleisten soll.

Wahrung des Arztvorbehalts in der Praxis
Der Arztvorbehalt schließt nicht aus, dass spezialisierte Studios praktisch tätig werden, sofern sie unter ärztlicher Verantwortung handeln. In der Praxis geschieht dies oft so, dass ein*e zugelassene*r Vertragsärzt*in die medizinische Indikation stellt, die Behandlung anleitet, regelmäßig kontrolliert und die Abrechnung gegenüber der Krankenkasse vornimmt. Das ausführende Studio arbeitet in diesem Fall in enger Kooperation mit der Arztpraxis, sodass die Leistung rechtlich als ärztlich erbracht gilt. Dieses Modell ermöglicht es, spe-

zialisierte Expertise und Geräte aus dem nichtärztlichen Bereich zu nutzen, ohne gegen die sozialrechtlichen Anforderungen zu verstoßen.

Rechtlicher Rahmen
Grundlage der Leistungspflicht ist § 27 SGB V (Krankenbehandlung) in Verbindung mit der sozialgerichtlichen Rechtsprechung zur medizinischen Notwendigkeit im Rahmen der geschlechtsangleichenden Behandlung. Maßgeblich ist, ob die Epilation als medizinisch notwendiger Bestandteil der Transition anzusehen ist, was bei Transfrauen mit ausgeprägter Bartbehaarung in der Regel bejaht wird.

4.2.4 Rechtsprechung zur Reduktion des Adamsapfels

Die operative Verkleinerung des Adamsapfels (medizinisch: Chondrolaryngoplastik, oder auf Englisch umgangssprachlich „Tracheal Shave") ist ein Eingriff, der den vorspringenden Schildknorpel des Kehlkopfes reduziert. Ziel ist es, die von vielen Transfrauen als belastend empfundene maskuline Kontur am Hals zu beseitigen und so das äußere Erscheinungsbild zu feminisieren.

Rechtliche Ausgangslage
Da es sich um einen operativen Eingriff handelt, fällt die Behandlung in den ärztlichen Verantwortungsbereich. Die Leistungspflicht der GKV beurteilt sich nach § 27 SGB V (Krankenbehandlung) in Verbindung mit § 12 SGB V (Wirtschaftlichkeitsgebot) und der sozialgerichtlichen Rechtsprechung zu geschlechtsangleichenden Maßnahmen. Maßgeblich ist, ob der Eingriff medizinisch notwendig und geeignet ist, um den durch die Geschlechtsdysphorie verursachten Leidensdruck zu lindern.

Sozialgerichtliche Praxis
Einheitliche höchstrichterliche Rechtsprechung speziell zur Trachealreduktion existiert bislang nicht. In der sozialgerichtlichen Praxis wird der Eingriff jedoch in Einzelfällen als Bestandteil einer geschlechtsangleichenden Behandlung anerkannt, wenn der Leidensdruck entsprechend belegt ist. Häufig wird die Notwendigkeit bejaht, wenn der prominente Adamsapfel in erheblichem Widerspruch zum gewünschten weiblichen Erscheinungsbild steht und dadurch die psychische Belastung wesentlich verstärkt wird (Urteil zur Adamsapfelreduktion: LSG Rheinland-Pfalz, 2021).

Ablehnungen der Anträge stützen sich häufig darauf, dass der Eingriff nicht zwingend erforderlich sei, um die Geschlechtsdysphorie zu behandeln oder dass er kosmetischen Charakter habe. In solchen Fällen kommt es auf eine fundierte ärztliche Begründung an, die den funktionalen (psychischen) Nutzen für die Patientin herausarbeitet.

Medizinische Dokumentation als Schlüssel Für eine erfolgreiche Kostenübernahme ist eine klare Indikationsstellung erforderlich. Dazu gehören:

- fachärztliche Stellungnahmen (z. B. HNO, plastische Chirurgie),
- Dokumentation der psychischen Belastung und des Leidensdrucks,
- Einordnung der OP als integraler Bestandteil des Gesamtbehandlungsplans zur Geschlechtsangleichung.

4.2.5 Rechtsprechung zur Kryokonservierung

Unter Kryokonservierung versteht man das Einfrieren von Keimzellen (Spermien, Eizellen oder Keimzellgewebe), um die Möglichkeit einer späteren leiblichen Elternschaft zu erhalten. Bei Transpersonen ist dies relevant, wenn eine geschlechtsangleichende medizinische Behandlung die Fruchtbarkeit dauerhaft beeinträchtigen oder aufheben wird, etwa durch Hormontherapie oder operative Eingriffe an den Geschlechtsorganen.

Rechtliche Ausgangslage
Die Leistungspflicht der GKV für Maßnahmen zur Erhaltung der Fertilität ergibt sich aus § 27a Abs. 4 SGB V. Dort ist geregelt, dass Versicherte Anspruch auf medizinische Maßnahmen haben, die notwendig sind, um Keimzellen vor einer Behandlung zu entnehmen und zu konservieren, wenn diese Behandlung voraussichtlich zur Unfruchtbarkeit führt. Ursprünglich galt diese Vorschrift vor allem für onkologische Patient*innen vor einer Chemotherapie oder Bestrahlung.

Höchstrichterliche Klärung
Mit Urteil vom 28. August 2024 (Az. B 1 KR 28/23 R) (BSG, 2024) hat das Bundessozialgericht erstmals entschieden, dass diese Regelung auch für Transpersonen gilt. Das Gericht stellte klar, dass der Anspruch unabhängig von der Art der zugrunde liegenden Behandlung und der geschlechtlichen Identität besteht. Entscheidend sei allein, dass die geplante medizinische Maßnahme –

hier die geschlechtsangleichende Behandlung – mit hoher Wahrscheinlichkeit zu einer dauerhaften Unfruchtbarkeit führt.

Sozialgerichtliche Praxis
Vor diesem Urteil lehnten Krankenkassen Anträge von Transpersonen häufig ab, mit der Begründung, § 27a SGB V erfasse nur krankheitsbedingte, nicht aber „freiwillig" gewählte Eingriffe. Das BSG wies diese Argumentation zurück: Die Notwendigkeit der geschlechtsangleichenden Behandlung ergebe sich aus der Diagnose Geschlechtsdysphorie und sei damit medizinisch indiziert, nicht „freiwillig" im sozialrechtlichen Sinne.

Für die Kostenübernahme sind erforderlich:

- Fachärztliche Bescheinigung, dass die geplante Behandlung die Fruchtbarkeit voraussichtlich aufhebt,
- Indikationsstellung der geschlechtsangleichenden Maßnahme,
- Psychotherapeutische Stellungnahme zur medizinischen Notwendigkeit im Rahmen der Behandlung von Geschlechtsdysphorie und
- Beantragung der Kryokonservierung *vor Beginn* der fruchtbarkeitseinschränkenden Maßnahme.

4.2.6 Rechtsprechung zu Penis-Hoden-Epithesen

Penis-Hoden-Epithesen sind körperexterne Hilfsmittel, die optisch und haptisch Penis und ggf. Hoden nachbilden. Sie können für Transmänner einen wesentlichen Beitrag dazu leisten, das eigene Körperbild zu vervollständigen, das Selbstwertgefühl zu stärken und – je nach Ausführung – auch sexuelle Funktionen zu ermöglichen.

Rechtliche Ausgangslage
Hilfsmittel sind nach § 33 SGB V von der GKV zu gewähren, wenn sie

- den Erfolg einer Krankenbehandlung sichern,
- einer drohenden Behinderung vorbeugen oder
- eine Behinderung ausgleichen.

Bei Transmännern kann eine Penis-Hoden-Epithese als Hilfsmittel zum Behinderungsausgleich anerkannt werden, wenn sie dazu dient, die Folgen der Transition (fehlende Genitalien) funktional auszugleichen und nicht nur kosmetischen Zwecken dient. Maßgeblich ist, ob das Hilfsmittel medizinisch erforderlich ist, um den durch die Geschlechtsdysphorie verursachten Leidensdruck zu lindern und die Teilhabe am sozialen Leben zu verbessern.

Sozialgerichtliche Praxis

Die MDS-Begutachtungsanleitung „Transsexualismus" (2020) erkennt Penis-Hoden-Epithesen grundsätzlich als mögliche Hilfsmittel an, wenn ein erheblicher Leidensdruck besteht und das Hilfsmittel im Alltag, beim Sport oder bei sexueller Intimität zur Verbesserung der Teilhabe beiträgt.

So entschied etwa das Sozialgericht Gotha (Urteil vom 14.12.2022 – S. 14 KR 136/22), dass eine Krankenkasse die Kosten übernehmen muss, wenn die Epithese dem Geschlechtsverkehr dient und damit einen wesentlichen Aspekt der Teilhabe am Intimleben ermöglicht. Das Gericht bewertete den Einsatz nicht als rein kosmetisch, sondern als funktional begründeten Behinderungsausgleich.

Ablehnungsargument „Packer"

In der Praxis lehnen Krankenkassen Anträge auf Epithesen gelegentlich mit dem Hinweis ab, Transmänner könnten sich handelsübliche „Packer" oder Standardprothesen kaufen, die deutlich günstiger sind als maßgefertigte Epithesen. Die Kosten hochwertiger, anatomisch angepasster Epithesen liegen bei mehreren Tausend Euro pro Stück. Diese Argumentation greift jedoch zu kurz: Maßgefertigte Epithesen unterscheiden sich von einfachen Packern wesentlich in Passform, Hautverträglichkeit, Stabilität und Funktionalität (insbesondere bei Intimität und Alltagsbewegungen). Sie werden auf die individuelle Körperanatomie angepasst, was die sichere Fixierung, den Tragekomfort und die Alltagstauglichkeit entscheidend verbessert.

Argumentationslinien für die Kostenübernahme

Transidentität ist eine behandlungsbedürftige Krankheit im Sinne des § 27 Abs. 1 SGB V, die auch operative oder prothetische Maßnahmen umfasst, ohne dass eine klassische Fehlfunktion oder Entstellung vorliegen muss (vgl. BSG, Urteil vom 11.09.2012, Az. B 1 KR 11/12 R) (BSG, 2012).

Der Anspruch besteht unabhängig davon, ob eine äußere Auffälligkeit besteht oder eine Bekleidung das Erscheinungsbild teilweise kaschieren kann.

Im Vergleich zum invasiven und aufwendigen operativen Penoidaufbau ist die Epithese eine kostengünstigere, weniger invasive, aber funktionale Alternative. Bei vorliegenden Angeboten und medizinischer Begründung kann die individuelle Maßanfertigung als notwendig dargelegt werden, um den Behandlungserfolg zu sichern und den Leidensdruck wirksam zu reduzieren.

4.2.7 Privatklinik vs. Vertragsklinik – Bedeutung für die Kostenübernahme

Bei geschlechtsangleichenden Operationen (GaOP) stellt sich häufig die Frage, welche Rolle es spielt, ob eine Klinik als Vertragsklinik oder als Privatklinik arbeitet. Besonders wichtig ist dabei die Frage, ob und in welchem Umfang die gesetzliche Krankenversicherung (GKV) die Kosten übernimmt.

Vertragskliniken – auch „zugelassene Krankenhäuser" genannt – verfügen über einen Versorgungsvertrag nach § 108 SGB V. Sie sind dadurch berechtigt, regulär mit den Krankenkassen abzurechnen. Liegt eine Genehmigung der Operation vor, übernimmt die GKV die Kosten wie bei jeder anderen stationären Behandlung auch. Für die Patientin oder den Patienten bedeutet das, dass in der Regel keine zusätzlichen Kosten entstehen, abgesehen von den gesetzlich vorgeschriebenen Zuzahlungen wie zum Beispiel zehn Euro pro Krankenhaustag, begrenzt auf 28 Tage pro Jahr.

Privatkliniken hingegen haben keinen solchen allgemeinen Versorgungsvertrag und rechnen daher normalerweise direkt mit den Patientinnen und Patienten ab. Viele Privatkliniken sind auf Privatversicherte oder Selbstzahlerinnen und -zahler ausgerichtet. Dies bedeutet jedoch nicht automatisch, dass eine Kostenübernahme durch die GKV ausgeschlossen ist. Manche Privatkliniken verfügen für bestimmte Behandlungen über spezielle Vereinbarungen mit einzelnen Krankenkassen. In solchen Fällen kann eine direkte Abrechnung mit der GKV möglich sein. Ob dies im Einzelfall zutrifft, hängt stets von der konkreten Klinik und der jeweiligen Krankenkasse ab und sollte unbedingt vorab geklärt werden.

Für die Praxis bedeutet das: Wer sich in einer Vertragsklinik operieren lässt, kann in der Regel davon ausgehen, dass die Kosten nach Genehmigung der Operation übernommen werden. Bei Privatkliniken ist die Situation deutlich komplexer. Je nach Konstellation muss man eventuell zunächst in Vorleistung gehen und anschließend die Erstattung beantragen, wobei der Ausgang oft unklar bleibt. Unter Umständen ist auch damit zu rechnen, dass man die Kosten teilweise oder vollständig selbst tragen muss.

Die Einstufung einer Einrichtung als Vertrags- oder Privatklinik entscheidet also darüber, ob die Klinik zur Regelversorgung gehört. Daraus folgt jedoch nicht automatisch eine eindeutige Zusage oder Ablehnung der Kostenübernahme. Maßgeblich sind letztlich die jeweilige Klinik, die geplante Operation und die Absprachen der Klinik mit der Krankenkasse. Es ist daher dringend zu empfehlen, sich die Kostenübernahme für die Behandlung in einem bestimmten Krankenhaus in jedem Fall vor einer geplanten Operation schriftlich von der Krankenkasse bestätigen zu lassen – unabhängig davon, ob die Operation in einer Vertrags- oder Privatklinik stattfinden soll. Nur so lassen sich spätere Missverständnisse und finanzielle Risiken vermeiden.

4.2.8 Zusammenfassung

Die sozialgerichtliche Bewertung geschlechtsangleichender Maßnahmen hängt stark von der konkreten medizinischen Begründung, der Vollständigkeit und inhaltlichen Korrektheit der Unterlagen sowie den einzuhaltenden Fristen ab. Ablehnungen der Kostenübernahme sind keine Seltenheit, bedeuten aber nicht „das Ende der Welt". Wer seine Unterlagen vollständig und inhaltlich fachgerecht eingereicht hat, sollte eine ablehnende Entscheidung nicht einfach hinnehmen, sondern fristgerecht Widerspruch einlegen und sich anwaltlich unterstützen lassen.

Gerade bei sozialrechtlichen Fragen ist es riskant, sich auf Hörensagen, auf das Internet oder Erfahrungsberichte aus der Community zu verlassen. Jede Fallkonstellation ist individuell, und kleine Unterschiede in der Dokumentation oder in der Begründung einer Ablehnung können juristisch entscheidend sein. Fachlich professionelle Beratung – im Idealfall durch Fachanwält*innen für Sozialrecht, Medizinrecht oder Anwält*innen mit großer Erfahrung in der Vertretung von Transpersonen in Kostenübernahmestreitigkeiten – ist daher ratsam.

Zugleich gilt: Ein Widerspruch ist nur dann sinnvoll, wenn die eingereichten Unterlagen vollständig und inhaltlich belastbar sind und die Voraussetzungen (z. B. Therapiezeiten, Alltagserfahrung, medizinische Indikation) nachweislich erfüllt wurden. Fehlen formale oder inhaltliche Voraussetzungen, sollte zunächst die Dokumentation ergänzt und ggf. der Antrag neu gestellt werden. So lassen sich Verfahrensverzögerungen vermeiden und die Erfolgsaussichten verbessern.

4.3 Name und Anrede

Die korrekte Anrede und die Verwendung des richtigen Vornamens sind zentrale Elemente im respektvollen und anerkennenden Umgang mit Transpersonen. In der Praxis ist dies oft der erste und wichtigste Schritt, mit dem das soziale Umfeld – ob im beruflichen, familiären oder alltäglichen Kontext – Geschlechtsidentität sichtbar anerkennen kann. Gleichzeitig können falsche Anreden oder die Verwendung früherer Vornamen („Deadnaming") für betroffene Personen stark belastend sein.

Selbst gewählter Name – auch vor offizieller Änderung relevant
Unabhängig davon, ob eine offizielle Änderung von Vorname und Geschlechtseintrag bereits erfolgt ist, sollte der selbst gewählte Vorname respektiert und verwendet werden. Viele Transpersonen leben schon Monate oder Jahre vor dem offiziellen Verfahren unter ihrem neuen Namen. Im Alltag – von der Anmeldung beim Sportkurs bis zum Gespräch in der Arztpraxis – sollte daher immer gefragt oder beachtet werden, wie eine Person angesprochen werden möchte.

Fehlanreden und Deadnaming
Die absichtliche Verwendung des alten Namens stellt eine Form der Missachtung dar. Zwar kann es in der Übergangszeit gelegentlich zu Versprechern kommen – entscheidend ist jedoch, wie damit umgegangen wird. Eine kurze Entschuldigung und der sofortige Wechsel zum richtigen Namen zeigen Respekt. Wiederholte oder bewusst eingesetzte Fehlanreden hingegen verletzen nicht nur die Person, sondern können auch arbeitsrechtliche und datenschutzrechtliche Konsequenzen nach sich ziehen, insbesondere nach einer offiziellen Änderung nach dem SBGG.

Anredeformen: Frau, Herr oder neutral
Die geschlechtliche Anrede ist für viele Transpersonen ebenfalls bedeutsam. Die meisten wünschen eine Anrede, die mit ihrer gelebten Geschlechtsidentität übereinstimmt. Dabei kann sich die bevorzugte Anrede im Laufe der Transition verändern. Personen, die sich nicht-binär identifizieren, bevorzugen manchmal neutrale Anredeformen (z. B. Grußformel ohne den Zusatz Herr oder Frau: „Guten Tag Alex Scholz“). Wichtig ist es, sich hier nicht auf Vermutungen zu verlassen, sondern gegebenenfalls sensibel nachzufragen.

Technische Systeme und bürokratische Hürden
In beruflichen oder in institutionellen Abläufen kommt es oft vor, dass IT-Systeme oder Verwaltungsformulare nur binäre Geschlechtsoptionen oder amtliche Namen erfassen können. In solchen Fällen sollten Organisationen nach pragmatischen Lösungen suchen, um möglichst früh den gewünschten Namen und die korrekte Anrede umzusetzen. Bis zur offiziellen Änderung können auch Zweitsysteme (z. B. E-Mail-Signaturen, Namensschilder, Intranet-Profile) angepasst werden.

Empfehlung für den Alltag
Ein sensibler und respektvoller Umgang mit Namen und Anrede beginnt damit, zuzuhören und Unsicherheiten offen zu thematisieren. Ein „Wie

möchten Sie angesprochen werden?" kann Missverständnisse vermeiden und signalisiert Wertschätzung. Wo möglich, sollte das persönliche Umfeld aktiv unterstützen, etwa indem, immer in Absprache mit der betroffenen Person, Kolleg*innen, Vorgesetzte oder Vereinsmitglieder über die neue Anrede informiert werden.

Hinweis
Eine offizielle Änderung nach dem SBGG ist nicht Voraussetzung für Respekt im Alltag. Es zählt, wie sich eine Person identifiziert – nicht, was im Ausweis steht.

Name und Anrede – das ist wichtig

- Immer ernst nehmen: Der selbst gewählte Vorname und die bevorzugte Anrede sind Teil der Geschlechtsidentität und sollten unabhängig vom amtlichen Eintrag respektiert werden.
- Nicht aufschieben – auch vor der offiziellen Änderung gilt: Der neue Name sollte verwendet werden. Im persönlichen Gespräch, auf Namensschildern oder in E-Mails.
- Fragen ist besser als raten: „Wie möchten Sie angesprochen werden?" ist respektvoller als Annahmen über Geschlecht oder Anrede zu treffen.
- Fehlanrede? Kein Drama, aber ernst nehmen. Einmal versprochen? Kurze Entschuldigung, korrigieren und weitermachen. Wiederholtes oder absichtliches „Misgendern" kann als Diskriminierung gelten.
- Systeme anpassen: Wo möglich, sollten IT- und Verwaltungssysteme flexibel sein – etwa durch Ergänzung eines bevorzugten Namens oder die Möglichkeit neutraler Anrede.
- Vertraulichkeit wahren: auch vor der offiziellen Namensänderung dürfen der alte Name oder die frühere Geschlechtszugehörigkeit nur mit Zustimmung der betroffenen Person an Dritte kommuniziert werden.

In der Schule

- Lehrkräfte und Schulpersonal sollten den gewählten Namen und die Anrede konsequent nutzen – auch in Anwesenheitslisten, E-Mails und Zeugnissen (sofern rechtlich möglich).
- Bei Minderjährigen ist ein sensibler Umgang mit dem elterlichen Informationsrecht erforderlich. Nicht alle Sorgeberechtigten unterstützen den Weg ihrer Kinder.
- Schulen können auch ohne amtliche Änderungen Schutzräume schaffen, z. B. durch geschlechtsneutrale Toiletten und sensiblen Umgang im Sportunterricht.

In der medizinischen Versorgung

- Die Anrede im Patient*innenkontakt sollte den Wünschen der Person entsprechen, unabhängig vom Eintrag in der Krankenversicherungskarte oder der Patientenakte.
- Viele Praxissoftware-Systeme erlauben das Anlegen eines bevorzugten Namens als Zusatzinformation. Auch wenn dieser nicht für die Abrechnung genutzt werden kann, ist er im persönlichen Kontakt von großer Bedeutung.
- Gerade im Wartezimmer oder beim Aufrufen sollte unbedingt der korrekte Name verwendet werden, um unfreiwilliges Outing, Deadnaming und Misgendern zu vermeiden.

4.4 Heiraten

Die Frage, wie bestehende oder geplante Ehen mit einer geschlechtlichen Transition eines Partners oder einer Partnerin in Einklang gebracht werden, berührt mehrere rechtliche, bürokratische und auch persönlich-emotionale Ebenen. Sowohl bei neuen Ehen als auch bei bestehenden Partnerschaften, die vor oder während der Transition geschlossen wurden, gibt es spezifische Herausforderungen – vor allem im Hinblick auf die Namensführung und den Geschlechtseintrag in Eheurkunden.

Bestehende Ehen und Partnerschaften

In Deutschland ist seit 2017 die Ehe für alle geöffnet, sodass zwei Personen unabhängig vom Geschlechtseintrag eine Ehe eingehen können. Für Transpersonen bedeutet das: Eine bestehende Ehe muss bei einer geschlechtlichen Transition nicht mehr aufgelöst werden. Das war nicht immer so. Vor 2008 war es für verheiratete transgeschlechtliche Personen notwendig, sich scheiden zu lassen, um eine Vornamens- und Personenstandsänderung nach dem Transsexuellengesetz (TSG) durchführen zu können. Dies wurde durch das Bundesverfassungsgericht für verfassungswidrig erklärt.

Wer also heute in einer bestehenden Ehe lebt und eine Transition durchläuft, kann die Ehe unverändert fortführen. Dennoch können juristische und bürokratische Probleme entstehen, wenn in älteren Eheurkunden noch der frühere Name und ggf. der ursprüngliche Geschlechtseintrag der transgeschlechtlichen Person aufgeführt sind. Diese „alten" Eheurkunden mit dem sogenannten Deadname können insbesondere in Situationen problematisch sein, in denen die Eheurkunde vorgelegt werden muss – etwa beim Hauskauf, bei Bankgeschäften oder Auslandsreisen. Das Risiko eines unfreiwilligen Outings ist dabei nicht zu unterschätzen.

Zwar kann eine Eheurkunde neu ausgestellt werden, wenn sich der Personenstand einer der Ehepartner*innen ändert (§ 47 PStG). Allerdings geschieht dies nicht automatisch. Betroffene müssen aktiv beim Standesamt die Ausstellung einer neuen, angepassten Eheurkunde beantragen. Wichtig ist: Die Änderung betrifft nicht den historischen Inhalt des Eheregisters, sondern führt zur Ausstellung einer neuen, aktuellen Urkunde mit dem geänderten Namen und Geschlecht. Im Eheregister bleibt der alte Eintrag bestehen, kann aber nicht ohne „wichtigen Grund" eingesehen werden, auch nicht von Behörden.

Lebenspartnerschaften und Transition

Eine Besonderheit ergibt sich bei Personen, die vor Öffnung der BGB-Ehe in einer eingetragenen Lebenspartnerschaft nach dem Lebenspartnerschaftsgesetz (LPartG) lebten. Diese Form war ausschließlich gleichgeschlechtlichen Paaren vorbehalten. Wenn nun eine Person innerhalb dieser Partnerschaft ihre Geschlechtsidentität rechtlich ändert, wird aus dem ehemals gleichgeschlechtlichen ein verschiedengeschlechtliches Paar. Formal bleibt die eingetragene Lebenspartnerschaft bestehen, obwohl sie für gleichgeschlechtliche Paare gedacht war.

In der Praxis kann das zu Verwirrung führen – etwa bei Behörden oder in der Außenwahrnehmung. Denn eingetragene Lebenspartnerschaften sind heute rechtlich der Ehe gleichgestellt, können aber seit 2017 nicht mehr neu begründet werden. Ein Paar, das in dieser Konstellation weiter zusammenbleibt, lebt also in einer Form des Rechtsinstituts, das es nur noch für Bestandsfälle gibt und das formal nicht mehr zum aktuellen Geschlechtsstatus der Beteiligten passt.

Die Partner*innen haben jedoch die Möglichkeit, ihre Lebenspartnerschaft in eine Ehe umzuwandeln. Viele tun dies nicht nur aus praktischen Gründen (z. B. bei der Steuer oder bei bestimmten familienrechtlichen Fragen), sondern auch, um mit einem veralteten und als überholt empfundenen Status abzuschließen. Die Umwandlung in eine Ehe erfolgt auf Antrag beim Standesamt. Dabei können gleichzeitig neue Eheurkunden mit aktualisierten Personenstandsdaten beantragt werden.

Empfehlung

Transpersonen, die bereits verheiratet sind oder in einer eingetragenen Lebenspartnerschaft leben, sollten frühzeitig prüfen, ob alte Urkunden mit dem früheren Namen oder Geschlechtseintrag ersetzt werden sollten. Auch in neuen Partnerschaften sollten die Partner*innen – wenn eine geschlechtliche

Transition noch nicht vollständig rechtlich umgesetzt wurde – frühzeitig über den geplanten Umgang mit Namen und Einträgen sprechen. So können spätere Missverständnisse oder unfreiwillige Outings vermieden werden.

Checkliste: Eheurkunde nach Vornamens- und Geschlechtseintragsänderung aktualisieren

- Rechtliche Änderung abgeschlossen? Vornamens- und Geschlechtseintragsänderung nach SBGG (oder TSG) ist rechtskräftig (gerichtlicher Beschluss oder standesamtlicher Bescheid liegt vor).
- Zuständiges Standesamt ermitteln: Die Zuständigkeit liegt bei dem Standesamt, das die Eheschließung beurkundet hat.
- Antrag auf Berichtigung oder Neuausstellung stellen: (i) Formloser schriftlicher Antrag beim zuständigen Standesamt, (ii) Kopie des geänderten Personenstandsbescheids (bzw. Personenstandsurkunde) beifügen, (iii) Personalausweis oder Meldebescheinigung mitschicken.
- Neue Eheurkunde beantragen: Gleich im Antrag neue Eheurkunden auf den aktuellen Namen und Geschlecht mit beantragen (meist kostenpflichtig, ca. 10–15 € pro Urkunde), alte Urkunden ggf. vernichten oder sicher verwahren.
- Bei Bedarf: Offenbarungsverbot gegenüber Behörden geltend machen: Hinweis auf § 13 SBGG (Offenbarungsverbot) einfügen, wenn die Vorlage alter Urkunden droht.
- Eventuell: Lebenspartnerschaft in Ehe umwandeln. Für Lebenspartnerschaften: Prüfung, ob eine Umwandlung in eine Ehe gewünscht ist, dafür Termin beim Standesamt vereinbaren (meist ohne neue Trauzeremonie).

4.5 Kinder bekommen oder adoptieren

Auch wenn Transidentität in der Vergangenheit oft mit dem Verzicht auf Elternschaft gleichgesetzt wurde, zeigen gesellschaftliche Entwicklungen und rechtliche Anpassungen, dass Transpersonen sehr wohl Eltern werden können – sei es durch biologische Kinder oder durch Adoption. Dennoch bestehen komplexe rechtliche Rahmenbedingungen, insbesondere im Personenstands- und Familienrecht, die im Einzelfall sorgfältig geprüft werden sollten.

Biologische Elternschaft und rechtliche Zuordnung

Transmänner, die über Gebärmutter und Eierstöcke verfügen und keine geschlechtsangleichende Operation durchgeführt haben, können grundsätzlich schwanger werden. Transfrauen, deren Spermien vor einer Hormonbehandlung oder Orchiektomie kryokonserviert wurden, können prinzipiell genetisch Elternteil eines Kindes werden.

Rechtlicher Haken: geschlechtsbezogene Elternbezeichnung

Obwohl eine Person im Personenstandsregister einen neuen Vornamen und ein neues rechtliches Geschlecht führt, wird sie nach deutschem Familienrecht weiterhin gemäß ihrer biologischen Rolle als Mutter oder Vater in Geburtsurkunden eingetragen: Eine Transfrau, die ein Kind zeugt, wird rechtlich als „Vater" geführt – selbst, wenn sie rechtlich weiblich ist. Ein Transmann, der ein Kind gebärt, wird weiterhin als „Mutter" geführt.

Dies kann für die betroffenen Elternteile belastend sein, da die Geburtsurkunde eines Kindes damit faktisch das frühere Geschlecht offenlegt – was dem Offenbarungsverbot (§ 13 SBGG) entgegensteht, aber aufgrund der derzeitigen Rechtslage nicht vermeidbar ist. Eine gerichtliche Klärung oder Gesetzesreform ist derzeit noch nicht erfolgt, wird aber diskutiert.

Option der Familienplanung: Kryokonservierung

Vor Beginn einer Hormonersatztherapie sollte immer die Möglichkeit einer Kryokonservierung von Spermien oder Eizellen angesprochen werden. Diese Maßnahme kann helfen, zu einem späteren Zeitpunkt eigene leibliche Kinder zu bekommen – z. B. mithilfe assistierter Reproduktionsmedizin (z. B. Insemination, IVF).

Praxistipp

Die gesetzlichen Krankenkassen übernehmen unter bestimmten Voraussetzungen die Kosten für die Kryokonservierung – z. B. wenn eine Unfruchtbarkeit (etwa durch Hormontherapie oder Operation) bevorsteht. Ein ausführliches Gespräch mit der behandelnden Endokrinolog*in und der Reproduktionsklinik ist ratsam.

Geburt durch Transmänner

Wenn Transmänner sich entscheiden, schwanger zu werden, ist eine rechtliche Begleitung ratsam. Die rechtliche Eintragung als „Mutter" ist verpflichtend. Diskriminierungsschutz (z. B. im Rahmen des SBGG und AGG) gilt auch in medizinischen Kontexten – etwa bei der Betreuung in gynäkologischen Kliniken oder im Rahmen der Geburt.

Adoption

Auch die Adoption durch Transpersonen ist grundsätzlich möglich, jedoch an verschiedene rechtliche Voraussetzungen gebunden. Diskriminierungsfreiheit ist rechtlich geboten, jedoch in der Praxis nicht immer durchgesetzt.

Transpersonen, die nicht verheiratet sind, können ein Kind als Einzelperson adoptieren. Die Entscheidung liegt im Ermessen des Familiengerichts und des Jugendamts. Die persönliche Eignung steht dabei im Mittelpunkt – die Transidentität darf kein Ausschlusskriterium sein.

In einer Ehe (etwa zwischen einem Transmann und seiner cisgeschlechtlichen Ehefrau oder einem anderen Partner) kann ein Kind, das in die Beziehung eingebracht wurde oder durch medizinisch assistierte Reproduktion entstanden ist, von der anderen Partnerin adoptiert werden. Dies setzt ein stabiles soziales Umfeld und die Zustimmung des leiblichen Elternteils voraus.

Bei Auslandsadoptionen ist besondere Vorsicht geboten: Viele Länder schließen LSBTI-Personen von internationalen Adoptionen aus oder verlangen Nachweise über „klassische" Hetero-Ehen. Auch nach einer erfolgreichen Adoption im Ausland kann die Anerkennung in Deutschland problematisch sein, wenn Zweifel an der Gleichstellung bestehen.

Leihmutterschaft

Für viele Transfrauen, die keine Möglichkeit zur Schwangerschaft in der Partnerschaft haben (etwa in lesbischen Beziehungen oder wenn keine Spermien per Kryokonservierung gesichert wurden), erscheint Leihmutterschaft als mögliche Option. In Deutschland ist diese jedoch ausdrücklich verboten (§ 1 Embryonenschutzgesetz, § 13 Adoptionsvermittlungsgesetz). Dies gilt auch für die Vermittlung oder Unterstützung einer solchen Konstellationen, etwa durch Ärzt*innen oder Agenturen. Wer dennoch eine Leihmutterschaft im Ausland plant (z. B. in den USA, Kanada oder Georgien), muss mit komplexen rechtlichen und praktischen Hürden bei der Anerkennung der Elternschaft in Deutschland rechnen. Dies betrifft vor allem die Eintragung in das deutsche Personenstandsregister und das Sorge- sowie Aufenthaltsrecht des Kindes. Bevor ein solcher Weg auch nur angedacht wird, sollte eine spezialisierte anwaltliche Beratung eingeholt werden, um rechtliche Risiken und Möglichkeiten im Einzelfall zu bewerten.

Samenspende

Die Samenspende ist eine gängige Option insbesondere für Transmänner in Partnerschaft mit einer Cisfrau, die eine Schwangerschaft anstreben. Grundsätzlich existieren zwei Wege: die private Samenspende und die Samenspende über eine lizenzierte Samenbank.

Eine private Samenspende (also etwa durch einen Bekannten oder Freund) ist rechtlich erlaubt, birgt jedoch erhebliche Fallstricke:

- Ohne notarielle Regelung kann der Spender später als rechtlicher Vater des Kindes gelten – mit allen Rechten und Pflichten, etwa Unterhaltspflicht.
- Auch der Anspruch des Kindes auf Kenntnis seiner biologischen Herkunft kann langfristig zu Konflikten führen.

Eine notarielle Vereinbarung mit dem Samenspender, in der auf Rechte und Pflichten verzichtet wird, ist dringend zu empfehlen – auch wenn sie nicht alle rechtlichen Risiken vollständig ausschließen kann.

Samenbanken im In- und Ausland
Eine Samenspende über eine anerkannte Samenbank (z. B. in Dänemark, den Niederlanden oder Deutschland) bietet deutlich mehr rechtliche Sicherheit:

- Spender bleiben anonym,
- die rechtliche Vaterschaft liegt nicht beim Spender,
- die Elternschaft wird dem/der Partner*in des gebärenden Elternteils zugesprochen – bei verheirateten Paaren automatisch, sonst über Stiefkindadoption.

Allerdings sind die meisten Samenbanken bei der Auswahl der Empfänger*innen restriktiv: Manche schließen Transpersonen pauschal aus, andere verlangen umfangreiche psychosoziale oder medizinische Stellungnahmen. Auch die deutsche Rechtslage erschwert häufig eine unkomplizierte Nutzung von Samenbanken, wenn die Konstellation nicht klassischen heterosexuellen Normen entspricht.

Fazit
Familiengründung ist auch für Transpersonen möglich, auf biologischem wie auf rechtlichem Wege. Allerdings besteht rechtlich weiterhin Nachholbedarf, insbesondere bei der geschlechtsneutralen Benennung von Elternteilen in Geburtsurkunden. Ein transparenter, gut informierter und frühzeitig begonnener Planungsprozess – ggf. mit juristischer Beratung – ist daher essenziell. Das Selbstbestimmungsgesetz allein verändert noch nicht die familienrechtlichen Grundlagen. Für viele bleibt daher das Zusammenspiel von Wunschelternschaft, medizinischer Begleitung und rechtlicher Gestaltung eine komplexe, aber machbare Aufgabe.

Checkliste: Kinder bekommen oder adoptieren – Optionen für Transpersonen

Medizinische Vorbereitung

- Wurde vor Beginn der Hormonbehandlung über mögliche Unfruchtbarkeit aufgeklärt?
- Wurde Kryokonservierung von Eizellen oder Spermien rechtzeitig beantragt und durchgeführt?
- Besteht ein dokumentierter Kinderwunsch vor Einleitung medizinischer Maßnahmen?

Eigene Schwangerschaft oder biologische Elternschaft

- Bei Transmännern: Ist eine eigene Schwangerschaft medizinisch möglich und gewünscht?
- Bei Transfrauen: Gibt es Sperma zur Verwendung durch eine Partnerin oder für eine Spende?
- Wurde eine ärztliche und ggf. psychologische Beratung zu Risiken und Chancen eingeholt?

Samenspende

- Entscheidung zwischen privater oder klinischer Samenspende getroffen?
- Bei privater Spende: Notarielle Regelung zur Elternschaft (Haftung, Unterhalt) getroffen?
- Bei Samenbank: Zugangsvoraussetzungen geklärt, ggf. notwendige Stellungnahmen organisiert?
- Wurden rechtliche Folgen für Elternschaft und Geburtsurkunde (z. B. Anerkennung, Adoption) besprochen?

Adoption

- Sind alle Voraussetzungen für eine Stiefkindadoption erfüllt (z. B. gemeinsame Sorge, stabile Lebensgemeinschaft)?
- Gibt es juristische Beratung zur Durchführung des Adoptionsverfahrens?
- Wurde geprüft, ob im konkreten Fall auch eine gemeinschaftliche Adoption infrage kommt?

Wichtige Hinweise

- Sorgfältige Dokumentation der Vaterschafts-/Mutterschaftsabsichten bei nicht gebärenden Elternteilen empfohlen.
- Beratung mit Fachärztinnen, psychosozialen Stellen und ggf. transkompetenten Jurist*innen erfolgt?
- Besonderheiten nach dem SBGG und bei abweichendem Personenstand berücksichtigt (z. B. für Geburtsurkunde des Kindes)?

4.6 Arbeitsumfeld

Die rechtliche Gleichstellung von transidenten Beschäftigten am Arbeitsplatz ist durch das Allgemeine Gleichbehandlungsgesetz (AGG), das Grundgesetz sowie das SBGG umfassend geschützt. Dennoch erleben viele Transpersonen Diskriminierung, strukturelle Unsicherheit oder einen Mangel an Akzeptanz im beruflichen Alltag. Der folgende Abschnitt beleuchtet zentrale Aspekte und Rechte im Arbeitskontext.

Offenbarungsverbot und Informationspflichten
Gemäß § 13 SBGG dürfen frühere Vornamen oder die vorherige Geschlechtszugehörigkeit nicht ohne ausdrückliche Zustimmung offengelegt werden. Arbeitgeberinnen sind verpflichtet, den Wunsch nach Diskretion zu respektieren und Informationen zu Vornamens- oder Geschlechtsänderung vertraulich zu behandeln. Die Personalakte muss entsprechend angepasst werden, sobald die amtliche Änderung vorliegt. Im laufenden Betrieb darf die frühere Identität auch gegenüber Kolleg*innen nicht kommuniziert werden – es sei denn, die betroffene Person wünscht es ausdrücklich.

Diskriminierungsschutz nach dem AGG
Das AGG schützt ausdrücklich vor Benachteiligung aufgrund der sexuellen Identität – dazu zählt auch die geschlechtliche Identität. Diskriminierung am Arbeitsplatz (z. B. durch gezieltes Misgendern, Verspottung oder strukturelle Benachteiligung bei Beförderungen) kann rechtlich geahndet werden. Arbeitgeber*innen sind verpflichtet, Maßnahmen zum Schutz vor Diskriminierung zu treffen, zum Beispiel durch klare interne Regelungen, Awareness-Schulungen oder Ansprechpersonen für Diversität.

Namensnutzung und E-Mail-Systeme
Bereits vor der amtlichen Vornamensänderung haben Beschäftigte den Anspruch auf Verwendung des neuen Namens – etwa bei der Anrede, auf Tür- und Namensschildern oder in der E-Mail-Adresse. Die soziale Transition muss auch arbeitsrechtlich respektiert werden. Eine unternehmensinterne IT-Lösung, die „Aliasnamen“ erlaubt, kann dabei helfen, den neuen Namen vor der offiziellen Eintragung umzusetzen.

Arbeitsrechtliche Absicherung während medizinischer Maßnahmen
Geschlechtsangleichende medizinische Maßnahmen gelten im Regelfall als medizinisch indizierte Behandlungen. Daher können sie unter die Regelun-

gen zur Arbeitsunfähigkeit fallen. Ärzt*innen müssen jedoch – wie sonst auch – keine Diagnose (z. B. die „Trans-Diagnose" F64.0) angeben, sondern lediglich die Arbeitsunfähigkeit bescheinigen. Ein Arbeitgeber darf aus der Krankschreibung keine Rückschlüsse auf den Transitionskontext ziehen.

Kleidungsvorschriften am Arbeitsplatz

Grundsätzlich gilt: Transpersonen dürfen ihrem gelebten Geschlecht entsprechend gekleidet zur Arbeit erscheinen und genießen dabei den Schutz durch das Allgemeine Gleichbehandlungsgesetz (AGG). Kleiderordnungen dürfen nicht dazu genutzt werden, die geschlechtliche Identität infrage zu stellen oder durchzusetzen, dass eine Transfrau beispielsweise „männliche" Kleidung tragen müsse.

Ausnahmen bestehen nur dort, wo funktionale Kleidung aus sicherheitstechnischen oder hygienischen Gründen erforderlich ist, etwa im medizinischen Bereich oder in der Industrie. Auch hier ist jedoch entscheidend, dass die Kleidung geschlechtsneutral gestellt oder individuell angepasst wird, ohne dass Transpersonen in abweichender Weise behandelt werden.

Ein Rückgriff auf ein „Hausrecht" des Arbeitgebers, das ein geschlechtsspezifisches Erscheinungsbild einfordert, wäre rechtlich nicht haltbar, sofern dadurch diskriminierende Wirkungen entstehen oder die gelebte Identität infrage gestellt wird. Transpersonen dürfen also nicht auf Grundlage subjektiver ästhetischer oder „traditioneller" Vorstellungen zu einer bestimmten Kleidung gezwungen werden.

Toiletten und Umkleiden und das Spannungsfeld Hausrecht

Transpersonen haben das Recht, die Toilette zu benutzen, die ihrer Geschlechtsidentität entspricht – auch unabhängig von operativen Maßnahmen oder einer amtlichen Personenstandsänderung. Dieses Recht folgt aus dem allgemeinen Persönlichkeitsrecht und dem Schutz vor Diskriminierung (§ 1 AGG). Eine Transfrau hat daher grundsätzlich Zugang zur Damentoilette, ein Transmann zur Herrentoilette.

Ein häufig genannter Vorschlag von Arbeitgeber*innen lautet, eine „dritte Option" – etwa ein Unisex-WC oder ein Behinderten-WC – als Alternative anzubieten. Solche Angebote können sinnvoll sein, wenn sie freiwillig genutzt werden. Werden sie jedoch verpflichtend oder exklusiv für Transpersonen vorgesehen, ist dies rechtlich problematisch.

Ein viel diskutierter Punkt ist das Spannungsverhältnis zwischen diesem individuellen Recht und dem Hausrecht des Arbeitgebers. Rein rechtlich betrachtet kann ein Arbeitgeber im Rahmen seines Hausrechts festlegen, wie Betriebsräume genutzt werden – allerdings nur, solange dadurch keine unzulässige Diskriminierung erfolgt. Die Gerichte sind sich weitgehend einig, dass das Diskriminierungsverbot höher zu gewichten ist als das betriebliche Ordnungsinteresse – zumindest so lange keine gewichtigen sachlichen Gründe (z. B. Gefährdung, Betriebsstörung) im Raum stehen.

Dennoch zeigt die Praxis: In sensiblen Bereichen wie etwa kleinen Teams, körpernahen Dienstleistungen oder beengten Raumverhältnissen kann es zu Spannungen kommen. Diese lassen sich selten durch starre Regeln, sondern nur durch offene Kommunikation und klar definierte Rahmenbedingungen entschärfen.

Ausnahmen vom Diskriminierungsverbot (§ 20 AGG)
Das Allgemeine Gleichbehandlungsgesetz (AGG) schützt Personen u. a. vor Benachteiligung aufgrund des Geschlechts und der geschlechtlichen Identität (§ 1 AGG). Dies schließt Transpersonen ausdrücklich mit ein. Allerdings erlaubt das AGG in bestimmten Fällen Ausnahmen – insbesondere in § 20 Absatz 1:

„Eine unterschiedliche Behandlung wegen eines in § 1 genannten Grundes ist zulässig, wenn dieser Grund wegen der Art der auszuübenden Tätigkeit oder der Bedingungen ihrer Ausübung eine wesentliche und entscheidende berufliche Anforderung darstellt, sofern der Zweck rechtmäßig und die Anforderung angemessen ist."

Im Klartext: Eine unterschiedliche Behandlung kann ausnahmsweise rechtlich zulässig sein, wenn sie durch berufliche Notwendigkeiten gerechtfertigt ist – etwa bei Tätigkeiten, bei denen das Geschlecht funktional von Bedeutung ist (z. B. Schauspielrollen, religiöse Trägerschaften, besonders intime Pflegetätigkeiten). Die Anforderungen an eine solche Ausnahme sind jedoch hoch und Gerichte prüfen sehr genau, ob diese wirklich notwendig, angemessen und verhältnismäßig ist.

Unterstützung durch Betriebsräte und Schwerbehindertenvertretungen
Betriebs- und Personalräte können wichtige Partner für transidente Beschäftigte sein. Sie können sich für diskriminierungsfreie Arbeitsbedingungen einsetzen und bei Umsetzungsfragen (IT-Systeme, Umkleideräume etc.) vermitteln. Auch die Schwerbehindertenvertretung kann in Fällen psychischer Komorbiditäten (Begleiterkrankungen) unterstützend wirken, etwa bei Anträgen auf Arbeitszeitreduzierung oder Zusatzurlaub im Zuge der medizinischen Transition.

Kommunikation ist alles

Transidente Beschäftigte sollten wichtige Übergänge (Namensänderung, Arbeitsunfähigkeit wegen Operationen etc.) schriftlich dokumentieren und sensibel kommunizieren. Der Betriebsrat oder eine vertrauensvolle Führungskraft kann bei der internen Kommunikation unterstützen. Arbeitgeber*innen sollten proaktiv für ein respektvolles Miteinander sorgen – auch durch Schulungen und klare Verhaltensrichtlinien.

Checkliste für Arbeitgeber*innen: Geschlechtliche Vielfalt diskriminierungsfrei umsetzen

- Erkennen Sie den Namen und die Pronomen an, die Mitarbeitende unabhängig vom amtlichen Eintrag verwenden möchten – auch ohne formale Änderung.
- Erlauben Sie die Nutzung geschlechtskongruenter Kleidung, solange sie den Anforderungen des Jobs nicht widerspricht (z. B. Sicherheitsvorgaben). Modische oder stilistische Bewertungen sind irrelevant.
- Ermöglichen Sie die Toilettennutzung entsprechend der Geschlechtsidentität. Unisex-Toiletten können zusätzlich angeboten werden, aber nicht als Zwangslösung.
- Sensibilisieren Sie Führungskräfte und die Belegschaft durch Schulungen und Materialien zum Thema Transidentität am Arbeitsplatz.
- Vermeiden Sie Zwangs-Outings (z. B. durch alte Personalakten, IT-Systeme, Zugangsausweise) und sorgen Sie für den Schutz der Persönlichkeitsrechte (§ 13 SBGG – Offenbarungsverbot).
- Benennen Sie eine vertrauensvolle Ansprechperson im Unternehmen (z. B. Diversity-Beauftragte*r oder HR), die für Anliegen von transidenten Mitarbeitenden zur Verfügung steht.
- Reagieren Sie konsequent auf Diskriminierung oder Mobbing, auch wenn dies subtil erfolgt (z. B. durch „Deadnaming", absichtliche Falschgeschlechtszuweisungen oder Ausgrenzung in Teams).
- Überprüfen Sie interne Formulare, Kommunikationsrichtlinien und IT-Systeme auf geschlechtsneutrale oder -inklusive Gestaltung. Erlauben Sie wo möglich eine individuelle Anpassung.
- Klären Sie im Vorfeld rechtliche Fallstricke (z. B. Sozialversicherungsnummer, Zutritts- oder Dienstpläne), um Übergangsphasen gut zu gestalten.

Lesetipp: Transidentität und geschlechtliche Vielfalt im Arbeitsumfeld – Ein Praxisbuch für Unternehmen und den Öffentlichen Dienst (Scholz, 2025).

4.7 Schule

Schule ist nicht nur ein Ort des Lernens – sie ist ein zentraler Lebensraum, in dem Kinder und Jugendliche einen großen Teil ihres Alltags verbringen. Für transidente Schülerinnen und Schüler ist die Frage, ob sie dort respektiert, anerkannt und geschützt werden, von entscheidender Bedeutung. Wer sich im schulischen Kontext als trans outet oder bereits geoutet hat, steht vor vielen praktischen und rechtlichen Fragen: Welchen Namen darf ich verwenden? Wer erfährt was? Welche Toilette darf ich benutzen? Und was ist, wenn Lehrkräfte oder Mitschüler*innen sich weigern, meine Identität zu respektieren?

Die gute Nachricht: Transidente Kinder und Jugendliche haben Rechte und sie können diese auch im Schulkontext geltend machen. Auch wenn die rechtliche Lage nicht in allen Punkten völlig eindeutig ist, gibt es doch klare Grundsätze, auf die sich Betroffene und ihre Familien berufen können.

Geschlechtsidentität und Namenswahl im Schulalltag

Das Recht auf geschlechtliche Selbstbestimmung ist durch das Grundgesetz geschützt, insbesondere durch Artikel 1 (Menschenwürde) und Artikel 2 (freie Entfaltung der Persönlichkeit). Schulen sind als staatliche Einrichtungen an diese Grundrechte gebunden. Das bedeutet: Wenn ein Kind oder eine Jugendliche erklärt, als Junge oder als Mädchen (oder nicht-binär) angesprochen werden zu wollen, ist diese Selbstaussage ernst zu nehmen und zu respektieren – und zwar unabhängig davon, ob bereits eine offizielle Änderung im Personenstandsregister vorgenommen wurde.

Auch der gewählte Vorname und die passenden Pronomen sind zu verwenden, sobald das Kind oder die/der Jugendliche dies wünscht – und zwar im schulischen Alltag ebenso wie in Zeugnissen, Klassenlisten, der Ansprache im Unterricht oder bei schulischen Aktivitäten. Das gilt ebenfalls für die Kommunikation mit Dritten (z. B. Eltern von Mitschüler*innen), soweit keine rechtlichen Gründe dagegensprechen.

Ein formaler Eintrag im Personenstandsregister (z. B. über das Selbstbestimmungsgesetz, SBGG) ist keine Voraussetzung für die schulische Anerkennung der eigenen Geschlechtsidentität. Auch ohne amtliche Änderungen sind Schulen verpflichtet, respektvoll und schützend mit der gelebten Identität umzugehen. Das ergibt sich nicht nur aus dem verfassungsrechtlichen Schutz, sondern auch aus dem schulischen Bildungs- und Erziehungsauftrag.

Datenschutz und Offenlegung

Transidente Kinder und Jugendliche haben ein Recht auf Vertraulichkeit. Das bedeutet: Informationen über ihre Geschlechtsidentität dürfen nicht ohne ihre ausdrückliche Zustimmung (bzw. die Zustimmung der Sorgeberechtigten, sofern notwendig) an andere Personen weitergegeben werden. Auch Lehrkräfte und Schulleitungen sind an die geltenden Datenschutzregelungen gebunden. Wichtig ist: Die Entscheidung, ob, wann und wem gegenüber ein Coming-out im schulischen Kontext stattfindet, liegt bei der betroffenen Person. Es gibt keine Pflicht, sich zu erklären, weder gegenüber dem Lehrerkollegium noch gegenüber anderen Schüler*innen oder Eltern.

Schulische Schutzpflicht und Antidiskriminierung

Schulen haben die Aufgabe, ein diskriminierungsfreies Lernumfeld zu gewährleisten. Das schließt ausdrücklich den Schutz vor transfeindlicher Diskriminierung, Mobbing oder struktureller Benachteiligung ein. Grundlage dafür ist das Allgemeine Gleichbehandlungsgesetz (AGG) in Verbindung mit dem Bildungsauftrag der Länder und dem Schutzauftrag des Staates. Wo Diskriminierung geschieht – sei es durch Mitschüler*innen, durch Lehrkräfte oder durch schulische Abläufe – besteht eine Handlungspflicht der Schule.

Verweigert etwa eine Lehrkraft *bewusst* die Ansprache mit dem richtigen Namen oder Pronomen, so kann das eine Form von Diskriminierung darstellen. Gleiches gilt für die Zuweisung zu geschlechtlich nicht passenden Gruppen, etwa im Sportunterricht oder bei Übernachtungsfahrten.

Toiletten und Umkleiden: ein sensibler Rechtsbereich

Eine besonders konfliktträchtige Frage ist die Nutzung von Toiletten oder Umkleideräumen. Transidente Kinder und Jugendliche erleben hier häufig Unsicherheit oder Ablehnung und auch die juristische Bewertung ist nicht eindeutig.

Grundsätzlich ergibt sich aus dem allgemeinen Persönlichkeitsrecht und dem Diskriminierungsschutz (AGG) ein Anspruch darauf, die Toilette zu benutzen, die der gelebten Geschlechtsidentität entspricht. Schulen sind als öffentliche Einrichtungen an diese Rechte gebunden. Viele Bildungsministerien und Schulträger empfehlen ausdrücklich, Transkindern den Zugang zu „der passenden Toilette" zu ermöglichen und dies nicht vom Personenstand abhängig zu machen.

Allerdings wird das Thema bis heute kontrovers diskutiert. Einige Schulen oder Schulträger berufen sich auf das Hausrecht, um den Zugang zu Toiletten zu regulieren. Dieses Hausrecht gilt zwar grundsätzlich auch für Schulen, ist aber dort besonders eingeschränkt, da Schulen dem Grundgesetz unterstehen. Trotzdem gibt es bislang keine höchstrichterliche Entscheidung, die diesen Konflikt eindeutig zugunsten der Antidiskriminierung auflöst. Das heißt: Rechtlich ist der Zugang nicht eindeutig garantiert, wohl aber in der Praxis gut begründbar und zunehmend schulisch umgesetzt.

Konkrete Eskalationsschritte bei Konflikten

Der erste Schritt sollte immer der Versuch sein, ein Problem im Gespräch mit der Schulleitung zu lösen. Dabei empfiehlt es sich, die eigenen Anliegen sachlich und klar zu formulieren, die Rechte des Kindes zu benennen (z. B. Namensgebrauch, Geschlechtsidentität, Schutz vor Diskriminierung), Vorschläge zur Umsetzung angemessener Behandlung und Verhaltensweisen einzubringen und auf Wunsch eine Vertrauensperson oder einen rechtlichen Beistand zum Gespräch mitzubringen. Wichtig: Nach dem Gespräch sollte das Ergebnis schriftlich festgehalten werden – insbesondere, wenn Vereinbarungen getroffen wurden.

Wenn die Schulleitung nicht gesprächsbereit ist oder keine Lösung erzielt werden kann, können sich Eltern an die zuständige Schulaufsicht wenden. Diese ist je nach Bundesland unterschiedlich organisiert, etwa als staatliches Schulamt, Bezirksregierung oder Landesbildungsbehörde.

Die Schulaufsicht hat die Aufgabe, die Einhaltung von Rechten und Pflichten an Schulen zu überwachen. Beschwerden können schriftlich eingereicht werden, am besten mit konkreter Schilderung des Sachverhalts und Hinweis auf mögliche Rechtsverstöße (z. B. Verstoß gegen das Diskriminierungsverbot oder das Kindeswohl). Es empfiehlt sich, dabei auf zentrale Schutzrechte zu verweisen (siehe unten).

In einigen Bundesländern gibt es gewählte Elternvertretungen oder schulische Gremien (z. B. Schulkonferenz, Beschwerdeausschüsse), die bei Konflikten angerufen werden können. Diese haben beratende oder auch vermittelnde Funktion. In Konflikten mit strukturellem Charakter – etwa zur generellen Frage der Toilettenzuweisung oder Umgang mit Transidentität in der Schule – kann dies hilfreich sein.

Bei einem Verdacht auf Diskriminierung kann es weiterhin sinnvoll sein, Landesantidiskriminierungsstellen, einen Landes- oder Schulpsychologischen Dienst und/oder Landesbeauftragte für LSBTI oder Kinderrechte einzubinden. Diese Stellen können keine rechtlich bindenden Entscheidungen treffen, aber auf die Schule einwirken oder im Verfahren unterstützen.

Widerspruch und verwaltungsrechtliche Schritte

Wenn durch die Schule ein Verwaltungsakt erlassen wird (z. B. ein Zeugnis mit dem falschen Namen ausgestellt wird), kann dagegen Widerspruch eingelegt werden. Dies muss in der Regel innerhalb eines Monats nach Bekanntgabe geschehen. Wird der Widerspruch abgelehnt, besteht die Möglichkeit der Klage vor dem Verwaltungsgericht.

Auch gegen pflichtwidriges Unterlassen (z. B. Nicht-Umsetzung einer Schutzmaßnahme) kann rechtlich vorgegangen werden, mithilfe einer Fachanwältin oder eines Fachanwalts für Verwaltungsrecht oder Bildungsrecht. Dabei gilt der Maßstab des Kindeswohls, der Verhältnismäßigkeit und der Gleichbehandlung nach Art. 3 GG.

Worauf Eltern sich in Argumentationen berufen können:

- Grundgesetz: Art. 1 (Würde des Menschen), Art. 2 (freie Entfaltung der Persönlichkeit), Art. 3 Abs. 3 (Diskriminierungsverbot),
- Allgemeines Gleichbehandlungsgesetz (AGG) – auch wenn es im Schulrecht nicht direkt Anwendung findet, kann es zur Begründung herangezogen werden,
- UN-Kinderrechtskonvention (Art. 2, 3, 12) – besonders das Recht auf Schutz vor Diskriminierung und die Berücksichtigung des Kindeswillens,
- Schulgesetz des Bundeslands – fast alle Schulgesetze verpflichten zur Achtung der Persönlichkeitsrechte, zur Gleichbehandlung und zum Schutz vor Diskriminierung,
- Empfehlungen und Handreichungen von Landesministerien oder Kultusbehörden (falls vorhanden), z. B. zu transidenten Schüler*innen oder geschlechtlicher Vielfalt.

4.8 Polizei, Durchsuchung, Sicherheitskontrollen

Polizeikontrollen, Durchsuchungen und Sicherheitschecks, etwa bei Veranstaltungen oder an Flughäfen, sind für viele Menschen unangenehme Situationen. Für transidente Personen können sie zusätzlich mit Unsicherheiten, Irritationen oder Schamgefühlen verbunden sein. Wer sich nicht (mehr) mit dem in Ausweisdokumenten angegebenen Geschlecht identifiziert oder (noch) nicht so aussieht, erlebt solche Situationen häufig als besonders herausfordernd.

Die rechtlichen Grundlagen in Deutschland sind klar geregelt: Körperliche Durchsuchungen erfolgen auf Grundlage der Strafprozessordnung (§ 81d StPO). Dabei gilt grundsätzlich, dass eine körperliche Untersuchung durch eine Person gleichen Geschlechts durchzuführen ist. Transidente Personen haben das Recht, mitzuteilen, ob sie von einem männlichen Beamten oder einer weiblichen Beamtin durchsucht werden möchten. In manchen Bundesländern bestehen hierzu spezifische Dienstanweisungen.

Bei äußeren Durchsuchungen, etwa von Kleidung oder Taschen, ist keine körpernahe Untersuchung erforderlich. Sollte dennoch eine genauere Kontrolle notwendig sein, darf die betroffene Person höflich, aber bestimmt äußern, welche Form der Durchführung sie als angemessen empfindet. Ein solcher Hinweis kann helfen, Missverständnisse oder unangenehme Situationen zu vermeiden.

Auch bei Sicherheitskontrollen, beispielsweise an Flughäfen oder bei Großveranstaltungen, kann es zu sensiblen Momenten kommen. Körperscanner oder Detektorportale reagieren unter Umständen auf körpernahe Hilfsmittel oder medizinische Prothesen. Körperscanner, wie sie an Flughäfen verwendet werden, erkennen Objekte unter der Kleidung, z. B. Silikonprothesen (wie Brust- oder Hodenimplantate), Penis-Packer oder Brustbinder. Diese Geräte erzeugen aber keine anatomisch genauen Bilder, sondern abstrahierte Konturen mit Markierungen an auffälligen Stellen. Metall-Detektoren hingegen reagieren nur auf metallische Gegenstände. Silikonbasierte Produkte oder Kleidungsteile ohne Metall (z. B. Ösen) lösen hier in der Regel keinen Alarm aus. Viele handelsübliche Binder, Silikonprothesen oder Packer enthalten keine metallischen Bestandteile und bleiben daher beim Durchgang durch Metalldetektoren unauffällig.

Wenn der Körperscanner ein unbekanntes Objekt oder eine vermeintliche Unregelmäßigkeit meldet, folgt meistens eine manuelle Kontrolle (Abtasten). Auch hier gilt: Die betroffene Person kann um eine gleichgeschlechtliche Durchsuchung bitten oder um diskrete Durchführung in einem abgetrennten Raum. Eine Aufforderung, medizinisch notwendige Hilfsmittel abzulegen, ist nicht zulässig. In der Regel reicht eine kurze, respektvolle Erklärung aus, um die Situation zu klären. Wer sich unwohl fühlt, kann auch um eine zweite Person als Zeug*in bitten.

Häufig betroffene Gegenstände:

- Brustprothesen oder Brust-Einlagen: Werden im Körperscanner sichtbar, gelten aber grundsätzlich als medizinische Hilfsmittel.
- Penis-Packer: Können im Körperscanner auffallen, insbesondere, wenn sie sich durch Form oder Material abheben. Können aber auch unauffällig bleiben. Gelten nicht als medizinische Hilfsmittel.
- Brustbinder: Können entweder unauffällig bleiben oder einen Kontrollhinweis auslösen – je nach Material, Schnitt und Scanner-Empfindlichkeit. Gelten ebenfalls nicht als medizinische Hilfsmittel.
- Implantate (z. B. Brust-, Hoden- oder Erektionsprothesen): Werden im Körperscanner typischerweise als medizinisch unbedenklich erkannt, können aber Nachfragen auslösen, wenn sie unerwartet erscheinen. Gelten als medizinische Implantate.

Viele transidente Menschen empfinden es als hilfreich, sich innerlich auf die Kontrolle einzustellen und eine mögliche Formulierung bereit zu haben, falls es zu Nachfragen kommt. Zum Beispiel: „Ich trage eine medizinisch notwendige Brustprothese“ oder „Ich nutze einen Binder, weil ich mich so wohler fühle." Solche Aussagen müssen nicht ausführlich oder medizinisch begründet sein – eine ruhige, klare Kommunikation reicht oft aus. Wer möchte, kann sich auch auf sein Recht auf Privatsphäre berufen und eine Kontrolle in einem separaten Bereich einfordern.

Auslandsreisen
In anderen Ländern gelten zum Teil andere Regeln. Einige Staaten erkennen Trans-Identitäten nicht an oder arbeiten mit festen und binären Geschlechterzuordnungen bei Sicherheitskontrollen. Vor allem bei Reisen in Länder mit restriktiver Gesetzgebung empfiehlt es sich, aktuelle Reisehinweise des Auswärtigen Amts zu prüfen und sich bei Unsicherheiten vorzubereiten.

Bei Auslandsreisen und insbesondere Flugreisen kann es hilfreich sein, Dokumente mitzuführen, die Vornamens- oder Personenstandsänderungen belegen, ebenso wie ärztliche Atteste zu mitgeführten Medikamenten (z. B. Hormon-Gel) oder medizinischen Hilfsmitteln, sofern vorhanden.

Durchsuchungen und Sicherheitskontrollen sind in vielen Ländern rechtlich geregelt und auch für transidente Menschen bestehen grundsätzlich klare Rechte und Handlungsmöglichkeiten. Wer sich vorbereitet, ruhig kommuniziert und sich nicht scheut, auf eigene Bedürfnisse hinzuweisen, kann solche Situationen selbstbewusster meistern. Entscheidend ist dabei nicht, sich zu rechtfertigen, sondern für Respekt und die eigene Würde einzustehen.

4.9 Rechtliche Möglichkeiten bei Diskriminierung

Diskriminierung aufgrund von Transidentität kann überall auftreten: im Betrieb, bei der Wohnungssuche, in Bildungseinrichtungen oder bei alltäglichen Dienstleistungen. Zwar gibt es rechtliche Möglichkeiten, sich gegen Benachteiligungen zu wehren – doch nicht immer ist der Gang vor Gericht oder die Anzeige der beste oder erste Schritt. Ein kluges Vorgehen beginnt meist mit der Einschätzung der Situation und der Wahl des angemessenen Mittels.

Was ist Diskriminierung?
Diskriminierung liegt dann vor, wenn Menschen wegen eines Merkmals (wie z. B. der geschlechtlichen Identität) unmittelbar oder mittelbar schlechter behandelt werden als andere Personen in einer vergleichbaren Lage – ohne sachlichen Grund. Dies kann offen oder verdeckt erfolgen. Im Alltag sind es oft subtile Formen: eine Wohnung ist „leider schon vergeben", ein ärztlicher Ter-

min wird ohne erkennbaren Grund abgesagt, oder eine Versicherung lehnt eine Vertragsänderung ab, nachdem der Transstatus bekannt wird.

Der rechtliche Rahmen: AGG und weitere Schutzvorschriften
Das Allgemeine Gleichbehandlungsgesetz (AGG) bietet Schutz in den Bereichen Arbeit, Bildung, Güter und Dienstleistungen. Diskriminierung durch Privatpersonen oder außerhalb dieser Bereiche (z. B. durch Nachbar*innen oder Bekannte) ist vom AGG nicht erfasst – dennoch können zivilrechtliche oder strafrechtliche Regelungen greifen, z. B. im Rahmen des allgemeinen Persönlichkeitsrechts (§ 823 BGB) oder bei Straftatbeständen.

Beleidigung, Üble Nachrede und Volksverhetzung im Kontext von Transfeindlichkeit
Nicht jede als verletzend empfundene Äußerung gegenüber Transpersonen ist automatisch strafbar. Dennoch existieren rechtliche Schutzinstrumente, die in bestimmten Konstellationen greifen – insbesondere bei gezielter Herabwürdigung oder öffentlichkeitswirksamen Angriffen auf die Menschenwürde von Transpersonen. Dazu zählen insbesondere die Straftatbestände der Beleidigung (§ 185 StGB), der Üblen Nachrede (§ 186 StGB) sowie der Volksverhetzung (§ 130 StGB).

Beleidigung (§ 185 StGB)
Beleidigung ist die vorsätzliche Kundgabe der Missachtung oder Nichtachtung einer Person. Dies kann verbal, schriftlich, bildlich oder durch Gesten erfolgen. Im Transkontext können insbesondere folgende Handlungen als Beleidigung wertbar sein:

- das absichtliche Verwenden des früheren Namens („Deadnaming"),
- das wiederholte oder provokative Ansprechen mit einem nicht mehr zutreffenden Geschlecht (Misgendering),
- pauschale Herabsetzungen wie „Das ist doch kein richtiger Mann/keine richtige Frau".

Solche Aussagen können die Würde und den Geltungsanspruch der betroffenen Person verletzen. Dennoch gilt: Die Anforderungen an eine strafbare Beleidigung sind hoch, denn sie erfordert eine nachweislich ehrverletzende Absicht. So ist es nicht automatisch eine strafbare Offenbarung, wenn sich zwei Personen über eine Transperson unterhalten, die sie von früher kennen und um deren Transidentität wissen. Auch das Ansprechen mit dem früheren Geschlecht allein ist noch keine Offenbarung im Sinne des § 13 SBGG – denn der betroffenen Person ist ihr früherer Geschlechtseintrag ja bekannt. Es kann jedoch unter bestimmten Umständen zur Beleidigung führen, insbesondere wenn es gezielt und abwertend geschieht. Diese Möglichkeit besteht bereits seit vielen Jahren und wurde durch das Selbstbestimmungsgesetz nicht neu eingeführt.

Üble Nachrede (§ 186 StGB)
Dieser Tatbestand greift, wenn über eine Person ehrverletzende Behauptungen aufgestellt werden, ohne dass deren Wahrheitsgehalt nachgewiesen werden kann – und zwar gegenüber Dritten. Im Transkontext könnte dies z. B. dann relevant sein, wenn jemand behauptet, eine Transfrau sei „ein Mann, der sich verstellt" oder „täusche die Öffentlichkeit", ohne dafür eine sachliche Grundlage zu haben. Die Aussage muss geeignet sein, das Ansehen der betroffenen Person bei Dritten herabzusetzen.

Volksverhetzung (§ 130 StGB)
Die Schwelle zur Strafbarkeit wegen Volksverhetzung ist deutlich höher. § 130 StGB schützt bestimmte Gruppen vor öffentlicher Aufstachelung zum Hass, zur Gewalt oder zur Diskriminierung. Transpersonen sind im Gesetz nicht explizit genannt, können aber unter die Formulierung „Teile der Bevölkerung" fallen. Entsprechend kann etwa strafbar sein:

- das gezielte öffentliche Schüren von Hass gegen Transpersonen,
- die pauschale Darstellung von Transpersonen als Gefahr für Kinder oder die Gesellschaft,
- Gewaltandrohungen oder das Gutheißen von Gewalt gegen Transpersonen.

Gleichwohl bleibt festzuhalten, dass der Straftatbestand der Volksverhetzung nur in besonders schweren Fällen zur Anwendung kommt. Viele herabsetzende Aussagen fallen nicht darunter – auch wenn sie emotional belastend und moralisch verwerflich sind.

Was ist mit § 192a StGB („Hassrede")?
Der 2021 eingeführte § 192a StGB stellt Beleidigungen unter Strafe, wenn sie sich auf bestimmte Merkmale wie Hautfarbe, Herkunft oder Religion beziehen. Geschlechtliche Identität wird jedoch nicht explizit erfasst. Daher ist dieser Paragraf für transfeindliche Äußerungen nur eingeschränkt anwendbar.

Zivilrechtlicher Schutz über das allgemeine Persönlichkeitsrecht
Unabhängig vom Strafrecht kann auch zivilrechtlich gegen ehrverletzendes Verhalten vorgegangen werden – insbesondere über das allgemeine Persönlichkeitsrecht, das in der Rechtsprechung aus dem Grundgesetz abgeleitet wird. § 823 BGB erlaubt es, bei rechtswidriger Verletzung dieses Rechts Schadenersatz zu fordern. Allerdings sind die Beweisanforderungen hoch und der Klageweg ist oft langwierig und emotional belastend.

Wenn jemand bewusst den früheren Namen einer Transperson verwendet oder sie systematisch misgendert, kann dies die Grenze zur Beleidigung überschreiten. Auch wenn dies durch das neue Offenbarungsverbot (§ 13 SBGG) zusätzlich geahndet werden kann, greift das Strafrecht nicht in jedem Fall. Es kann – und soll – nicht jede menschliche Unanständigkeit sanktionieren.

Gleichzeitig ist der Schutz transidenter Personen dadurch nicht wirkungslos. Die Möglichkeit, Ordnungswidrigkeiten und Beleidigungen zu ahnden, ist ein wichtiger rechtlicher Rahmen, doch sollten gesellschaftliche Lösungen, Bewusstseinsbildung und dialogische Ansätze im Vordergrund stehen. Bevor rechtliche Schritte erwogen werden, kann es hilfreich sein, die Situation mit erfahrenen Psychotherapeut*innen zu reflektieren. Diese können dabei unterstützen, Strategien für den Umgang mit Grenzüberschreitungen zu entwickeln, zwischen versehentlichen Missgriffen und bewusster Herabsetzung zu unterscheiden – und dabei helfen, im Konfliktfall selbstwirksam und möglichst belastungsarm zu handeln.

Vermittlung und Gespräch als erster Schritt
In vielen Fällen liegt einer diskriminierenden Handlung kein böser Wille, sondern Unkenntnis, Unsicherheit oder unbeabsichtigte Kränkung zugrunde. Wer als Transperson Diskriminierung erlebt, sollte sich fragen:

- Will ich die Beziehung oder das Umfeld aufrechterhalten?
- Wurde ich aus Unachtsamkeit verletzt oder mit Absicht?
- Gibt es eine Gesprächsebene, auf der Veränderung möglich ist?

Ein sachliches Gespräch kann in vielen Fällen Missverständnisse klären, Grenzen aufzeigen und langfristig zu einer respektvolleren Haltung führen. Das Ziel sollte dabei nicht sein, sich zu rechtfertigen oder überzeugen zu müssen – sondern klar zu benennen, was verletzend war, und was künftig zu unterlassen ist. Eine außenstehende Person kann helfen, Gespräche gut vorzubereiten. In konfliktreichen Kontexten kann auch eine Mediation hilfreich sein.

Wann sich rechtliche Schritte lohnen und was sie bewirken können

Wenn Gespräche scheitern, Uneinsichtigkeit besteht oder es sich um wiederholte, systematische oder öffentlich wirksame Diskriminierung handelt, ist eine rechtliche Prüfung ratsam. Dabei gilt: Nicht jede Diskriminierung ist strafbar oder einklagbar – und nicht jede rechtlich relevante Diskriminierung wird auch gerichtlich verfolgt. Dennoch kann ein juristisches Vorgehen sinnvoll sein, z. B. bei:

- ungerechtfertigter Ungleichbehandlung bei Dienstleistungen (z. B. Fitnessstudio, Friseur),
- beleidigenden Äußerungen im öffentlichen Raum oder Internet,
- Diskriminierung bei Wohnungsbewerbungen (z. B. nach expliziter Ablehnung wegen Transidentität),
- massiven Verletzungen des allgemeinen Persönlichkeitsrechts (z. B. öffentliches „Outen" gegen den Willen der betroffenen Person).

Je nach Fall kommen in Betracht:

- eine Beschwerde bei einer Antidiskriminierungsstelle,
- zivilrechtliche Klagen auf Unterlassung, Widerruf, Schmerzensgeld,
- Strafanzeige bei Beleidigung, Verleumdung oder übler Nachrede,
- Antidiskriminierungsrechtliche anwaltliche Unterstützung.

Es ist wichtig, rechtliche Schritte gut abzuwägen, sowohl in Bezug auf Erfolgsaussichten als auch auf den emotionalen, zeitlichen und ggf. finanziellen Aufwand. Die juristische Durchsetzung sollte nicht die erste Reaktion, sondern die letzte Konsequenz sein – nach Dialog, Vermittlung und ggf. außergerichtlicher Klärung.

Unterstützung finden

Wer Diskriminierung erfährt, muss damit nicht allein bleiben. Es gibt spezialisierte Beratungsstellen, die rechtlich unterstützen, ohne dass man sofort zur Polizei oder vor Gericht gehen muss:

- Antidiskriminierungsstellen (Land oder Bund),
- rechtliche Beratungsstellen und LSBTI-freundliche Anwält*innen,
- Transberatungsstellen in vielen Städten oder Online-Angebote.

Psychotherapeut*innen können darüber hinaus eine besonders hilfreiche Rolle spielen – nicht nur in der Bearbeitung seelischer Belastungen, die durch

Diskriminierungserfahrungen entstanden sind, sondern auch präventiv. In der psychotherapeutischen Begleitung können individuelle Strategien entwickelt werden, um mit konfliktbehafteten Alltagssituationen umzugehen. Dabei geht es u. a. um den konstruktiven Umgang mit Ablehnung, das Einüben des Grenzensetzens und die Stärkung des Selbstwertgefühls. Gerade in Übergangsphasen, z. B. beim Coming-out im sozialen oder beruflichen Umfeld, kann eine begleitende Therapie dazu beitragen, sich sicherer und vorbereiteter zu fühlen und so konfliktträchtige Situationen von vornherein nicht entstehen zu lassen. Therapeut*innen sind zudem oft mit lokalen Unterstützungsangeboten vernetzt und können bei Bedarf bei der Kontaktaufnahme helfen.

Fazit

Diskriminierung ist schmerzhaft, aber sie lässt sich auf unterschiedlichen Wegen adressieren. Der Dialog sollte der erste Schritt sein, gerade im privaten Bereich. Doch auch rechtliche Möglichkeiten stehen offen, wenn Gesprächsversuche scheitern oder eine Diskriminierung schwer wiegt. Wichtig sind eine sachliche Einordnung der Situation und die Wahl des für die Situation passenden Mittels. Rechtsschutz ist wichtig. Aber noch wertvoller ist ein Umfeld, das durch Information, Aufklärung und Sensibilisierung auf Augenhöhe lernt, mit geschlechtlicher Vielfalt respektvoll umzugehen.

4.10 Migration und Transidentität: Medizinische und rechtliche Herausforderungen

Transidente Menschen, die aus dem Ausland nach Deutschland migrieren oder aus anderen Gründen einen Teil ihres Lebens in verschiedenen Ländern verbringen, stehen oft vor besonderen Herausforderungen, sowohl medizinisch als auch rechtlich. Nicht alle Transitionsschritte wurden oder werden im Inland vorgenommen, nicht alle Dokumente sind auf Deutsch vorhanden, und nicht jedes Herkunftsland erkennt rechtliche Transition oder transmedizinische Maßnahmen an.

Aspekte der medizinischen Transition

Werden im Ausland begonnene oder abgeschlossene Maßnahmen in Deutschland anerkannt, zum Beispiel für eine Fortführung der Hormonbehandlung, für Folgeoperationen oder für die Kostenübernahme durch die Krankenkasse? Grundsätzlich ist das möglich – entscheidend ist jedoch, dass die im Ausland durchgeführte Diagnostik und Therapie dem fachlichen Standard in Deutschland entspricht. Maßgeblich ist dabei insbesondere die Begutachtungsanleitung des Medizinischen Dienstes Bund (Medizinischer Dienst des Spitzenverbandes Bund der Krankenkassen (MDS), 2020). Wenn also z. B. eine Hormonbehandlung oder operative Maßnahme im Ausland nachweislich leitliniengerecht durchgeführt wurde, kann dies auch hierzulande grundsätzlich als Grundlage für weitere medizinische oder rechtliche Schritte dienen. Ob das tatsächlich gelingt, hängt allerdings von den Umständen im Einzelfall ab. Idealerweise lassen sich Transpersonen, die mit im Ausland erstellten Dokumentationen in Deutschland Zugang zu medizinischen Maßnahmen begehren, hinsichtlich ihrer Dokumente von Fachpersonen, die mit den deutschen Leitlinien und Verfahrensweisen vertraut sind, beraten.

Wichtig sind in jedem Fall eine sorgfältige Dokumentation und – sofern nicht ohnehin auf Deutsch verfasst – amtlich beglaubigte Übersetzungen aller relevanten Unterlagen: ärztliche Stellungnahmen, Diagnosen, Operationsberichte, medikamentöse Verordnungen etc. Solche Unterlagen werden nicht nur für eventuelle Anträge bei der Krankenkasse benötigt, sondern auch für die behandelnden Ärzt*innen in Deutschland, um eine medizinisch fundierte Weiterbetreuung sicherzustellen. Nicht zuletzt können Dokumentationen im Streitfall – etwa bei Widersprüchen gegen abgelehnte Leistungen – entscheidend sein.

Aspekte der rechtlichen Transition

Seit Inkrafttreten des Selbstbestimmungsgesetzes (SBGG) in Deutschland besteht grundsätzlich die Möglichkeit, den Geschlechtseintrag sowie die Vornamen ändern zu lassen – auch für ausländische Staatsangehörige mit Wohnsitz in Deutschland. Voraussetzung ist, dass die betroffene Person ihren gewöhnlichen Aufenthalt (d. h. den Lebensmittelpunkt) in Deutschland hat sowie ein Aufenthaltsrecht (siehe Abschn. 4.1) besitzt. Eine Änderung nach dem SBGG kann jedoch nur deutsche Dokumente betreffen, etwa den Aufenthaltstitel oder deutsche Bescheinigungen. Eine im Ausland ausgestellte Geburtsurkunde, ein ausländischer Reisepass und andere Herkunftsdokumente bleiben in der Regel unverändert, wenn der Herkunftsstaat keine vergleichbare gesetzliche Regelung kennt oder die Änderung nicht anerkennt.

Das kann zu erheblichen Schwierigkeiten führen, etwa bei Reisen in das Herkunftsland, bei der Kommunikation mit Behörden oder bei internationalen Bewerbungen. In manchen Fällen wird eine Person dort weiterhin unter dem alten Vornamen und Geschlecht geführt, selbst wenn alle deutschen Unterlagen längst angepasst sind. Die Diskrepanz zwischen deutschen und ausländischen Papieren kann nicht nur zu wiederholtem Zwangsouting führen, sondern sogar dazu, dass Reisen ins Ausland, etwa zum Besuch von Verwandten, faktisch unmöglich werden.

Fazit
Transidente Menschen mit Migrationsgeschichte oder grenzüberschreitender Lebensrealität bewegen sich in einem besonders sensiblen Schnittfeld zwischen nationalem Recht, medizinischen Standards und internationaler Anerkennung. Es ist wichtig, sich frühzeitig über mögliche Stolpersteine zu informieren, sei es bei der Planung eines Umzugs, von medizinischen Maßnahmen im Ausland oder bei der Nutzung des SBGG in Deutschland. Idealerweise erfolgt dies mit fachlicher Unterstützung, etwa durch spezialisierte Beratungsstellen oder juristisch bzw. medizinisch einschlägig versierte Fachpersonen.

4.11 Zusammenfassung

Das Kapitel „Rechtliches" zeigt: Transidentität ist nicht nur eine persönliche, sondern auch eine juristisch geregelte Realität. Wer den Vornamen oder Geschlechtseintrag ändern möchte, wer medizinische Maßnahmen plant, Elternteil ist oder wird oder im Arbeitsleben transitioniert, trifft auf eine Vielzahl von Regelungen, Rechten und manchmal auch Hürden.

Mit dem Selbstbestimmungsgesetz ist seit 2024 ein neuer rechtlicher Rahmen geschaffen, der einen niederschwelligen und recht einfach umsetzbaren Weg zur Änderung des Vornamens und des Geschlechtseintrags bietet. Zugleich stellt das Gesetz mit dem nunmehr sanktionsbewehrten Offenbarungsverbot einen wichtigen Schutzmechanismus bereit, um Menschen in ihrer neuen Geschlechtsidentität vor Bloßstellung zu schützen.

Die Betrachtungen in diesem Kapitel machen deutlich: Auch wer seinen Namen noch nicht amtlich geändert hat, hat Anspruch auf respektvolle Anrede. Die Schutzrechte gelten für Erwachsene wie für Minderjährige gleichermaßen, jeweils mit altersgerechten Regelungen. Arbeitgeber*innen, Behörden und Schulen sind dabei in der Pflicht, mit diesem Rechtsrahmen verantwortungsvoll umzugehen.

Daneben beleuchtete das Kapitel auch spezifische Lebensbereiche, die mit rechtlicher Unsicherheit verbunden sein können: etwa Eheurkunden, Elternschaft, Adoption, medizinische Versorgung oder Reisen. Es erklärt, was bei Sicherheitskontrollen oder Durchsuchungen gilt, was erlaubt ist und was nicht – und wie Betroffene sicher, informiert und sachlich reagieren können.

Bei Diskriminierung stehen verschiedene Wege offen – vom Gespräch über die Beschwerde bis hin zu juristischen Schritten. Wichtig ist: Nicht jede Kränkung ist strafbar, aber jede sollte ernst genommen werden. Es geht um Abwägung, um den richtigen Zeitpunkt und um den Mut, sich die für den Anlass richtige Hilfe zu holen.

Fazit
Wer rechtlich gut informiert ist, kann selbstbewusst auftreten – ob vor dem Standesamt, in der Arztpraxis, im Bewerbungsgespräch oder bei der Sicherheitskontrolle. Nicht jede Frage lässt sich sofort lösen. Aber: Rechtliches Selbstbewusstsein bedeutet, die eigenen Möglichkeiten zu kennen und die richtigen Schritte zu wählen – mit Respekt vor sich selbst und mit einem klaren Blick auf das, was rechtlich möglich, sinnvoll und notwendig ist.

Literatur

BSG, Urteil vom 11.09.2012, Az. B 1 KR 11/12 R. https://openjur.de/u/618536.html. Zugegriffen: 25. Aug. 2025.

BSG, Urteil vom 28.08.2024, Az. B 1 KR 28/23 R. https://www.bsg.bund.de/SharedDocs/Downloads/DE/Entscheidungen/2024/2024_08_28_B_01_KR_28_23_R.pdf. Zugegriffen: 25. Aug. 2025.

Kröning, A. (2025, 3. April). *Prozess wegen Messerangriffs: Warum der Angeklagte im Frauengefängnis saß, will das Ministerium nicht sagen.* Welt. https://www.welt.de/politik/deutschland/plus255845208/Prozess-wegen-Messerangriffs-Warum-der-Angeklagte-im-Frauengefaengnis-sass-will-das-Ministerium-nicht-sagen.html. Zugegriffen: 25. Aug. 2025 (Paywall).

LSG München, Urteil vom 26.02.2021, Az. L 4 KR 675/19. https://www.gesetze-bayern.de/Content/Document/Y-300-Z-BECKRS-B-2021-N-5618. Zugegriffen: 25. Aug. 2025.

LSG Niedersachsen-Bremen, Urteil vom 17.03.2020, Az. L 16 KR 462/19. https://voris.wolterskluwer-online.de/browse/document/05ce4ea4-33fa-446d-ab1b-532afeaf937d. Zugegriffen: 25. Aug. 2025.

LSG Rheinland-Pfalz, Urteil vom 18.11.2024, Az. L 5 KR 129/23. https://www.landesrecht.rlp.de/bsrp/document/NJRE001603445. Zugegriffen: 17. Aug. 2025.

Medizinischer Dienst des Spitzenverbandes Bund der Krankenkassen (MDS) (2020). *Begutachtungsanleitung Transsexualität.* https://md-bund.de/fileadmin/dokumente/Publikationen/GKV/Begutachtungsgrundlagen_GKV/BGA_Transsexualismus_201113.pdf. Zugegriffen: 15. Aug. 2025.

Pressemitteilung des BSG zum Urteil vom 19. Okt. 2023, Az. B 1 KR 16/22 R. https://www.bsg.bund.de/SharedDocs/Pressemitteilungen/DE/2023/2023_34.html. Zugegriffen: 17. Aug. 2025.

Scholz, D. (2025). *Transidentität und geschlechtliche Vielfalt im Arbeitsumfeld: Ein Praxisbuch für Unternehmen und den Öffentlichen Dienst* (2. Aufl.). Springer. https://link.springer.com/book/10.1007/978-3-658-46686-2. Zugegriffen: 25. Aug. 2025.

SG Augsburg, Urteil vom 31.05.2022, Az. S. 3 KR 377/21. https://www.gesetze-bayern.de/Content/Document/Y-300-Z-BECKRS-B-2022-N-12880. Zugegriffen: 25. Aug. 2025.

Urteil zur Adamsapfelreduktion: LSG Rheinland-Pfalz, Urteil vom 18. April 2021 (Az. L 5 KR 18/20). Weiterhin: Das Bundessozialgericht (BSG) hat den Anspruch eines Mann-zu-Frau-Transsexuellen auf eine „gesichtsfeminisierende Operation" abgelehnt. Insgesamt müssten die Krankenkassen Transsexuellen nur Behandlungen bezahlen, die zu einer „deutlichen Annäherung" an ein weibliches Aussehen führen, betonten die Kasseler Richter in einem gestern veröffentlichten Beschluss (Az: B 1 KR 8/19 B).

Vorreyer, T. (2025, 15. Januar). *Rechtsextremist Sven Liebich ist jetzt eine Frau.* Die Welt. https://www.welt.de/255138898. Zugegriffen: 25. Aug. 2025.

5

Praktisches

Inhaltsverzeichnis

Einführung

Der Alltag von Transpersonen ist häufig geprägt von einer Vielzahl kleiner und großer Herausforderungen, die weit über medizinische oder rechtliche Fragen hinausgehen. Nicht selten geht es im konkreten Lebensvollzug um sehr praktische Themen: Wie gelingt ein sicherer Umgang mit Behörden, Formularen und Nachweisen? Welche Möglichkeiten gibt es, ärztliche oder therapeutische Unter-

D. N. Scholz, *Transidentität verstehen - transident leben*,
https://doi.org/10.1007/978-3-658-50402-1_5

stützung zu finden? Wie kann ein Coming-out im sozialen Umfeld oder am Arbeitsplatz gut vorbereitet und begleitet werden? Wie kann mit Unwissen, Vorurteilen oder Unsicherheit im persönlichen Umfeld umgegangen werden – ohne sich selbst ständig erklären zu müssen?

Dieses Kapitel widmet sich genau diesen Fragen und liefert praxisnahe Hilfestellungen, Tipps und Erfahrungswerte für unterschiedlichste Lebenslagen. Es soll Transpersonen Orientierung geben, aber auch Angehörigen, Fachpersonen oder interessierten Menschen konkrete Handlungsansätze an die Hand geben. Dabei geht es nicht um Patentrezepte – vielmehr sollen pragmatische Wege aufgezeigt werden, die individuell angepasst werden können.

Die Texte in diesem Kapitel sind nicht belehrend gemeint, sondern sollen unterstützen: Sie greifen auf Erfahrungen aus der psychosozialen Beratungspraxis und der Community zurück. Ziel ist es, Wissen zugänglich zu machen, Barrieren abzubauen und zu zeigen, dass viele Probleme lösbar sind, wenn gute Informationen verfügbar sind. Denn oft ist es gerade das Alltägliche, das über Lebensqualität und Teilhabe entscheidet.

5.1 Adressenlisten von Behandelnden?

Die Suche nach kompetenten Behandler*innen für Transpersonen ist in Deutschland bis heute oft mühsam. Öffentliche Adresslisten gibt es nur wenige und das hat mehrere Gründe. Zum einen dürfen Ärzt*innen, Therapeut*innen oder Kliniken nicht ohne ihre ausdrückliche Zustimmung in Adresslisten veröffentlicht werden. Manche möchten nicht öffentlich als Trans-Anlaufstelle genannt werden, etwa um nicht auf ein bestimmtes Patient*innenklientel festgelegt zu werden oder weil sie ohnehin schon an Kapazitätsgrenzen arbeiten. Zum anderen existiert bislang keine geschützte Zusatzbezeichnung wie „Transmedizin“ oder „Transgesundheit“. Ob jemand tatsächlich über Erfahrung in diesem Bereich verfügt, lässt sich daher oft nur über Nachfrage, Einblick in den Werdegang oder Empfehlungen feststellen.

Zwar finden sich im Internet Verzeichnisse mit angeblich transkompetenten Behandler*innen; diese werden jedoch fast ausschließlich privat erstellt. Sie beruhen in der Regel auf subjektiven Eingaben von Betroffenen und werden – soweit ersichtlich – kaum jemals unabhängig überprüft oder systematisch aktualisiert. Viele dieser Listen sind unvollständig, enthalten veraltete und bisweilen sogar fehlerhafte Angaben. Sie können im besten Fall erste Anhaltspunkte geben, an wen man sich wenden könnte. Als verlässliche Grundlage für die eigene Suche taugen sie jedoch nicht.

Hilfreicher ist es oft, sich an lokale oder regionale Beratungsstellen zu wenden. Viele dieser Stellen führen interne Listen von Behandler*innen, die dem Verein oder der Beratungsstelle aus eigener Erfahrung oder aus Rückmeldungen von Ratsuchenden bekannt sind. Auch eine Anfrage bei der Kassenärztlichen Vereinigung oder bei der zuständigen Psychotherapeutenkammer kann sinnvoll sein, um offizielle Auskünfte über Ärzt*innen oder Therapeut*innen mit passenden Fachgebieten zu erhalten.

Grundsätzlich gilt: Bei der Suche nach medizinischer oder psychotherapeutischer Unterstützung sollte man möglichst viele Quellen einbeziehen. Online-Fundstücke aus der Community können ein Ausgangspunkt sein, sollten aber – ebenso wie Hinweise aus Beratungsstellen – im eigenen Interesse validiert werden, bevor man sich endgültig entscheidet. Je breiter und kritischer man sucht, desto größer ist die Chance, eine fachlich qualifizierte und menschlich passende Anlaufstelle zu finden.

5.2 Leitfaden für die Vornamens- und Geschlechtseintragsänderung (SBGG)

Mit Inkrafttreten des SBGG am 1. November 2024 wurde der rechtliche Rahmen für die Änderung des Vornamens und/oder des Geschlechtseintrags für transidente, intergeschlechtliche und nicht-binäre Personen in Deutschland grundlegend reformiert.

Wer kann eine Änderung vornehmen lassen?
Alle Personen mit Wohnsitz oder gewöhnlichem Aufenthalt in Deutschland. Es ist keine deutsche Staatsbürgerschaft erforderlich. Auch ausländische Mitbürger*innen und Geflüchtete können einen Antrag stellen, sofern sie ein Aufenthaltsrecht in Deutschland haben.

Was kann geändert werden?
Nach § 4 Abs. 2 SBGG ist es möglich:

- nur den Vornamen zu ändern,
- nur den Geschlechtseintrag zu ändern,
- oder beides gleichzeitig zu ändern.

Die zur Verfügung stehenden Geschlechtseinträge lauten

- männlich
- weiblich
- divers
- kein Eintrag

Antrag beim Standesamt stellen

Zuständig ist das Standesamt des Hauptwohnsitzes.

Beizubringen sind:

- ein formloser schriftlicher Antrag mit Angaben zur gewünschten Änderung (Vorname, Geschlechtseintrag, oder beides – die gewünschten Namen und der gewünschte Geschlechtseintrag können nachgereicht werden),
- eine Versicherung, dass die beantragte Änderung der eigenen geschlechtlichen Identität am besten entspricht.

Die Abgabe der späteren Erklärung nach der Anmeldung erfolgt persönlich beim Standesamt.

Mindestalter

- Ab dem 14. Lebensjahr können Jugendliche den Antrag selbst stellen – mit Zustimmung der Sorgeberechtigten. Falls die Sorgeberechtigten nicht zustimmen, kann das Familiengericht angerufen werden, welches zu entscheiden hat, dass die gewünschte Änderung dem Kindeswohl nicht widerspricht.
- Unter 14 Jahren: Nur die gesetzlichen Vertreter*innen können den Antrag stellen.

Sperrfrist

Nach erfolgreicher Änderung gilt eine Sperrfrist von 12 Monaten, in der keine erneute Änderung vorgenommen werden darf (außer in besonderen Härtefällen). Für Minderjährige gilt die Sperrfrist nicht.

Was kostet die Änderung?

- Die Gebühr variiert je nach Bundesland, liegt aber in der Regel zwischen 25 und 50 €.
- Zusatzkosten entstehen für neue Dokumente (Personalausweis, Reisepass, Führerschein etc.).

Wahl des neuen Vornamens
Der gewählte Vorname sollte:

- zum Geschlechtseintrag passen, sofern dieser geändert wird (außer bei „divers“ oder „kein Eintrag“ – hier sind auch geschlechtsneutrale Namen zulässig),
- nicht irreführend sein (z. B. Fantasienamen, beleidigende oder offensichtlich absurde Namen werden abgelehnt),
- nicht als Nachname registriert sein (bei Doppelnamen ist ggf. Rücksprache mit dem Standesamt erforderlich).

Internationale Hinweise (z. B. bei Reisen)
Personen mit dem Geschlechtseintrag „divers“ oder „kein Eintrag“ sollten bedenken, dass diese Geschlechtsangaben nicht in allen Staaten anerkannt werden. Bei Reisen ins Ausland kann es daher zu Schwierigkeiten an Grenzkontrollen oder bei der Einreise kommen. Es empfiehlt sich, die eigenen Reisedokumente im Vorfeld von Auslandsvertretungen prüfen zu lassen – insbesondere, wenn Reisen in Länder mit restriktiven Regelungen zu Geschlecht und Identität geplant sind (z. B. Russland, Iran, Uganda, USA).

Abgabe der Erklärung und Eintragung
Frühestens drei Monate nach der Anmeldung kann die Erklärung beim Standesamt abgegeben werden. Wird binnen sechs Monaten nach der Anmeldung keine Erklärung abgegeben, wird die Anmeldung hinfällig.

Nach der Eintragung durch das Standesamt:

- erhält die Person vom Geburtsstandesamt eine neue Geburtsurkunde mit dem neuen Vornamen und ggf. neuem Geschlechtseintrag,
- der alte Name und Geschlechtseintrag erscheinen nicht in der neuen Urkunde,
- in Bezug auf alle weiteren Dokumente (Ausweis, Krankenversicherung, Zeugnisse, Bankkarten etc.) muss man selbst aktiv werden.

Sonderfälle und Ausnahmen
- Ausländische Personen: Wenn im Heimatstaat eine entsprechende Änderung nicht möglich ist, kann das deutsche Personenstandsrecht angewendet werden – sofern ein dauerhafter Aufenthalt in Deutschland besteht,
- Geflüchtete: Auch sie haben das Recht auf Änderung nach dem SBGG, unabhängig vom Herkunftsland,

- Verheiratete Personen: Die ursprüngliche Eheurkunde wird nicht „neu ausgestellt". Urkunden dokumentieren den historischen Rechtsakt in der damaligen Form – also mit den zum Zeitpunkt der Eheschließung eingetragenen Daten. Auf Antrag wird ein neuer Registereintrag im Eheregister geführt, der die aktuelle Rechtslage widerspiegelt (Name, Geschlechtseintrag). Auf dieser Grundlage können aktuelle Abschriften oder beglaubigte Auszüge mit den geänderten Angaben erteilt werden.

Fazit
Das SBGG eröffnet einen vergleichsweise niederschwelligen Zugang zur rechtlichen Anerkennung der geänderten Geschlechtsidentität. Die große Freiheit, Vorname und/oder Geschlechtseintrag ändern zu können, bringt allerdings auch Verantwortung mit sich: Wer eine solche Erklärung abgibt, sollte sich über die Tragweite und die möglichen internationalen Konsequenzen im Klaren sein. Eine sorgfältige Vorbereitung und ggf. Beratung sind daher empfehlenswert. Eine Beratung muss bei Abgabe der SBGG-Erklärung versichert, aber nicht nachgewiesen werden.

5.3 Der „Ergänzungsausweis"

Der sogenannte Ergänzungsausweis der Deutschen Gesellschaft für Transidentität und Intersexualität (dgti) ist ein ausweisähnlich gestaltetes Dokument, das transidenten Personen helfen soll, ihre gelebte Identität in Alltagssituationen sichtbar zu machen – zum Beispiel durch Angabe des gewählten Namens und Aufdruck eines passenden Fotos. Er wird von manchen Personen als Übergangslösung genutzt, bevor eine offizielle Vornamens- und Personenstandsänderung beantragt oder abgeschlossen ist.

Wichtig zu wissen

Der Ergänzungsausweis ist kein amtliches Dokument und entfaltet keine rechtliche Bindung. Ob er in Behörden, bei der Arbeit oder im Gesundheitswesen anerkannt wird, liegt allein im Ermessen der jeweiligen Stelle. Eine Pflicht zur Anerkennung besteht nicht. Was sich mit dem Ergänzungsausweis erreichen lässt, basiert vollständig auf Freiwilligkeit – rechtlich ändert er nichts.

Auch ohne dieses Dokument können Transpersonen in Alltagssituationen gute Lösungen finden – etwa durch Atteste über eine laufende Begleittherapie, durch informelle Namensvermerke in Schulunterlagen oder durch einen

Nachweis der Anmeldung zur Vornamensänderung beim Standesamt. Insofern bietet der Ergänzungsausweis keine Vorteile, die nicht auch auf anderem Wege erreicht werden könnten.

Einige Menschen empfinden es dennoch als hilfreich, ein Dokument mit sich zu führen, das ihre Identität abbildet. Andere sehen darin keinen Mehrwert. Die Entscheidung für oder gegen die Nutzung dieses Ausweises ist individuell – rechtlich notwendig ist der „Ausweis" nicht.

5.4 Leitfaden zur Beantragung der Kostenübernahme von medizinischen Leistungen

5.4.1 Grundlagen

Gesetzliche Krankenkassen übernehmen in Deutschland die Kosten für viele medizinische Maßnahmen im Rahmen einer geschlechtlichen Transition. Grundlage der Bewertung sind die Vorgaben des Medizinischen Dienstes, konkret die „Begutachtungsanleitung zur Prüfung von Kostenübernahmeanträgen bei geschlechtsangleichenden Maßnahmen". Die Vorgaben sind öffentlich einsehbar und bilden den Maßstab für eine sachgerechte Antragstellung. Das Zeitschema für die Kostenübernahmemöglichkeiten für bestimmte Maßnahmen findet sich als Überblick in Abb. 5.1.

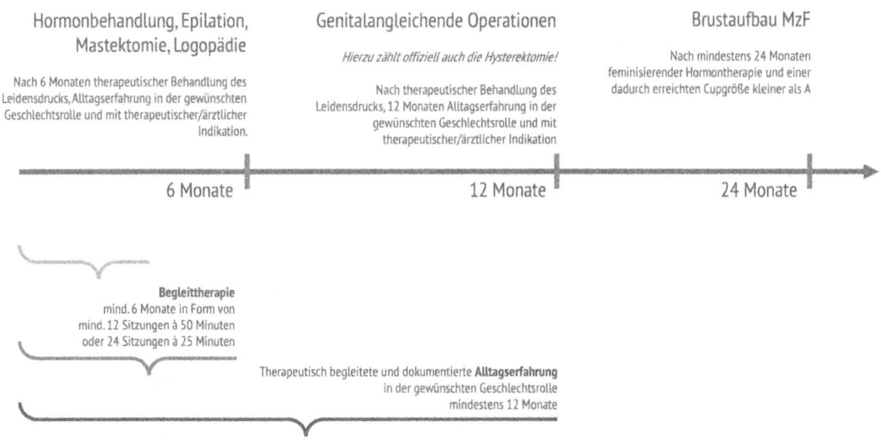

Abb. 5.1 Zeitschema für die Kostenübernahme geschlechtsangleichender Maßnahmen durch gesetzliche Krankenkassen. (Eigene Illustration)

Wichtig

Private Krankenversicherungen (PKV) haben andere – zum Teil weniger einheitliche – Regelungen. Dieser Leitfaden bezieht sich ausschließlich auf die gesetzliche Krankenversicherung (GKV).

Allgemeine Voraussetzungen
Hinweis: Nicht-binäre Identitäten sind derzeit nicht im GKV-System für geschlechtsangleichende medizinische Maßnahmen anerkannt. Ein Urteil des Bundessozialgerichts vom 19. Oktober 2023 (Az: B 1 KR 16/22) hat dies ausdrücklich bestätigt. Für alle anderen gilt:

- Eine gesicherte Diagnose F64.0 („Transsexualismus") muss vorliegen,
- diese Diagnose darf nur von psychologischen oder ärztlichen Psychotherapeut*innen oder Fachärzt*innen für Psychiatrie vergeben werden,
- eine entsprechende Diagnostik und Ausschlussdiagnostik ist Voraussetzung. Diese Diagnostik muss nachvollziehbar dokumentiert sein.

Begleittherapie und Alltagserfahrung
- Für erste Maßnahmen wie Epilation oder Mastektomie sind mindestens 12 psychotherapeutische Sitzungen à 50 min in einem Zeitraum von mindestens 6 Monaten vorgeschrieben,
- für geschlechtsangleichende Genital-OPs (Neovagina, Klitpen, Phalloplastik, Hysterektomie etc.) zusätzlich zu obiger Bedingung: 12 Monate Alltagserfahrung in der gewünschten Geschlechtsrolle, attestiert im therapeutischen Indikationsschreiben.

5.4.2 Antragstellung – das gehört in den Antrag

Von der antragstellenden Person
- konkreter Leistungsantrag mit Bezeichnung aller kurz-, mittel- und langfristig angestrebten geschlechtsangleichenden Maßnahmen,
- Namen der Behandler*innen: Psychotherapie, Psychiater*in, Endokrinologie, Hormonbehandler*innen,
- ggf. Befunde/ Entlassungsberichte von bisher durchgeführten geschlechtsangleichenden Maßnahmen
- ggf. bei der Krankenkasse anfordern (wenn die Krankenkasse dies nicht selbst beisteuert) und dem Antrag beilegen: Leistungsauszug der Krankenkasse der letzten 5 Jahre – kontrollieren, dass alles darin stimmig ist.

Nicht verpflichtend

- Biografischer Bericht zum transsexuellen Werdegang, den bisherigen Behandlungsmaßnahmen und der bisherigen Alltagserfahrung sowie zur aktuellen Lebenssituation → „Translebenslauf und persönliche Stellungnahme",
- Gerichtsgutachten, sofern eine gerichtliche Vornamens-/Personenstandsänderung nach dem Transsexuellengesetz (TSG) durchgeführt wurde.

Von Psychiater*in/Therapeut*in

Psychiatrisch/psychotherapeutischer Behandlungs- bzw. Verlaufsbericht mit Angaben zu

- Anamnese
- Diagnose und Differentialdiagnostik
- ggf. begleitenden psychischen Störungen
- krankheitswertigem Leidensdruck
- Behandlung des Leidensdrucks → Beleg der Begleittherapie: mindestens 6 Monate in Form von mindestens 12 × 50 min oder 24 × 25 min
- Behandlung der Komorbiditäten (falls vorhanden)
- Begleitung der Alltagserfahrungen → Leben im Zielgeschlecht, grundsätzlich mindestens 6 Monate für Behandlungen ohne Genitalangleichung und mindestens 12 Monate für Genitalangleichung

Von Fachärzt*innen

- Fachärztliche Befunde und Behandlungsberichte, je nach angestrebter Maßnahme z. B. gynäkologisch, andrologisch, urologisch, endokrinologisch,
- Indikationsschreiben von den Behandler*innen, die die angestrebte Maßnahme durchführen sollen, also z. B. die Hormonbehandlung oder die OPs.

Wichtig

Psychiatrisch/psychotherapeutisches Indikationsschreiben: wenn der/die Psychotherapeut*in kein/e Psychiater*in ist, kann zusätzlich eine psychiatrische Indikation gefordert werden.

Sehr wichtig

Alle Dokumente vollständig und inhaltlich korrekt einreichen. Nur weil einzelne Personen auch mit weniger Unterlagen Erfolg hatten, heißt das nicht, dass Abweichungen vom Standardverfahren zu empfehlen sind. Vermeiden Sie das Risiko einer Ablehnung, indem Sie sich an die offiziellen Vorgaben halten.

5.4.3 Weitere Formalitäten

Bearbeitungszeit und Widerspruch

- Die Bearbeitung durch die Krankenkasse dauert in der Regel 3–5 Wochen.
- Bei Ablehnung kann innerhalb eines Monats Widerspruch eingelegt werden. Dieser muss begründet werden.

Gerichtsweg

Ist der Widerspruch erfolglos, kann ein Sozialgerichtsverfahren eingeleitet werden. Der Widerspruch sollte allerdings nur dann eingelegt werden, wenn die Ablehnung des Antrages zu Unrecht erfolgte. Die meisten Kostenübernahmeanträge scheitern an Formalia, gegen diese Ablehnungen kann kein Rechtsmittel eingelegt werden. Bei Ablehnung aufgrund von Formfehlern ist oft ein neuer Antrag ratsam.

Hinweis zur Genehmigungsfiktion (§ 13 Abs. 3a SGB V) und aktueller BSG-Rechtsprechung

Grundsätzlich bedeutet die Genehmigungsfiktion: Wenn eine gesetzliche Krankenkasse einen Antrag auf eine Leistung (z. B. eine Operation) nicht innerhalb von drei Wochen (bzw. fünf Wochen bei Einschaltung des Medizinischen Dienstes) schriftlich ablehnt, gilt die Leistung als genehmigt – man durfte sich diese Maßnahme dann auf eigene Rechnung beschaffen und später die Erstattung verlangen.

Das BSG stellte jedoch im Mai 2020 (Az. B 1 KR 9/18 R) klar: Die Genehmigungsfiktion (§ 13 Abs. 3a SGB V) verschafft Versicherten zwar grundsätzlich einen Anspruch, aber keine automatische Sachleistung. Ein Anspruch auf Kostenerstattung entsteht nur, wenn die Leistung gutgläubig selbst beschafft wurde – also bevor eine Ablehnung zuging und im Vertrauen darauf, dass die beantragte Maßnahme genehmigt sei.

Bei geschlechtsangleichenden Maßnahmen ist es Versicherten in der Realität kaum möglich, kurzfristig einen chirurgischen Eingriff zu buchen, da die Wartezeiten auf Operationstermine oft viele Monate betragen. Die Idee einer „gutgläubigen Sofortbeschaffung" ist daher im Hinblick auf medizinische Transitionsschritte meistens nicht praxistauglich.

Fazit: Die Genehmigungsfiktion sollte bei einer Transition nicht als verlässliche Strategie zur Beschleunigung betrachtet werden. Wer geschlechtsangleichende Maßnahmen plant, sollte weiterhin unbedingt einen regulären Kostenübernahmeantrag stellen und auf die vollständige Erfüllung der Voraussetzungen gemäß Begutachtungsanleitung achten.

Abschließender Hinweis

Dieser Leitfaden beruht auf den offiziellen Vorgaben des Medizinischen Dienstes. Änderungen in der Gesetzeslage, durch Urteile oder neue medizinische Richtlinien können zukünftige Anpassungen erforderlich machen.

5.5 Musterantrag Kostenübernahme Frau-zu-Mann

Antrag auf Kostenübernahme geschlechtsangleichender Operationen bei Frau-zu-Mann-Transsexualität (F64.0)

Sehr geehrte Damen und Herren,

hiermit beantrage ich die Kostenübernahme für geschlechtsangleichende Operationen aufgrund meiner Frau-zu-Mann-Transsexualität. Vom TT. MM.JJJJ bis zum TT. MM.JJJJ befand ich mich in psychotherapeutischer Behandlung bei Herrn/Frau xyz in (Ort). Seit dem TT. MM.JJJJ befinde ich mich in Hormonersatztherapie mit Testosteron bei xyz, in der Praxis abc in (Ort).

Bei den geplanten Operationen handelt es sich um:

- Beidseitige Mastektomie mit Formung einer männlichen Brust
- Hysterektomie und beidseitige Adnexektomie
- Kolpektomie/Kolpokleisis und Metaidoioplastik (Klitorispenoid)
- Phalloplastik aus dem Radialislappen mit gleichzeitiger Harnröhrenbildung
- Sulcus coronarius-Plastik (Glans), Harnröhrenanschluss, Skrotumplastik (Hodensackbildung)
- Erektions- und Hodenprothesen
- Medizinisch erforderliche Korrekturen

Durchführen lassen möchte ich die oben genannten Operationen von:

- Ärzt*in, Krankenhaus: OP
- Ärzt*in, Krankenhaus: OP

Als Anlage liegt diesem Schreiben im verschlossenen Umschlag jeweils in Kopie zur Weiterleitung an den zuständigen Medizinischen Dienst der Krankenkassen bei:

- Psychotherapeutischer Behandlungsbericht einschließlich Bericht zur Diagnostik, zum Behandlungsverlauf und Indikation der geplanten somatischen Angleichungsmaßnahmen aus MM.JJJJ
- Psychiatrische Diagnostik und Ausschussdiagnostik und Indikation der geplanten somatischen Angleichungsmaßnahmen aus MM.JJJJ
- Endokrinologischer Befundbericht sowie Laborbericht aus MM.JJJJ (vor Beginn der Hormonersatztherapie)
- Endokrinologischer Befundbericht sowie Laborbericht aus MM.JJJJ (aktuell, während der Hormonersatztherapie)

- Humangenetische Bestätigung des Chromosomenstatus (Karyogramm) aus MM.JJJJ
- Gynäkologischer Statusbericht aus MM.JJJJ
- Arztbrief/e der Klinik(en) xyz zur Bestätigung der Durchführung eines Beratungs- und Aufklärungsgespräches zu den geplanten geschlechtsangleichenden Operationen, einschließlich der ärztlich-somatischen Indikation aus MM.JJJJ

Mit freundlichen Grüßen
Unterschrift

5.6 Musterantrag Kostenübernahme Mann-zu-Frau

Antrag auf Kostenübernahme geschlechtsangleichender Maßnahmen bei Mann-zu-Frau-Transsexualität (F64.0)

Sehr geehrte Damen und Herren,

hiermit beantrage ich die Kostenübernahme für geschlechtsangleichende Maßnahmen aufgrund meiner Mann-zu-Frau-Transsexualität. Vom TT. MM.JJJJ bis zum TT. MM.JJJJ befand ich mich in psychotherapeutischer Behandlung bei Herrn/Frau xyz in (Ort). Seit dem TT. MM.JJJJ befinde ich mich in Hormonersatztherapie mit Östrogen bei xyz, in der Praxis abc in (Ort).

Bei den geplanten Maßnahmen handelt es sich um:

- Nadel-/Laser-Epilation des Gesichts und der Brust
- Orchiektomie
- Vaginoplastik mittels erweiterter Peniler Inversion
- Mammaaugmentation (Brustaufbau) mit Silikonimplantaten
- Glottoplastik nach der Wendler-Methode

Durchführen lassen möchte ich die oben genannten Maßnahmen/Operationen von:

- Ärzt*in, Krankenhaus: OP
- Behandler*in, Praxis: Maßnahme

Als Anlage liegt diesem Schreiben im verschlossenen Umschlag jeweils in Kopie zur Weiterleitung an den zuständigen Medizinischen Dienst der Krankenkassen bei:

- Psychotherapeutischer Behandlungsbericht einschließlich Bericht zur Diagnostik, zum Behandlungsverlauf und Indikation der geplanten somatischen Angleichungsmaßnahmen aus MM.JJJJ

- Psychiatrische Diagnostik und Ausschussdiagnostik und Indikation der geplanten somatischen Angleichungsmaßnahmen aus MM.JJJJ
- Endokrinologischer Befundbericht sowie Laborbericht aus MM.JJJJ (vor Beginn der Hormonersatztherapie)
- Endokrinologischer Befundbericht sowie Laborbericht aus MM.JJJJ (aktuell, während der Hormonersatztherapie)
- Humangenetische Bestätigung des Chromosomenstatus (Karyogramm) aus MM.JJJJ
- Urologischer Statusbericht aus MM.JJJJ
- Arztbrief/e der Klinik(en) abc zur Bestätigung der Durchführung eines Beratungs- und Aufklärungsgespräches zu den geplanten geschlechtsangleichenden Maßnahmen/Operationen, einschließlich der ärztlich-somatischen Indikation aus MM.JJJJ

Mit freundlichen Grüßen
Unterschrift

5.7 Packliste für einen Krankenhausaufenthalt

Ein Krankenhausaufenthalt ist für viele Menschen mit Aufregung verbunden – und für viele Transpersonen ist die erste geschlechtsangleichende Operation zugleich auch die erste Operation im Leben. Umso wichtiger ist es, gut vorbereitet in diese Zeit zu starten. Neben den üblichen Dingen, die man für einen Klinikaufenthalt benötigt, gibt es bei geschlechtsangleichenden Operationen einige Besonderheiten zu beachten. Diese Packliste hilft dabei, an alles zu denken, was man braucht, um den Aufenthalt möglichst angenehm zu gestalten.

Kleidung
- Schlafsachen
- ausreichend Socken
- ausreichend T-Shirts
- Unterwäsche (bei OPs im Genitalbereich reicht meist eine Unterhose für den Entlassungstag, denn während des Aufenthaltes trägt man meistens Netzhosen, die von der Klinik gestellt werden)
- Jogginganzug, bequeme Kleidung
- Hausschuhe und Badeschlappen

- bei Mastektomie und Brustaufbau: Oberteile, die sich leicht über den Kopf ziehen lassen (die Armbeweglichkeit ist eingeschränkt), z. B. weite T-Shirts oder Oberteile mit Knöpfen
- Wäschebeutel für gebrauchte Kleidung

Körperpflege

- Zahnbürste und Zahnpasta
- Deoroller (kein Spray bei Brust-OPs!)
- Rasierzeug – auch wer sich nicht rasieren muss, sollte ruhig einen guten Einmalrasierer mitnehmen, denn manchmal muss das OP-Gebiet vor dem Start in den OP nachrasiert werden und die Rasierer, die man vom Krankenhaus bekommt, sind nicht sehr angenehm!
- Taschentücher, ggf. feuchtes Toilettenpapier
- Feuchttücher (sehr hilfreich, wenn man noch nicht duschen darf!)
- Duschgel und Shampoo, möglichst parfümfrei und pH-neutral
- Gesichtscreme, Handcreme, Lippenpflegestift
- Handtücher (nachfragen, ob die Klinik welche stellt!), ggf. Waschlappen
- Persönliche Medikamente (verschreibungspflichtige Medikamente müssen oft mitgebracht werden) und Medikationsplan

Technik für die Unterhaltung

- Laptop/Tablet (ggf. mit vorab heruntergeladenem Content, wenn das Klinik-WLAN schwach ist)
- Bücher oder eReader
- Alle benötigten Ladekabel
- Verlängerungskabel und/oder Mehrfachsteckdose
- Kopfhörer

Sonstiges

- Snacks, Kaugummi, Halsbonbons
- Kuscheltier, Lieblingsdecke
- Nackenhörnchen (auch als Sitzring nutzbar)
- Bei OPs im Genitalbereich: Sitzring (ggf. per Verordnung vom Hausarzt über Sanitätshaus)
- Ohrstöpsel
- Trinkflasche
- ggf. Greifarm
- Kleingeld oder Geldkarte für Snack- und Kaffeeautomaten (je nach Klinik unterschiedlich)

Wichtige Unterlagen

- Kostenübernahmebescheid der Krankenkasse
- Befreiungsnachweis vom Krankenhaustagegeld (falls vorhanden)
- Personalausweis
- Versichertenkarte

Vorab organisieren

- Rückreise planen: Ist Autofahren erlaubt und realistisch?
- Parkmöglichkeiten an der Klinik prüfen
- bei Bahnfahrten flexible Tickets für die Rückfahrt wählen, denn der Entlassungstag ist nicht fix
- Vorräte für zu Hause besorgen (insbesondere schwere Dinge wie z. B. Wasser oder Katzenstreu)
- Bei Mastek/Brustaufbau: Alltagsgegenstände zu Hause vor Abreise auf maximal Schulterhöhe umsortieren (die Beweglichkeit der Arme wird eingeschränkt sein!)
- Nachsorgetermine frühzeitig klären (Hausarzt, Gynäkologie/Urologie, ggf. in Abstimmung mit Klinik)

Gut vorbereitet zu sein, bedeutet weniger Stress und mehr Energie für die Genesung!

5.8 Namensfindung

Die Wahl eines neuen Vornamens ist für viele Transpersonen ein bedeutsamer Schritt – häufig einer der ersten konkreten Handlungen nach der Erkenntnis, dass der bisher gelebte Name und die gelebte Geschlechtsidentität nicht (mehr) zusammenpassen. Einen neuen Vornamen zu wählen bedeutet, sich selbst ein Stück weit neu zu entwerfen, sich einen Ausdruck zu geben, der stimmig ist – innerlich wie äußerlich. Und auch wenn viele diesen Moment als sehr befreiend erleben, ist die Namensfindung oft keineswegs einfach.

Denn plötzlich steht man vor Fragen, die man sich bislang vielleicht noch nie gestellt hat: Soll es ein klassischer oder ein moderner Name sein? Ein Name mit persönlicher Bedeutung? Ein unauffälliger oder eher besonderer Name? Soll der Name deutschsprachig sein oder aus einer anderen Sprache stammen? Ist er leicht auszusprechen? Und wie wirkt er im Zusammenspiel mit dem Nachnamen?

Manche entscheiden sich für einen Namen, den sie als Kind selbst schön fanden. Andere fragen ihre Eltern, welchen Vornamen sie bekommen hätten, wären sie im anderen Geschlecht geboren worden. Wieder andere lassen sich inspirieren durch enge Freund*innen, durch literarische Figuren oder durch Vorbilder aus Kunst und Kultur. Auch beliebte Vornamenlisten aus dem eigenen Geburtsjahr können eine hilfreiche Orientierung sein – gerade, wenn man darauf achten möchte, dass der gewählte Name altersgemäß erscheint.

Nicht wenige stellen bei der Namenssuche fest, dass ein Name zunächst „gut klingt", sich im Alltag aber nicht richtig anfühlt. Darum kann es hilfreich sein, Namensideen mit nahestehenden Menschen auszuprobieren: Im privaten Kreis, in einem neuen sozialen Umfeld oder in einer unterstützenden Community. Viele Menschen beschreiben, dass es ein besonderes Gefühl ist, zum ersten Mal mit dem gewählten Namen angesprochen zu werden – ein Gefühl von „Das bin ich". Und wenn dieses Gefühl nicht gleich da ist? Dann ist es völlig legitim, weiterzusuchen.

Hilfreich ist es auch, den Namen visuell zu erleben – zum Beispiel, indem man ihn auf einen Zettel schreibt und an den Spiegel klebt. Manchmal spürt man erst beim Anblick, wie stimmig oder unstimmig ein Name sich wirklich anfühlt. Und wer sich unsicher ist, ob ein gewählter Name auf andere eventuell irritierend oder erklärungsbedürftig wirkt, kann sich bewusst Feedback von vertrauten Personen einholen. Letztlich bleibt es aber eine persönliche Entscheidung.

Ein neuer Name ist mehr als ein Etikett. Er ist ein Teil des persönlichen Ausdrucks. Ihn zu wählen, ist ein kreativer und mutiger Akt. Und auch wenn dieser Schritt oft mit Unsicherheiten verbunden ist, darf er vor allem eines sein: ein schöner Moment.

5.9 Tipps für das Coming-out im privaten Umfeld

Das Coming-out als transgeschlechtliche Person im privaten Umfeld ist ein entscheidender und oft emotional hoch aufgeladener Moment im Verlauf einer Transition. Für viele ist es ein großer Schritt – ein sichtbarer und selbstbestimmter Ausdruck dessen, wer man wirklich ist. Doch wie dieser Schritt gelingt, wann der richtige Zeitpunkt gekommen ist und wem man sich wie anvertraut, ist hochindividuell. Es gibt keinen „richtigen" Weg – aber es gibt hilfreiche Überlegungen, Strategien und Erfahrungen, die anderen in dieser Situation bereits geholfen haben.

Was Coming-out bedeutet

Ein Coming-out bedeutet nicht nur, sich anderen mitzuteilen – es bedeutet auch, einen inneren Prozess abzuschließen oder zumindest so weit zu gehen, dass man bereit ist, zu sich selbst zu stehen. Viele Transpersonen berichten, dass das Coming-out für sie eine tiefgreifende Erleichterung bedeutet hat – auch dann, wenn es nicht überall auf sofortige Zustimmung gestoßen ist. Und doch gehen dem Coming-out häufig große Ängste voraus: Angst vor Ablehnung, vor Zurückweisung durch Familie oder Freund*innen, vor Unverständnis, Spott oder gar Aggressionen. Besonders belastend kann die Vorstellung sein, dass man Menschen verliert, die einem bislang nahestanden.

Erfahrungen mit Coming-outs

Die Realität ist häufig weniger dramatisch als befürchtet. Viele Transpersonen berichten, dass sich nicht alle Ängste bewahrheiten und dass erste positive Coming-out-Erfahrungen dabei helfen, Vertrauen und Selbstsicherheit für weitere Gespräche zu entwickeln. Mit jedem weiteren offenen Austausch wächst nicht selten die Zuversicht, auch andere Lebensbereiche in der eigenen Geschlechtsidentität gestalten zu können. Wichtig ist dabei, dass niemand ein Coming-out „schuldet". Es darf in eigenem Tempo geschehen, in einer selbst gewählten Sprache, mit der Unterstützung, die man braucht. Auch schriftliche Coming-outs, etwa per E-Mail oder Brief, können eine gute Möglichkeit sein, Gedanken zu sortieren und sich dem Gegenüber auf reflektierte Weise mitzuteilen.

Strategien für das Coming-out

- Sich vorbereiten: Es hilft, sich im Vorfeld zu überlegen, was man sagen möchte. Auch die Reaktionen des Gegenübers zu antizipieren und sich dafür mentale oder konkrete Antworten zurechtzulegen, kann Sicherheit geben.
- Unterstützung suchen: Coming-outs gelingen leichter, wenn man sich zuvor mit anderen Transpersonen austauscht oder sich Rat bei erfahrenen Psychotherapeut*innen oder Beratungsstellen holt.
- Schutzfaktoren erkennen: Wer im Alltag auf eigene finanzielle Unabhängigkeit, stabile Freundschaften oder unterstützende Institutionen zählen kann, hat ein Sicherheitsnetz – auch dann, wenn nicht alle Coming-outs gut verlaufen.
- Nicht auf alles vorbereitet sein müssen: Manche Reaktionen überraschen – im Guten wie im Schlechten. Es ist völlig in Ordnung, in einem solchen Moment nicht sofort die perfekte Antwort parat zu haben.

Checkliste: Coming-out im privaten Umfeld

Vorbereitung
- Habe ich für mich selbst Klarheit über meine Identität gewonnen?
- Möchte ich mir vor dem Coming-out Unterstützung holen (Beratung, Peer-Gruppen, Therapeut*in)?
- Habe ich mich mit möglichen Fragen und Reaktionen auseinandergesetzt?

Form des Coming-outs
- Möchte ich persönlich sprechen, schriftlich, telefonisch oder per Messenger?
- Möchte ich mir jemanden zur Seite holen, der mich dabei unterstützt?
- Bin ich in der Lage, ein Gespräch ggf. zu beenden, wenn es zu belastend wird?

Zielgruppen
- **Familie:**
  Eltern: Was wissen sie bereits? Wie ist unser Verhältnis?
  Geschwister: Eher Verbündete oder distanziert?
  Großeltern: Besteht Vertrauen? Bedarf es Erklärungen?
- **Freund*innen:**
  Wer sind enge Vertraute?
  Wer könnte Multiplikator*in sein (also bei weiteren Coming-outs unterstützend wirken)?
- **Nachbarschaft, Vereinsleben etc.:**
  Muss ein Coming-out hier aktiv stattfinden?
  Möchte ich meine Nachbarschaft einbeziehen oder abwarten?

Nach dem Coming-out
- Was wünsche ich mir an Unterstützung?
- Gibt es Dinge, die ich nicht erklären oder diskutieren möchte?
- Was tut mir gut und worauf möchte ich in der Folgezeit achten? Es gibt keine „richtige" oder „falsche" Art, einen Namen zu wählen. Wichtig ist allein, dass er sich für die betreffende Person gut und passend anfühlt. Und auch wenn ein Name sich irgendwann wieder ändern sollte – das ist kein Scheitern, sondern ein Ausdruck davon, dass Identität sich entwickeln darf.

Timing: Es muss nicht alles auf einmal passieren

Ein weit verbreiteter Irrtum ist, dass ein Coming-out „ganz oder gar nicht" sein muss. Viele Transpersonen entscheiden sich bewusst dafür, einzelne Menschen zu unterschiedlichen Zeitpunkten einzuweihen – abhängig von deren Nähe, Wichtigkeit, Offenheit und der eigenen inneren Stabilität.

Gerade zu Beginn der Transition ist man oft noch unsicher in der eigenen Sprache, im Ausdruck der Geschlechtsidentität oder der Namenswahl. Auch deshalb kann es hilfreich sein, sich Zeit zu lassen, Coming-outs in einem individuellen Rhythmus zu planen und auf die eigene emotionale Verfassung zu achten. Niemand ist verpflichtet, sich unter Druck zu outen – weder im familiären Umfeld noch im Freundes- oder Kollegenkreis. Es ist legitim, Prioritäten zu setzen: Wen möchte ich als Erstes einweihen? Wo bin ich sicher, wo vielleicht gefährdet?

Das Coming-out kann auch mehrstufig erfolgen – etwa indem man zunächst von eigenen Gefühlen und Überlegungen spricht („Ich beschäftige mich gerade viel mit meiner Geschlechtsidentität") und erst später konkrete Begriffe oder Pläne benennt. In manchen Fällen hilft das, das Gegenüber behutsam mitzunehmen und Vorbehalte frühzeitig zu klären.

Therapeutische Begleitung: Unterstützung annehmen

Insbesondere bei Coming-outs in schwierigen familiären Konstellationen oder angesichts von internalisierten Ängsten kann eine psychotherapeutische Begleitung eine enorme Entlastung sein. Therapeut*innen können dabei helfen, individuelle Strategien für ein Coming-out zu entwickeln, geeignete Worte zu finden oder den Umgang mit möglichen Zurückweisungen zu üben.

In der psychotherapeutischen Arbeit können außerdem emotionale Altlasten bearbeitet werden – etwa Schuldgefühle, Ängste vor Ablehnung oder Unsicherheiten im sozialen Auftreten. Die Erfahrung, in einem geschützten Rahmen mit einer vertrauensvollen Fachperson sprechen zu können, bietet vielen Transpersonen einen Anker, um das Coming-out im Alltag selbstbestimmter und gelassener anzugehen. Wichtig ist: Es ist kein Zeichen von Schwäche, sich professionelle Unterstützung zu holen, sondern ein Ausdruck von Fürsorge für sich selbst.

Wenn es schwierig wird: mit Konflikten umgehen

Nicht alle Coming-outs verlaufen problemlos. Ablehnung, Rückzug oder unsensible Reaktionen gehören leider für manche Transpersonen zur Realität. Wichtig ist, sich in solchen Fällen nicht selbst die Schuld zu geben. Die Verantwortung für das Verhalten des Gegenübers liegt bei diesem – nicht bei der betroffenen Person. Was in solchen Situationen helfen kann:

Emotionale Rückversicherung suchen
Gespräche mit Unterstützer*innen, Peer-Gruppen oder Therapeut*innen können helfen, die eigene Perspektive zu stabilisieren.

Abstand und Selbstschutz
Manchmal ist es sinnvoll, auf Distanz zu gehen oder einen Kontakt (zumindest vorübergehend) zu unterbrechen, um sich zu schützen.

Erwartungen anpassen
Manche Beziehungen verändern sich dauerhaft, andere brauchen Zeit. Akzeptanz kann wachsen.

Eigene Grenzen wahren
Niemand ist verpflichtet, wiederholt respektlose oder verletzende Gespräche zu führen. Es darf klare Grenzen geben.

Zuversicht entwickeln
Viele Transpersonen berichten, dass erste positive Reaktionen wie ein Katalysator gewirkt haben: Mit jeder guten Erfahrung wächst die innere Stärke, auch schwierige Begegnungen zu überstehen. Selbst kleine Gesten wie ein verständnisvoller Blick, ein unterstützender Satz oder ein korrekter Vorname können einen großen Unterschied machen. Und auch, wenn einzelne Coming-outs enttäuschend verlaufen: Das sagt nichts über den Gesamtweg aus. Das eigene Leben in Übereinstimmung mit der eigenen Identität zu führen, ist ein langfristiger Prozess mit Höhen und Tiefen. Doch mit jeder Erfahrung, jedem Gespräch und jeder Entscheidung wächst ein Gefühl von Selbstwirksamkeit, welches das Fundament für ein authentisches, stabiles Leben bildet.

Fazit
Das Coming-out im privaten Umfeld ist selten ein einfacher Schritt – aber es ist ein Schritt hin zu einem Leben in größerer Übereinstimmung mit sich selbst. Die Ängste davor sind real, aber oft unbegründeter als gedacht. Je besser man vorbereitet ist und je mehr man sich erlaubt, auch Unsicherheit und Verletzlichkeit zu zeigen, desto größer wird der Raum für echte Begegnung. Am Ende zeigt die Erfahrung vieler Transpersonen: Es braucht Mut, aber dieser Mut wird häufig belohnt mit neuen oder vertieften Beziehungen, mit persönlicher Integrität und mit dem Gefühl, endlich als die Person gesehen zu werden, die man wirklich ist.

5.10 Tipps für das Coming-out am Arbeitsplatz

Die berufliche Umgebung ist häufig weniger durch enge persönliche Beziehungen geprägt, dafür durch Hierarchien, Leistungsdruck oder strukturelle Unsicherheiten. Umso wichtiger ist es, diesen Schritt gut vorbereitet anzugehen. Es gibt kein allgemeingültiges „richtig“ oder „falsch“, wie und wann man sich im Arbeitskontext outet. Entscheidend sind die individuellen Bedingungen: Wie sicher fühle ich mich im Unternehmen? Gibt es LSBTI-Ansprechpersonen oder Diversity-Strukturen? Wie sichtbar ist meine Transition bereits – etwa durch äußere Merkmale oder Namensänderung?

Timing und strategisches Vorgehen
Viele Transpersonen wählen den Zeitpunkt des Coming-outs entsprechend zur Phase der Transition: Einige sprechen offen darüber, bevor körperliche oder rechtliche Schritte sichtbar werden, andere warten den neuen Vornamenseintrag oder hormonelle Veränderungen ab. Beides ist legitim.

Ein mögliches Vorgehen ist, sich zunächst an eine Vertrauensperson im Unternehmen zu wenden – zum Beispiel eine Führungskraft, die Personalabteilung oder (wo vorhanden) eine Gleichstellungs- oder Diversity-Beauftragte. In einem geschützten Gespräch können erste Fragen und mögliche Wege besprochen werden: Wie wird intern kommuniziert? Was ist bezüglich IT-Systemen, E-Mail-Adresse oder Dienstkarte zu beachten?

Wichtig: Niemand muss sich gleich der ganzen Abteilung gegenüber erklären. Ein schrittweises Coming-out – beginnend bei den wichtigsten Kolleg*innen – ist häufig der bessere Weg.

Kommunikation und Unterstützung

Eine gut vorbereitete Kommunikation kann helfen, Missverständnisse zu vermeiden. Es kann hilfreich sein, selbst einen Vorschlag zu machen, wie das Coming-out gegenüber Kolleg*innen verlaufen soll: Möchte man in einem gemeinsamen Meeting sprechen? Reicht eine Rund-E-Mail? Soll die Teamleitung einfühlsam das Thema einführen? Viele Transpersonen erstellen ein kurzes, informatives Schreiben oder nutzen Vorlagen, in denen sie den neuen Namen und die gewünschte Anrede mitteilen. Wer möchte, kann auch ganz bewusst die eigene Erreichbarkeit für Fragen signalisieren – dies sollte aber niemals von anderen erwartet oder vorausgesetzt werden und selbstverständlich darf man Grenzen setzen, wenn die Fragen zu persönlich oder zu intim sind. Erfahrungen zeigen jedoch, dass in vielen Situationen Kolleginnen und Kollegen sehr dankbar für das Angebot der transitionierenden Person sind, respektvolle Fragen zu beantworten.

Wenn es nicht ganz einfach läuft

Auch im Arbeitskontext kann es vorkommen, dass einzelne Kolleg*innen unsensibel, abwehrend oder grenzüberschreitend reagieren. Für solche Fälle gilt:

Dokumentieren Notieren Sie relevante Vorfälle, insbesondere wiederholtes Deadnaming oder diskriminierende Bemerkungen.

Gespräch suchen Häufig hilft ein klärendes Gespräch – idealerweise moderiert durch eine neutrale Ansprechperson.

AGG nutzen Diskriminierung aufgrund der geschlechtlichen Identität ist durch das Allgemeine Gleichbehandlungsgesetz (AGG) untersagt. Bei wiederholter Diskriminierung besteht Anspruch auf Beschwerde und ggf. rechtliche Schritte – siehe auch Kap. 4.

Unterstützung holen Eine psychotherapeutische Begleitung kann helfen, mit belastenden Situationen besser umzugehen. Auch gewerkschaftliche oder externe Beratungsstellen können unterstützen.

Selbstbewusst den eigenen Weg gehen
Ein Coming-out am Arbeitsplatz ist oft mit Unsicherheit verbunden, aber ebenso mit Chancen. Viele Transpersonen berichten, dass sie nach dem Coming-out authentischer, motivierter und freier arbeiten konnten. Auch Kolleg*innen zeigen sich häufig offener und verständnisvoller als zunächst befürchtet. Das Wichtigste: Die Kontrolle liegt bei der betroffenen Person. Es ist ihr gutes Recht, über Zeitpunkt, Umfang und Inhalte des Coming-outs selbst zu entscheiden.

Checkliste: Coming-out im beruflichen Umfeld

Vorbereitung:
- Besteht ein Vertrauensverhältnis zu Vorgesetzten oder Kolleg*innen?
- Wie ist das Klima im Team?
- Gibt es eine Diversity-, Gleichstellungs- oder Personalstelle?

Planung:
- Wer soll zuerst informiert werden?
- Welche Kanäle (Gespräch, E-Mail, Teamrunde) sind geeignet?
- Wie sieht eine mögliche Übergangszeit aus (z. B. Namens- und Kleidungswechsel)?

Unterstützung:
- Gibt es externe Beratungsstellen oder Peer-Angebote?
- Besteht therapeutische oder beraterische Begleitung?
- Gibt es im Unternehmen bereits Transpersonen?

Nach dem Coming-out:
- Rückmeldungen sammeln
- Austausch mit Unterstützenden pflegen
- Eigene Grenzen wahren: Kein Zwang zur Rechtfertigung oder Aufklärung

5.11 Zeugnisse ändern lassen

Nach einer rechtskräftigen Vornamens- und Geschlechtseintragsänderung besteht ein klarer Anspruch darauf, dass frühere Arbeits-, Schul- und Ausbildungszeugnisse mit dem neuen Namen und den entsprechenden geschlechtlichen Formulierungen neu ausgestellt werden. Dieser Anspruch ergibt sich aus dem Selbstbestimmungsgesetz in Verbindung mit dem Offenbarungsverbot. Er soll verhindern, dass durch alte Dokumente Rückschlüsse auf die frühere Geschlechtszugehörigkeit gezogen werden können.

Für Bewerbende bedeutet das: sobald die Änderung amtlich ist, lohnt es sich, zeitnah alle relevanten früheren Arbeitsstellen, Schulen und Ausbildungsstätten zu kontaktieren. Auch wenn eine Personalakte bereits gelöscht wurde oder eine Schule nicht mehr existiert, muss ein neues Zeugnis erstellt werden. Inhalt und Bewertung des Zeugnisses bleiben unverändert, es wird lediglich hinsichtlich Namen und Geschlecht angepasst. Üblicherweise wird das alte Original gegen die neue Fassung ausgetauscht.

In der Praxis kann dieser Prozess jedoch Zeit in Anspruch nehmen. Nicht alle Stellen sind mit der Rechtslage vertraut, manche reagieren zögerlich oder verweisen auf angebliche rechtliche Hürden, die es in Wirklichkeit nicht gibt. Um den Ablauf zu erleichtern, empfiehlt sich ein sachlich formulierter Antrag.

So kann man vorgehen

1. Das frühere Zeugnis einscannen oder in Kopie beilegen.
2. Ein kurzes Anschreiben formulieren, in dem der neue amtliche Name genannt und auf den gesetzlichen Anspruch nach § 10 SBGG verwiesen wird.
3. Eine Kopie der amtlichen Namens- und Geschlechtseintragsänderung beifügen (ohne medizinische Informationen).
4. Um Ausstellung eines neuen Zeugnisses mit aktuellem Namen und angepassten Formulierungen bitten.
5. Das Originalzeugnis zur Rückgabe bereithalten.

In Bundesländern, in denen es bereits Verwaltungsvorschriften zur Änderung von Abschluss- oder Prüfungszeugnissen gibt, orientieren sich die zuständigen Stellen oft an diesen Regelungen. Wichtig ist, dass ein neu ausgestelltes Zeugnis keine Hinweise enthält, aus welchem Grund es neu ausgestellt wurde – Zusätze wie „aufgrund von Transidentität“ sind unzulässig, weil sie das Offenbarungsverbot umgehen würden. Der Zusatz „Zweitschrift“ ist dagegen unproblematisch und in manchen Fällen unvermeidbar.

Sollte eine frühere Schule, Ausbildungsstätte oder ein Unternehmen nicht mehr existieren, hängt das weitere Vorgehen davon ab, wie wichtig das Zeugnis für künftige Bewerbungen ist. Ist es relevant, kann man versuchen, die unterzeichnende Person ausfindig zu machen oder bei staatlichen Einrichtungen über Schulämter bzw. Aufsichtsbehörden eine Zweitschrift zu beantragen. Ist der Aufwand zu hoch oder der berufliche Abschnitt weniger wichtig, kann es eine pragmatische Lösung sein, diese Station im Lebenslauf wegzulassen.

Je früher dieser Prozess nach der amtlichen Änderung begonnen wird, desto eher lassen sich Bewerbungsunterlagen vollständig und konsistent gestalten.

5.12 Bewerbungen

Ist die amtliche Namens- und Geschlechtseintragsänderung noch nicht begonnen oder abgeschlossen, kann in Bewerbungsunterlagen – also im Anschreiben, Lebenslauf oder auf dem Deckblatt – bereits der Name verwendet werden, mit dem die Person im beruflichen Alltag auftritt. Rechtlich ist das unproblematisch. Wichtig ist lediglich, dass im weiteren Bewerbungsverlauf, spätestens bei Vertragsunterzeichnung, die Identität eindeutig durch amtliche Dokumente nachgewiesen werden kann. Solange keine Täuschungsabsicht besteht, muss der in den Bewerbungsunterlagen genutzte Name nicht mit dem aktuell amtlich eingetragenen Namen übereinstimmen.

Herausfordernd wird es vor allem, wenn in Bewerbungsunterlagen unterschiedliche Namen auftauchen – zum Beispiel, weil Zeugnisse oder Zertifikate noch auf den bisherigen Namen ausgestellt sind. Solche Diskrepanzen können bei Personalverantwortlichen Unsicherheit oder Misstrauen erzeugen: Man fragt sich, ob die Unterlagen vollständig sind, ob es sich um dieselbe Person handelt oder ob die Person einfach „schlampig“ war. Auch wenn dies für geschlechtsvariante Bewerbende in aller Regel nur eine Übergangssituation ist, besteht das Risiko, dass eine Bewerbung aufgrund dieser Unstimmigkeiten aussortiert wird.

In der Praxis gibt es zwei Strategien, dem vorzubeugen: Manche Bewerbende sprechen die Namensdifferenz kurz und sachlich im Anschreiben an – zum Beispiel mit dem Hinweis, dass sich die Namensänderung in Bearbeitung befindet und daher noch nicht alle Unterlagen angepasst sind. Andere verzichten bewusst auf einen solchen Hinweis, um das Thema nicht unnötig in den Vordergrund zu rücken, und setzen darauf, dass die Qualifikation den Ausschlag gibt. Welche Variante sinnvoll ist, hängt von der persönlichen Einschätzung und vom Einzelfall ab.

Unabhängig von der Vorgehensweise gilt: Bewerbungsunterlagen, die unterschiedliche Namen ein und derselben Person enthalten, sind keine Nachlässigkeit, sondern oft eine unvermeidbare Folge eines Prozesses, der Zeit braucht. Wer sich in dieser Phase bewirbt, hat dieselben Chancen verdient wie jede andere Person. Entscheidend sind die Qualifikationen und die Passung zur ausgeschriebenen Stelle, nicht der aktuelle Stand der amtlichen Dokumente. Wer sich in engem zeitlichem Zusammenhang mit der amtlichen Namensänderung bewerben möchte, ist jedoch gut beraten, die Zeugnisänderungen rechtzeitig zu organisieren. Das zeitlich gestraffte Verfahren nach dem Selbstbestimmungsgesetz ist hier eine große Erleichterung, weil die Übergangsphase zwischen altem und neuem amtlichen Namen deutlich kürzer geworden ist.

5.13 Kleidung und Hilfsmittel

Der Weg der Transition ist nicht allein eine medizinische oder rechtliche Angelegenheit, er berührt auch ganz praktische Lebensbereiche. Für viele transgeschlechtliche Menschen spielt Kleidung eine zentrale Rolle: Sie ist Ausdruck der eigenen Identität, vermittelt Zugehörigkeit und kann das persönliche Wohlbefinden erheblich stärken. Gleichzeitig ist sie oft eines der ersten sichtbaren Mittel der geschlechtlichen Selbstverortung – mitunter noch bevor rechtliche Änderungen vollzogen oder medizinische Maßnahmen eingeleitet wurden.

Hinzu kommen verschiedene Hilfsmittel, die insbesondere im Alltag helfen können, das äußere Erscheinungsbild an die eigene Geschlechtsidentität anzupassen. Dazu zählen zum Beispiel Brustprothesen, Brustbinder, Tucking-Hilfen oder Packer. Manche dieser Hilfsmittel werden dauerhaft genutzt, andere begleiten nur bestimmte Phasen der Transition.

Dieses Kapitel soll einen Überblick geben über Möglichkeiten, sinnvolle Empfehlungen, praktische Tipps – aber auch Fallstricke und Risiken, etwa im Hinblick auf Gesundheit, Passform oder öffentliche Reaktionen. Ziel ist es, eine informierte Entscheidung zu ermöglichen: Welche Mittel sind für mich hilfreich, welche eher nicht? Was ist wichtig bei der Auswahl? Und wie gehe ich mit Unsicherheiten im Alltag um?

Die hier zusammengestellten Informationen verstehen sich als Unterstützung für einen selbstbewussten und gesunden Umgang mit Geschlecht und Körper – ganz gleich, an welchem Punkt der Transition man sich befindet.

5.13.1 Binder

Für viele transmaskuline Personen, nicht-binäre Menschen oder auch Personen mit geschlechtsdysphorischem Empfinden im Brustbereich ist das Abflachen der Brust ein wichtiger Schritt auf dem Weg zu mehr Wohlbefinden im Alltag. Wenn eine geschlechtsangleichende Operation (z. B. Mastektomie) (noch) nicht in Aussicht steht, kann ein Brustbinder (kurz: Binder) helfen, eine männlichere oder neutralere Silhouette zu erzeugen. Ein Binder ist ein speziell entwickeltes Hilfsmittel, das dafür konzipiert ist, die Brust flacher erscheinen zu lassen. Es handelt sich dabei meist um ein körpernahes Kleidungsstück, das optisch an ein breites Unterhemd oder einen engen Sport-BH erinnert, aber aus weniger elastischem Material besteht und die Brust gezielt komprimiert. Es gibt sie in verschiedenen Varianten – zum Überziehen wie ein Shirt, mit Reiß- oder Klettverschluss – und in verschiedenen Längen (kurz, halb, lang). Manche Modelle sind innen mit Baumwolle gefüttert, um ein angenehmeres Tragegefühl zu ermöglichen.

Sicherheit geht vor

Ein wichtiger Hinweis vorweg: Brustbinden birgt gesundheitliche Risiken, wenn es falsch durchgeführt wird. Dringend abzuraten ist von selbstgebauten Lösungen mit Bandagen, Tape oder ähnlichem – diese sind nicht für das Binden gemacht und können zu schwerwiegenden Verletzungen wie Rippenbrüchen, Atembeschwerden oder Haut- und Gewebeschäden führen.

Ebenso riskant ist es, Binder in zu kleiner Größe zu tragen. Die Passform muss anatomisch gut sitzen – nicht zu locker, aber vor allem nicht zu eng. Seriöse Hersteller geben exakte Maßtabellen an und bieten Hinweise zur korrekten Größenwahl. Wer mit den Angaben nicht zurechtkommt (z. B. auf englischen Seiten), sollte sich Hilfe holen, bevor bestellt wird. Korrekt abzumessen ist ebenfalls wichtig, auch wenn sich der eine oder andere vielleicht eine kleinere Bindergröße wünscht.

Ein richtig getragener Binder drückt die Brüste nicht nach unten, sondern lässt sie flach mit dem Brustkorb verschmelzen – bestenfalls werden sie sanft zur Seite hingeführt. Dieser Ansatz verhindert, dass Blutfluss und Gewebe beeinträchtigt werden, was unter anderem bei einer späteren Brust-OP relevant sein kann. Abb. 5.2 zeigt wie man sicher binden kann und welche Techniken zu vermeiden sind.

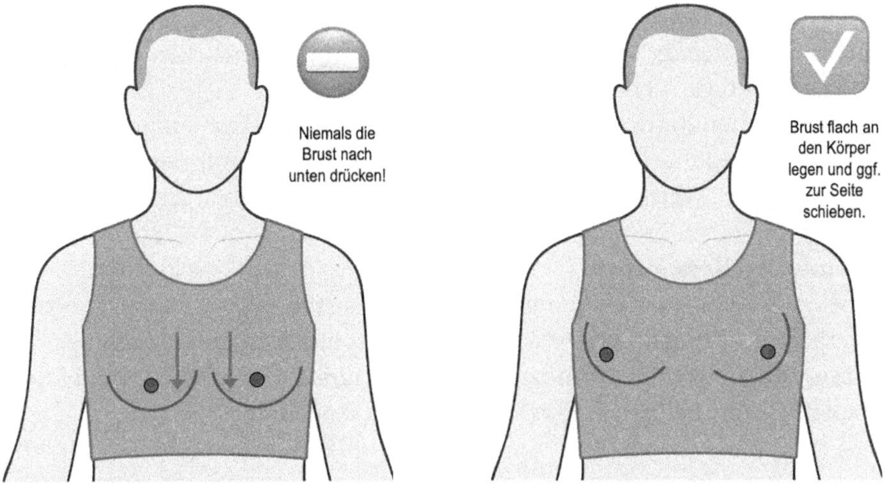

Abb. 5.2 Richtig binden. (Eigene Illustration)

Tragedauer und Pflege

Binder sollten nicht länger als 6–8 h am Tag getragen werden. Wichtig sind auch regelmäßige Pausen mit Lockerungsübungen, vor allem bei täglichem Tragen. Längeres Binden – besonders bei heißem Wetter oder körperlicher Anstrengung – erhöht das Risiko für Kreislaufprobleme oder Druckstellen erheblich. Bei Atemnot, Schmerzen oder Taubheitsgefühlen sollte der Binder sofort ausgezogen und ärztlicher Rat eingeholt werden.

Die Pflege ist denkbar einfach: per Handwäsche mit Feinwaschmittel oder Shampoo, lufttrocknen lassen, nicht schleudern, nicht in den Trockner geben. Ein ausgeleierter Binder verliert seine Funktion – darum empfiehlt es sich, mindestens zwei Binder abwechselnd zu tragen.

Wo kaufen?

Hier eine Auswahl zuverlässiger und häufig empfohlener Anbieter:

- GC2B: Große Auswahl, gute Qualität, besonders gut für große Ausgangslagen geeignet
- Underworks: Gute Qualität, besonders gut für große Ausgangslagen geeignet
- BinderMe
- Transman Shop
- Transtoy und Other Nature (Deutschland): Onlineshops und Stationäre Geschäfte in Berlin, persönliche Beratung möglich

Achtung bei No-Name-Produkten aus Fernost: Diese sind oft aus billigen Materialien gefertigt, haben unzuverlässige Größentabellen und bergen ein höheres Risiko für Verletzungen.

Vor dem ersten Tragen empfiehlt sich ein kurzer „Testlauf" zu Hause, ob Atmung, Bewegungsfreiheit und Hautverträglichkeit gewährleistet sind. Und: Binden ist kein Wettbewerb. Gesundheit hat Vorrang vor Passing!

Community-Ressourcen
In vielen Städten und online gibt es Tauschbörsen oder Gruppen, in denen gut erhaltene Binder weitergegeben oder verkauft werden – häufig zu fairen Preisen. Auch queere Jugendzentren oder transspezifische Beratungsstellen haben mitunter Leihsysteme oder kostenlose Angebote.

5.13.2 Tapen

Tapen statt Binder? Eine riskante Versuchung
Wer sich eine flachere Brust wünscht, aber keinen klassischen Binder tragen möchte oder kann, stößt früher oder später auf das sogenannte Tapen – also das Abkleben der Brust mit Klebeband. Vor allem bei kleinen Brustgrößen scheint das auf den ersten Blick eine unkomplizierte, flexible Lösung zu sein. Kein Einengen, kein Schwitzen, kein sichtbarer Stoff unter dem T-Shirt. Und dennoch: Tapen ist, gerade bei unsachgemäßer Anwendung, keineswegs harmlos, sondern kann im schlimmsten Fall zu ernsthaften gesundheitlichen Schäden führen.

Es mag verlockend klingen, mit ein paar Streifen Tape eine flache Brust zu erreichen, aber der Preis kann hoch sein: Hautverletzungen, Atemprobleme, Nervenschäden, Gewebeschäden, sogar gefährliche Durchblutungsstörungen sind möglich.

Das Material entscheidet
Wer Brustgewebe mit Duct-Tape („Panzerband") oder billigen Textilklebebändern abklebt, riskiert mehr als nur Hautreizungen. Diese Materialien sind nicht für die Anwendung auf der Haut entwickelt und können zu schweren Hautabschürfungen, Blasenbildung oder Wundinfektionen führen. Außerdem lassen sie sich schlecht ablösen und üben oft zu viel Zug auf die Haut aus. Das kann die Blutversorgung stören und sogar zu Narben führen.

Wirklich geeignet ist ausschließlich medizinisches Tape, zum Beispiel hochwertiges Kinesiotape aus der Physiotherapie oder speziell entwickeltes „TransTape" (in Wahrheit ist auch das „nur" Kinesiotape). Diese Produkte sind elastisch, atmungsaktiv und hypoallergen. Dennoch sind sie nicht risikofrei. Ihr sicherer Einsatz setzt Fachwissen voraus.

Technik ist alles und gerade beim Tapen alles andere als egal

Wer Tapes verwenden möchte, muss wissen, wie. Die Brustwarzen müssen vor dem Aufkleben geschützt werden, zum Beispiel durch weiche Mull- oder Stoffplättchen. Tape darf niemals (!) direkt auf der Brustwarze sitzen.

Ein häufiger Fehler: Das Tape wird quer um den ganzen Oberkörper gewickelt. Das ist absolut tabu. Diese Methode schränkt die Atmung massiv ein, kann zu Rippenprellungen führen oder das innere Gewebe verletzen. Tape darf nur im vorderen und seitlichen Brustbereich angebracht werden – immer hautschonend und mit leichtem Zug, niemals überdehnt. Die Enden sollten nicht gespannt, sondern locker auf die Haut gelegt werden. Und: Auch bei gutem Tape sollte immer vorab ein Allergietest an einer kleinen Hautstelle erfolgen.

Die Risiken: Haut, Nerven, Atmung

Taping kann selbst bei Verwendung von optimalem Material zu Hautreaktionen führen. Häufig sind Reizungen, Abschürfungen oder Blasenbildungen. In manchen Fällen entzündet sich das Gewebe unter dem Tape. Wer empfindliche Haut hat, sollte grundsätzlich sehr vorsichtig sein.

Hinzu kommen Risiken durch zu viel Druck: Bekannt sind Nervenreizungen, Taubheitsgefühle oder Einschränkungen der Lungenkapazität. Manche Personen erleben durch zu straffes Tapen sogar Atemnot oder Schmerzen im Brustkorb. Besonders gefährlich: Wird das Tape zu lange getragen – etwa über Nacht, über mehrere Tage oder beim Sport – kann die Haut dauerhaft geschädigt werden. Auch das Einatmen von Kleberdämpfen bei minderwertigem Tape ist nicht zu unterschätzen.

Für wen (und wann) Tapen überhaupt denkbar ist

Grundsätzlich gilt: Tapen ist nur bei sehr kleiner Brustgröße überhaupt in Betracht zu ziehen. Selbst dann eignet es sich nicht für regelmäßiges Tragen, sondern allenfalls für einzelne Stunden, z. B. bei besonderen Anlässen. Tapen ist kein vollwertiger Ersatz für einen gut sitzenden Binder. Es ist eine punktuelle, kosmetische Technik – nicht mehr und nicht weniger.

Alternativen prüfen und auf den Körper hören

Wer keinen Binder tragen kann oder will, kann auch auf Sport-BHs mit starker Kompression oder geschickt gewählte Oberteile zurückgreifen. In manchen Fällen funktioniert auch das sogenannte Layering – also das Tragen mehrerer Kleidungsstücke übereinander. Das ist weniger belastend für Haut und Lunge und risikofrei.

Wer tapen will, sollte

- immer medizinisches Tape verwenden,
- das Tape nur wenige Stunden am Stück tragen,
- spätestens bei Juckreiz oder Schmerz das Tape entfernen,
- nie ohne Vorkenntnis und Testphase starten,
- und sich bewusst machen: Tapen ist **keine sichere Langzeitlösung**.

Fazit: Nur selten, nur kurz, nur mit Know-how

Tapen kann in Einzelfällen helfen, aber nur unter klaren Bedingungen. Für den Alltag ist es keine geeignete Lösung. Es ersetzt keinen Binder und sollte nicht als risikofreie Alternative vermarktet oder wahrgenommen werden. Die medizinischen Risiken sind real. Wer sich unsicher ist, sollte sich ärztlich beraten lassen.

In der Trans-Community kursiert oft der Gedanke: „Ich will ja nur heute Abend gut aussehen." Das ist verständlich. Aber: Der Körper, die Haut, die Lunge – sie merken sich jedes Abkleben. Und sie rächen sich, wenn wir ihre Warnsignale ignorieren.

Deshalb: Wenn Tapen, dann nur selten, nur kurz, nur achtsam. Und besser: gar nicht.

5.13.3 Tucking

Für Transfrauen kann das sogenannte Tucking – also das Zurücklegen und Kaschieren des Penis und der Hoden – wichtig für Körpergefühl und Passing sein. Doch Tucking will gelernt sein, gerade in Bezug auf Gesundheit und Komfort.

Beim Tucking werden Penis und Hoden nach innen bzw. nach hinten verlagert, um eine möglichst flache Leistenpartie zu erzielen. Der Penis wird dabei zwischen die Beine gelegt, die Hoden – sofern gewünscht und möglich – in die sogenannten Inguinalkanäle zurückgeschoben. Diese liegen oberhalb des Hodensacks in der Leistengegend und sind die Kanäle, durch die die Hoden im Embryonalstadium ursprünglich in den Hodensack gewandert sind. Die meisten Menschen mit Hoden können diese Kanäle ertasten und nach ein wenig Übung nutzen – allerdings nicht alle schmerzfrei. Anschließend wird alles mit spezieller Unterwäsche oder Tapes fixiert. Es gibt unterschiedliche Methoden – von einfachen Slips bis hin zu medizinischem Tape oder sogenannten Gaffs, also Unterhosen mit besonders starker Kompression.

Gesundheit geht vor

So hilfreich Tucking sein kann, so wichtig ist es, den eigenen Körper gut zu beobachten. Folgende Punkte sollten unbedingt beachtet werden:

- Nie bei Schmerzen tucken! Ein Ziehen, Brennen oder Druckgefühl ist ein klares Warnsignal. Besonders beim Zurückschieben der Hoden gilt: wenn es weh tut – Finger weg!
- Nicht zu lange am Stück! Tucking sollte nicht über viele Stunden (z. B. 10 oder mehr) erfolgen. Empfehlenswert sind Tragezeiten von 4–8 h mit anschließender Pause.
- Vorsicht bei Hitze! An heißen Tagen oder bei körperlicher Anstrengung (z. B. Sport) kann Tucking zu Hautreizungen, Schweißstau oder sogar Kreislaufproblemen führen.
- Keine Fixierung über Nacht! Tucken im Schlaf ist nicht zu empfehlen. Die Gefahr unbemerkter Durchblutungsstörungen ist zu groß.

Materialien und Methoden

Gaffs sind spezielle Unterhosen mit verstärktem Material, teils mit eingenähten Taschen oder doppelten Lagen, die die Genitalien eng am Körper halten. Sie sind in verschiedenen Ausführungen erhältlich – von sportlich-unauffällig bis sexy. Gute Gaffs bieten hohen Tragekomfort und halten zuverlässig, ohne einzuschneiden.

Auswahl Bezugsquellen:

- UNTAG bietet eine breite Auswahl an Tucking-Unterwäsche (Tangas, Slips, Boxershorts, Shapewear) sowie Tape und Gaffs für unterschiedliche Bedürfnisse und Körperformen.
- Origami Customs bietet maßgeschneiderte Gaff-Unterwäsche aus elastischem Mesh.
- Unclockable Tuck Kit, erhältlich über Other Nature (online und stationäres Geschäft in Berlin): wird mit einem Einweg-Tape („T-Tape“) geliefert, ist atmungsaktiv und wasserdicht.
- Wer Tape sucht, kann auf Onlineshops wie AllBuyOne zurückgreifen, die Pro Gaff Gewebeband (12 mm Breite) führen, geeignet für präzise Fixierung oder kreative Anwendungen.

Die Verwendung von medizinischem Tape (z. B. Kinesiotape), um Penis und Hodensack nach hinten zu fixieren, erfordert Erfahrung und Vorsicht. Wichtig:

- Nur hautfreundliches Tape verwenden, z. B. für sensible Haut (latexfrei!).
- Keine Tape-Produkte aus dem Baumarkt oder billiges Paketband!
- Die Haut vorher rasieren oder enthaaren, um Verletzungen beim Abziehen zu vermeiden.
- Tape nie direkt über die Harnröhre oder sehr empfindliche Hautpartien kleben.
- Beim Entfernen des Tapes warm duschen oder Öl benutzen, um die Haut zu schützen.

Es gibt auch Bastelanleitungen für Gaffs z. B. aus Shaping-Unterwäsche und eingenähtem Zwickel. Gerade für den Einstieg oder zum Ausprobieren kann das eine sinnvolle Lösung sein. Es ist aber auch bei Einstiegslösungen wichtig, auf gute Materialien achten (atmungsaktiv, elastisch, keine scheuernden Nähte!).

Körperverträglichkeit und Pflege
Die Haut im Intimbereich ist empfindlich. Deshalb:

- täglich gründlich reinigen und gut abtrocknen
- bei Hautreizungen oder Ausschlag sofort pausieren
- atmungsaktive Materialien tragen – keine Kunstfaser-Unterwäsche über Stunden
- Gaffs regelmäßig wechseln und waschen (Handwäsche)

Tauschbörsen
Gerade in queeren Gruppen, Foren oder bei Stammtischen gibt es oft hilfreiche Hinweise, welche Gaffs sich im Alltag bewähren oder wie man Tucking-Tape richtig anwendet. Auch Tauschbörsen oder Spendenaktionen (z. B. in queeren Zentren) sind eine gute Möglichkeit, günstig an hochwertige Produkte zu kommen. Wichtig ist: nicht alles passt zu jedem Körper. Idealerweise testet man beim ersten Tucking verschiedene Haltungen (Stehen, Sitzen, Laufen), bevor man sich in die Öffentlichkeit begibt.

5.13.4 Schwimmkleidung

Ins Schwimmbad, ins Meer oder in den Badesee gehen – für viele ist das eine schöne Freizeitaktivität. Für transgeschlechtliche Menschen kann das jedoch mit Unsicherheiten und Körperdysphorie und viele stellen die Frage nach der passenden Kleidung. Glücklicherweise gibt es mittlerweile viele Möglichkeiten und Produkte, die für mehr Komfort und Selbstvertrauen im Wasser sorgen – sowohl für Transmänner als auch für Transfrauen.

5.13.4.1 Für Transmänner

Schwimmbinder
Normale Binder sind fürs Schwimmen ungeeignet: sie saugen sich mit Wasser voll, trocknen schlecht und können durch Nässe die Haut aufscheuern oder sogar die Atmung beeinträchtigen. Hierfür gibt es spezielle Schwimmbinder. Sie bestehen aus schnelltrocknendem Material, sind chlor- und salzwasserbeständig und bieten einen leichten bis mittleren Kompressionsgrad. Wichtig: Auch Schwimmbinder nicht stundenlang tragen, und immer auf eine gute Passform achten. Bei Schmerzen oder Atemnot sofort raus dem Wasser und den Binder ausziehen.

Badehosen und Shorts
Viele Transmänner fühlen sich in klassischen Herren-Badeshorts wohl, da sie viel verdecken und den Unterkörper locker umspielen. Wer enger anliegende Hosen bevorzugt (z. B. beim Sport), kann Modelle mit integriertem Packing-Beutel wählen, also einer Innentasche, in der ein Packer getragen werden kann. Es gibt sogar wasserfeste Softpacker aus Silikon, die für diesen Zweck gedacht sind (z. B. von Transguy Supply oder Transthetics).

Schwimmshirts
Ein weiteres beliebtes Hilfsmittel sind eng anliegende Schwimm-T-Shirts oder sogenannte Rashguards aus dem Surfsport. Sie verdecken den Oberkörper, stabilisieren je nach Dicke des Materials zusätzlich und schützen vor Sonne. Schwimmshirts kann man in den meisten Schwimmbädern tragen. Stoff-T-Shirts sind hingegen meistens aus hygienischen Gründen nicht erlaubt. Man kann auch Schwimmbinder und Schwimmshirt kombinieren.

5.13.4.2 Für Transfrauen

Einige Anbieter von Schwimmkleidung bieten Badeanzüge oder Bikinihöschen speziell für Transfrauen an – mit verstärktem Zwickel oder eingenähter Tucking-Unterstützung. Dadurch wird eine flache Leiste optisch unterstützt, ohne dass zusätzliches Tape nötig ist (was im Wasser ohnehin nicht hält).

Push-up-Bikinioberteile
Gerade in der Anfangszeit der Transition oder bei fehlender Brustentwicklung durch HET wünschen sich viele Transfrauen einen femininen Look auch im Wasser. Push-up-Oberteile mit integrierten Polstern können hier helfen. Man sollte auf Modelle mit gutem Halt achten – ideal sind breite Träger und verstellbare Cups. Wer es unauffälliger mag, kann Tankinis oder sportliche Einteiler wählen.

Schwimmröcke und Pareos
Schwimmröcke oder kleine Wickelröcke aus Badeanzugmaterial geben vielen ein sicheres Auftreten – z. B. beim Gang zur Dusche oder beim Sitzen am Beckenrand.

Praxistipps fürs erste Mal Schwimmen

- Vorher zu Hause testen: Badeoutfit anziehen, bewegen, beugen, strecken – so merkt man, ob alles sitzt.
- Nicht allein gehen: Eine vertraute Person dabei zu haben, kann beim ersten Mal Mut machen.
- Fragen erlaubt: Wer sich im Schwimmbad unsicher fühlt, kann freundlich nach der Hausordnung fragen – viele Einrichtungen sind offen für Rückfragen.
- Ersatz einpacken: Manchmal fühlt sich ein Outfit nach dem ersten Nasswerden doch nicht richtig an. Dann ist ein zweites Set hilfreich.
- Wichtig ist, dass man sich sicher und wohl fühlt.

Fazit
Die richtige Schwimmkleidung kann enorm helfen, sich im eigenen Körper wohler zu fühlen – auch im Wasser. Es braucht nur manchmal etwas Zeit und Ausprobieren. Und es gilt auch hier: niemand muss perfekt sein.

5.13.5 Für Transmänner: Packer, Prothesen und Epithesen

Das sogenannte Packing, also das Tragen eines penisähnlichen Objekts in der Unterhose, ist für viele Transmänner wichtig. Es kann helfen, das eigene Körperbild zu stärken und das Passing zu verbessern – vor allem in engen Hosen oder wenn ein sichtbarer „Beulen-Effekt" im Genitalbereich erwünscht ist. Dabei stehen verschiedene Varianten zur Verfügung, die sich in Material, Funktion und Preis deutlich unterscheiden.

Einfache Packer ohne Funktion

Die einfachsten Modelle – sogenannte Softpacker – bestehen meist aus weichem, medizinischem Silikon oder anderen hautfreundlichen Materialien. Sie für die reine Optik gestaltet, also weder zum Wasserlassen noch zum Sex geeignet. Softpacker gibt es in unterschiedlichen Größen, Formen und Hauttönen. Gute Einsteigermodelle kosten oft unter 50 €, was sie besonders attraktiv macht, um sich vorsichtig ans Packing heranzutasten. Wichtig: Diese Produkte gelten als Lifestyle-Artikel und sind daher nicht erstattungsfähig durch Krankenkassen.

Stand-to-Pee-Packer (STP)

Diese Packer verfügen über eine Hohlkammer oder einen Auslass, mit dem das Wasserlassen im Stehen möglich wird – eine Funktion, die für viele Transmänner ein bedeutender Schritt hin zur Alltagsnormalität ist. Damit das gut funktioniert, braucht es etwas Übung (insbesondere bei der Platzierung und beim Zielen), aber viele Nutzer berichten von einem starken Zugewinn an Selbstsicherheit – etwa in öffentlichen Toiletten. Die Preise beginnen bei etwa 70–100 €, hochwertige Modelle sind teurer und können mehrere hundert Euro kosten.

Günstige Urinierhilfen

Neben spezialisierten STP-Packern gibt es auch einfache und kostengünstige Urinierhilfen, die unabhängig von einem Packer funktionieren und für viele Transmänner eine praktikable Alternative darstellen – besonders in der Anfangszeit oder für unterwegs. Diese Hilfen bestehen meist aus Silikon oder Hartplastik und ermöglichen das Urinieren im Stehen. Modelle wie der „Pee-Buddy", „Pibella", „FUD" (Female Urination Device) oder „GoGirl" kosten in der Regel zwischen 10 und 20 €, sind leicht zu reinigen, wiederverwendbar und in Drogerien, Outdoor- oder Online-Shops erhältlich.

Manche dieser Urinierhilfen lassen sich sogar flach zusammenfalten und unauffällig in der Hosentasche oder einem kleinen Beutel transportieren – ideal für Festivals, Reisen oder schwierige Toilettensituationen. Sie bieten zwar keinen „Beulen-Effekt" wie Packer, sind aber eine günstige und effektive Möglichkeit, um diskret und ohne Sitzen zu urinieren, was insbesondere in öffentlichen Toiletten erleichternd sein kann. Für den Einstieg oder als Ergänzung zum regulären Packer können solche Produkte eine sehr sinnvolle, niedrigschwellige Lösung darstellen – vor allem, wenn noch Unsicherheit oder praktische Hürden im Alltag bestehen.

4-in-1-Packer
Sogenannte Multifunktionspacker oder 4-in-1-Packer kombinieren verschiedene Funktionen: Tragen im Alltag, Urinieren im Stehen, Erektion durch einen integrierten Mechanismus und Nutzung beim Geschlechtsverkehr, manchmal inklusive einer Stimulierungsmöglichkeit für den Träger. Diese Produkte sind technisch anspruchsvoll und entsprechend teuer – häufig im Bereich von mehreren hundert Euro. Aufgrund ihrer Beschaffenheit können sie nicht zurückgegeben oder umgetauscht werden, daher sollte man sie sehr sorgfältig auswählen.

Epithesen: maßangefertigte medizinische Prothesen
Eine besondere Option stellen medizinisch hergestellte Penis-Hoden-Epithesen dar. Diese werden individuell angepasst, sehen optisch sehr authentisch aus und können mit einem speziellen Hautkleber oder mit Packing-Unterwäsche getragen werden. Sie simulieren optisch und haptisch sehr realistisch ein männliches Genital und sind vor allem für Transmänner interessant, die sich (noch) nicht für eine operative Genitalangleichung entschieden haben oder für die eine solche OP aus medizinischen oder persönlichen Gründen nicht infrage kommt.

Im Gegensatz zu Packern „von der Stange“ können diese maßgefertigten Epithesen von gesetzlichen Krankenkassen bezahlt werden, wenn ein entsprechendes Indikationsschreiben von einem oder einer Psychotherapeut*in vorliegt. Die Kostenerstattung richtet sich nach dem Hilfsmittelkatalog und muss beantragt werden. Es empfiehlt sich, sich bei der Antragstellung von Epithetik-Studios unterstützen zu lassen.

Tipps zur Anschaffung und zum Ausprobieren

Wer mit dem Packing anfängt, sollte zunächst ein günstiges Modell wählen, um die richtige Größe und Passform für sich herauszufinden. Gute Bezugsquellen sind z. B. transtoys.de, FTM Essentials, GenderCat, Emisil oder New York Toy Collective. Für zusätzliche Sicherheit und besseren Halt gibt es spezielle Packing-Unterwäsche mit integrierten Taschen oder Halterungen. Manche Community-Plattformen bieten Erfahrungsberichte oder Tauschbörsen (z. B. bei Selbsthilfegruppen oder Transzentren).

Fazit
Die Bandbreite an Möglichkeiten beim Packing ist heute größer denn je – von günstigen Alltagspackern bis zu hochwertigen, medizinischen Epithesen. Die individuelle Wahl hängt von Budget, Lebenssituation und persönlichem

Bedürfnis ab. Wichtig ist: Man darf sich Zeit lassen, ausprobieren und auch wieder verwerfen. Denn Packing ist kein „Muss“, sondern ein optionaler Baustein im individuellen Weg der Transition. Manche finden Packing auch gänzlich unwichtig oder unbequem und verzichten daher darauf.

Geschlechtsverkehr ohne Erektionsprothese

Viele Transmänner, die sich für eine Phalloplastik entschieden haben, stehen nach der Operation vor der Frage, ob sie eine Erektionsprothese implantieren lassen möchten. Die Entscheidung fällt oft nicht leicht: Zwar ermöglichen moderne Erektionsprothesen (semirigide oder hydraulische Systeme) eine gewisse Funktionalität beim penetrativen Geschlechtsverkehr, sie sind jedoch nicht ohne Risiko. Häufige Komplikationen sind etwa Infektionen, technische Defekte, das Durchstoßen des Gewebes (Perforation) durch das Implantat, Abklemmen der Neoharnröhre oder auch langfristige Schmerzen. Manche empfinden die Vorstellung, einen Fremdkörper dauerhaft im Körper zu tragen, zudem als unangenehm oder nicht im Einklang mit dem Körperempfinden.

Daher entscheiden sich viele Transmänner gegen eine Erektionsprothese – was jedoch nicht bedeutet, dass Geschlechtsverkehr oder sexuelle Intimität ausgeschlossen wären. Es gibt mittlerweile eine Reihe Hilfsmittel und kreativer Alternativen, mit denen Penetration auch ohne Implantat möglich ist.

Penis-Sleeves

Sogenannte Penis-Sleeves sind weiche oder halbfeste Hüllen, die über den schlaffen Phallus gezogen werden und diesen verlängern und versteifen. Solche Modelle sind innen hohl und aus dehnbarem Silikon gefertigt, sodass sie auf verschiedene Phallusgrößen passen. Wichtig bei der Auswahl ist, dass der Sleeve gut sitzt, die Durchblutung nicht abdrückt, nicht abrutscht und für beide Partner*innen angenehm ist. Manche Produkte sind extra für Transmänner konzipiert, andere stammen ursprünglich aus dem Bereich der Hilfsmittel bei erektiler Dysfunktion von Cismännern.

Spezielle Erektionshilfen

„The Elator“ (aus den USA) ist ein medizinisch zertifiziertes Hilfsmittel, das ursprünglich für Cismänner mit erektiler Dysfunktion entwickelt wurde, aber auch von Transmännern mit Phalloplastik genutzt wird. Es besteht aus zwei halbflexiblen Schienen, die entlang des Penis verlaufen, sowie einem Silikonring, der die Konstruktion am Schaft fixiert. Es entsteht eine von außen stützende Halterung, die Penetration ermöglicht, ohne dass eine interne Prothese nötig ist. Auch wenn „The Elator“ nicht speziell für Phalloplastiken entwickelt wurde, berichten Transmänner von positiven Erfahrungen. Da die Form, Größe und Sensibilität des Neophallus sehr individuell ist, ist das Ausprobieren mit etwas Geduld verbunden. Da der „Elator" maßangefertigt wird, ist er mit einem Preis von etwa 400 US$ recht teuer.

Das gleiche Funktionsprinzip wie „The Elator" hat das aus England stammende Produkt „Stays Hard". Dieses kann in drei verschiedenen Größen bestellt werden, ist aber nicht maßgefertigt. Dafür ist es mit etwa 80 € deutlich günstiger und zum Testen des Stützprinzips ein guter Einstieg.

Eigenbau-Lösungen

Manche Transmänner entwickeln auch eigene Lösungen – etwa eine Versteifung des Phallus mittels medizinischer Tapes (z. B. Peha-Haft®). Auch maßgefertigte Sleeves aus medizinischem Silikon sind denkbar – entweder von spezialisierten Herstellern oder von „Tüftlern". Wichtig bei allen DIY-Ansätzen ist die körperliche Unversehrtheit: Es sollten keine zu festen oder schlecht belüfteten Materialien verwendet werden, um Hautreizungen oder Durchblutungsstörungen zu vermeiden. Auch die Verletzungsgefahr von Träger und Partner*in sollte sorgfältig abgewägt werden. Auch ohne Erektionsprothese sind befriedigende und lustvolle sexuelle Erfahrungen möglich. Es braucht allerdings manchmal ein wenig Experimentierfreude, Zeit und gegenseitige Offenheit.

Fazit

Eine Erektionsprothese ist keine zwingende Voraussetzung für ein erfülltes Sexualleben mit Phalloplastik. Es gibt zahlreiche Alternativen, die je nach individueller Anatomie, Bedürfnissen und Vorlieben sehr gut funktionieren können. Viele Transmänner erleben es sogar als entlastend, keinen dauerhaften Fremdkörper im Körper zu haben und finden mit etwas Zeit und Kreativität individuelle und befriedigende Lösungen. Der offene Austausch mit Partner*innen und ggf. Beratung kann dabei sehr hilfreich sein.

5.13.6 Perücken und Haarteile

Für viele Transfrauen ist das Haar zentrales Element für das Passing und das persönliche Wohlbefinden. Insbesondere, wenn sich der Haarwuchs (z. B. bei androgenetischer Alopezie, also testosteronbedingtem Haarausfall) noch nicht durch Hormontherapie, Haartransplantation oder andere Maßnahmen verändert hat, kann eine Perücke oder ein Haarteil eine hilfreiche Übergangs- oder auch Dauerlösung sein.

Grundsätzlich unterscheidet man zwischen Kunsthaar- und Echthaarperücken und verschiedenen Verarbeitungsarten:

- Kunsthaarperücken sind pflegeleicht, formstabil und meist preisgünstiger. Sie können jedoch – je nach Qualität – künstlich glänzen oder sich beim Tragen unnatürlich anfühlen.
- Echthaarperücken sind aufwendiger in Pflege und Styling, wirken aber in der Regel natürlicher und lassen sich individuell frisieren.
- Maschinell gefertigte Perücken sind günstiger, aber oft weniger komfortabel.
- Teilweise oder voll handgeknüpfte Modelle bieten höhere Natürlichkeit, insbesondere im Scheitel- oder Stirnbereich („Lace Front").

Für viele Transfrauen kann auch ein Haarteil – z. B. ein integrierbares Topper-System – sinnvoll sein, etwa bei dünnem Eigenhaar, wenn dieses partiell verstärkt werden soll.

Qualität macht den Unterschied

Gerade zu Beginn der Transition greifen viele aus nachvollziehbaren Gründen zu günstigen Perücken – oft in der Hoffnung, erst einmal „etwas zum Ausprobieren" zu haben. Leider ist der Frust oft groß, wenn diese Modelle unnatürlich wirken, schlecht sitzen oder schnell verfilzen. Das kann nicht nur das Selbstwertgefühl beeinträchtigen, sondern auch zu einer verstärkten sozialen Unsicherheit führen. Dies soll kein Vorwurf sein – sondern vielmehr eine Ermutigung, den Schritt zu einer gut sitzenden, hochwertigen Perücke als Investition in das eigene Wohlbefinden zu betrachten.

Ein Perückenstudio kann helfen, ein Modell zu finden, das zu Gesichtsform, Haarstruktur und gewünschtem Stil passt. Viele Studios sind mittlerweile transfreundlich, arbeiten diskret und empathisch.

Kostenübernahme durch die Krankenkasse

Besteht ein medizinischer Grund für den Haarverlust (z. B. hormonell bedingter Haarausfall oder psychische Belastung durch Haarverlust im Zuge der Transition), können gesetzliche Krankenkassen die (Teil-) Kosten einer Perücke oder eines Haarteils übernehmen. Voraussetzung ist in der Regel ein ärztliches Attest, das die medizinische Notwendigkeit belegt – meist erstellt durch Haus- oder Hautärztin, gelegentlich ergänzt durch ein psychotherapeutisches Indikationsschreiben.

Die Höhe der Erstattung richtet sich nach der jeweiligen Krankenkasse und kann stark variieren. Meist wird ein fester Zuschuss gewährt. Für hochwertige Modelle kann ein Eigenanteil nötig sein – dieser ist jedoch oft gut investiert, wenn das Ergebnis dem Erscheinungsbild und Wohlgefühl deutlich zuträglich ist.

Wichtig: Die Perücke sollte bei einem Vertragspartner der Krankenkasse oder einem zugelassenen Perückenstudio erworben werden. Die (Teil-) Kostenübernahme sollte vorab geklärt werden.

Praxistipp: Ausprobieren – aber mit Maß
Viele Perückenstudios bieten kostenlose oder kostengünstige Beratungstermine mit Anproben an. Es kann hilfreich sein, eine Vertrauensperson mitzunehmen. Community-Gruppen bieten mitunter Tauschbörsen oder geben Tipps, wo seriöse Anbieter zu finden sind. Gebrauchte, gepflegte Perücken können eine gute Möglichkeit sein, hochwertige Modelle zu einem erschwinglichen Preis zu erhalten – allerdings sollte auf Hygiene und Zustand geachtet werden.

Fazit: Eine gute Perücke kann ein wichtiger Schritt auf dem Weg zu mehr Selbstvertrauen und positiver Selbstwahrnehmung sein. Sie ist mehr als ein kosmetisches Accessoire – sie kann Teil der Identitätsfindung und -festigung sein. Die Investition in Qualität und professionelle Beratung lohnt sich in der Regel – sowohl optisch als auch emotional.

5.13.7 Make-up für Transfrauen

Make-up gehört auf dem Transitionsweg Mann-zu-Frau meistens zu den ersten sichtbaren Schritten, das äußere Erscheinungsbild an die Geschlechtsidentität anzugleichen. Make-up kann Sicherheit und Freude vermitteln, ist aber ein Lernprozess: Die meisten haben keine oder nur wenig Erfahrung damit. Daher lohnt es sich, die Grundlagen zu verstehen und sich Zeit zu geben, den eigenen Stil zu entwickeln.

Bartschatten kaschieren – die wichtigste Basis
Gerade zu Beginn der Transition stellt der Bartschatten die größte Herausforderung dar. Selbst nach einer gründlichen Rasur bleibt oft ein dunkler Schimmer zurück, der als störend oder belastend empfunden wird. Hier helfen Farbkorrekturen: Ein Concealer in Orange-, Pfirsich- oder Rot-Tönen neutralisiert das Blau des Bartschattens. Darauf kommt eine hautfarbene, deckende Foundation, die möglichst genau dem eigenen Hautton entspricht. Zu helle oder zu dunkle Nuancen wirken schnell maskenhaft. Mit einem transparenten Puder oder einem Fixierspray wird das Ergebnis haltbar gemacht. Wer zusätzlich Haarentfernungsmethoden wie Laser oder Elektro-

Epilation nutzt, reduziert langfristig den Aufwand – in der Übergangszeit bleibt Make-up jedoch oft unverzichtbar.

Weniger ist mehr
Viele Transfrauen neigen am Anfang dazu, sehr viel Make-up zu verwenden. Die Motivation dahinter ist nachvollziehbar: Unsicherheit und der Wunsch, möglichst eindeutig weiblich zu wirken. Dies führt allerdings leicht zu überladenen Looks. Dicke Eyeliner, starke Farben oder intensive Lippenstifte vermitteln allerdings nicht automatisch Weiblichkeit. Im Gegenteil, sie ziehen oft gerade jene Aufmerksamkeit auf sich, die frau vermeiden möchte. Ein dezentes Make-up wirkt meist stimmiger: eine gleichmäßige Haut, etwas Rouge, betonte Wimpern und ein Lippenstift in natürlichen Tönen reichen oft aus, um ein frisches, feminines Gesamtbild zu erzeugen. Mit zunehmender Routine kann das Repertoire erweitert werden – der Einstieg gelingt jedoch meist besser mit Zurückhaltung.

Make-up ist mehr als Technik, es ist auch Ausdruck der Persönlichkeit. Manche fühlen sich mit einem klassischen, eher zurückhaltenden Look wohl, andere experimentieren gerne. Wichtig ist, dass der gewählte Stil zur Situation passt: Das Alltags-Make-up sollte dezent sein, während ein Abend-Look für Partys oder festliche Anlässe deutlich auffälliger gestaltet werden darf. Der Weg zum passenden Stil führt über Ausprobieren. Viele lernen durch Video-Tutorials oder durch das Beobachten anderer. Auch Schminkkurse – manche werden gezielt für Transfrauen angeboten – können eine wertvolle Unterstützung sein. Rückmeldungen aus dem Freundeskreis oder von erfahrenen Transfrauen helfen ebenfalls, Unsicherheiten zu überwinden.

Praktische Hinweise
Grundlage jedes gelungenen Make-ups ist eine gepflegte Haut. Reinigungs- und Pflegeprodukte, die zum eigenen Hauttyp passen, fördern ein gutes Ergebnis. Tageslicht ist stets am besten, weil Kunstlicht täuscht. Wer Pinsel und Schwämmchen regelmäßig reinigt, vermeidet Hautprobleme. Und schließlich gilt: Geduld und Routine sind entscheidend. Am Anfang kostet es Zeit, die Haut zu schminken, die Augen zu betonen und die Lippen farblich zu akzentuieren. Mit zunehmender Übung wird der Ablauf schneller und selbstverständlicher. Fehler gehören zum Lernprozess und sind kein Grund zur Frustration – sie lassen sich jederzeit korrigieren.

Viele Einsteigerinnen greifen zunächst zu sehr günstigen Produkten. Das ist verständlich, denn gerade am Anfang möchte man nicht gleich viel Geld investieren. Zum Ausprobieren und Üben eignen sich solche Produkte durchaus. Gleichzeitig stoßen sie bei den speziellen Anforderungen von Transfrauen jedoch schnell an Grenzen, insbesondere beim Abdecken des Bartschattens: Günstige Foundations oder Concealer sind oft nicht stark genug pigmentiert und wirken nach kurzer Zeit fleckig. Es lohnt sich daher, gezielt in wenige, aber qualitativ bessere Produkte zu investieren. Gute Corrector- oder Camouflage-Cremes, die speziell für hohe Deckkraft entwickelt wurden, gibt es bereits im mittleren Preissegment von rund 15 bis 25 €. Eine solide Foundation muss ebenfalls nicht übermäßig teuer sein – viele bewährte Marken sind in Drogerien oder Online-Shops für 10 bis 20 € erhältlich. Auch mit einem einzelnen, vielseitig verwendbaren Pinsel oder Schwämmchen lässt sich viel erreichen. Wer mehr investieren möchte, findet natürlich höherpreisige Produkte, doch für die ersten Schritte sind diese meist nicht notwendig. Entscheidend ist, die Qualität bewusst zu wählen: lieber wenige Produkte, die wirklich funktionieren, als eine Vielzahl billiger, die am Ende enttäuschen.

Fazit
Make-up kann gerade in der Anfangszeit eine wertvolle Unterstützung sein, um Selbstvertrauen zu gewinnen und das eigene Auftreten stimmiger wirken zu lassen. Entscheidend ist dabei, mit realistischen Erwartungen zu starten, sich Schritt für Schritt an Techniken und Produkte heranzutasten und den eigenen Stil allmählich zu entwickeln. Wer Geduld mitbringt und das Lernen als Prozess versteht, wird mit der Zeit Routine und Sicherheit gewinnen und Make-up nicht mehr als Zwang, sondern als Möglichkeit zur Selbstgestaltung erleben.

5.13.8 Den eigenen Stil finden

Am Anfang einer Transition ist vieles neu. Die eigenen Gefühle, der Blick auf den Körper, die Reaktionen des Umfelds und nicht zuletzt die große Frage: Wie möchte ich eigentlich wirken? Was ziehe ich an? Wie trage ich meine Haare? Welche Farben, Schnitte, Accessoires oder Materialien passen zu mir – und vielleicht auch: welche nicht mehr?

Die Suche nach einem eigenen Stil ist für viele Transmänner und Transfrauen ein zutiefst persönlicher Prozess – manchmal aufregend, manchmal überfordernd. Gerade in der frühen Phase der Transition – sei es sozial, rechtlich oder medizinisch – kann es schwerfallen, die eigene Identität auch in äußere Erscheinung zu übersetzen. Und es gibt keine Anleitung für Stil. Wohl aber einige Anstöße, die helfen können, den eigenen Weg zu finden – mit Neugier und einem gesunden Maß an Pragmatismus.

Ausprobieren ist erlaubt und sogar wichtig

Der erste und vielleicht wichtigste Tipp: Man sollte sich erlauben, sich auszuprobieren. Es ist vollkommen okay, wenn nicht jeder Versuch „sitzt". Stil entsteht nicht über Nacht – schon gar nicht, wenn man sich zum ersten Mal mit einer neuen, bislang nicht gelebten geschlechtlichen Ausdrucksform beschäftigt.

Kleidung, Frisur, Make-up, Accessoires – all das ist gestaltbar. Und alles darf sich verändern. Vielleicht beginnt es mit einem T-Shirt aus der „richtigen" Abteilung, einem Haarschnitt, der sich endlich richtig anfühlt, oder einem Nagellack, den man nur für sich selbst ausprobiert. Wichtig ist: Jede und jeder entscheidet selbst, was gut ist – nicht die Modeindustrie und auch nicht die Meinungen anderer.

Unterstützung finden

Stilfindung ist kein einsamer Prozess, auch wenn es sich manchmal so anfühlen mag. Freunde, Familienmitglieder oder auch andere Transpersonen können eine wertvolle Unterstützung sein. Manchmal reicht schon ein ehrliches Feedback wie: „Das steht Dir gut" oder „Ich hätte Dich gar nicht wiedererkannt – im positiven Sinne!"

Viele Transpersonen berichten, dass Peer-Gruppen oder Online-Foren hilfreich waren. Andere besuchen gemeinsam mit vertrauten Menschen zum ersten Mal die Abteilung im Bekleidungsgeschäft, die sich „richtig" anfühlt – aber deren Betreten bislang zu viel Mut erfordert hat. Jeder darf sich begleiten lassen und sich Beratung holen – auch professionelle, etwa in queersensiblen Friseurstudios, Styling-Workshops oder Modeberatungen.

Passing ist ein Ziel, aber kein Maßstab für Wert

Es ist verständlich, dass viele Transmenschen sich ein gutes Passing wünschen – also das „Gelesenwerden" im gewünschten Geschlecht. Kleidung, Stimme, Körpersprache und Stil spielen dabei eine wichtige Rolle. Aber: Passing ist nicht alles. Und es ist, vor allem ganz zu Beginn der Transition, nicht immer erreichbar.

Der eigene Stil sollte in erster Linie der eigenen Persönlichkeit entsprechen – nicht einem externen Ideal. Wer sich verkleidet, nur um „richtig gelesen" zu werden, den kostet das oft mehr Energie, als es Nutzen bringt. Und es macht auch nicht automatisch sicherer. Besser ist es, sich Schritt für Schritt dem anzunähern, was sich authentisch anfühlt – auch wenn das bedeutet, dass man anfangs noch etwas „zwischen den Welten" wirkt.

Kein Perfektionszwang, schon gar nicht am Anfang

„Ich muss perfekt aussehen, sonst nimmt mich niemand ernst" – diesen Satz denken viele, gerade in der frühen Phase. Und er ist verständlich, aber auch gefährlich. Denn er setzt unter Druck. Und er verkennt: Authentizität entsteht nicht durch Perfektion, sondern durch Stimmigkeit.

Es ist völlig in Ordnung, sich mit Second-Hand-Kleidung oder schlichten Basics an einen neuen Stil heranzutasten. Es ist auch okay, bei Make-up oder Haarstyling nicht sofort alles zu „können". Und es ist sogar okay, wenn man sich erstmal in bequemen, geschlechtsneutralen Outfits wohler fühlt – bis man mutiger wird.

Der eigene Stil ist ein Prozess. Und in diesem Prozess darf man sich Fehler erlauben. Stil ist nicht nur das, was jemand trägt – sondern auch, wie man sich in seiner Haut fühlt.

Praktische Tipps für die Stilfindung

- Mit dem beginnen, was sich gut anfühlt – die Garderobe muss nicht sofort komplett umgestellt werden.
- Zeit lassen: Der eigene Stil entwickelt sich oft über Wochen oder Monate.
- Fotos machen, um sich mit etwas Abstand zu betrachten – häufig entstehen dabei überraschende Erkenntnisse.
- Mit Farben experimentieren, um herauszufinden, welche Töne gut stehen und welche eher blass wirken.
- Auf klassische Basics setzen: Jeans, Blazer, schlichte Kleider oder T-Shirts sind vielseitig kombinierbar und wirken oft harmonischer als ausgefallene Einzelstücke.
- Bewusst Akzente setzen: Ein Schal, ein Ohrring oder eine Krawatte reichen manchmal, um sich stimmiger zu fühlen.
- Community-Tauschbörsen nutzen – in vielen Städten gibt es Kleidertausch-Aktionen für queere Personen.
- Nachsichtig mit sich selbst bleiben: Es muss niemandem etwas bewiesen werden – und schon gar nicht sofort.

Fazit

Man darf sich selbst begegnen. Den eigenen Stil zu finden, ist eine Reise. Und wie bei jeder Reise gibt es Umwege, Überraschungen, Frust und Glück. Vielleicht verliebt man sich in ein Outfit, was man nie erwartet hätte. Vielleicht erkennt jemand, dass er/sie gar nicht so weit weg war von dem Stil, der gut zur Persönlichkeit passt. Und vielleicht lernt jemand, dass es nicht auf die perfekte äußere Form ankommt – sondern darauf, sich selbst beim Blick in den Spiegel wiederzuerkennen. Der Kleidungsstil ist höchstpersönlich und kann und darf verworfen, verändert und entdeckt werden.

5.14 Zusammenfassung

Wie finde ich einen Namen, der wirklich zu mir passt?
Die Namenswahl ist für viele Transpersonen ein bedeutsamer Moment der Selbstbestimmung. Doch sie ist selten spontan und eindeutig. Abschn. 5.1 zeigt, wie sehr die Wahl eines neuen Namens ein Prozess ist – emotional, kreativ, manchmal auch widersprüchlich. Es geht nicht nur darum, was schön klingt, sondern was sich stimmig anfühlt. Leser*innen erhalten konkrete Impulse: von Namenslisten bis zum Zettel am Badezimmerspiegel – und die Ermutigung, dass auch Umwege erlaubt sind.

Wie oute ich mich und wann?
Ob im Freundeskreis, in der Familie oder am Arbeitsplatz: Coming-outs sind keine einmaligen Ereignisse, sondern Prozesse. Abschn. 5.9 und 5.10 widmen sich diesen Schritten mit praktischer Hilfestellung. Sie bieten Strategien zur Vorbereitung, zeigen Risiken auf und machen Mut, sich selbst treu zu bleiben. Besonders wertvoll: Checklisten, erprobte Kommunikationswege und Hinweise darauf, wo Grenzen gesetzt werden dürfen. Der Arbeitsplatz ist ein besonderer Ort – zwischen Offenheit, Leistungserwartung und Hierarchien.

Wie ändere ich meinen Vornamen und Geschlechtseintrag?
Mit dem SBGG gibt es seit 2024 einen neuen rechtlichen Rahmen, der vieles vereinfacht – aber nicht alles beantwortet. Abschn. 5.2 erklärt Schritt für Schritt, wie der Weg zur offiziellen Änderung verläuft: Wer kann was ändern? Wo wird was eingereicht? Was ist zu beachten – auch im Hinblick auf Minderjährige, Reisen ins Ausland oder problematische Bürokratie? Die Hinweise sind bewusst lebensnah formuliert und sollen den Prozess praktisch begleiten.

Wie funktioniert die Beantragung medizinischer Leistungen?
Geschlechtsangleichende Maßnahmen werden von den gesetzlichen Krankenkassen übernommen – aber nur, wenn alle formalen Voraussetzungen erfüllt sind. Abschn. 5.4 bis 5.6 liefern dafür eine detaillierte, gut strukturierte Handreichung: Welche Diagnosen braucht es? Welche Berichte? Wie lange muss Therapie stattfinden? Und was tun bei Ablehnung? Musteranträge machen das Kapitel besonders nützlich – und helfen, Stolperfallen zu vermeiden. Auch das Thema „Genehmigungsfiktion“ wird realistisch eingeordnet.

Was hilft mir im Alltag konkret?

Ab Abschn. 5.13 wird es alltagsnah: Hier geht es um Kleidung, Stil, Sicherheit und Selbstbild. Es werden zahlreiche Hilfsmittel vorgestellt – von Brustbindern und Packern bis zu Gaffs, Perücken, Schwimmbindern und Stilberatung. Immer wieder wird deutlich: Nicht alles passt für jeden – aber wer sich informiert, ausprobiert und auf sich selbst hört, findet praktikable Wege. Besonders wichtig: Es wird nicht nur gewarnt, sondern erklärt – etwa beim Thema Tapen oder Tucking – warum bestimmte Methoden gefährlich sein können und worauf geachtet werden muss.

6

Über Transidentität und mit transidenten Menschen sprechen

Inhaltsverzeichnis

> **Einführung**
>
> Sprache formt Realität. Sie kann würdigen, einladen, sichtbar machen oder ausgrenzen, irritieren oder verletzen. Gerade im Kontakt mit transidenten Menschen spielt Sprache eine entscheidende Rolle. Nicht, weil es „richtige" und „falsche" Wörter gibt, sondern weil ein zugewandter und respektvoller Umgang miteinander sich auch sprachlich ausdrückt. Dieses Kapitel möchte keine festen Regeln aufstellen oder mit Sprachvorschriften arbeiten. Vielmehr geht es darum, Unsicherheiten abzubauen, Mut zu machen und Anregungen zu geben, wie Sprache ein Werkzeug für Respekt sein kann.

6.1 Anrede und Pronomen

Was ist eine Anrede?

Anreden begegnen uns überall: im Gespräch, in der E-Mail, auf Formularen, bei Vorstellungsrunden oder in Telefonaten. Sie schaffen Nähe oder Distanz,

D. N. Scholz, *Transidentität verstehen - transident leben*,
https://doi.org/10.1007/978-3-658-50402-1_6

markieren Respekt oder Vertrautheit. Ob „Frau Meier“, „Herr Schmidt“, „Liebe Martina, lieber Martin“, „Liebe Kolleg*innen“ oder „Sehr geehrte Damen und Herren“ – Anreden sind tief in unserer sprachlichen Kultur verwurzelt, und genau deshalb wirken sie auch so stark. Wenn sie nicht passen, weil sie das Geschlecht oder die Identität eines Menschen oder einer Menschengruppe verfehlen, entsteht manchmal ein unangenehmer Moment. Besonders für transidente oder nicht-binäre Menschen ist das oft nicht nur ein Missverständnis, sondern kann als Unsichtbarmachen oder sogar als gezielte Verletzung empfunden werden. Manchmal ist eine falsche Anrede aber auch nicht böse gemeint, sondern ein Versehen – was ebenso wehtun kann. Eine Möglichkeit, das zu vermeiden, ist ganz einfach: freundlich nachfragen, wie jemand angesprochen werden möchte. Das gilt für persönliche Gespräche genauso wie für E-Mails oder andere Kommunikationswege.

Was sind Pronomen?

Pronomen sind die kleinen Wörter, mit denen wir über andere Menschen sprechen: „er“, „sie“, oder vielleicht auch „they“, „xier“ oder „keine Pronomen bitte“. Sie erscheinen oft nebensächlich, sind aber ein zentrales Mittel sprachlicher Zugehörigkeit. Über wen mit dem richtigen Pronomen gesprochen wird, fühlt sich gesehen. Wer konsequent mit einem falschen Pronomen bezeichnet wird, erlebt oft das Gegenteil.

Machen Sie einmal die Probe: Sie heißen Thomas, jemand spricht bei einer Familienfeier über Sie und sagt „Sie hat gerade einen neuen Job angefangen“. Oder Sie sind Marion Mielke und haben gerade ihr Auto in der Werkstatt abgegeben. Sie hören, wie der Mechaniker sagt: „Der Golf von ihm muss bis morgen Abend fertig sein“. Das fühlt sich schräg an, oder?

Das sind nur kleine Beispiele dafür, warum viele Menschen ihre Pronomen freiwillig in E-Mail-Signaturen, Briefköpfen oder auf Namensschildern angeben. Die Gründe dafür sind unterschiedlich. Viele Cispersonen (also Menschen, deren Geschlechtsidentität mit dem Geburtsgeschlecht übereinstimmt) machen das, um zu zeigen: „Ich bin offen, sensibel und möchte niemanden übergehen.“ Viele geschlechtsvariante Menschen (trans, nicht-binär, intergeschlechtlich etc.) geben ihre Pronomen an, um klarzumachen: „So möchte ich angesprochen werden.“

Das Schöne ist: Es gibt kein Richtig oder Falsch bei dieser freiwilligen Angabe. Niemand ist verpflichtet, Pronomen zu nennen. Aber wer es tut, macht ganz sicher keinen Fehler – im Gegenteil. Würden alle Menschen ihre Pronomen angeben, wäre vieles einfacher. Auch etwa bei Namen, die im deutschen Sprachraum ungewöhnlich oder geschlechtsneutral sind – ob bei Trans-, Cis-, Inter- oder nicht-binären Personen.

Denn ob ein Mensch „Kim", „Alex", „Sascha" oder „Toni" heißt, sagt nichts darüber aus, welche Anrede oder Pronomen passend sind. Die Angabe schafft hier einfach Klarheit und manchmal auch einen Lichtblick.

Ein weiteres Beispiel: Eine nicht-binäre Person schickt eine Bewerbung mit dem Hinweis „Pronomen: they/them". Die Antwort beginnt mit: „Vielen Dank für Ihre Bewerbung! Darf ich fragen, wie Sie angesprochen werden möchten?" Ein solcher Moment kann viel bedeuten. Er zeigt: Da will jemand wirklich respektvoll kommunizieren. Und das ist, was zählt.

6.2 Erläuterung ausgewählter Begriffe

In Gesprächen über Transidentität und transidente Menschen begegnet man immer wieder Begriffen, die nicht vertraut sind. Das ist normal. Viele dieser Begriffe haben eine fachliche oder aktivistische Geschichte und sind zum Teil noch im Wandel. Dieses kleine Glossar (mehr davon in Kap. 9) will keine abschließenden Definitionen liefern, sondern verständlich machen, worum es geht, ohne Zeigefinger und ohne Anspruch auf „Wahrheit" oder Vollständigkeit:

Transident oder trans ist eine Person, deren Geschlechtsidentität nicht dem bei der Geburt festgestellten Geschlecht entspricht. Trans wird meist als Überbegriff verwendet. Manche Menschen bevorzugen den Begriff „transident", andere „transgeschlechtlich". Auch das ist individuell. Es gibt eine Vielzahl von Ausdrücken für Transidentität. Eher medizinisch (im noch geltenden Katalog von Diagnosen ICD-10) heißt es „Transsexualismus" oder „transsexuell". Diesen Begriff lehnen viele transidente Menschen ab, oft aufgrund des verzerrenden Wortbestandteils „-sexuell". Bei „trans" geht es aber ja um Identität, und nicht um etwas unterhalb der Gürtellinie.

Nicht-binär sind Menschen, die sich weder (ausschließlich) als Mann noch als Frau verstehen. Nicht-binäre Personen können sich zwischen den Geschlechtern, als beides zugleich oder auch als gar keinem Geschlecht zugehörig empfinden. Nicht-Binarität ist ein breites Spektrum.

Cis ist eine Abkürzung für „cisgeschlechtlich". Eine Person ist cis, wenn ihre Geschlechtsidentität mit dem bei Geburt festgestellten Geschlecht übereinstimmt. Der Begriff ist ein sachliches Gegenstück zu „trans" und soll nicht werten, sondern beschreiben.

Intergeschlechtlich sind Menschen, die mit körperlichen Merkmalen geboren wurden, die sich nicht eindeutig den medizinischen Kategorien „männlich" oder „weiblich" zuordnen lassen. Intergeschlechtlichkeit ist nicht in erster Linie eine Geschlechtsidentität, sondern eine Variation körperlicher Merkmale. „Inter" beschreibt auch kein neues Geschlecht, sondern stellt eine „Variante der Geschlechtsentwicklung" dar.

Geschlechtsangleichung beschreibt soziale, rechtliche oder medizinische Schritte, die das gelebte oder rechtliche Geschlecht bzw. den Geschlechtskörper an die Identität anpassen. Der noch immer weit verbreitete Begriff „Geschlechtsumwandlung" ist unzutreffend und wird vielfach als verletzend empfunden. Niemand „wandelt" ein Geschlecht um, vielmehr wird Leben mit dem Geschlecht und ein Passing angestrebt, das sich richtig anfühlt. Das biologische Geschlecht kann nicht „geändert" werden, aber körperliche Begebenheiten können in einem gewissen Rahmen angeglichen werden an typische Eigenschaften des anderen biologischen Geschlechts.

Deadnaming Die Nennung eines früheren Vornamens einer transitionierten Person gegen deren Wunsch. Dies kann als verletzend oder übergriffig empfunden werden, weil es einen Lebensabschnitt aufruft, der nicht mehr der aktuellen Identität entspricht.

Diese Begriffe begegnen uns zunehmend im öffentlichen Raum, im beruflichen Kontext und in persönlichen Gesprächen. Man muss aber nicht Expert*in sein. Es reicht, ein Grundverständnis zu haben und sich mit Offenheit auf das einzulassen, was Menschen über sich sagen. Wenn etwas unklar ist, darf gefragt werden – respektvoll, zugewandt und ohne Zwang zum perfekten Ausdruck. Niemand muss alles wissen. Es ist völlig in Ordnung, sich unsicher zu fühlen. Was zählt, ist die Bereitschaft, zuzuhören, sich weiterzuentwickeln und Fehler einzugestehen. Auch wenn eine Anrede einmal nicht passt, kann ein einfaches „Entschuldigung, das wollte ich nicht" Wunder wirken. Die meisten Menschen merken, ob jemand aufrichtig bemüht ist, respektvoll zu sein.

6.3 Schreibweisen

Wer sich mit geschlechtergerechter Sprache beschäftigt, stößt schnell auf unterschiedliche Schreibweisen: das große Binnen-I (z. B. „KollegInnen"), den Genderstern („Kolleg*innen"), den Doppelpunkt („Kolleg:innen") oder neutrale Formen wie „Teammitglieder" oder „Lehrkräfte". Hinter diesen Varianten stehen unterschiedliche sprachliche, praktische und auch politische Überlegungen. Das Binnen-I war über viele Jahre die bekannteste Form geschlechtergerechter Sprache. Es adressiert Frauen und Männer gleichzeitig, aber lässt Menschen jenseits der binären Geschlechterkategorien außen vor. Genau das haben Genderstern und Doppelpunkt versucht zu verändern. Sie sollen sichtbar machen, dass es mehr Identitäten gibt als Frau oder Mann.

Krieg der Sterne?
Der Genderstern hat sich in vielen Kontexten als Ausdruck geschlechtlicher Vielfalt etabliert. Der Doppelpunkt wiederum wird von manchen als optisch ruhiger empfunden, etwa in journalistischen oder institutionellen Schreibweisen. Allerdings ist er nicht unumstritten. Screenreader können den Doppelpunkt nicht immer zuverlässig als Glottiszeichen interpretieren oder überspringen ihn gar. Auch der Deutsche Blinden- und Sehbehindertenverband empfiehlt den Doppelpunkt ausdrücklich nicht für barrierefreie Kommunikation. Das zeigt: Gute Absicht allein reicht nicht. Technische Umsetzung und praktische Lesbarkeit müssen mitgedacht werden. Auch barrierefreie Kommunikation spielt hier eine Rolle – wobei es keinen einheitlichen Standard gibt.

Exkurs: Was ist ein Glottisschlag? Der Glottisschlag (auch Glottalverschlusslaut genannt) ist ein kurzer, stimmhafter Verschlusslaut, der entsteht, wenn die Stimmlippen sich vollständig schließen und dann plötzlich öffnen, ähnlich wie bei einem kleinen Atemstopp. Im Deutschen tritt er häufig am Wortanfang vor einem Vokal auf, besonders bei zusammengesetzten Wörtern, z. B. in „Spiegel-Ei". Zwischen „Spiegel" und „Ei" entsteht eine winzige Sprechpause, die anzeigt: Jetzt beginnt ein neues Wort. In der gendergerechten Sprache soll der Glottisschlag zwischen Wortstamm und Endung durch ein Sonderzeichen (wie ein Genderstern oder Doppelpunkt) angedeutet werden. Screenreader sind jedoch nicht einheitlich darauf programmiert, diese Zeichen als solche Pause oder Betonung zu interpretieren, was gerade für Sehbehinderte problematisch sein kann.

Neutralisierende Formen wie „Lehrkräfte" oder „Studierende" umgehen das Problem elegant, sind aber nicht in jeder Situation möglich oder sinnvoll. Nicht jeder Begriff lässt sich geschlechtsneutral umwandeln, und nicht immer soll das Geschlecht unsichtbar gemacht werden. Es gibt also keine perfekte Lösung, aber viele praktikable Möglichkeiten. Entscheidend ist nicht, welche Form jemand wählt, sondern mit welcher Haltung sie verwendet wird. Wer sich darum bemüht, sprachlich inklusiv zu kommunizieren, sendet ein wichtiges Signal: Ich nehme Vielfalt wahr und ernst.

trans Mann oder Transmann?

Bei der schriftlichen Bezeichnung von Transpersonen wird oft darum gestritten, ob der Wortbestandteil „trans" als Adjektiv oder als Vorsilbe benutzt werden soll. Beispiel: „trans Mann" oder „Transmann".

Ich selbst halte „Transmann" für richtig – nicht nur, weil es sich sprachlich etabliert hat, sondern auch, weil es die Selbstbezeichnung vieler ist. Der Ausdruck „Transmann" funktioniert wie „Rothaariger" oder „Linkshänder" – es beschreibt eine Facette der Person, nicht ihre Gesamtheit. Das ist aber nur meine persönliche Meinung und eine von vielen.

Wichtiger als orthografische Fragen ist allerdings die Haltung: Menschen sollten selbst entscheiden, wie sie sich bezeichnen möchten. Wer sich als „trans Mann" bezeichnet, hat ebenso ein Recht auf Respekt wie jemand, der sich als „Transmann" oder als „Mann" bezeichnet.

Geschlecht: festgestellt oder zugewiesen?

Im gleichen Zusammenhang wird häufig über Formulierungen wie „zugewiesenes Geschlecht" diskutiert. Auch hier lohnt ein genauer Blick. Bei Geburt wird das Geschlecht eines Menschen nicht „zugewiesen" – es wird festgestellt. Nämlich durch einen Blick auf die sichtbaren körperlichen Merkmale. Diese Feststellung ist in den allermeisten Fällen zunächst korrekt. Erst im späteren Lebensverlauf zeigt sich manchmal, dass die im Kreißsaal getroffene Feststellung nicht mit der empfundenen Identität der Person zusammenpasst. Das betrifft insbesondere trans- und intergeschlechtliche Menschen.

Deshalb spreche ich lieber von „bei Geburt festgestelltem Geschlecht" als von „zugewiesenem Geschlecht". Die Formulierung „zugewiesen" wirkt, als hätte jemand aktiv eine Kategorie vergeben, obwohl es sich um eine routinemäßige Eintragung auf Basis von Beobachtungen handelt. Die spätere Erkenntnis, dass eine Person anders lebt oder empfindet als bei Geburt festgehalten, ist eine Korrektur und keine Widerlegung der damaligen Feststellung.

Auch hier gilt: Sprache darf differenzieren, ohne Menschen zu bewerten. Wer „Transmann" schreibt, sollte das bewusst und respektvoll tun. Wer andere Formulierungen wählt, darf das ebenso – solange der Mensch im Mittelpunkt steht, und nicht die Grammatik. Wichtiger als sprachliche Exaktheit ist die Haltung: Menschen so zu benennen, wie sie selbst es wollen. Das heißt auch, zuhören und respektieren, wie jemand sich beschreibt, unabhängig von Lehrmeinungen oder Trends.

Niemand muss sprachlich alles perfekt machen. Auch wer gelegentlich ins Straucheln gerät, tut bereits etwas Gutes, wenn die Offenheit spürbar ist. Oft reicht schon der Versuch und manchmal auch ein offenes Gespräch, in dem man erklärt: „Ich bin mir unsicher mit der Ausdrucks- oder Schreibweise, aber ich möchte niemanden ausschließen.“ Genau das schafft Verbindung. Diskussionen um Sprech- und Schreibweisen ziehen manchmal mehr Gräben als sie überwinden.

Buchstabenketten

In Diskussionen rund um Geschlecht, sexuelle Orientierung und Vielfalt begegnet man häufig Abkürzungen wie LGBT, LGBT+, LGBTIQ oder LGBT QIA – um nur einige Beispiele zu nennen. Die Buchstaben stehen dabei für unterschiedliche Identitäten und Lebensrealitäten, z. B.:

- **L** = Lesbisch
- **G** = Schwul (engl. gay)
- **B** = Bisexuell
- **T** = Transgeschlechtlich oder transident
- **I** = Intergeschlechtlich
- **Q** = Queer oder questioning (sich selbst noch hinterfragend)
- **A** = Asexuell oder agender (keine sexuelle bzw. keine geschlechtliche Identität)

Ein + oder * am Ende soll deutlich machen: Diese Liste ist nicht vollständig, es gibt weitere Identitäten und Zugehörigkeiten, die sich nicht alle einzeln aufführen lassen – und das ist auch nicht notwendig. Denn so wichtig die Sichtbarkeit der einzelnen Gruppen ist, man darf auch festhalten: Die immer länger werdenden Buchstabenkombinationen überfordern viele Menschen, die mit diesen Themen bisher wenig zu tun hatten. Was eigentlich für ein Mehr an Inklusion gedacht ist, führt bei manchen eher zu Verwirrung und manchmal sogar zu einem Rückzug aus dem Gespräch. Dabei geht es doch gerade darum, Menschen für die Lebensrealitäten geschlechtsvarianter und nicht-heteronormativer Personen zu sensibilisieren. Es geht darum, Zugang zu schaffen, nicht neue Hürden zu errichten.

Darum dürfen verschiedene Schreibweisen nebeneinanderstehen. Ob jemand von „LGBT+“, „LSBTIQ“ oder „Regenbogen-Community“ spricht, ist nicht entscheidend. Wichtig ist, dass klar wird: Hier geht es um Menschen, die in geschlechtlicher Identität oder sexueller Orientierung nicht der Mehrheitsnorm entsprechen und genauso Respekt, Rechte und Sichtbarkeit verdienen.

Gerade für Einsteiger*innen in das Thema möchte ich sagen: Lassen Sie sich nicht abschrecken von den Kürzeln. Sie müssen sie nicht alle auswendig kennen. Es reicht, offen und interessiert zu sein. Und wenn Ihnen mal ein Buchstabe fehlt – macht nichts. Viel wichtiger ist, dass niemand im Miteinander fehlt!

6.4 Gendern beim Sprechen

Muss man überhaupt gendern?

Die Antwort ist ganz einfach: Nein! Es gibt keine Pflicht, keine sprachpolizeiliche Vorgabe und keinen gesellschaftlichen Konsens darüber, wie geschlechtersensibel gesprochen werden „muss“. Menschen, die Genderstern, Glottisschlag oder Doppelpunkte beim Schreiben oder Sprechen nicht verwenden möchten, haben jedes Recht dazu. Auch ohne diese sprachlichen Formen lässt sich geschlechterinklusiv kommunizieren – zum Beispiel, indem man bewusst neutrale Begriffe wählt („Lehrkräfte“, „Team“) oder offen formuliert („alle, die teilnehmen“ statt „Teilnehmer“).

Gleichwohl ist es wertvoll, wenn Menschen beim Sprechen über eine große Vielfalt von Menschen auch diese Vielfalt mitdenken, und wenn sie, besonders im Gespräch mit oder über geschlechtsvariante Personen, Sensibilität zeigen. Niemand muss sich verbiegen, um über Transidentität oder mit transidenten Menschen zu sprechen. Niemand muss ein bestimmtes Vokabular beherrschen oder alle Sprechweisen kennen. Alles kann, nichts muss – wichtig ist nur der Respekt. Wer sich bemüht, niemanden absichtlich auszuschließen, macht bereits vieles richtig.

Begriffe wie „Kolleg:innen“ oder „Teilnehmer*innen“ finden inzwischen auch im gesprochenen Wort ihren Platz durch die kurze Pause, den zuvor erklärten *Glottis-Schlag,* zwischen Wortstamm und Endung. Wer zum Beispiel sagt: „Liebe Zuhörer – innen“, signalisiert auch im Gespräch: Ich sehe mehr als nur zwei Geschlechter.

Für manche klingt das ungewohnt, sogar etwas holprig, und das ist verständlich. Wer bisher noch keine Berührung mit dieser Form des Sprechens hatte, mag sich fragen: Muss das wirklich sein? Klingen solche Formulierungen nicht künstlich? Und versteht mich dann überhaupt noch jemand?

Diese Fragen sind berechtigt, besonders für Menschen, die das Thema geschlechtliche Vielfalt erst entdecken. Deshalb lohnt sich eine differenzierte Antwort: Niemand muss sofort perfekt gendern. Niemand muss überhaupt gendern. Vielmehr geht es darum, sich schrittweise an neue Ausdrucksformen heranzutasten, die helfen können, möglichst viele Menschen mitzudenken und nicht unbeabsichtigt auszuschließen.

Und was ist, wenn man sich verspricht? Wenn man mitten im Satz ins Schleudern kommt oder die Pause einfach vergisst? Kein Problem. Ein kurzer, ehrlicher Hinweis wie „Ich bin da noch ungeübt, aber ich versuche, alle mitzudenken" genügt oft, um Offenheit zu zeigen, wenn man das möchte. Viele Zuhörer*innen reagieren aufrichtig wohlwollend und nicht missionarisch, wenn sie merken, dass jemand sich bemüht.

Und was, wenn sich jemand mit dem ganzen Thema Gendersprache nicht wohlfühlt? Auch das ist in Ordnung. Niemand muss sich zu etwas zwingen. Wer sich beim Sprechen mit bestimmten Formen unsicher fühlt, kann andere Wege wählen – etwa über genderneutrale Begriffe, bewusste Offenheit oder kleine sprachliche Gesten wie „alle Mitwirkenden". Es gibt nicht den *einen* richtigen Weg.

Für viele transidente, nicht-binäre oder intergeschlechtliche Menschen ist es ein starkes Zeichen des Gesehenwerdens, wenn Sprache nicht auf „Herr", „Frau", „Kollegen" oder „Mitarbeiter" reduziert wird. Es geht dabei nicht um politische Korrektheit oder starre Vorschriften, sondern um Anerkennung, Sichtbarkeit und Zugehörigkeit.

Übrigens: Auch Generationen gehen unterschiedlich mit dem Thema um. Jüngere Menschen wachsen oft mit gendergerechter Sprache auf – sie hören sie in Podcasts, auf TikTok oder im Schulalltag. Für andere ist das Neuland – mit Irritationen, Fragen und gelegentlicher Abwehr. Das ist normal. Auch hier hilft gegenseitige Geduld. Niemand muss perfekt sprechen, um respektvoll zu kommunizieren. Und umgekehrt: Auch vermeintlich „richtige" Formen helfen wenig, wenn sie ohne echtes Interesse oder in belehrender Manier verwendet werden.

Sprache verändert sich nicht durch Druck, sondern durch Dialog. Wer neugierig bleibt, kann sich nach und nach an neue Formen herantasten. Wer das nicht möchte, darf das ebenso. Wer neugierig ist, findet eine Fülle an weiterführenden Möglichkeiten: Bücher, Podcasts, Online-Leitfäden, Videos und Artikel bieten verständliche Zugänge – nicht nur für Profis, sondern gerade auch für Menschen, die sich ganz neu mit dem Thema beschäftigen.

6.5 Zusammenfassung

Sprache prägt, wie wir einander wahrnehmen. Sie kann Zugehörigkeit schaffen oder ausschließen. Respektvolle Kommunikation beginnt mit Aufmerksamkeit: zu hören, wie Menschen sich selbst beschreiben, und diese Bezeichnungen zu übernehmen.

In der Ansprache hilft es, aktiv Klarheit zu schaffen – etwa indem Pronomen genannt oder erfragt werden. So lassen sich Missverständnisse vermeiden und Akzeptanz zeigen.

Begriffe entwickeln sich weiter. Entscheidend ist, ihre Bedeutung im jeweiligen Kontext zu verstehen und wertfrei zu verwenden.

Geschlechtergerechte Formulierungen haben unterschiedliche sprachliche und praktische Ansätze. Welche gewählt wird, ist zweitrangig. Wichtig ist, dass sie bewusst und mit inklusiver Haltung eingesetzt wird. Offenheit für Rückmeldungen und die Bereitschaft, bei Bedarf die eigene Ausdrucksweise anzupassen, sind der Kern einer respektvollen Sprachpraxis.

Lesetipps

1. **Dudenredaktion (2020): *Ratgeber geschlechtergerechte Sprache***
   Dudenverlag. Sachlich fundierter Überblick zu verschiedenen Schreib- und Sprechweisen, mit sprachwissenschaftlicher Einordnung und praxisnahen Beispielen.
2. **Bundeszentrale für politische Bildung (2021): *Leitfaden für eine inklusive Sprache***
   Kompakter, gut strukturierter Leitfaden mit Beispielen, Hintergrundwissen und Anregungen für respektvolle sprachliche Praxis ohne normative Vorgaben.
3. **Gesellschaft für deutsche Sprache (GfdS): Stellungnahmen zu geschlechtergerechter Sprache**
   Online abrufbare, wissenschaftlich fundierte Positionen zur geschlechtergerechten Formulierung im Deutschen, mit sprachhistorischen und grammatischen Hintergründen.

7

Persönliche Perspektiven

Inhaltsverzeichnis

Einführung

Transidentität ist nicht nur ein medizinisches, psychologisches oder rechtliches Thema, sondern vor allem ein zutiefst persönliches. Wer sich mit geschlechtlicher Identität auseinandersetzt, tut dies nicht im luftleeren Raum, sondern im gelebten Alltag, im Körper, im Beruf, in Beziehungen, in Behördenakten, in der Sprache. Deshalb kommen in diesem Kapitel Menschen zu Wort, die auf je eigene Weise mit ihrer Transidentität oder im nahen Umfeld davon leben. Manche haben bereits medizinische Schritte unternommen, andere noch nicht. Manche definieren sich binär, andere nicht. Einige sind (noch) sichtbar, andere sind vollständig in ihrer Identität angekommen und bewegen sich unter dem Radar. Gemeinsam ist allen, dass sie bereit waren, über ihre Erfahrungen zu sprechen – über Unsicherheiten, Erkenntnisse, Konflikte, Entscheidungen und kleine oder große Erleichterungen. Auch Partner*innen und Eltern kommen zu Wort, denn eine geschlechtliche Transition betrifft immer auch die Menschen im direkten Umfeld. Die Interviews zeigen keine „typischen" Verläufe und genau das ist ihr Wert. Sie machen deutlich: Transidentität hat viele Gesichter, viele Wege und viele Geschichten. Und sie verdienen es, gehört zu werden.

D. N. Scholz, *Transidentität verstehen - transident leben*,
https://doi.org/10.1007/978-3-658-50402-1_7

7.1 Im Gespräch mit Rena, Transfrau

Was hat dir auf deinem Weg vom inneren zum äußeren Coming-out Mut, was Angst gemacht?
Rena: Damals, ich war zwischen 15 und 16, hat mir Angst gemacht, dass ich vom Thema Transidentität keine Ahnung hatte und nicht wusste, was mit mir los ist. Wenn ich etwas mit Mädchen hatte, machte mich das immer sehr traurig und wenn ich etwas mit Jungs hatte, fühlte sich das schwul an – dabei hatte ich das merkwürdige, aber sichere Gefühl, dass ich nicht schwul bin. Die Normalität war: Mädchen stehen auf Jungs, Jungs stehen auf Mädchen. Ich habe bei meinen homosexuellen Erfahrungen immer bemerkt, dass mich „das" nicht interessiert, dass es nicht „kickt". Diese Empfindung fand ich seltsam.

Gab es Menschen, die dich besonders unterstützt oder auch besonders verunsichert haben?
Rena: Besonders unterstützt haben mich meine Eltern. Ich habe ihnen im Alter von 23 Jahren gesagt, dass mit mir irgendetwas los ist, was ich nicht erklären kann. Meine Eltern haben extrem gut reagiert. So gut, dass ich dachte „Was muss ich ihnen erzählen, damit die vom Stuhl fallen?". Sie waren unglaublich gelassen, das hatte ich nicht erwartet. Verunsichert hat mich die Tatsache, dass es Anfang der 90er-Jahre so gut wie keine Informationen zum Thema gab, kein Internet. Ich fuhr nach München in die Stadtbibliothek und fragte, ob es Bücher zum Thema „Trans-Irgendwas" gibt.

Was war für dich der wichtigste oder schwierigste Moment in der Transition?
Rena: Das Schwierigste war es, meinen Kindern, die zur Zeit meines Coming-outs eingeschult wurden, zu sagen, dass ich als Frau leben werde. Ich hatte mich früh sterilisieren lassen und die Kinder meiner Frau später in der Ehe adoptiert. Zu dem Zeitpunkt hatten meine Eltern schon lange von meinem geplanten Weg gewusst, das war „a gmahde Wiesn", wie man in Bayern sagt.

Wie hat dein Umfeld auf dein Coming-out reagiert?
Rena: Fast alle sehr gut. Meine Frau fiel allerdings aus allen Wolken. Sie blieb „aus der Not heraus" zunächst bei mir, akzeptierte oder verstand meine Transidentität allerdings nie. Übrigens habe ich mit ihr heute, viele Jahre nach der letztlich doch erfolgten Trennung, ein sehr gutes Verhältnis. Auch Freundinnen, Freunde, Kollegen usw. hatten überhaupt kein Problem. Ich muss sagen, die 90er-Jahre waren eine entspannte Zeit. Ich habe bis zum heutigen Tag

keine einzige Situation erlebt, in der ich mich jemandem hätte besonders erklären müssen, weil er für mich kein Verständnis gehabt hätte. Daraus resultiert mein Credo: „Sei selbstbewusst, geh auf Menschen zu und sag ihnen, wie sie mit dir umgehen sollen, denn von alleine wissen sie es nicht".

Du bist selbstständig und Chefin eines mittelständischen Betriebes. Wie hast du dein Coming-out im beruflichen Umfeld erlebt?
Rena: Ich habe im Laufe meines Lebens viele Aufträge nicht bekommen, aber nie, weil ich trans bin – sondern weil ich vielleicht zu teuer war, nicht schnell genug liefern konnte oder weil wir die entsprechenden Maschinen nicht hatten. Aufgrund meiner Transidentität bin ich noch nie komisch angeschaut worden. Kunden wollen Vertrauen in die Person haben, die den Auftrag bekommt. Selbst „freakige" Personen können vertrauenswürdig sein und auch „Spießer" können beim Kunden das Gefühl auslösen „Nein, bei dem lasse ich lieber nicht mein Geld". Bei mir sind alle Kunden geblieben.

Wie bist du mit der Entscheidung für medizinische Angleichungsschritte umgegangen?
Rena: Ich habe mir Zeit gelassen und kann klar sagen, ich habe keine Abneigung gegen meinen Körper. Darüber bin ich froh. Andere Transfrauen leiden sehr unter ihrem Penis. Für mich war er ein treuer Lebensbegleiter. Ich hatte nichts gegen ihn und konnte auch hin und wieder sexuell mit ihm etwas anfangen. Aber ich habe ihn auch nicht sonderlich geliebt. Aus diesem Grund habe ich die medizinischen Fortschritte genau beobachtet. In den 80er- und 90er-Jahren waren geschlechtsangleichende Operationen noch nicht so weit entwickelt und sicher wie heute. Mein Genital war aber auch nicht sehr groß, ich konnte es gut verstecken. Um 2022, 2023 herum hatte ich das Gefühl, dass die Medizin auf einem sehr guten Standard angekommen war und begann darüber nachzudenken, die Genital-OP zu machen. Im Oktober 2023 habe ich mich schließlich dazu entschieden und am 11. Juli 2024 fand die OP statt.

Wie gehst du mit dem Passing um?
Rena: Das ist eines meiner Lieblingsthemen! In dem Moment, wo ich mit meiner tiefen Stimme und 1,96 m Größe auftrete, brauche ich mir überhaupt keine Gedanken zu machen, ob man mir „eventuell" meine Vergangenheit ansieht. Ich bin für mich keine *Frau,* sondern ich bin eine *Transfrau.* Und das sage ich mit erhobenem Kopf. Wenn man mich fragte, „Wo fängt Frausein an, wo hört es auf?", hätte ich keine Antwort. Ich empfinde mich als eine „gut gelungene Transfrau". Ich lebe ein weibliches Leben und damit komme ich bes-

tens zurecht. Bei meiner Gestalt weiß jeder, der mich sieht, „Das war mal ein Kerl". Das ist kein Problem für mich, das darf so sein.

Die Frage ist: *Was* macht man aus dem, *wie* man ist? Ich gebe mir mit meinem Auftreten natürlich Mühe, lege großen Wert auf mein Äußeres und meine weibliche Erscheinung. Wäre ich klein und zierlich, würde ich aber vielleicht mehr Anstrengung investieren, denn ich würde hoffen, nicht aufzufallen. Ich würde möglicherweise Logopädie machen, oder bestimmte feminisierende Operationen. Allerdings bin ich nicht auf der Welt, um Abziehbildern zu entsprechen. Ich möchte Spaß haben, möchte, dass es mir gut geht und meinen Weg gehen. Es ist alles bestens. Ich möchte keinen Zentimeter kleiner sein.

Dir ist Passing also heute weniger wichtiger als am Anfang deines Weges?
Rena: Ja, deutlich. Früher habe ich wie die meisten Transmenschen gedacht. Gerade am Anfang bemüht sich sicherlich jede/r, in kurzer Zeit das „perfekte Passing" zu erreichen und manche/r übertreibt es leider dabei.

Auf alten Bildern sehe ich, wie unausgereift mein Auftreten und wie unausgeglichen ich war. Heute habe ich bei der Wahl meiner Kleidung, beim Make-up, in allem, was Äußerlichkeiten betrifft, große Ruhe erreicht. Ich hätte aber auch früher niemals einen Minirock angezogen, um besonders weiblich zu wirken. Bei meiner Größe kenne ich im Übrigen meine Grenzen sehr gut.

Meines Erachtens glauben viele Transmenschen, Klischees entsprechen zu müssen und schießen mit ihren Anpassungsversuchen oft über das Ziel hinaus. Bei vielen geht die Phase des „Übertreibens" aber vorbei, zum Glück. Denn bei manchem Auftritt, z. B. einer ganz am Anfang stehenden Transfrau, die es zu gut mit dem Make-up gemeint hat, wundere ich persönlich mich nicht, wenn es befremdete Blicke gibt.

Was bedeuten dir dein jetziger Körper und dein früherer?
Rena: Ich liebe meinen Körper, ich habe ihn auch früher geliebt. Ich sage meinem früheren sowie auch meinem heutigen Körper „Herzlichen Dank dafür, dass du ein so toller, treuer und gesunder Begleiter bist". Aus diesem Grund mache ich auch keine weiteren Experimente, keine Tätowierungen, keine Ohrlöcher. Die geschlechtsangleichende Operation war das Einzige, das ich an meinem Körper habe machen lassen.

Vermisst du etwas von deinem früheren Selbst? Hast du dich bewusst von etwas verabschiedet?
Rena: Ja, ich habe mich in der Nacht vor der OP von meinem Penis verabschiedet, indem ich ihm sagte: „Du kommst ja nicht komplett weg, du

wirst nur ein bisschen verändert. Daran wirst du dich gewöhnen müssen, sei mir bitte nicht böse." Heute ist er verändert, aber noch da, man sieht man ihn nicht mehr und ich bin mit meinem Körper und dem, was ich jetzt bin, absolut im Einklang.

Gab es Situationen, in denen du dich besonders respektiert oder verletzt gefühlt hast?
Rena: Respektiert und nett behandelt fühle ich mich von vielen Männern. Ich bin bisexuell, deshalb fällt es mir schwer zu sagen, auf was ich stehe. Für mich muss ein Mensch nett sein. Wie er oder sie aussieht, ist mir vollkommen egal. Allerdings ist es in der Sexualität als fast zwei Meter große Transfrau nicht einfach mit Männern. Eine Domina, die mancher sucht, bin ich natürlich nicht. Ich brauche einen ganz normalen, netten Typen. Ehe ich allein bliebe, könnte ich mir auch eine Frau als Partnerin vorstellen, aber Lust und Spaß empfinde ich mehr mit Männern.

Verletzt hat mich bis heute niemand, weder verbal noch körperlich. Mich könnten nur Menschen kränken, die mit mir auf Augenhöhe sind, und das meine ich nicht im körperlichen Sinne. Ich müsste jemanden ernst und für voll nehmen um eine Kränkung zuzulassen. Jedoch bin ich noch nie in eine solche Situation gekommen.

Was würdest du Transfrauen mit auf den Weg geben, die am Anfang stehen?
Rena: Fühle dich von der Gesellschaft nicht abgelehnt. Das, was du momentan in deiner eigenen Unsicherheit als Ablehnung empfindest, ist die Unsicherheit anderer dir gegenüber. Darum ist es wichtig, dass wir Transmenschen diejenigen, die wir für uns gewinnen wollen, bei der Hand nehmen und ihnen sagen, wie sie mit uns umgehen sollen. So nehme ich anderen die Angst, Fehler zu machen und bringe ich sie dazu, sich mir gegenüber so zu verhalten, wie ich mir das wünsche. Wenn ich andere in ihrer Unsicherheit köcheln lasse, erreiche ich nichts. Also: Cool bleiben, selbstsicher sein, sich nicht die Butter vom Brot nehmen lassen, sondern den Leuten eine freundliche, aber klare Ansage machen. Nicht patzig oder aggressiv. Gewinne mit Freundlichkeit die Leute für dich.

Hinterlasse durch deine Art bei Menschen eine positive Visitenkarte als Transperson. Projiziere nicht deine eigene Unsicherheit auf andere, sondern „hole die Menschen ab". Dann sagt vielleicht später jemand, der dich getroffen hat: „Ich habe neulich eine Transperson kennengelernt, total nett, ich habe mich super mit ihr unterhalten. Ein Mensch der mit beiden Füßen im Leben steht und den man ernst nehmen kann".

Was macht dich stolz, wenn du auf dein heutiges Ich blickst?
Rena: Meine Brüste. Die sind ein Geschenk der Natur an mich, ich habe ohne OP ein wunderbares C-Körbchen. Als „Dirndl-Tante" macht mich das sehr glücklich. Aber im Ernst: Stolz macht es mich auch, mit meiner Transidentität ein völlig entspanntes Leben zu leben. Scheinbar habe ich alles richtig gemacht. Natürlich muss jede/r den eigenen Weg finden und dabei auch Fehler machen. Das ist völlig in Ordnung – solange man aus Fehlern lernt und sich nicht beleidigt zurückzieht, wenn einer passiert. Wer das schafft, kann stolz auf sich sein!

7.2 Im Gespräch mit Vero, Transmann

Vero, du hast den Entschluss gefasst, deine Transition jetzt anzugehen. Weißt du noch, wann du den Gedanken „Ich bin ein Transmann" zum ersten Mal zugelassen hast?
Vero: Das erste Mal gegoogelt „bin ich trans?" hatte ich schon mit acht Jahren. Das erste Mal den wahren Gedanken „ich bin ein Transmann", noch mit einem Fragezeichen versehen, hatte ich Ende letzten, Anfang diesen Jahres, und die erste Aussage ohne Fragezeichen ist tatsächlich erst im Juni gefallen. Jetzt bin ich 27.

Was hat dich früher daran gehindert, diesen Gedanken ernst zu nehmen oder ihn laut auszusprechen?
Vero: Viele Gründe. Ich habe irgendwann herausgefunden, dass einer meiner größten Werte Anerkennung ist. Den Gedanken, dass ich trans bin oder sein könnte, laut auszusprechen, war bei mir mit vielen sozialen Ängsten verbunden. Vor allen Dingen die Frage, ob ich noch akzeptiert oder als etwas Unnormales gesehen werde. Ich habe ADHS, Borderline und eine diagnostizierte Hochbegabung. Für mich war der innigste Wunsch, wenigstens in *einem* Punkt der Norm zu entsprechen. Als trans entspreche ich aber schon wieder nicht der Norm.

Außerdem habe ich für mich am Anfang, im Studium, das Label *Butchlesbe* gefunden. Das war zunächst fein für mich.

Gab es während dieser Zeit Sätze in deinem Kopf, wie „ich übertreibe" oder „ich bin nicht trans genug"?
Vero: Als ich mit 8 googelte, fand ich als erstes die Aussage „du bist nur trans, wenn du nicht sagst, ich *glaube,* ich bin ein Mann, sondern ich *bin* ein Mann."

Aber ich wusste es ja gerade nicht, deswegen googelte ich ja. Ich klappte das Thema wieder zu. Später in der Schule hatte ich eine Phase, wo ich mich schminkte und in das Schema „weiblich" zu passen versuchte. Die Phase ging recht bald wieder weg. Danach suchte ich lange und hatte schließlich zwischen 21 und 27 die Butchlesben-Phase. In der Zeit fand ich ein wenig mehr zu mir. Als ich vor einiger Zeit anfing, mich mit dem Thema wieder intensiv zu beschäftigen, auch mit Körperdysphorie, stellte ich fest, dass Transsein ein Spektrum ist, wie alles andere auch. Das hat mir geholfen, relativ früh schon, bevor ich wusste, was für ein Label ich bekäme. Am Anfang kannte ich meine Richtung noch nicht. Ich durchlief den klassischen Trauerprozess inklusive der Phasen Verleugnung, Wut, Trauer, radikale Akzeptanz und jetzt tatsächlich Neuorientierung. Die Verleugnung hatte bei mir sehr, sehr lange gedauert.

Was hat sich verändert, sodass du heute offen über deine Transidentität sprechen kannst?
Vero: Ausschlaggebend war unter anderem, dass meine Körperdysphorie im letzten Jahr stark zunahm. Ich hatte regelmäßig zu Laufen begonnen und merkte, dass beim Joggen immer wieder meine Brüste wehtun. Ich betrachtete mich erstmals intensiv im Spiegel und stellte fest, dass diese „Dinger" nicht zu mir gehören. Ich ekelte mich. Die Brüste waren wie ein Tumor, den ich bisher „toleriert" hatte. Früher waren sie einfach da, jetzt störten sie aktiv. Ich begann mich zu fragen: Warum habe ich dieses Gefühl? Zweieinhalb Wochen lang sprach ich mit niemandem darüber, weder mit meiner Therapeutin, noch mit meiner damaligen Partnerin oder Freunden. Ich schämte mich für dieses Gefühl, landete in einer depressiven Phase und wusste schließlich, dass ich es kommunizieren muss.

Wie wichtig war es in dieser Phase, einen sicheren Raum zu haben?
Vero: Sehr wichtig! Vertrauliche Gespräche haben mir am Anfang sehr viel gegeben, auch wenn ich noch nicht sicher war, sondern zunächst nur wusste, es ist irgendwas da. Ich brauchte einen Raum, in dem ich sagen kann was ich denke, ohne dafür verurteilt und in eine Schublade gesteckt zu werden oder ein Ergebnis meiner Gedanken präsentieren zu müssen. In dem Schutzraum bekam ich Unterstützung beim Nachdenken und Selbstfinden, z. B. von meiner Therapeutin, von einem Peer-Berater. Auch mein stationärer Aufenthalt für die DBT, eine Borderline-Therapie, war hilfreich.

Meine Worte waren am Anfang nicht „ich bin trans", sondern eher „ich fühle mich nicht wohl in meinem Körper". Das hatte nichts mit dick oder dünn zu tun, sondern mit meiner Konfiguration, den typischen weiblichen

Merkmalen an mir. Schon diesen Satz zu sagen, hatte mich sehr viel Überwindung gekostet. Im Schutzraum konnte ich ihn aussprechen.

Jetzt hast du schon zahlreiche Coming-outs hinter dir. Hat dich dabei etwas überrascht, positiv oder negativ? Gab es Reaktionen, mit denen du nicht gerechnet hast?

Vero: Zum heutigen Tag bin ich tatsächlich in allen Lebensbereichen out. Jetzt bin ich meiner Identität sicher, alles vorher war ein Versteckspiel und meine Outings habe ich deshalb sehr schnell „erledigt". Negative Überraschungen gab es tatsächlich nicht, worüber ich sehr froh bin. Ich habe sehr viele positive Reaktionen erfahren. Mein Frauenfußballteam sagte z. B. „Du bist du und du bleibst!". Auch im Freundeskreis herrschte absolutes Verständnis und ich bekam sogar augenzwinkernde Sprüche wie „Vero, ich komme mit allem klar, aber wenn du jetzt noch in die Pubertät kommst, dann müssen wir echt reden!". Auch meine Familie hat es gut aufgenommen, obgleich sie natürlich Zeit brauchen, um diesen Schritt zu verstehen – Akzeptanz ist auf jeden Fall da! Das reicht mir aber im Moment. Diese Personen kennen mich nun einmal seit 27 Jahren als Frau und in der Familie ist so eine Veränderung etwas schwieriger als im Freundeskreis oder beim Fußball. Auch in meiner Arbeit wurde mein Coming-out durchweg positiv aufgenommen. Die haben sofort alles geändert und ich bekam viele Unterstützungsangebote, auch von der Geschäftsführung.

Ich werde nicht hinterfragt, sondern es wird angenommen, was ich präsentiere. Das ist genau das, was ich wollte. Ich will keine Extrawurst, sondern bin jetzt öffentlich und nicht mehr nur innerlich ein Er, fertig, weiter geht's.

Bei der freiwilligen Feuerwehr hatte ich übrigens am meisten Angst vor dem Coming-out. Ich erlebte aber einen in jeder Hinsicht respektvollen Umgang in dem sehr hierarchischen System. Ich muss mich jetzt nicht mehr verstecken, bis ich eines Tages Passing habe.

Was machst Du beruflich?

Vero: Ich bin Trainer im Bereich Software Engineering. Das heißt, ich gebe Kurse für Zertifizierungen. Ich reise beruflich viel und spreche oft vor Menschen. Dabei hilft mir mein pädagogischer Hintergrund aus dem Lehramtsstudium. Zum Glück habe ich ein sehr großes, diverses Netzwerk von Menschen um mich herum. Auch auf LinkedIn lief mein Outing gut. Das sind sehr wertvolle Erfahrungen für mich. Ich weiß heute, dass es nicht nur *ein* Coming-out gibt, sondern ganz viele, die durchaus Energie verlangen. Meinen zweiten Sportverein hätte ich in dem Prozess fast vergessen.

Du hast dich entschieden, Testosteron zu nehmen und die Mastektomie zu machen. Jetzt bist du in der Vorbereitungsphase für die medizinischen Schritte. Freust du dich, hast du Bedenken oder beides?

Vero: Beides. Ich habe lange Zeit überlegt, ob ich mich outen möchte, bevor ich mit Testosteron anfange oder die Mastektomie hinter mir habe. In dem Kontext hat es mir geholfen, Geschichten von anderen Transpersonen zu lesen, insbesondere von Transmännern. Ich erfuhr, dass es Leute gibt, die keine Anpassung machen, weder Hormontherapie, noch eine Mastektomie und trotzdem offen in ihrem richtigen Geschlecht leben. Das gab mir sehr viel Hoffnung, weil ich bisher dachte, ich müsse ein bestimmtes Passing erfüllen, um mit meinem richtigen Pronomen angesprochen werden zu dürfen, mich kommunizieren zu dürfen. Das war eine Last. Die Last der Diskrepanz zwischen Selbst- und Fremdwahrnehmung habe ich jetzt natürlich immer noch. Aber ich merke, dass schon die richtige Ansprache, Namen, Pronomen, sehr viel ausmachen.

Was mich nervt sind derzeit vor allem die Wartezeiten im medizinischen Bereich. Erst in dreieinhalb Monaten habe ich einen Ersttermin für die Hormone. Für die Vorgespräche für die Mastektomie sind die Wartezeiten ähnlich lang.

Ich habe in dieser Zeit sehr viel Mühe, Dinge zu finden, die mir Spaß machen und nicht viel an meine Dysphorie zu denken. Aber manches zieht mich immer wieder herunter, ich falle in Mini-Löcher oder habe depressive Phasen. Das macht mir Sorgen, aber ich freue mich darauf, bald endlich Passing zu haben und darauf, dass mein Körper später so aussieht, wie ich mich jetzt schon sehe.

Möchtest du auch die Personenstandsänderung machen?

Vero: Ja, das ist mir wichtig, ich gehe das aber derzeit nicht an. Das ist mir zu viel Bürokratie, für die ich im Moment keine Kapazitäten habe. Ich werde mir allerdings den dgti-„Ergänzungsausweis“ bestellen und hoffe, dass der mir im Alltag hilft, z. B. beim Paketabholen.

Wo und wie holst du dir Unterstützung und Kraft, um mit der Wartezeit umzugehen?

Vero: Ich bin ein Mensch, der sehr lange in der Hochfunktionalität war und erst im letzten halben Jahr entdeckt hat, was Gefühle und Bedürfnisse sind. Vermutlich hat deswegen mein inneres Coming-out so lange gedauert.

Ich habe einen wundervollen Freundeskreis, ein sehr gefestigtes soziales Umfeld mit Menschen, die ich nachts um drei anrufen kann. Sie würden sofort fragen „wann soll ich wo sein?“. Das gibt mir viel Kraft. Auch im DBT-

Aufenthalt habe ich Freunde gefunden, die für mich da sind. Im Fußballteam, auch auf der Arbeit habe ich Unterstützung. Nicht zuletzt hilft meine Therapeutin mir sehr und im Herbst habe ich ein weiteres DBT-Modul, wo es auch um Themen wie Selbstwert, Selbstakzeptanz und zwischenmenschliche Skills gehen wird. Auch das wird mir eine große Stütze sein.

Auf welchen Moment der näheren Zukunft freust du dich am meisten? Oder vor welchem Moment hast du den meisten Respekt?
Vero: Am meisten freue ich mich darauf, wenn ich das erste Mal als Mann wahrgenommen werde. Tatsächlich ist mir das letzte Woche schon einmal passiert. Das war ein tolles Gefühl und ich freue mich darauf, wenn das öfter passiert und die Diskrepanz zwischen innerer und äußerer Wahrnehmung endlich weniger wird. Am meisten freue ich mich auf den Testosteronstart, auf die ersten Veränderungen, Stimmbruch, das erste Barthaar. Ich werde jeden Mini-Erfolg feiern und darauf fiebere ich hin. Großen Respekt habe ich allerdings vor der Akne, da ich auch im normalen Alltag damit schon stellenweise durch eine Autoimmunerkrankung Probleme habe.

Wenn du deinem achtjährigen Ich heute begegnen würdest, was würdest du ihm sagen?
Vero: Ich habe drei Sätze, die ich meinem achtjährigen Ich sehr gerne mitteilen würde. Vorher aber noch ein kurzer Ausflug in die DBT. Dort spricht man vom „Wise Mind“, ein „weises Gehirn“, das die emotionale mit der rationalen Seite verbindet (also Vernunft und emotionaler Verstand). Mein achtjähriges Ich ist tatsächlich mein Wise Mind, und ich möchte ihm geben, was ich damals schon für mich gewollt hätte. Das sind die drei Sätze:

1. Du bist genauso gut genug, wie du bist.
2. Du darfst das fühlen, was du fühlst.
3. Lass dir von niemandem vorschreiben, wer du bist und sprich mit jemandem offen darüber.

Und eine letzte Bemerkung. Wenn jemand dieses Buch liest, der sich am Anfang genauso unsicher ist, wie ich es war, der Person möchte ich sagen: Es gibt kein Richtig oder Falsch. Die Transition ist ein Prozess. Dieser beginnt an dem Punkt, wo ich anfange, mich selbst zu hinterfragen. Ich muss keine Transition machen, wenn ich trans bin. Es ist jedem erlaubt, den Weg selbst zu bestimmen. Selbst wenn das Ergebnis lautet: keine Transition, ich bin einfach ich, so wie ich jetzt bin. Das ist okay.

7.3 Im Gespräch mit Jonah, nicht-binäre Person

Jonah, du bist Pfarrperson und nicht-binär. Was war der Moment, in dem dir klar wurde, ich bin nicht-binär und das ist mein Weg?
Jonah: Es war ein langer Prozess. Das Thema war immer da, aber ich hatte keine Worte dafür. Mit 20 war ich in der Lesbenszene unterwegs und habe mich viel mit *Femme* und *Butch* beschäftigt. Dazu gab es schon viele Bücher und unter anderem wurde das Konzept *Femme* als eigenes Geschlecht beschrieben. Ich überlegte, ob das auf mich zutrifft, doch ich fühlte mich zu ungeschlechtlich. Es gab aber schon mal eine Suchbewegung.

Ich hatte früher schon Transmenschen getroffen. Doch das war „es" auch nicht für mich. Erst durch meinen Mann, der Transmann ist, beschäftigte ich mich wieder intensiv mit Geschlechtsidentität. Zu dem Zeitpunkt verstand ich: Es gibt Menschen, die sich geschlechtlich identifizieren. Bis dahin war ich der Ansicht gewesen, dass alle Menschen irgendwann erkennen, dass Geschlecht totaler Quatsch ist. So empfinde ich jedenfalls, es spielt für mich keine Rolle.

Ich erkannte, dass es für viele Transmenschen Sinn macht, binär zu sein. Für mich bedeutete diese Erkenntnis, dass, wenn es für andere Menschen logisch ist, einem binären Geschlecht anzugehören, es für mich ebenso logisch ist, keinem Geschlecht anzugehören. Und in den letzten Jahren wurden mehr und mehr nicht-binäre Menschen in der Öffentlichkeit sichtbar und besetzten den Begriff. So wurde mir klar, dass das mein Begriff ist.

Ich war als Kind schon eher ein „Wildfang" würde man sagen, war nur mit Jungs befreundet. Ab der Pubertät ging das nicht mehr. Geschlechterrollen kannte ich als Kind nicht, zur Zeit meiner Kindheit waren offenere Geschlechterrollen (bei Kindern) mehr akzeptiert als heute. Schon im Jugendalter empfand ich erstmals Dysphorie, trug Binder und schnitt mir die Haare kurz. Der Weg zu meinem heutigen Verstehen des Gefühls, das Zeit meines Lebens schon da war, war eine Reise.

Glaubst du, dass Geschlechterrollen heutzutage starrer sind als früher?
Jonah: Ich denke, dass unter anderem durch den zunehmenden Rechtspopulismus Geschlechterrollen wieder stärker ein Thema sind als in den 1980er oder 1990er-Jahren. Natürlich gab es auch damals die binären Geschlechter. Trotzdem wurde akzeptiert, dass ich nicht „reinpasste" oder mich nicht einsortieren wollte. Es gab zwar Mobbing, aber damit kam ich klar. Mit dem Eintritt ins Gymnasium wurde ich deutlicher in eine Rolle oder in ein Geschlecht sortiert. Ja, ich habe das Gefühl, dass Geschlechterrollen in den letz-

ten Jahren wieder „wichtiger" geworden sind. Gleichzeitig herrscht heute auch mehr Liberalität, Offenheit und Verstehen, wenngleich nicht in allen Teilen der Gesellschaft.

Wie hat sich der Moment, ab dem du Worte für dein Empfinden gefunden hattest, angefühlt?
Jonah: Früher dachte ich, ich müsste eine bestimmte Geschlechtsrolle „spielen", da die weibliche Rolle meine „Norm" war. Die Erkenntnis bestand vor allem darin, dass andere Menschen anders als ich empfinden. Das ist weder gut noch schlecht. Für mich fühlt es sich stimmig an, keinem Geschlecht anzugehören. Und jetzt weiß ich, dass es Menschen gibt, denen es ebenso geht.

Als Konsequenz hast du deinen Vornamen zu Jonah geändert. Was hat dich dazu bewogen und was hat dieser Schritt mit Dir gemacht?
Jonah: Das war auch eine Suche und mittlerweile ist mein Name nicht nur im Alltag geändert, sondern auch amtlich. Ich habe seit November 2024 keinen Geschlechtseintrag mehr. Im Alltag bin ich schon lange Jonah, obwohl ich eine Weile gebraucht hatte, den Namen zu finden. Interessanterweise war dies nicht meine erste Namenssuche. Schon in der Pubertät hatte ich überlegt, welcher Name zu mir passt. Da war es Jo. Im Erwachsenenalter fühlte sich Jo aber nicht mehr stimmig an.

Nachdem ich im Privaten schon eine Weile lang lückenlos Jonah war, und es mir jedes Mal ein gutes Gefühl gab, so gerufen zu werden, fehlte nur noch der Namenswechsel im beruflichen Umfeld. Dort habe ich den Namen erst nach der amtlichen Änderung umgestellt.

In deinem Beruf begegnest du vielen Menschen. Welche Reaktionen erfährst Du als nicht-binäre Person?
Jonah: Nicht-Binarität ist immer noch recht unbekannt, daher thematisiere ich es nicht oft. In meiner Signatur bitte ich um geschlechtsneutrale Anrede. Aber das Problem ist, gerade in kirchlichen Kontexten, dass die meisten Menschen keinen Blick für diese Dinge haben. Unsere Gesellschaft funktioniert nach wie vor sehr binär und ich denke, dass das Konzept von vielen nicht verstanden würde, selbst wenn man es erklärte. Es braucht noch viel Zeit.

Privat ist meine Nicht-Binarität kaum Thema, außer z. B. bei Verträgen. Es gibt leider in den meisten Kontexten noch nichts anderes als Männlein und Weiblein. Manche Unternehmen sind unproblematisch, aber in vielen Fällen gibt es Irritation. Dabei ist es schon eine ganze Weile gesetzlich vorgesehen, dass es mehr als zwei Geschlechtseinträge gibt. Diese Einträge mussten auch schon vor dem Selbstbestimmungsgesetz berücksichtigt werden. Leider sind bis jetzt weder Sprache noch Rechtsnormen an Geschlechtervielfalt angepasst.

Wie gehst du persönlich damit um, wenn sich Menschen in der Anrede vertun oder wenn du auf ein Formular stößt, dass außer männlich und weiblich keine Optionen enthält?
Jonah: Eine Kollegin von mir sagt, ich sei sehr pflegeleicht. Ich korrigiere selten, außer bei Veröffentlichungen. Da betone ich durchaus, dass ich genderneutrale Sprache bevorzuge. Wenn sich Menschen mir gegenüber „versprechen", versuchen die meisten, sich zu korrigieren, wenn ich sie darauf hinweise. Ich nehme es selten übel, denn die Menschen sehen, was sie sehen und ich werde nun einmal überwiegend weiblich gelesen und dementsprechend geschlechtlich einsortiert. Lustig finde ich es, wenn Leute mich nicht kennen, und mich wegen meines Vornamens als „Herr" anschreiben. Das ist ungewohnt, aber ich denke mir an der Stelle: „Wenn ich es ernst meine, Geschlechterrollen abzulehnen, dann können mich andere so adressieren, wie sie wollen". Ich bin allerdings im alltäglichen Umgang mit Anrede und Pronomen immer noch in einem Suchprozess.

Du bist mit einem Transmann verheiratet. Wie erlebt ihr euch gegenseitig in euren Identitäten und welche Rolle spielt ein gegenseitiges Trans-Verständnis in eurer Partnerschaft?
Jonah: Mein Mann ist binär trans und ich bin nicht-binär. Daher denke ich, dass er oft noch Verständnis dafür aufbringen muss, dass wir zwar beide geschlechtsvariant sind, aber ich anders bin als er. Für mich gilt das gleiche, denn ich muss auch noch lernen, dass es für sehr viele Menschen normal ist, binär zu sein. Somit weiß ich nicht, ob unsere Beziehung im Hinblick auf Transidentität einfacher ist. Einfacher als eine cis-hetero Beziehung sicherlich. Im Alltag spielen unsere Identitäten jedoch keine große Rolle, außer in transspezifischen Kontexten. Sei es, wenn mein Mann eine angleichende Operation hat, oder wenn es um offizielle Dokumente geht. So ist jeder Tag ein bisschen anders, dahingehend was ich bin und was ich brauche und wie ich auftrete.

Gibt es Entscheidungen, die du dir noch offen hältst, seien es weitere soziale Veränderungen oder medizinische Schritte?
Jonah: Das weiß ich nicht. Es gab eine Zeit, da hätte ich gerne geringdosiertes Testosteron genommen. Heute denke ich nicht mehr, dass ich das machen werde. Ich kenne nicht-binäre Menschen, die mikrodosiertes Testosteron genommen haben oder immer noch nehmen. Das finde ich spannend. Aber es

ist für mich okay, feminin wahrgenommen zu werden. Dahingehend habe ich wenig Dysphorie. Zugleich weiß ich auch nicht, wie nicht-binäre Körper aussehen. Für mich gilt: egal, welchen Körper ich hätte, er wäre nie „richtig". Somit ist das medizinische Transitionieren in eine bestimmte Richtung schwierig. Natürlich gibt es transmaskuline nicht-binäre Menschen, die im medizinischen Sinne transitionieren, weil sie eher einen männlichen Körper anstreben. Es gibt auch transfeminine Menschen, die eher einen weiblichen Körper erreichen wollen.

Für mich ist die Frage: Was macht einen nicht-binären Körper aus? Das gibt es so erstmal nicht. Und manches könnte ich vielleicht auf natürliche Weise erreichen, aber nicht alles. Zum Beispiel hätte ich schon gerne einen muskulösen Körper. Aber den bekomme ich leider nur ein Stück weit ohne Testosteron. Die Hormonbehandlung ist zugleich das Einzige, über das ich manchmal nachdenke.

Was bedeutet Sichtbarkeit für dich, gerade als nicht-binäre Person in einem recht öffentlichen Beruf?

Jonah: Ich fühle mich oft unsichtbar, ein Gefühl, das mich in meinem queeren Leben schon lange begleitet. Auch als ich zeitweise in der lesbischen Szene unterwegs war, war ich nicht sichtbar. Ich wurde schon Clubs verwiesen, weil ich zu feminin aussah. Feminin wirkende queere Menschen sind allgemein eher unsichtbar in vielen Communities, und teilweise werden sie aufgrund ihres Aussehens diskriminiert, sowie auch Bisexuelle.

Nun bin ich auch noch mit einem Transmann zusammen, der ein sehr gutes Passing hat. Wir werden als klassisches Heteropaar gelesen. In unserem Umfeld kennen uns mittlerweile viele und freuen sich über uns. Tatsächlich sind wir sogar ein bisschen Vorbilder für Jüngere. Das finde ich toll. Als hetero gelesen zu werden verschafft aber auch Privilegien. Wir müssen zum Beispiel wenig Angst vor Gewalt haben. In solchen Momenten bin ich für eine gewisse Unsichtbarkeit dankbar, obwohl ich persönlich es oft schade finde, nicht überall als queer erkannt zu werden.

Fühlst du dich in medialen oder auch in gesellschaftlichen Bildern von Nicht-Binarität repräsentiert?

Jonah: Mir hilft es, dass es etwa bei Instagram und TikTok Content Creator*innen gibt, die sich *female* präsentieren und nicht-binär sind, zum Teil auch mit weiblichen Namen auftretend. Ich dachte zuerst, ich dürfte als nicht-binäre Person keine Kleider mehr tragen oder mich weiblich geben. Dabei hat Kleidung kein Geschlecht! Natürlich ist es schwierig zu erklären, was genau Nicht-Binarität ausmacht, wenn es nicht unbedingt an der präsentierten Geschlechtsrolle oder Kleidungsstil liegt. Ich denke, dass man trotzdem Geschlecht performen kann, ganz im Sinne von Judith Butler. Ich kann sagen „Heute will ich das, morgen will ich das und das lasse ich mir jeden Tag ganz offen". Somit bin ich froh, dass es vielfältige Vorbilder gibt.

Was wünscht du dir von Gesellschaft und Institutionen im Umgang mit nicht-binären Menschen?
Jonah: Zunächst wünsche ich mir, dass Nicht-Binarität akzeptiert ist und dass es in der Gesellschaft ankommt, dass es eine Vielzahl an Optionen gibt. Allein das scheitert schon oft im Alltag, etwa wenn wieder ein Online-Formular nur männlich oder weiblich aufweist. Bei der Deutschen Bahn funktioniert das ja nach dem Rechtsstreit einer nicht-binären Person – bei meiner Bank hingegen schon nicht mehr. Das gilt auch für die Kirche.

Neben Formalia und manchen Alltagshürden fehlt mir aber vor allem auch das Bewusstsein für geschlechtliche Vielfalt. Die westliche Kultur ist sehr binär, es gibt aber auch Beispiele außerhalb des Westens, in denen das ganz anders ist. Ich wünsche mir mehr Offenheit und mehr Mitdenken anderer Möglichkeiten, um nicht immer „das Einhorn" zu sein. Ich möchte mich nicht dauernd erklären oder aufklären. Ich finde, jeder kann sich selbst belesen und ich bin dankbar, wenn andere Menschen das tun und für uns eintreten, denn ich habe nicht immer die Kraft dazu.

7.4 Im Gespräch mit Natascha, Mutter einer Transfrau

Natascha, du hast deine Tochter durch die komplette Transition begleitet. Vom Coming-out über medizinische Schritte, bis hin zu einem neuen Lebensabschnitt. Erinnerst du dich an den Moment, als deine Tochter dir zum ersten Mal von ihrer Identität erzählt hat?
Natascha: Natürlich. Es war an einem Sonntagmorgen. Wir hatten uns samstags gesehen und sie war schlecht drauf. Wir haben uns gestritten und ich bin sauer nach Hause gegangen. Sie rief an. Ich dachte, sie wollte sich erklären, aber sie druckste nur herum, sprach von weiblichen Vorbildern, zum Beispiel von Jane Fonda. Ich hatte eine Vorahnung, um was es ihr ging, aber ich hätte diese Ahnung niemals ausgesprochen. Als „sie" mir dann sagte, was Sache ist, dass sie sich als Frau fühle, war sofort alles klar für mich. Ich sagte „Das kriegen wir hin" und dann kochte ich einen Rinderbraten. Heute käme mir nie wieder ein „er" über die Lippen. Meine Tochter ist meine Tochter und war das immer schon.

Wie bist du mit deinen eigenen Unsicherheiten umgegangen? Zum Beispiel mit Fragen zur medizinischen Seite oder zu rechtlichen Abläufen? Und wo hast du Informationen oder Unterstützung gefunden?
Natascha: Die größte Unsicherheit war für mich die plötzliche Sorge, dass mein Kind soziale Ausgrenzung erleben würde. Das schwebte über mir und galt es, zu vermeiden. Direkt am nächsten Tag habe ich mich mit meiner Familie beraten, mit meinem Partner und meiner Mutter. Beide waren sehr offen. Mein Mann sagte „Das wird nicht einfach, aber das schaffen wir!". Da ich ein sehr emotionaler Mensch bin, rief ich auch gleich eine Freundin an. Durch ihren Beruf hatte sie Berührung mit LGBT. Meine Freundin sagte „Drauf gepfiffen, dann ist das jetzt so!". Nun bin ich persönlich durchaus viel in den sozialen Medien unterwegs und ich wollte mein Kind nicht verstecken. Ich fragte die Freundin, was ich tun solle. Sie sagte: „Was Du immer tust: nach vorne gehen!". Das tat ich auch.

Den ersten Tag, an dem Marie in einem neuen Leben startete, haben wir bewusst zusammen verbracht. Wir trafen uns an einer Bahnhaltestelle in der Innenstadt. Sie stieg aus, als Frau zurechtgemacht und mir kommen bei dieser Erinnerung immer noch die Tränen, wenn ich an den Moment denke. Marie war glücklich und ich war unheimlich gerührt. Es war ein toller Moment. Wir fassten uns an den Händen und gingen spazieren, ohne zu sprechen.

Irgendwann habe ich ihr gesagt, dass sie toll aussieht und dass wir jetzt shoppen gehen. Wir gingen ins nächstbeste Geschäft und hatten Spaß. Ich machte ein Foto von Marie und postete es: „Shoppen mit meiner Tochter". Ich hatte die Menschen im Geschäft sehr wohl beobachtet, ob da „komische" Blicke kamen. Die gab es aber nicht. Später gingen wir noch bei meiner damaligen Arbeit vorbei und ich stellte meiner Chefin meine Tochter vor. Das war es. Und diese Emotionen, die damals hochkamen und immer wieder kommen, sind keine Trauer. Es berührt mich nur immer wieder.

Warum war das keine Trauer für dich?
Natascha: Wie kann ich über meine Tochter Trauer empfinden? Sie ist ein Geschenk. Ihr Coming-out war ein Geschenk. Der Witz ist ja, als ich damals schwanger wurde, habe ich gesagt, ich wünsche mir einen Sohn. Weil ich gedacht habe, ich bin die richtige Mutter für einen Sohn. Weil ich eher robust bin. Ich bin keine Dutzi-Dutzi-Mama.

Ich habe manchmal das Gefühl, ich habe alles richtig gemacht. Ich hatte zwar lange keine Tochter, sondern einen Sohn, aber ich habe meine Tochter stark gemacht und deshalb empfinde ich keine Trauer. Ich habe sie willkommen geheißen, weil ich wusste, ich bin die richtige Mutter in diesem Moment. Ich werde alles für meine Tochter tun und bin froh, dass sie sich mir gegenüber als Allererstes geoutet hat, geöffnet hat.

Du hast deine Tochter durch Phasen begleitet, die nicht leicht waren – z. B. depressive Episoden oder berufliche Hürden. Wie hast du als Mutter das durchgehalten?

Natascha: Das frage ich mich auch manchmal. Ich habe selber eine Therapie gemacht, bzw. mache sie immer noch. Ich finde es aber wichtig, darüber reden zu können. Ich habe einen ganz tollen Mann an meiner Seite, der immer für mich, für uns da ist. Meine Mutter ist auch großartig. Ansonsten musste ich mir allerdings ein dickes Fell wachsen lassen. Ich bin ja sehr sensibel und ohne dickes Fell wäre ich kaputt gegangen. Wenn Marie in Depressionen verfällt, ist das für mich heute noch das Allerschlimmste. Jede Mutter wünscht sich, dass ihr Kind glücklich ist. Wie ist egal, Hauptsache glücklich. Keine Mutter möchte mitbekommen, dass ihr Kind unglücklich ist. Das ruft Ängste hervor, große Sorgen. Das möchte man einfach nicht. Marie war ja auch lange nicht in der Lage, arbeiten zu gehen. Was haben wir getan? Wir haben für sie mitgearbeitet. Das war aber alles okay.

Ich habe mit ihr damals zusammen überlegt, was für einen Job sie machen könnte. Einen, den sie trotz Depression ausüben kann. Wir überlegten erst mal, dass sie „nur“ einen Aushilfsjob machen könnte, ein paar hundert Euro im Monat. Damals war schon so ein Mini-Job eine Herausforderung für sie. Als ich eines Tages durch die Stadt ging, kam ich zufällig an einem Theater vorbei, deren Besitzer ich kenne. Beide begrüßten mich und erkundigten sich nach meinem Sohn. Ich sagte „Ihr meint meine Tochter!“. Sie waren fasziniert und sehr interessiert. Heute arbeitet Marie als „Mädchen für alles“ in diesem Theater. Sie hat dort einen sicheren Rahmen, kann sie selbst sein und sie arbeitet viel, sie ist sehr fleißig. Wenn Spielpause ist, schimpft sie manchmal, weil sie nichts zum Arbeiten hat.

Viele Eltern reagieren zurückhaltend oder ängstlich, wenn es um Themen wie Operationen oder Hormone geht. Wie war das für dich? Hattest du Vertrauen in die Entscheidungen deiner Tochter?

Natascha: Um die Hormontherapie habe ich mir gar keine Gedanken gemacht. Das ist ihre Sache. Ich komme aus dem medizinischen Bereich und weiß, dass Hormone ein großer Eingriff in das Körpersystem sind. Aber es hätte ja keine Alternative gegeben. Worüber ich mir wirklich Sorgen gemacht habe, das war die geschlechtsangleichende OP. Da habe ich mir wirklich sehr große Sorgen gemacht und das für eine ganze Weile, denn die OP passiert ja nicht von heute auf morgen. Das waren zwei Jahre Sorgen und Angst.

Als „Helikoptermama 2.0“, die ihr Kind unbedingt immer schützen wollte, war ich einer Situation ausgesetzt, die für mich unglaublich belastend war. Nicht die Tatsache, *dass* etwas gemacht wird, sondern die Sachen, die passieren können. Nochmal: Da ich aus dem klinischen Bereich komme, hatte ich noch mehr Angst und es war auch noch Corona-Zeit. Man wollte mich nicht in die Klinik lassen. Na ja, wer mich kennt, weiß, ich bin natürlich in die Klinik reingekommen.

Ich hatte Marie am OP-Tag morgens im Krankenhaus abgesetzt, dann musste ich selbst zur Arbeit ins Krankenhaus. Als ich nach der Schicht nach Hause kam, saß ich den Rest des Tages und der Nacht fertig angezogen auf dem Sofa, für den Fall, dass ich hätte zu Marie fahren müssen. Ich habe die ganze Nacht mit einer Freundin telefoniert, die mich durch die Situation durchbrachte. Geschlafen habe ich keine Sekunde. Am nächsten Morgen habe ich in meiner Küche für etwa vier Wochen vorgekocht, um mich abzulenken. Ich fuhr zu meiner Mutter, beschäftigte mich. Nachmittags hielt ich es nicht mehr aus. Mein Mann und ich machten uns auf den weiten Weg zu Marie, zum Krankenhaus.

Ich traute mich unterwegs nicht, im Krankenhaus anzurufen und zu fragen, wie die OP verlaufen sei. Ich hatte riesige Angst. Schließlich rief ich doch an und erreichte einen jungen Mann aus dem OP-Bereich. Die Momente bis dahin, als er sagte „Es ist alles in Ordnung“ waren die schlimmsten meines Lebens. Nach einem riesigen, befreienden Schrei von uns, lag der Wagen tiefer und wir fuhren wie auf Schmierseife.

Dort angekommen musste ich einen negativen Corona-Test vorlegen und kam schließlich zu meinem Kind. Sie lag da, ich nahm ihre Hand und sagte „Du hast es geschafft!“. Eigentlich durfte ich nur zehn Minuten bleiben – es waren bestimmt drei Stunden. Am nächsten Tag war ich auch wieder da. Später telefonierten wir viel. Aber das war keine einfache Zeit.

Wie hat dein Umfeld reagiert? Familie, Freundeskreis, vielleicht auch Kollegen oder Kolleginnen?

Natascha: Das muss man ein bisschen differenzieren. Die Familie war gar kein Problem. Und jeder, der mich kennt, weiß, dass man mir gegenüber tunlichst vermeiden sollte, auch nur einen Hauch von homophob zu sein. Das wissen alle. Ich habe auch in der Regel nur Menschen in meinem Umfeld, die diese Einstellung teilen. Die in meinem Umfeld vielleicht nicht von Haus aus diese Meinung haben, trauen sich aber auch gar nicht, irgendetwas in diese Richtung zu äußern. Deswegen gab es diese Situation nicht.

Eine einzige Situation hatte ich, mit einer Frau, mit der ich morgens regelmäßig mit dem Bus fuhr. Sie erzählte von ihrem Sohn und fragte nach meinem. Dann habe ich ihr ein Bild von Marie gezeigt. Als sie sagte „Aber das ist doch immer noch ein Mann!“ erklärte ich ihr ganz klar, was ich von dieser Aussage halte. Sie nahm danach wahrscheinlich immer einen anderen Bus, ich sah sie niemals mehr wieder.

Auf meiner Arbeitsstelle wissen eine Handvoll Menschen von Maries Geschichte. Es ist uninteressant. Marie ist Marie. Punkt. Warum soll ich erzählen, was früher gewesen ist? Früher war sie ja eigentlich auch schon Marie. Deswegen ist das für mich kein Thema. Wenn Marie mir aber zum Beispiel sagen würde, da kannst du ganz offen drüber reden, würde ich auch das tun, einfach nur um aufzuklären.

Du gehst mit deiner Tochter auf den CSD. Du sprichst offen über das Thema, auch in sozialen Medien. Was hat dich zu dieser Sichtbarkeit gebracht? Was bedeutet dir der Stolz, den du spürst, wenn du an deine Tochter denkst?
Natascha: Wir gehen, weil wir einfach viel Spaß haben und weil wir auch denken, man muss ein bisschen Flagge zeigen. Das war es. Wir sind keine „Prediger“. Ich bin in den sozialen Medien in zwei Trans-Gruppen aktiv. Vor allem, um mir Rat zu holen, mich austauschen zu können. Das hilft mir enorm und meiner Tochter gleich mit, denn sie ist nicht in sozialen Medien unterwegs, war es noch nie. Mittlerweile reduziere ich mich allerdings selbst in diesen Gruppen, denn das Leben mit einer transidenten Tochter ist für mich normal geworden. Und meine Tochter ist der mutigste Mensch, den ich persönlich in meinem nahen Umfeld habe.

Was wünschst du dir heute von Gesellschaft, Behörden oder Ärzt*innen im Umgang mit Transmenschen, aber auch mit ihren Eltern?
Natascha: Erst mal wünsche ich mir grundsätzlich, dass es überhaupt kein Thema mehr sein sollte. Wenn ich entscheide – nein, wenn ich *fühle,* ich bin in dem Körper, in dem ich bin, nicht richtig, ist das meine Entscheidung. Das muss mein Nachbar nicht nachempfinden können und der muss das auch nicht selber machen. Ich stelle mir jetzt vor, ich würde morgen in einem männlichen Körper aufwachen. Ich bin Frau. Ich würde durchdrehen und wenn ich mir vorstelle, dass ich das durchleben muss, was transidente Menschen durchleben müssen, muss ich den größten Respekt zollen. Und jeder, der das nicht tut, der hat ein Problem – mit sich selbst. Bitte hört auf, euch darüber die Mäuler zu zerreißen. Einfach Akzeptanz. „Das ist dein Leben, das musst du leben und das sollst du so leben, wie du dich wohlfühlst. Punkt.“

Wenn du anderen Eltern von Trans-Kindern oder jungen Erwachsenen heute einen einzigen unterstützenden Satz sagen dürftest, wie würde dieser Satz lauten?
Natascha: Unterstützt so gut ihr könnt, euer Kind wird es euch danken!

7.5 Im Gespräch mit Nina, Mutter eines Transmannes

Dein Sohn ist seit seinem 12. Lebensjahr geoutet, lebt heute als junger Mann, ist gerade ausgezogen und beginnt seine Ausbildung. Du hast ihn auf diesem Weg bis heute begleitet. Wie war das für dich, als er dir zum ersten Mal gesagt hat, dass er ein Junge ist?
Nina: Danke erstmal das ich dich bei dem Projekt unterstützen darf. Es war der 24. Dezember 2019. Nach dem gemeinsamen Weihnachtsessen haben wir die Geschenke verteilt. Alex gab mir zum Schluss eine Karte, selbstgemacht mit einer wunderschönen Zeichnung darauf und innen mit dem Text „Happy Christmas, Mom – I love you [Herz] btw I am transgender". Während ich las fühlte ich seine Blicke. Ich grinste, nahm ihn in den Arm und sagte „Thank you, I love you too".

Das Thema war für den Abend erledigt, denn für mich gab es in dem Augenblick keinen Grund, darüber zu diskutieren. Ich habe es direkt und ohne zu Zögern akzeptiert! Der Abend neigte sich langsam dem Ende und wir gingen alle ins Bett. In dem Moment erschlug mich eine Welle aus Stolz und sehr vielen Gedanken und Fragen:

- „Ich bin so froh, dass er das Vertrauen hat und mir es gesagt hat."
- „Ist es nur eine Phase oder meint er es ernst?"
- „Das erklärt nun einiges!"
- „Wo finde ich nun Infos und wer kann helfen?"
- „Oh, diese Gruppe auf Facebook scheint zu passen. Dort werde ich die Antworten auf meine vielen Fragezeichen erhalten!"
- „Termin bei der Familienhilfe, um alles zu sortieren, klingt gut!"

So ging das Frage-und-Antwort-Spiel für mich los. Der Termin bei der Familienhilfe hat uns beiden sehr geholfen, denn wir hatten anfangs Schwierigkeit, „es" anzusprechen. Nach dem ersten Termin sind wir direkt zum Friseur gefahren. Ich gab meinen Sohn dort ab mit der Bitte, ihm einen Männerhaarschnitt zu verpassen, es hätte seine Gründe. Die junge und aufgeschlossene Dame verstand mein Zwinkern und lächelte direkt, so ließ ich ihn dort und ging einkaufen. Nach einer halben Stunde kam ich zurück, um mein Kind zu holen, doch ich sah ihn zunächst nicht. Auf einmal begegnete mir ein junger Mann, der bis über beide Ohren breit grinste – DAS war MEIN Sohn! Von langen Haaren bis zum Po zum trendigen Männerhaarschnitt in einer halben Stunde und im Ganzen ein neues und glückliches Kind!

Die Friseurin schaute mich an und wir hatten beide Tränen in den Augen. Dieser Moment bleibt unvergesslich, auch bei ihr! Sie bedankte sich, dass sie dieses Ereignis miterleben durfte und dafür ausgesucht wurde, diese Transformation zu ermöglichen. Von dem Tag an war es mein Alex und wir hatten diesbezüglich auch keine einzige negative Auseinandersetzung.

Wie hast du in diesem Moment reagiert – eher intuitiv oder eher abwartend?

Nina: Intuitiv, denn ich liebe meine Kinder für ihren Charakter, ihre Art und Weise, ihr Auftreten und ihren Mut. Niemals kam mir der Gedanke der Ablehnung im Gegenteil, ich war dankbar für seine Ehrlichkeit!

Hattest du vorher schon eine Ahnung oder kam das ganz unerwartet?

Nina: Das kam total unerwartet! Ich wusste, dass mit ihm etwas nicht stimmt, denn es gab einige mentale Probleme. Aber dies erklärte sich alles wie von selbst am Tag seines Outings.

Was mir noch in den Sinn kam war, dass er bis zum letzten Ultraschall (38. Woche) tatsächlich laut Bildern ein Junge war. Die ganze Schwangerschaft über wurde mir mitgeteilt, dass ich einen Jungen erwarte und so hieß er in der Kugelzeit "Krümmel" und wir besorgten alles in blau. Am Tag des Kaiserschnittes bei der letzten Untersuchung dann der Knall „Sie haben gesagt bekommen, dass es ein Junge wird, richtig?".

„Naja" sagte ich, „solange das Kind gesund zur Welt kommt, soll es mir ja eigentlich egal sein. Nur die ganzen Babysachen sind nun blau!" Ob da schon irgendwo etwas schief lief? Es bleibt ein Geheimnis.

Dein Sohn war noch sehr jung. Was war für dich in dieser Zeit die größte Herausforderung und was hat dir geholfen?

Nina: Die größte Herausforderung war und ist meine Mutter! Leider ist die Akzeptanz nicht vorhanden und er wird sogar bis heute noch von ihr bei seinem „Deadname" von ihr genannt. Er ignoriert es, aber ich korrigiere jedes Mal, bis sie es endlich begriffen hat! Ansonsten war es eine Herausforderung, einen geeigneten Therapeuten zu finden, der auf „trans" spezialisiert ist. Das ist leider ein großes Problem, bis heute.

Wie seid ihr gemeinsam mit der Situation umgegangen, gerade am Anfang?
Nina: Nach dem Outing war die Sache für uns beide eigentlich in trockenen Tüchern. Klar, es gab hier und da kleine Gespräche in dem Sinne, ob „es" das ist, was er wirklich möchte. Aber im Großen und Ganzen hat sich zwischen uns nichts verändert, im Gegenteil, wir sind noch enger zusammengewachsen!

Du hast dich gegen einen frühen Beginn mit Hormonen ausgesprochen, mit dem Wunsch, ihn zu schützen. Wie denkst du heute über diese Entscheidung?
Nina: Alles richtig gemacht! Durch den fehlenden Therapeuten hat er bis heute noch keine Hormontherapie begonnen und er „kommt klar". Er sieht, bis auf den fehlenden Bartwuchs, wie ein junger Kerl aus, hat aber Anfang des Jahres erwähnt, dass es so langsam losgehen kann, denn es stört ihn jetzt. Daraufhin versicherte ich ihm, dass ich mit ihm gemeinsam eine Lösung finden werde, wenn es kritisch werden sollte. Er hatte tatsächlich ein Dringlichkeitsschreiben vom Arzt bekommen, um schneller einen Termin zu erhalten. Der Umzug und die schulische Ausbildung kamen dem nun aber in die Quere und er war bisher zu sehr mit der Pubertät beschäftigt, um sich selbst zu kümmern.

Gab es Diskussionen oder schwierige Phasen deswegen? Wie steht dein Sohn heute dazu?
Nina: Einmalig ja, da stürzte bei ihm wohl das Kartenhaus ein und wir waren 6 Monate getrennt (er lebte in der Zeit in einem Wohnprojekt). Nach den 6 Monaten merkten wir beide aber, dass gerade ich eigentlich die einzige Person war und bin, die wirklich immer hinter ihm stand und steht. Wobei diese Situation aber nicht seinem Trans-Sein geschuldet war, denn uns hatte die Coronazeit sehr zugesetzt und auch ich war in der Zeit mental und physisch sehr angegriffen. Ich glaube, dass auch er zustimmen würde, wenn ich sage, dass wir den „Knall" und die Trennung gebraucht haben, um uns wieder zu finden, denn seitdem kommt nichts mehr zwischen uns.

Es gab eine lange Suche nach einem Therapieplatz – ein Problem, das viele Familien kennen. Wie hast du diese Zeit erlebt? Was hat euch geholfen, diese Zeit durchzustehen?
Nina: Wir, bzw. er sucht immer noch. Hätten wir versucht den Papst ans Telefon zu bekommen, wäre uns das eher gelungen, als einen festen Therapieplatz für Alex zu finden. Er weiß, dass er jederzeit zu mir kommen kann, sollte etwas sein, und so kommen wir über die Runden.

Nun ist dein Sohn 18, wohnt nicht mehr zu Hause, startet in der neuen Stadt durch. Wie fühlt sich das für dich als Mutter an? Gibt es Momente, in denen du loslassen musstest – obwohl du es nicht wolltest?

Nina: Vorweg – man kennt ja seine Kinder! Mir fiel es nicht schwer ihn gehen zu lassen, denn ich wusste das er mit diesem Schritt enorm wachsen wird. Die Anfangszeit „alleine" ist für ihn eine Herausforderung, ja. Aber er wird aus dieser Erfahrung so viel mitnehmen, was ich ihm nicht geben könnte. Meinen Egoismus als Mutter habe ich ganz hinten angestellt. Meine Tränen hat er nie gesehen aber ich hoffe, er hat es gespürt, dass ich mitfühle. Zudem bin ich weiterhin immer für ihn da, was er auch gerne in Anspruch nimmt, und das zeigt er mir. Er würde nichts Unüberlegtes tun, ohne Rückfragen zu stellen. Ich hatte immer ein gutes Gefühl bei der Sache und Stand heute ist auch alles in Ordnung! Ich muss dazu sagen das mir die Abende fehlen, wo wir gemeinsam unsere Serien schauen, was wir fast täglich taten, bis spät in die Nacht. Das war einfach „unser Ding".

Was macht dich heute besonders stolz, wenn du an deinen Sohn denkst? Gab es einen Moment, der dir besonders im Herzen geblieben ist?

Nina: Mich macht stolz, dass er mit seinem Trans-Sein so im Reinen ist. Er hatte fast ein Bilderbuch-Coming-out und es gab nie wirklich Personen, die ihn dafür angegangen wären. Er war einfach „er" und hat es die Anderen spüren lassen. Diese Überzeugung hatte ich zuvor bei ihm nie gesehen und das macht mich tatsächlich sehr stolz. Er macht mich sehr stolz!

Was würdest du anderen Eltern sagen, deren Kind sich outet, die vielleicht gerade überfordert sind oder zweifeln? Was hättest du dir damals selbst gewünscht?

Nina: Ich glaube, darauf kann man pauschal nicht antworten, denn ich finde, dass das altersabhängig ist. Wenn ein Kleinkind den Eltern sagt „Das gehört da nicht hin, ich möchte das nicht" ist das glaube ich eine viel härtere Situation, als wenn dein Teenager vor dir steht und sagt „Mama, ich fühle mich so nicht wohl!". Was aber immer im Kopf der Eltern sein sollte ist, dass unser Kind uns etwas anvertraut hat. Etwas, das vorher Monate oder sogar Jahre schon brodelte aber das Kind nicht wusste, wie es einzuschätzen ist.

Ergo haben sich unsere Kinder eine lange Zeit schon ganz allein mit diesem Gedanken auseinandergesetzt, sie hatten Sorgen, sie hatten Ängste, sie waren verzweifelt und große Sorge wie wir reagieren könnten! Das letzte, was unsere Kinder bei einem Outing dann benötigen sind Eltern, die mit Unverständnis reagieren. Eltern die eventuell sogar egoistisch reagieren, weil sie ihre Tochter/ihren Sohn verlieren würden! Nein, man verliert weder die Erinnerungen die waren, noch verlieren wir unser Kind. Diese „Enthüllung“ kostet denjenigen sehr viel Überwindung und Mut und man sollte dem gegenüber offen reagieren und sich am besten als erstes eine Anlaufstelle suchen, wo man gemeinsam das Geschehen sortieren kann. Und was Eltern dann brauchen, ist diese „Zeit“ die unser Kind schon hatte. Zeit zu verstehen, Zeit zu realisieren, Zeit zum Öffnen. Seid füreinander da und sprecht offen. Hört euch gegenseitig zu. Wenn Reden nicht so gut klappt, schreibt euch, aber sprecht irgendwie darüber.

Ich kann mir unsere Situation nicht besser wünschen als so, wie sie kam und wie es bis heute läuft. Aber ich bin generell sehr offen diesbezüglich und habe meine Kinder schon früh an meiner Einstellung und Offenheit teilhaben lassen. Ich hatte selber eine Freundin, habe viele homosexuelle Menschen im Freundeskreis und nehme jeden Menschen wie er ist! Ich denke das hat Alex geholfen, sich zu öffnen.

7.6 Im Gespräch mit Sandra, Partnerin einer Transfrau

Sandra, du bist seit Jahrzehnten mit deiner Frau zusammen, ihr seid gemeinsam durch vieles gegangen. Wenn du zurückdenkst: Gab es einen Moment, in dem du gespürt hast, dass da etwas in Bewegung ist, bevor deine Frau es ausgesprochen hat?

Sandra: Nein, solch einen einzigen Moment gab es nicht. Meiner Frau ging es allerdings seit einigen Jahren psychisch nicht gut, aber ich konnte nie verstehen, was der tief dahinter liegende Grund war. Deshalb war ihr Coming-out für mich im ersten Moment erst einmal eine große Erleichterung, denn nun hatte ich endlich eine Antwort.

Für mich war die Transidentität meiner Frau zu keiner Zeit ein Grund, an unserer Beziehung zu zweifeln. Es war mir von Anfang an klar, dass wir diesen Weg gemeinsam gehen werden und ich sie bestmöglich unterstützen werde, denn warum sollte uns ihre Transition auseinanderbringen? Schließlich war und ist meine Frau der Mensch, mit dem ich mein Leben verbringen möchte und dieser Mensch verschwindet ja nicht durch eine Transition, die ja „lediglich“ das Äußere einer Person an ihr Inneres anpasst.

Deine Frau hat sich nicht nur geoutet, sondern ihr Leben radikal neu ausgerichtet – beruflich, persönlich, öffentlich. Wie hast du diese Transformation erlebt? Gab es Phasen, in denen du selbst Unterstützung gebraucht hast?

Sandra: Meine Frau hatte bereits vor Beginn ihrer Transition ihre bis dahin ausgeübte selbständige zahnärztliche Tätigkeit aus gesundheitlichen Gründen aufgegeben, daher war ihr und unser Leben eh schon etwas durcheinandergeraten. Ihre medizinische und rechtliche Transition erfolgte dann in einem sehr schnellen Tempo, innerhalb von nur 15 Monaten vom ersten Termin bei der Therapeutin bis zur ersten Operation, und für mich war diese Zeit eine einzige Achterbahnfahrt. Ich konnte mich nur festhalten, um nicht aus der Kurve zu fliegen.

Allerdings verlief bei ihrer geschlechtsangleichenden Operation nicht alles wie erhofft und sie benötigte über einen Zeitraum von fünf Jahren insgesamt fünf Korrekturoperationen. Diese Zeit war sehr belastend für uns beide und meine Frau hatte immer wieder depressive und zum Teil auch suizidale Phasen, was irgendwann auch für mich eine so große Belastung war, dass ich therapeutische Hilfe in Anspruch nehmen musste, um nicht selbst sprichwörtlich vor die Hunde zu gehen.

Mit der neuen beruflichen Ausrichtung meiner Frau als Assistentin im operativen Bereich eines Transgenderzentrums, ihrem zunehmenden ehrenamtlichen Engagement in und für die Trans-Community und ihre Aufklärungsarbeit an Schulen und anderen Lehreinrichtungen hat sich die Situation mittlerweile massiv entspannt und es geht uns beiden gut.

Du leitest heute eine Selbsthilfegruppe für Angehörige von Transpersonen. Was war dein Antrieb, so sichtbar zu werden? Was erleben die Menschen, die zu euch kommen – und was brauchst du manchmal selbst?

Sandra: Während der Transition meiner Frau habe ich sie oft begleitet zu den Treffen ihrer Selbsthilfegruppe, die auch für Angehörige offen war. Dort haben mir viele Transpersonen erzählt, dass ihre (Ehe-) Partner*innen große Probleme haben mit der neuen Situation und ich wurde mitunter gebeten, mich mit ihnen auszutauschen, was ich sehr gerne gemacht habe. Daraus entstand die Idee, eine separate Gruppe nur für Angehörige ins Leben zu rufen, um einen Raum zu schaffen für all die Fragen, Ängste und Sorgen, die Angehörige vielleicht nicht mit der Transperson in ihrem Leben teilen können.

Mittlerweile gibt es unsere Gruppe seit fast acht Jahren und sie hat sich fest etabliert. In der Gruppe treffen sich Partner*innen, Mütter, Väter, Geschwister und Freund*innen. Der Großteil sind allerdings Eltern von jugendlichen Transpersonen oder jungen Erwachsenen. Wir haben fast bei jedem unserer monatlichen Treffen Neuzugänge und wir erleben sehr oft dieselbe Situation: Menschen, die zum ersten Mal in unsere Gruppe kommen, sind noch ziemlich überfordert, die meisten machen sich Sorgen, dass ihr Kind/Partner*in einen so schweren Weg vor sich hat und manche stellen auch sehr explizit infrage, ob eine Transition tatsächlich der richtige Weg ist. Oft hören wir dann auch Begriffe und vermeintliche Argumente, die von Trans-Gegner*innen immer wieder vorgebracht werden, wie der berühmte „Transhype" und die „Ansteckung durch die sozialen Medien". Dahinter steht aber sehr oft einfach nur die Angst, dass es sich tatsächlich nur um eine Phase handeln könnte, sich ihr Kind vielleicht irgendwann nicht mehr als trans identifiziert und dann bereits erfolgte rechtliche oder medizinische Schritte bereuen wird.

Nachdem unsere Neuzugänge dann aber einige Zeit den Berichten der anderen Gruppenmitglieder gelauscht haben und sehen, wie sehr sich viele Geschichten ähneln, trocknen die Tränen und es ist ihnen regelrecht anzusehen, wie sehr es ihnen hilft, einfach in einer Gruppe von Menschen zu sein, die sich in einer ähnlichen Situation befinden und die ihre Gefühle, Sorgen und Gedanken verstehen und nachvollziehen können.

Und wenn ich dann am Ende eines Gruppentreffens merke, dass wir einem Menschen Hoffnung und Zuversicht gegeben haben und den Mut, ihr Kind/Partner*in bei der Transition zu begleiten, oder oft auch expliziten Dank von den Gruppenmitgliedern bekomme, dann weiß ich, dass sich all der Arbeits- und Zeitaufwand für den Erhalt dieser Gruppe lohnt.

Du und deine Frau, ihr steht oft gemeinsam auf der Bühne, haltet Vorträge, macht Aufklärungsarbeit. Wie ist das, so sichtbar zu sein? Gibt es Momente, in denen du dich lieber zurückziehen würdest?

Sandra: Ich weiß, dass sehr viele Beziehungen die Transition einer der Personen nicht unbeschadet überstehen und in die Brüche gehen. Durch unsere Sichtbarkeit und die Offenheit, mit der wir unsere Geschichte teilen, möchten wir für andere Menschen ein positives Vorbild sein und zeigen, dass eine Transition nicht automatisch das Ende einer Beziehung bedeuten muss. Dass wir vieles gemeinsam machen, ist dabei natürlich sehr hilfreich, weil wir immer sowohl die Seite der „Betroffenen" als auch die Seite der Angehörigen/Familie beleuchten können und damit viel mehr Möglichkeit haben, unser Publikum zu erreichen.

Da wir uns bewusst entschieden haben, mit unserer Geschichte an die Öffentlichkeit zu gehen, sind wir uns der Konsequenzen und in Zeiten des erstarkenden Rechtspopulismus natürlich auch der möglichen Gefahren bewusst. Dies nehmen wir aber in Kauf, denn wir möchten das Thema Transidentität außerhalb der „queeren Bubble" in die Breite der Gesellschaft tragen und den Menschen zeigen, wie „normal" wir sind und mit einigen Klischees aufräumen, die in den Medien so oft gezeigt werden. Und es ist ja auch nicht so, dass wir auf der Straße erkannt werden.

Wie hat euer Umfeld – Freundeskreis, Familie, Kolleg*innen – auf die Transition deiner Frau reagiert? Gab es Veränderungen in deinem sozialen oder beruflichen Standing?

Sandra: Ich glaube, wir haben Ähnliches erlebt, wie viele andere Menschen. Zu Anfang waren die Reaktionen aus unserer Familie und bei unseren Freund*innen sehr positiv, zumindest hat sich niemand gleich zu Beginn von uns abgewandt. Dennoch haben sich im Laufe der Transition ein paar Freundschaften gelockert und irgendwann ist der Kontakt abgebrochen, vermutlich weil einige Menschen das Thema anfangs als Spinnerei oder vorübergehende Phase angesehen haben und irgendwann gemerkt haben, dass dies nicht so ist.

Was uns jedoch sehr beschäftigt und belastet ist die Tatsache, dass wir in den letzten Monaten merken, dass in unserem Umfeld rechtspopulistische Gedanken und Argumente geäußert werden, nicht immer zwingend zum Thema Trans, aber dennoch in einem Maße, dass wir uns nicht mehr durchgängig wohl und sicher fühlen.

In meinem beruflichen Umfeld gehe ich mittlerweile sehr offen mit unserer Situation um, allerdings war dies nicht immer der Fall. Ich habe sehr lange gewartet, bis ich meinen Kolleg*innen und meinem Team davon berichtet habe, da ich Angst hatte, dass über mich geredet würde oder Menschen sich über mich und meine Frau lustig machen könnten. Erschwert wurde das Ganze durch die Tatsache, dass einige meiner Kolleg*innen auch Patient*innen meiner Frau waren und nachdem wir die Praxis aufgegeben hatten, natürlich immer wieder gefragt haben, was denn „mein Mann" nun macht und wie es „ihm" geht.

Irgendwann war das Versteckspiel dann einfach zu belastend für mich geworden und wir haben gewissermaßen „die Flucht nach vorn" ergriffen: auf einem Firmen-Sommerfest, das auch für die ganze Familie offen war, habe ich meine Frau mitgebracht und sie meinen Kolleg*innen vorgestellt. Was danach hinter meinem Rücken über mich geredet wurde, habe ich natürlich nicht mitbekommen, aber im Großen und Ganzen hat sich auf beruflicher Ebene bei mir nichts geändert, lediglich die Tatsache, dass ich mich nun auch in unserem Pride-Firmennetzwerk engagiere und auch dort versuche, Wissen zu vermitteln, aufzuklären und Vorurteile abzubauen.

Was hat sich in eurer Beziehung verändert – im Alltäglichen, im Blick aufeinander? Was ist geblieben, was ist neu entstanden?
Sandra: Manchmal, wenn wir zuhause gemeinsam auf dem Sofa sitzen, schauen wir uns an und sagen uns, dass sich durch die Transition meiner Frau gar nicht so viel verändert hat: wir haben weiterhin Spaß an denselben Dingen, machen dieselben Urlaube und werden gemeinsam alt. Natürlich verbringen wir einen Großteil unserer Freizeit mit unserem Engagement für unseren Verein, Trans-Ident e. V., und in der queeren Community und wir würden ohne die Transition meiner Frau natürlich keine Interviews für Zeitungen, Podcasts, Fernsehen oder andere Formate geben, aber im Grunde genommen hat sich unsere Beziehung durch die Transition meiner Frau nur insofern verändert, dass wir uns noch stärker verbunden fühlen als vorher. Die vielen Höhen und Tiefen, die wir in den letzten Jahren überwunden haben, geben uns die Zuversicht, dass wir auch weiterhin zusammenhalten werden und uns nichts so leicht auseinanderbringen wird.

Was sagst du anderen Partner*innen, die gerade in dieser Situation sind – zwischen Loyalität, Unsicherheit und Liebe?
Sandra: Als Partnerin muss ich mir eigentlich nur eine einzige Frage stellen: „Liebe ich den Menschen oder den Mann, bzw. die Frau?" Für mich war die Antwort einfach, denn ich habe immer den Menschen gesehen, den ich liebe und mit dem ich mein Leben verbringen möchte. Für mich war es daher egal, wenn natürlich auch nicht einfach, dass dieser Mensch nun äußerlich nicht mehr männlich sondern irgendwann weiblich war. Wenn ich dann noch zusätzlich über die gesellschaftlichen Normvorstellungen von Beziehungen und Geschlechterrollen hinwegsehen und manches auch mal mit Humor nehmen kann (z. B. die Frage, ob ich denn jetzt eigentlich lesbisch bin oder nicht), dann steht der Weg offen für eine gemeinsame Zukunft.

Wenn ich dies nicht kann oder nicht möchte, vielleicht auch, wenn eine Beziehung sehr stark auf Sexualität beruht, die ja spätestens mit einer medizinischen Transition nicht mehr in der bisherigen Form funktionieren wird, dann wird es sicherlich schwer.

Aber auch wenn der gemeinsame Weg nicht immer einfach ist und es viele Hürden zu überwinden gibt, kann ich für mich und für uns sagen: es hat sich gelohnt!

7.7 Im Gespräch mit Laura, Partnerin eines Transmannes

Du warst mit deinem Partner bereits zusammen, bevor er als Transmann lebte. Kannst du dich daran erinnern, als das Thema Transidentität zum ersten Mal in eurer Beziehung auftauchte?
Laura: Ja, sehr gut. Bis zu dem Zeitpunkt hatten wir eine Bilderbuch-Ehe als zwei Frauen geführt. Wir hatten immer die gleichen Wertvorstellungen, Wünsche und Gedanken. Allerdings hatte meine Frau schon immer Probleme mit ihrem Körper, da sie diesen als abstoßend empfand. Uns beiden war jedoch die Dimension des Ganzen nicht bewusst.

Ab einem gewissen Zeitpunkt ging es ihm immer schlechter. Wir schoben es auf seinen stressigen und herausfordernden Job. Schließlich entwickelte er eine schwere Depression, die in einem stationären Aufenthalt mündete. Es hat lange gedauert, bis zumindest er sich darüber klar wurde, worin die Ursache lag. Dies hatte er schließlich erfolgreich sein halbes Leben lang verdrängt.

Irgendwann war spürbar etwas Großes zwischen uns. Er wusste mittlerweile, was es ist, ich jedoch nicht. Ich machte mir immer mehr Sorgen, da wir ursprünglich immer über alles reden konnten. Wir gingen spazieren und ich sagte „Was soll das für ein schwieriges Thema sein? Wenn du mir nicht gerade sagen willst, dass du als Mann leben möchtest oder deinen Traumjob in den Wind schießen möchtest?“ Ich fügte noch hinzu, dass ich mit Letzterem leben könne. Danach kam nichts mehr. Die Stille bestätigte meine größte Befürchtung und es riss mir den Boden unter den Füßen weg. Es war mein schlimmster Albtraum, denn ich hatte mich ganz bewusst für das Zusammenleben mit einer Frau entschieden. Und, wie gesagt, wir hatten alles Glück dieser Welt zum damaligen Zeitpunkt gehabt, genauso wie ich es mir immer erträumt hatte. Und plötzlich stand *das* im Raum.

Was hat sich für dich verändert in deiner Wahrnehmung von deinem Partner, von euch als Paar und in deiner Selbstwahrnehmung?
Laura: Er ist viel selbstsicherer geworden, wurde immer befreiter. Früher hatte er seinen Körper immer versucht zu ignorieren. Heute ist alles genau so, wie er es haben möchte. Er ist jetzt von innen heraus zufrieden und sein Inneres und sein Verhalten passen zu seinem Äußeren.

Als Paar ist es nach außen hin einfacher geworden. Vorher sind wir immer sehr selbstbewusst als zwei Frauen durchs Leben gegangen, denn es war klar, dass es für den ein oder anderen außergewöhnlich ist. Als Heteropaar ist dies nicht der Fall. Jonas sieht eindeutig männlich aus und wir werden als „Standard" wahrgenommen. Dabei haben wir mehr Regenbogen in uns als viele andere. Schwierig finde ich es, wenn wir neue Leute kennenlernen und die Transidentität meines Mannes keine Rolle spielen sollte. Wir haben z. B. ein Frauenpaar kennengelernt, die etwas aus ihrer Beziehung erzählten. Ich war versucht zu sagen „Genau so war es bei uns auch!". Aber ich möchte Jonas nicht einfach so outen. Gleichzeitig bevorzuge ich immer eine offene und transparente Kommunikation. Jetzt muss ich abwägen, was ich sage.

Was hat sich in deiner Selbstwahrnehmung verändert?
Laura: Ich war noch nie die Art Frau, die sich gerne schminkt, Wert auf modische Kleidung legt usw. Nach innen hat sich bei mir nicht viel geändert. Ich will und werde weiterhin keinem Klischee entsprechen. Ich wollte auch nie, dass sich alles über Jahre Gewachsene, Eingespielte von Grund auf ändert, nur, weil andere oder gar Jonas jetzt vielleicht ein anderes Rollenverständnis haben. Jonas' Ansichten änderten sich zum Glück nicht. Emotional bin ich an der Geschichte gewachsen. Man kann eine Transition in einer Partnerschaft allerdings nicht schönreden. Dinge, die man für selbstverständlich erachtet hatte, sind plötzlich nichtig. Man muss unendlich viel miteinander reden und arbeiten. Ich glaube, dass man daran extrem wachsen kann und man kann eine unglaublich tiefe Verbundenheit schaffen, wenn man es hinbekommt, den anderen auf eine komplett andere Art und Weise kennenzulernen. Aus Spaß sage ich, ich wüsste nicht, was jetzt noch kommen soll.

Viele Partner*innen von Transmenschen fühlen sich zunächst mitgeoutet. Ging dir das auch so?
Laura: In gewisser Weise ging mir das auch so, weil plötzlich die eigene Lebenssituation eine Sichtbarkeit entwickelt. Auf der Arbeit beispielsweise wusste jeder, dass ich mit einer Frau verheiratet bin. Irgendwann fragte jemand nach meiner Frau, als Jonas schon als Mann an meiner Seite lebte. Da kam ich ins Stocken. Ich wollte aufrichtig sein, also erwiderte ich „Meine Frau ist jetzt mein Mann". Wenn Leute daraufhin nachfragten, sagte ich „Besser ein glücklicher Mann als eine unglückliche Frau".

Meine Familie hat insgesamt positiv reagiert. Ich weiß allerdings nicht, ob ihnen die Tragweite der emotionalen Veränderung bewusst war. Meine Freunde haben mich sehr gestärkt und zugehört, wenn ich Probleme angesprochen habe. Sie haben realistisch die Herausforderungen gesehen und was für ein Druck auf mir lastete.

Ihr habt euch für ein Kind entschieden, als dein Mann schon transitionierte. Wie kam es zu dieser Entscheidung und wie habt ihr den Weg zur Umsetzung erlebt?

Laura: Der Kinderwunsch war bei uns schon als Frauenpaar vorhanden. Jonas wollte allerdings nie schwanger werden und sagte immer, dass es nicht passen würde. Als es ihm immer schlechter ging und das Thema Transition im Raum stand, pausierten wir die Termine in der Kinderwunschklinik. Wir mussten uns erst mal klar werden, was wir als Paar und einzeln wollten. Das Miteinander stand fest, jedoch wurde auch schnell klar, dass es keinen gesunden Weg für ihn gab, als Frau zu leben. Die Frage war, ob ich einen Weg finden konnte mit ihm als Mann zu leben. Wir arbeiteten sehr hart an dem Thema und als ich mir sicher war, einen Weg zu sehen, nahmen wir die Termine in der Kinderwunschklinik wieder auf.

Wir waren in einer privaten Klinik in den Niederlanden, da damals die deutschen Kliniken völlig überlaufen waren. Die Niederländer waren unglaublich freundlich und aufgeschlossen. Wir waren ursprünglich als zwei Frauen angemeldet und traten bis zur Schwangerschaft als diese auf. Auf dem Papier und optisch wandelte sich dies im Verlauf, sodass wir zum Zeitpunkt der Geburt Mann und Frau waren und es keinerlei Probleme gab.

Gab es bei der Familiengründung besondere Herausforderungen?

Laura: Medizinisch ist ein Kinderwunsch sowohl emotional als auch finanziell sehr belastend. Weder Frauenpaare noch Paare mit einem Trans-Partner bekommen finanzielle Unterstützung, anders als cis-heterosexuelle Paare. Wir sprechen über viele Tausend Euro, die man erstmal aufbringen muss.

Behördlich gab es viele Herausforderungen, wobei wir auch oft an sehr nette Mitarbeitende geraten sind. Das fing damit an, dass bei einem Frauenpaar die nicht-leibliche Mutter das Kind adoptieren muss. Bei Hetero-Ehepaaren wird der Ehemann „automatisch" als Vater des Kindes eingetragen. Wir hatten also unsere Lebenspartnerschaft rechtzeitig vor der Geburt in eine Ehe umschreiben lassen, damit Jonas als Vater eingetragen wird. Das passierte jedoch nicht. Zudem gab es Probleme in Sachen Elterngeld und Elternzeit, da wir den Formularmöglichkeiten nicht entsprachen. Ein engagierter Beamter fand jedoch schnell pragmatische Lösungen. Es folgten Probleme mit der Krankenversicherung des Kindes, weil mein Mann privatversichert ist, aber nicht in der Geburtsurkunde stand.

Als das Standesamt sich weigerte, Jonas als Vater einzutragen und auf Adoption bestand, fragten wir nach den Voraussetzungen. Es hieß „Sie müssen erst ein Jahr zusammenleben und schauen, ob es klappt". Wir waren zu dem Zeitpunkt schon zehn Jahre zusammen, das interessierte das Amt jedoch nicht. Wir warteten also ein Jahr und hatten in der Zwischenzeit diverse Probleme, weil mein Mann nicht in der Geburtsurkunde stand, ich aber auch nicht alleinerziehend war.

Wir mussten uns immer wieder offenbaren. Nach einem Jahr haben wir wieder beim Standesamt angerufen und es hieß, wir müssten Formulare von verschiedenen Ärzten ausfüllen lassen. Wir fielen fast vom Stuhl, was da alles abgefragt wurde! Es ging unter anderem um ansteckende Krankheiten, Suchterkrankungen etc. Alle Ärzte füllten alles sofort aus. Als wir beim Notar waren sagte dieser, dass eine Adoption völliger Quatsch sei und er gab uns ein Schreiben mitsamt der Gesetzesgrundlage, wonach mein Ehemann als Vater eingetragen werden muss. Das reichten wir beim Standesamt ein, doch man bestand auf Adoption! Schließlich suchten wir Standesämter der Umgebung heraus, die das gleiche schon exerziert hatten, und nannten unserem Standesamt diese Stellen. Kontaktieren wollte man die Standesämter jedoch nicht. Daraufhin gingen wir erneut zum Notar mit allen Bescheinigungen dieser Welt und ließen alles für die Adoption aufsetzen. Zwischendurch gab es Erkrankungen in der Familie und wir spürten immer den Druck „Was passiert mit dem Kind, wenn nur einer von uns in der Geburtsurkunde steht und demjenigen passiert etwas?"

Schließlich setzte der Notar den Vertrag auf. Einen Tag vor der Unterschrift teilte er mit, dass sich die Gesetzesgrundlage geändert habe, wir müssten jetzt eine Adoptionsvermittlungsstelle aufsuchen und Bescheinigungen vorweisen. Also gingen wir zum zuständigen Jugendamt, dessen Mitarbeiterin von der neuen Gesetzeslage noch keine Kenntnis hatte, uns sehr verwundert ansah und versicherte, dass wir nicht die „Zielgruppe" der Adoptionsvermittlung seien. Sie gab uns ein Schriftstück, mit dem wir zum Notar zurückkehrten. Schließlich hatte das Familiengericht zu entscheiden. Nach kürzester Zeit hatten wir eine Ausarbeitung vom Gericht, in der ganz klar stand, dass das Standesamt definitiv ohne Adoption Jonas als Vater einzutragen hat. Das haben wir eingereicht, mit sämtlichen anderen Unterlagen, woraufhin sich das Standesamt wieder weigerte und den Vorgang durch die Rechtsabteilung prüfen lassen wollte. Allerdings hätten die erstmal Urlaub. Ich verlangte daraufhin einen rechtsfähigen Bescheid.

Zwei Tage später rief die Dame vom Standesamt an und teilte höchstfreundlich mit, dass die Benachrichtigung über die Eintragung von Jonas als Vater schon auf dem Postweg zu uns sei. Ich konnte es mir nicht verkneifen zu sagen „Vielen Dank für Ihre wahnsinnige Mühe, vielleicht haben die nächsten Paare nach uns es leichter".

Wie erlebt ihr euch heute als Familie?
Laura: Es ist jetzt einfacher nach außen hin, weil die Rollenverteilung zumindest auf erste Sicht klar ist. Im Hinblick auf unser Kind denke ich allerdings immer potenzielle Herausforderungen mit, zum Beispiel wenn es im Kindergarten oder später in der Schule irgendwelche Themen gibt. Ich bevorzuge immer einen offenen, transparenten und toleranten Umgang und stehe für andere ein. Ich möchte jedoch nicht, dass unser Kind sich rechtfertigen oder erklären muss. Es soll selbst entscheiden können, wann und wie viel es über unsere Familienkonstellation erzählt. Für uns als Eltern heißt das, dass wir sehr genau hinschauen und uns im Vorfeld überlegen: Wo ist es gut, Dinge aktiv anzusprechen, und wo ist es besser, abzuwarten, bis unser Kind größer ist und selbst eine Haltung dazu entwickeln kann? Das Wichtigste ist uns, unserem Kind unendliche Liebe und eine Wertevorstellung mit auf den Weg zu geben sowie das Wissen, dass ein wahrer Papa sich nicht durch Biologie definiert.

Hat sich deine eigene sexuelle oder geschlechtliche Identität durch die Transition deines Mannes verändert?
Laura: Früher war ich selbstverständlich gleichgeschlechtlich orientiert. Mit der Transition meines Mannes habe ich diese Klarheit zunächst verloren. Ich war immer stolz, meinen eigenen Weg zu gehen. Gleichzeitig passt „hetero“ für mich genauso wenig, weil es meiner Biografie nicht entspricht. Heute habe ich meine Klarheit zurück und ich kann sagen, dass ich die Person liebe, mit der ich zusammen bin. Ein Label dafür brauche ich nicht und darauf bin stolz.

Was würdest du anderen Partnerinnen raten?
Laura: Das Allerwichtigste ist miteinander zu reden und vor allen Dingen richtig zuzuhören! Gerade am Anfang sollten alle Beweggründe, Ängste und Sorgen schonungslos offen und ehrlich auf den Tisch gelegt werden. Genauso wichtig ist es, dass es im Rahmen des Möglichen ein gemeinsamer Prozess ist. Das man dem anderen genügend Zeit gibt, bis auch dieser so weit ist. Beide müssen alles in die Waagschale werfen.

Was hat dir besonders geholfen, gerade in der ersten Phase?
Laura: Ich habe immer versucht, mich darauf zu besinnen, was unsere Basis ist, was uns als Paar ausmacht, weil diese Basis sich nicht verändert. Sie wird in der ersten Zeit vielleicht mal durcheinandergewürfelt, ist aber vorhanden.

Wenn man eine große gemeinsame Basis hat, kann man, denke ich, diesen Weg gemeinsam beschreiten. Wenn die Transition wirklich der tiefste Wunsch des Partners ist, wird es nicht funktionieren, ihn zum Verzicht oder zu einer Alternative zu drängen. Also liegt es an der Partnerin eine Möglichkeit finden, den Weg mitzugehen, oder eben auch nicht. Mir war klar, dass Jonas als Frau weiterhin erkranken würde oder er glücklicher als Mann leben würde. So lag es an mir, zu entscheiden, ob ich den Weg mitgehe.

Ganz wichtig waren für mich Informationen über die Transition, die schwer zu bekommen waren. Ich hatte einen Kollegen, der den gleichen Prozess durchlaufen hat und ich konnte mich mit ihm und seiner Frau austauschen. Am Anfang erscheint einem das ganze Thema als ein riesiger, undurchsichtiger Berg. Mir fehlte es an Orientierung, weil alles, was für mich immer in Stein gemeißelt war, plötzlich weg oder ins Wanken geraten war. Daher finde ich, dass Informationen und Erfahrungen anderer Leute enorm wichtig sind, um Verständnis zu erlangen und um Orientierung und Zuversicht gewinnen zu können.

Ich habe sehr lange gebraucht, um zu erkennen, dass die Transition ein Prozess ist. Ich hatte nicht darüber nachgedacht, dass durch die Hormone eine richtige Pubertät entsteht. Das hätte ich sehr gerne gewusst! Diese Zeit hat mich in den Wahnsinn getrieben, denn wer möchte mit einem Teenager verheiratet sein? Ich habe immer wieder versucht, mich auf alles einzustellen, und immer, wenn ich es gerade geschafft hatte, kam wieder eine Veränderung. Es ist viel leichter, wenn man sich bewusst macht, dass dieses Hormonchaos zeitlich begrenzt ist.

Es gibt insgesamt viele Veränderungen, die mir vorher nicht bewusst waren, angefangen von der Körpergröße, Änderungen der Haut und des Geruchs. Die Stimme ist durch den Stimmbruch komplett neu, ebenso der Name. Einhergehend mit der „Pubertät" kam ich mit der Dimension nur sehr schwer zurecht. Als mir bewusst wurde, dass der Wandel ein zeitlich begrenzter Prozess ist, der irgendwann wieder in Stabilität mündet, war ich beruhigter. Das vorher zu wissen, hätte mir extrem geholfen.

Ganz besonders hervorheben möchte ich die professionelle Hilfe, die ich dankenswerterweise erhielt. Die unzähligen Gespräche, daraus resultierende Zuversicht, Orientierung und Konzentration aufs Wesentliche hat mich und auch unsere Ehe definitiv gerettet.

Hatte deine Therapeutin Erfahrung mit Transidentität?

Laura: Sie hat mit Sicherheit einzelne Erfahrungen gehabt, aber nicht alltägliche. Sie hat eine sehr klare, objektive Sichtweise gehabt und mir geholfen, Dinge und Prozesse nachvollziehen zu können sowie Verständnis für Jonas' Situation zu haben, aber auch Geduld und Nachsicht zu entwickeln. Für Jonas und mich.

Wie hast du sichergestellt, dass deine eigenen Bedürfnisse nicht zu kurz kommen?
Laura: Das war tatsächlich ein Problem. Die Therapie war ein Raum für mich, mir über meine Bedürfnisse bewusst zu werden. Es ist unfassbar wichtig, dass man sich als Partnerin in dem Ganzen nicht vergisst und dass man auch Raum für sich und seine Gefühle hat, auch für Wut, Trauer oder Ähnliches. Nur durch diesen Raum konnte ich Zuversicht und Perspektive für uns beide entwickeln und zu unserer gemeinsamen Basis und Ehe zurückfinden. Das wäre ohne professionelle Hilfe äußerst schwierig geworden.

Wie würdest du eure Geschichte in einem Satz zusammenfassen?
Laura: Zwischenzeitlich dachte ich an „Eine Achterbahnfahrt, für die ich kein Ticket gelöst habe". Jetzt kann ich sagen: „Ein riesengroßes Abenteuer mit Happy End."

7.8 Im Gespräch mit Chris, Detransitionierer

Chris, du hast zweimal in deinem Leben eine Transition von Mann zu Frau eingeschlagen und bist zweimal wieder in die männliche Rolle zurückgekehrt. Kannst du dich noch an den Moment erinnern, als du dich zu ersten Mal für eine Transition entschieden hast?
Chris: Ja, daran kann ich mich erinnern, wobei es mehrere Momente waren. Ich hatte verschiedene Versuche einer Transition gemacht, der erste „richtige" Anlauf war kurz nach einem Suizidversuch, 2016. An dem Punkt fühlte ich, dass ich diesen Weg gehen muss, weil ich das alte Leben so nicht mehr führen konnte. Ich hatte trotz des Entschlusses große Angst, meine Frau und meine Familie zu verlieren. Dazu kam noch, dass meine (nunmehr) Ex-Frau aus einem Kulturkreis kommt, in dem man „so" nicht sein darf. Deswegen hatte ich es ja auch so lange unterdrückt. Ich hatte nie die Möglichkeit gehabt, Weiblichkeit auszuleben. Dann kam der Suizidversuch, und mir wurde klar, es hat keinen Wert, sich das Leben „deswegen" zu nehmen, sondern ich muss versuchen, den Weg zu gehen. Erst wenn man etwas versucht, kann man wissen, ob es wirklich klappt. Ich erinnere mich noch gut daran, als ich etwa ein halbes Jahr nach dem Suizidversuch meinem Therapeuten sagte „Ich mache es jetzt, ich gehe in die Transition". Der Therapeut sagte „Na endlich". Ich spürte zwar schon ein wenig Verbitterung meinerseits, wegen meiner Familie, aber auch Erleichterung, weil ich wusste „Jetzt verändert sich etwas".

Knapp fünf Monate danach kam es zur ersten Detransition aufgrund sozialen Drucks. Ich wusste, dass alle meine Ängste eintreten würden. Ich würde meine Frau und meine Familie verlieren und das wollte ich nicht. So beschloss ich, abzubrechen. Wobei ich damals zuerst gesagt habe „Ich pausiere“. Ich nahm noch ein paar Wochen die Hormone, ließ die später aber weg und versuchte, wieder als Mann und mit meiner Familie zu leben. Es war aber damals schon sehr klar für mich, dass das nicht halten wird.

Wie sah deine Transition damals konkret aus?
Chris: Ich hatte Hormone genommen, aber noch keine OPs gehabt und ich lebte zuhause als Mann, zog mich aber, wenn ich zu Kunden fuhr oder in die Stadt ging, im Auto um und schminkte mich. Ich war auch als Frau bei Kunden im Ausland. Aber ich lebte ein kräftezehrendes Doppelleben. Mir war klar, dass das nicht lange so weitergehen kann. Meine Frau hat mir damals sehr deutlich gemacht, dass sie den Weg nicht mit mir zusammen gehen werde. In der psychiatrischen Klinik hatte sie noch gesagt „Wir schaffen das gemeinsam, ich unterstütze dich“. Doch ihre Stimmung veränderte sich. Ich glaube, als ich die ersten Schritte ging, wurde ihr erst bewusst, was meine Transition bedeutet. Ich habe ihr natürlich erklärt, was die Transition alles mit sich bringen würde, z. B. dass ich auch zu Hause in der weiblichen Rolle leben müsste, da ich das Doppelleben nicht mehr aushielt – und dass ich auch die rechtliche Änderung machen würde, denn damals war für mich klar, ich würde den Weg entweder ganz oder gar nicht gehen.

Viele Menschen berichten, dass sie in der Zeit vor ihrer Transition unter psychischen Belastungen standen. Wie war das bei dir und inwiefern haben Transition und Detransition an dieser Belastung etwas verändert?
Chris: Die psychische Belastung vor der Transition kam ja aus verschiedenen Bereichen. Natürlich einmal aus meinen Gefühlen meiner Identität gegenüber. Zudem dadurch, wie ich von meinem Umfeld gesehen wurde. Es tat mir weh, wenn ich, noch nicht als Frau auftretend, als Mann angesprochen wurde. Es gab zudem aufgrund meiner Transidentität immer wieder Konflikte mit meiner Ex-Frau. Wir waren knapp 24 Jahre verheiratet. Ich habe ihr das damals gesagt, bevor wir geheiratet haben. Und am Anfang, in den ersten Wochen, schien sie sogar sehr interessiert.

Was waren für dich die größten praktischen oder emotionalen Herausforderungen in der Detransition?
Chris: Zwischen meinen beiden Detransitionen gibt es einen Unterschied. Die erste Detransition geschah aufgrund des sozialen Drucks, vor allem durch meine Frau. Der Schritt zurück war damals gegen meinen Wunsch, aber ich machte ihn, weil sonst mein Leben auseinandergebrochen wäre.

Beim zweiten Mal war es relativ einfach, zu detransitionieren. Für Bekannte, Freunde, Kollegen war es okay. Ich habe die zweite Detransition auch in sozialen Medien bekanntgegeben. Von einem ehemaligen Kollegen bekam ich eine private Nachricht, in der er schrieb, ich sei ein Vorbild für alle, er finde es toll, dass ich zu mir stehe, egal wie ich mich entscheide. Das hat mir sehr viel Kraft gegeben. Aber im engen privaten Bereich gab es durchaus gemischte Reaktionen. Die Leute fragten mich „Bist du dir wirklich sicher, dass du den Weg wieder zurückgehen willst?“. Ich war ja bei der zweiten Transition sehr viel weiter gekommen als beim ersten Mal. Kurz bevor ich zum zweiten Mal detransitionierte, waren die medizinischen und rechtlichen Schritte schon komplett durchgeplant.

Zu der Zeit hatte ich ein Kundenprojekt in Australien, war zweimal für mehrere Wochen dort, unterbrochen von einer kurzen Rückkehr nach Deutschland, denn es stand der Termin beim Amtsgericht für die Vornamens- und Personenstandsänderung nach dem TSG an. Bei meinem ersten Besuch in Australien war ich als Carolin dort. Das war überhaupt kein Problem. Die Leute beim Kunden haben mich unterstützt und alles war easy. Ich flog wieder nach Hause und der Termin beim Gericht stand an. Da wurde mir klar: „Wenn du das jetzt durchziehst, dann gibt es eigentlich kein Zurück mehr“.

Damals war zwar schon das SBGG angekündigt und die rechtliche Rückkehrmöglichkeit wäre einfacher gewesen als unter dem TSG. Ich hatte mich dennoch bewusst für den Weg nach dem TSG entschieden, mit Gutachten, denn ich sah darin die Möglichkeit, mich noch einmal intensiv mit mir selbst auseinanderzusetzen. Ich habe sehr viel Unterstützung bekommen, aber ich wusste, wenn ich das jetzt mache, dann wird es sehr schwierig, wieder zurückzugehen – erst recht, wenn die erste OP erfolgt. Das wäre endgültig, denn was weg ist, ist weg. Ich habe in diesen drei Wochen in Deutschland für mich herausgefunden: Da stimmt etwas nicht, das ist nicht richtig.

Ich hatte durchaus immer wieder alles infrage gestellt – mich selbst, meine Situation und ob der Weg der richtige ist. Zwar hatte ich nach außen hin stets Sicherheit und Entschlossenheit signalisiert – aber innerlich war ich mir nie hundertprozentig sicher. In der Hormonbehandlung sind ja gerade unter Östrogen und gerade in den ersten Monaten die medizinischen Auswirkungen noch nicht so deutlich und zum guten Teil umkehrbar. Ich wollte es also, solange die Auswirkungen noch nicht gravierend waren, weiterprobieren und schauen, wie es sich für mich anfühlt.

Den Gerichtstermin verschob ich allerdings nur, um mir eine Hintertür offenzulassen, und flog für den zweiten Aufenthalt nach Australien zurück – aber dieses Mal als Chris. Die Leute beim Kunden waren sehr entspannt damit, als sei es das Natürlichste der Welt, dass ich wenige Wochen vorher als transitionierte Carolin und jetzt als detransitionierter Chris bei ihnen war.

Australien ist beim Thema Trans sehr offen. Ich wurde weder als Carolin noch als Chris von irgendjemandem infrage gestellt. Interessant war, dass ich beim zweiten Aufenthalt gelegentlich „in die falsche Richtung" misgendert wurde. Ich hatte zunächst noch lange Haare, ging aber dann in Melbourne zum Friseur, ließ sie mir kurz schneiden und hörte auf mich zu rasieren. Das fühlte sich für mich gut an, weil eine Art Druck plötzlich nicht mehr vorhanden war. Egal wie man zum Thema Passing steht, es ist in jedem Fall sehr wichtig. Ich hatte zwar mit meinem Passing als Carolin nie Probleme, aber der Druck, aktiv etwas dafür tun zu müssen, um als die Person gesehen zu werden, die man sein möchte, war schon deutlich.

Ich bin relativ groß und mir war stets klar, dass Menschen mir immer ansehen werden, dass ich „anders" bin. Umso größer die Anstrengung, durch Kleidung, Make-up, Stimmtraining etc. so gesehen zu werden, wie ich das wollte. Ich war immerhin in Melbourne, einer der offensten Städte der Welt, mit einer sehr aktiven Trans-Community. Aber trotzdem war dieser Druck da. Als ich den Entschluss traf, zu detransitionieren, war der Druck sofort weg.

Welches Label gibst du dir heute?
Chris: Das ist eine gute Frage. Ich bezeichne mich jetzt als Mann. Ich habe solche Diskussionen schon geführt. Ich war oft in Berlin in der Community unterwegs und gerade bei jungen Leuten habe ich sehr kontroverse Diskussionen über Labels mitbekommen. Ich selbst sehe mich in erster Linie als Mensch. Die Menschen um mich herum sehen mich als das, was sie sehen. Jetzt, nach der Detransition, sehen sie mich wieder als Mann. Und das ist völlig in Ordnung.

Vermisst du Carolin?
Chris: Nein.

Gibt es Dinge, die du rückblickend anders machen würdest?
Chris: Ja, auf jeden Fall. Natürlich sage ich auch, so wie es bei mir gelaufen ist, lief es nunmal. Das ist in Ordnung, aber das ist Vergangenheit und die darf ruhen.

Wenn ich jetzt jemanden beriete, würde ich sagen: Das Wichtigste ist es, die Angst zu nehmen. Ja, manche Ängste vor einer Transition werden wahr, aber der Großteil ist unbegründet. Viele Ängste beziehen sich auf den Verlust anderer Menschen. Und da sage ich ganz ehrlich: Der Verlust von Menschen, die mit Trans ein Problem haben, ist eher ein Gewinn. Insofern ist das kontroverse Thema ein starker Filter für Werte, die andere Menschen haben und die vielleicht nicht meine Werte sind.

Ich habe meine Ehefrau verloren. Nicht nur wegen der Transition, aber das war einer der Hauptgründe. Meine Kinder hatten natürlich große Probleme damit. Freunde, Schulfreunde, die ich teilweise schon recht früh eingeweiht hatte, meldeten sich nicht mehr. Aber bei solchen Leuten sage ich mir „Ist okay". Ich habe viele neue, unglaublich tolle Menschen kennengelernt. Dass diejenigen, die nicht mit meiner Transition klargekommen sind, jetzt weg sind, ist gut so.

Nach der Trennung von meiner Frau zog ich aufs Land. Ich hatte niemanden mehr um mich herum, der mich bremsen oder mir hineinreden wollte. Ich fühlte mich frei und sah die Möglichkeit, die Transition ganz neu und ohne Beeinflussung zu beginnen, ich hatte nichts mehr zu verlieren. Es gab keinen sozialen Druck mehr, und das war, trotz der Trauer um meine Beziehung, auch ein tolles Gefühl. Ich hatte keine Angst mehr.

Trotzdem hast du an dem Punkt bemerkt, das ist doch nicht das Richtige.
Chris: Der zweite Transitionsversuch hat ungefähr ein Jahr angehalten. Ich habe totale Freiheit gespürt, volle Unterstützung. Selbst hier, in einem kleinen Dorf in Niederbayern. Die Frau bei der Post hatte einmal zu mir gesagt „Sie sind so eine tolle Frau!". Das war eine Bestätigung und ich fühlte mich beflügelt. Die Unterstützung war absolut vorhanden, aber ich hatte in mir immer noch Zweifel. Das führte zu der Feststellung, dass der Weg für mich falsch ist. Da passierte etwas, das ich irgendwann nicht mehr rückgängig machen kann.

Ich denke, dass Zweifel berechtigt sind und ich glaube, es ist wichtig, hinzuhören. Es soll natürlich nicht so enden, dass man immer wieder hin und her springt, aber ich hatte diesen Moment, wo ich feststellte, es ist der falsche Weg für mich.

Das war dennoch eine tolle Zeit, denn ich habe während der zweiten Transition großartige Unterstützung erlebt. Natürlich gab es auch doofe Blicke, vollkommen klar. Aber aus sozialen Aspekten heraus hätte es keinen Grund gegeben, zurückzugehen. Die Schritte, die ich noch vor mir hatte, waren alle geplant: Ich hatte Vorgespräche für verschiedene OPs in verschiedenen Kliniken gehabt, hatte sogar schon einen Termin für die Genital-OP. Dafür brauchte ich nur noch ein Gutachten. Nadelepilation war auch schon bewilligt und ich hatte einen Termin für den Brustaufbau. Eigentlich hätte ich nur noch die Zeit absitzen und Listen abarbeiten müssen. Ich hatte alle Hürden hinter mir. Dennoch fühlte es sich nicht richtig an.

Nun sehe ich sehe mich als Mann, aber in erster Linie als Mensch. Ich werde von außen als Mann gesehen und genieße das auch. Das ist ein Gefühl, das ich früher nie hatte.

Könnte man sagen, dass du dich mit Chris versöhnt hast?
Chris: Ja. Damals war Chris ein Störenfried. Er durfte nicht sein. Ich wollte, dass er weggeht. Jetzt ist das in Ordnung für mich. Auch meine Vergangenheit ist in Ordnung. Würde ich jemandem einen Rat geben, würde ich als erstes versuchen, die Angst zu nehmen. Ich würde sagen „Wenn du etwas willst, dann probiere es. Erst wenn du es versucht hast, wirst du wissen, ob es geht".

Es wird oft befürchtet, dass das Thema Detrans für politische Zwecke instrumentalisiert wird, sowohl aus transfreundlicher als auch aus transfeindlicher Richtung. Wie siehst du das?
Chris: Ich habe sehr viele Menschen kennengelernt, wo ich auch tatsächlich Zweifel hatte, ob eine Transition für diese Menschen das Richtige ist. Bei manchen dachte ich, es könnte andere psychische Themen geben, die wichtiger sind oder andere Ursachen für das Trans-Empfinden. So etwas hört man ja auch von manchen Fachleuten. Ich glaube aber, dass man hier nicht verallgemeinern darf. Transidentität ist eine sehr individuelle Sache, die nur jeder mit sich selbst ausmachen kann. Dass das Thema politisch genutzt wird, finde ich sehr schwierig. Trotzdem brauchen wir gesetzliche Regelungen für Trans-Wege. Das hängt allerdings auch davon ab, wie Trans definiert wird. Ich definiere es für mich binär. Für mich war klar, wenn ich transitioniere, dann von einem Geschlecht in das andere. Ich bin mir nicht sicher, ob man das mit Graustufen, z. B. Nicht-Binarität, vermischen sollte.

Hast du Wünsche an das Gesundheitssystem oder an die Beratung, um anderen Menschen in einer ähnlichen Situation wie deiner mehr Orientierung und Unterstützung zu geben?
Chris: Ich denke, medizinisch gesehen sind wir momentan auf dem aktuellsten Stand. Rechtlich gesehen haben zwar manche Menschen das Gefühl, es würden einem Steine in den Weg gelegt, z. B. bei der Kostenübernahme, aber das sehe ich nicht so. Wir haben die Möglichkeit, sehr viele medizinische Maßnahmen bezahlt zu bekommen und die Medizin entwickelt sich ja auch weiter.

Sehr, sehr wichtig finde ich das Thema Psyche, weil die Auseinandersetzung mit Transidentität im Kopf stattfindet. Ein generelles Problem ist die Verfügbarkeit von Therapieplätzen. Und was ich auch sehr schwierig finde, ist es, wenn in der Community Tipps ausgetauscht werden, was man beim Therapeuten sagen muss, um so schnell wie möglich eine Indikation zu bekommen.

Es gehört eine innere Auseinandersetzung dazu. Man muss sich im Klaren sein, was Transition bedeutet, denn diese ist immer eine psychische Belastung. Ich habe vorhin gesagt, es ist ein Filter. Man verliert Menschen, man gewinnt neue dazu. Aber gerade der Verlust der Menschen ist eine Belastung. Damit muss man erstmal klarkommen. Und es sind Ängste da. Ich finde es sehr wichtig, dass man sich mit der eigenen Identität wirklich intensiv auseinandersetzt. Wobei viele sagen, ich weiß, wer ich bin, ich gehe den Weg. Punkt. Zumindest bei mir war es nicht so.

Wenn jemand wirklich hundertprozentig davon überzeugt ist, dann mag das so sein. Der Therapeut hört natürlich nur das, was man ihm sagt, und wenn jemand 20 Mal sagt „Ich bin trans" und der Therapeut stellt ohne weitere Fragen die Indikation aus, dann sehe ich das sehr kritisch. Ich bin kein Befürworter von schnellen Indikationen, denn die professionell begleitete Auseinandersetzung mit sich selbst ist enorm wichtig. Ich kann nur jedem ans Herz legen: Befasse dich mit dir, und zwar mit einem objektiven Zuhörer. Man kann sich selbst unglaublich viel einreden, ja man kann sich sogar selbst das Gehirn waschen. Darum ist es wichtig, jemanden zu haben, der das, was ich von mir gebe, von außen spiegelt und auch mal Rückfragen stellt, wie ein sokratischer Dialog.

So wie ich mir selbst eines Tages die Antwort gegeben habe „Nein, ich bin nicht Carolin, ich bin Chris. Und das ist gut so". Der Prüfer ist in dem Fall der Gutachter gewesen, ich habe das Gutachtengespräch aber auch als Gelegenheit für objektive Meinungsbildung verwendet. Das Gespräch bei einem der begutachtenden Therapeuten war sehr gut. Der andere wollte nur die Eckdaten meines „Lebenslaufes" haben und schrieb mir dann das Gutachten. Da gab es kein Hinterfragen, das ich so wichtig finde.

Wenn jemand dieses Interview liest, der oder die sich gerade selbst unsicher ist, ob eine Transition das Richtige ist, was würdest du dieser Person mitgeben?

Chris: Zunächst: Du kannst nur gewinnen – egal, wie du dich entscheidest. Aber setze dich mit dir auseinander. Es darf natürlich nicht darin enden, dass man sich immer wieder im Kreis dreht. Irgendwann braucht man Klarheit und eine Entscheidung. Aber ich denke, Entscheidungen dürfen auch infrage gestellt werden.

Wir befinden uns im Leben auf einem Pfad, der immer wieder Abzweigungen hat. Nur wir bestimmen, wo es lang geht. Wir können geradeaus gehen, nach links oder rechts abbiegen. Es gibt immer eine Verästelung. Das ist der Weg unseres Lebens, der uns irgendwohin führt. Wir können nie das Ziel sehen, sondern immer nur den Weg vor uns. Wir sollten diesen Weg ohne Angst gehen und auch immer wieder innehalten und schauen, wo wir stehen und die Frage zulassen „Ist das mein Weg?". Ich glaube, das vergessen viele Menschen. Viele denken, sie müssen stets das Große und Ganze sehen können. Das können wir aber nicht. Das betrifft nicht nur Transpersonen, sondern alle.

Habt keine Angst und lernt Euch selber sehr gut kennen. Damit könnt Ihr nur gewinnen!

8

Reflexion und Ausblick

Inhaltsverzeichnis

> **Einführung**
>
> Diese Betrachtung ist ein Versuch, die „Trans-Debatte" zurückzuholen und auf eine sachliche Basis zu stellen. Ich möchte erklären, warum ich viele Forderungen des gegenwärtigen Transaktivismus kritisch sehe und gleichzeitig mit aller Deutlichkeit betonen: Transpersonen verdienen Respekt, Menschenwürde und Schutz. Aber eben auch eine realistische, differenzierte Politik, die nicht in ideologischen Absolutheiten erstarrt.

8.1 Reflexion: Transidentität im gesellschaftlichen Diskurs

Einleitung

Transident zu sein bedeutet, das körperliche Geburtsgeschlecht und die damit verbundene Geschlechtsrolle abzulehnen – und meistens, den sozialen Übergang in eine andere Geschlechtsrolle, sowie körperliche Angleichungsmaßnahmen und eine rechtliche Anerkennung des empfundenen Geschlechts zu suchen. Ich bin selbst trans und habe meine Identität nicht spontan „gefühlt", sondern durch Jahre des Nachdenkens, Zweifelns, Fragens und schließlich

D. N. Scholz, *Transidentität verstehen - transident leben*,
https://doi.org/10.1007/978-3-658-50402-1_8

mit therapeutischer Begleitung meine Erkenntnis gefunden und mich entschieden, sozial, rechtlich und medizinisch zu transitionieren. Ich gehöre zu einer Generation, die von den Fortschritten in Medizin, Psychologie und Gesellschaft profitiert hat, aber auch deren Grenzen erlebt.

Heute stehe ich zwischen zwei Lagern: Auf der einen Seite diejenigen, die Transidentität und Transpersonen grundsätzlich ablehnen oder lächerlich machen – die sogenannten Transfeinde. Auf der anderen Seite ein lauter Teil des Transaktivismus, der jede kritische Rückfrage oder Differenzierung als Angriff, als Transphobie oder Diskriminierung wertet. Zwischen diesen Polen geht oft die sachliche Debatte verloren und mit ihr die gesellschaftliche Akzeptanz, die wir so mühsam aufgebaut haben.

Das Selbstbestimmungsgesetz

Das Selbstbestimmungsgesetz (SBGG), das in Deutschland im November 2024 in Kraft trat, regelt die Änderung des Geschlechtseintrags und Vornamens allein durch Selbstauskunft. Das bedeutet: Wer sich einem anderen als dem Geburtsgeschlecht zugehörig fühlt, kann beim Standesamt ohne psychologisches Gutachten, ohne gerichtliche Anhörung und ohne medizinische Dokumentation seinen Geschlechtseintrag ändern lassen. Dies ist ein großer Schritt und für viele transidente Menschen eine spürbare Erleichterung im Transitionsprozess.

Doch diese Neuerung bringt auch ernstzunehmende Risiken mit sich. Denn die Selbstauskunft ist jährlich wiederholbar, ohne Überprüfung oder Beratung. In der Gesetzesbegründung heißt es ausdrücklich, dass eine Prüfung der Motive verfassungsrechtlich nicht zulässig sei (vgl. Bundesministerium für Familie, Senioren, Frauen und Jugend, Entwurf SBGG, 2023). So gut gemeint das sein mag – in der Praxis bedeutet es, dass auch Menschen mit destruktiven Absichten oder ideologisch motivierten Provokationen Zugriff auf die Änderungsmöglichkeiten des SBGG haben. Ohne dass jemand rechtlich etwas dagegen tun kann.

Ein Beispiel ist der medienbekannte Fall von Marla-Svenja Liebich, einer als männlich lesbaren Person, die mehrfach polizeilich auffiel, wegen Volksverhetzung rechtskräftig verurteilt wurde und sich öffentlich damit rühmte, das SBGG-Verfahren zu instrumentalisieren, indem Liebich sich ohne den Anschein, transident zu sein, per SBGG als weiblich eintragen ließ (Vorreyer, 2025). Allein in Deutschland hat es bereits von weiteren Personen Verlautbarungen gegeben, dass SBGG „nutzen“ zu wollen, ohne selbst trans zu sein. Im Ausland gibt es ebenfalls bereits kurz nach oder sogar vor Inkrafttreten von Selbstbestimmungsgesetzen weitere ähnliche Fälle (z. B. Illinger, 2024, Louis, 2025, Blick, 2022). Zwar handelt es sich um Einzelfälle – doch sie reichen aus, um die öffentliche Wahrnehmung von Transidentität, transidenten Menschen und die gesellschaftliche und politische Debatte zu verschieben und Zweifel an der Seriosität des Gesetzes und der Integrität von Transpersonen zu wecken. Und ich frage, in Richtung des Transaktivismus, der diese Einzelfälle als entweder nicht existent (Kolter, 2024) oder nicht relevant (Sonntags-Club e. V., 2023) einstuft: Wie viele Einzelfälle „dürfen" oder „müssen" es denn sein, damit eine Gefahr als existent akzeptiert wird? Für Menschen, die aus realer Geschlechtsdysphorie und damit einhergehendem Leidensdruck heraus eine Transition durchlaufen, ist die Entwicklung eine bittere Ironie: Ihre Identität wird damit – erneut – infrage gestellt.

Besonders kritisch sehe ich, dass das Gesetz keine differenzierte Lösung für geschlechtsspezifisch geschützte Räume – etwa Frauenhäuser, Frauengefängnisse oder Toiletten und Umkleiden – vorsieht. Diese Einrichtungen sind auf klare Regeln angewiesen, um vulnerable Gruppen zu schützen. Wenn der Zugang zu solchen Räumen allein von der Geschlechtsangabe im Personenstandsregister abhängt, oder sogar geringer als das: von der reinen Selbstauskunft ohne rechtliche Änderung, dann geraten Schutzprinzipien ins Wanken.

Was meines Erachtens hier fehlt, ist nicht „mehr Kontrolle", sondern ein kluges und vermittelndes Gleichgewicht zwischen dem berechtigten Wunsch nach Selbstbestimmung und der Notwendigkeit, gesellschaftliche Regeln nachvollziehbar, missbrauchssicher und für alle Beteiligten fair zu gestalten. Dazu gehören ein irgendwie gearteter Nachweis, dass das SBGG nutzende Personen dem Normadressatenkreis des Gesetzes (transidente, nicht-binäre und intergeschlechtliche Personen) angehören, eine verpflichtende und nachzuweisende Beratung durch qualifizierte Fachpersonen vor der amtlichen Änderung und ein transparenter Umgang mit Fällen, in denen Personen das SBGG nutzen, für die das Gesetz offensichtlich nicht gemacht wurde. Transmenschen brauchen rechtliche Anerkennung, aber nicht auf Kosten des Vertrauens der Gesellschaft und in das „System".

Diagnostik und Therapiepflicht – Schutz, keine Schikane

In der öffentlichen Debatte rund um Transidentität hat sich in den letzten Jahren ein Begriff etabliert, der häufig kritisch verwendet wird: „Gatekeeping". Damit gemeint ist die Vorstellung, dass medizinisches oder psychotherapeutisches Fachpersonal in einer „Wächterfunktion" auftritt und Transmenschen den Zugang zu Hormonbehandlungen oder Operationen verwehrt oder erschwert – etwa durch langwierige Verfahren, Zweifeln an der Identität oder das Fordern bestimmter Nachweise.

Diese Kritik ist aus der Erfahrungswelt vieler älterer Transpersonen nachvollziehbar. Noch vor wenigen Jahren mussten Menschen, die ihre(n) Vornamen und/oder Geschlechtseintrag ändern wollten, in Deutschland zwei unabhängige psychologische Gutachten beibringen – ein Verfahren, das oft teuer (obgleich es die Möglichkeit gab, Verfahrenskostenhilfe zu bekommen) und mit hohem bürokratischem Aufwand und Unsicherheit hinsichtlich der Länge des Verfahrens verbunden war. Dass dieses Verfahren zum Teil als belastend empfunden wurde, ist verständlich.

Doch aus der berechtigten Kritik an dem damals möglicherweise überregulierten System ist inzwischen in Teilen der Bewegung die Forderung entstanden, medizinische und psychologische Diagnostik vollständig abzuschaffen – insbesondere bei Personen, die Hormonbehandlungen, operative Eingriffe oder Pubertätsblocker wünschen. Diese Forderung sehe ich aus psychologischer und medizinischer Perspektive problematisch.

Denn eine diagnostische Einschätzung – etwa nach ICD-11 (International Classification of Diseases, WHO ICD-11) – dient nicht der Ausgrenzung, sondern der Klarheit: Sie hilft dabei, das subjektive Erleben einer Person einzuordnen, Begleiterkrankungen zu erkennen und die bestmögliche Unterstützung zu organisieren. Die medizinische Leitlinie in Deutschland, die AWMF S3-Leitlinie „Geschlechtsinkongruenz und Geschlechtsdysphorie" (die im Oktober 2023 abgelaufen ist und derzeit überarbeitet wird), empfiehlt ausdrücklich eine interdisziplinäre, psychotherapeutisch eingebettete Diagnostik – nicht als Voraussetzung zur Legitimation, sondern als Teil eines individuellen Unterstützungsprozesses (AWMF, 2020).

Auch die internationale Leitlinie WPATH SOC-8 (WPATH, 2022) betont: Therapie soll ermutigen, aufklären, absichern – nicht verhindern. Viele transidente Menschen profitieren von einem Raum, in dem sie ihre Identitätsfragen reflektieren und Ängste, soziale Dynamiken oder mögliche Alternativerklärungen für ihr Leiden erkunden können.

Zahlreiche Studien zeigen zudem, dass ein nicht ganz kleiner Teil Jugendlicher, aber auch mancher Erwachsener, die sich als trans identifizieren, auch psychische Begleiterkrankungen aufweist – darunter Depression, Angststörungen, Autismus-Spektrum-Störungen oder posttraumatische Belastungsreaktionen (vgl. z. B. Heylens G. et al., 2021). Diese Zustände können das Erleben von Geschlechtsdysphorie überlagern oder beeinflussen. Eine verantwortliche medizinische Praxis darf das nicht ignorieren.

Diagnostik und Therapie sind kein Misstrauen gegenüber der Identität eines Menschen – sie sind ein Angebot. Ein Angebot zur Selbstklärung, zur Unterstützung und zur Minimierung von Risiken. Wenn wir dieses Angebot abschaffen, gefährden wir nicht nur die betroffenen Personen – wir nehmen ihnen auch die Chance, auf ihrem Weg professionell begleitet zu werden. Eine gute Transition beginnt nicht mit der Ausstellung eines Rezepts, sondern mit einem Fachgespräch in einem wertschätzenden Rahmen.

Medizinische Maßnahmen bei Minderjährigen

Wenn Kinder und Jugendliche beginnen, sich nicht mit dem Geschlecht zu identifizieren, das bei ihnen bei der Geburt festgestellt wurde, stellt das für Familien, Schulen und die Medizin eine große Herausforderung dar. Die Entscheidung, ob medizinisch eingegriffen wird, etwa durch Pubertätsblocker oder Hormone, gehört zu den heikelsten Fragen in der aktuellen Debatte.

Pubertätsblocker sind Medikamente, die verhindern, dass die körperliche Pubertät einsetzt. Ursprünglich wurden sie etwa bei vorzeitiger Pubertät oder hormonell bedingten Krankheiten verwendet. In der Transmedizin kommen sie zum Einsatz, um „Zeit für die Selbstfindung" zu schaffen, bevor irreversible Veränderungen wie Bartwuchs oder Brustentwicklung einsetzen.

Doch der medizinische Konsens wackelt. Der Cass-Report (Cass, 2024), eine groß angelegte, unabhängige Untersuchung im Auftrag des britischen National Health Service (NHS), kam 2024 zu dem Ergebnis, dass die wissenschaftliche Grundlage für Pubertätsblocker in der Behandlung von Jugendlichen mit Geschlechtsdysphorie „von sehr niedriger Qualität" sei. Der Bericht stellte fest, dass Risiken – etwa für die Knochendichte, die Gehirnentwicklung und die Fertilität (Fortpflanzungsfähigkeit) – bislang nicht ausreichend erforscht seien.

Als Reaktion darauf haben Großbritannien, Schweden, Finnland und Norwegen die Anwendung solcher Medikamente auf klinische Studien beschränkt oder erheblich eingeschränkt. In Deutschland jedoch gibt es bislang keine klare gesetzliche Regelung – und einige Aktivist*innen fordern sogar, dass (nicht nur) Jugendliche ohne jede Diagnostik Zugang zu Blockern und Hormonen erhalten sollen.

Dabei zeigen Studien, dass die meisten Jugendlichen, die mit Blockern beginnen, nahtlos in eine medizinische Transition übergehen. Eine Langzeituntersuchung aus den Niederlanden ergab, dass etwa 98 % der Jugendlichen nach Blockern mit Hormonen weitermachten. Damit wird aus einer „neutralen Pause" in der Praxis ein Pfad, der kaum mehr verlassen wird.

Gerade bei Jugendlichen ist das gefährlich. Denn in der Pubertät verändert sich vieles, auch das Selbstbild. Diagnostik und psychologische Begleitung sind in dieser Lebensphase umso wichtiger, um vorschnelle Entscheidungen zu vermeiden. Nicht jeder Jugendliche, der sich geschlechtlich unwohl fühlt, ist automatisch trans – und nicht jede*r sollte in eine irreversible medizinische Behandlung überführt werden.

Medizinische Zurückhaltung ist kein Ausdruck von Transfeindlichkeit. Sie ist Ausdruck von Verantwortung.

Die Realität von Detransition – Zahlen, Stimmen, Tabus

Ein besonders heikles Thema ist die sogenannte Detransition – also der bewusste Schritt, eine begonnene Transition rückgängig zu machen oder abzubrechen. Im Transaktivismus wird oft behauptet, dies sei extrem selten – gerade einmal ein bis zwei Prozent der Betroffenen würden später ihre Entscheidung bereuen (Wilken, 2022). Neuere Untersuchungen zeichnen jedoch ein differenzierteres Bild. Systematische Untersuchungen berichten, dass je nach Studie zwischen rund 1 % und fast 10 % derjenigen, die eine Transition begonnen haben, später zumindest zeitweise einen Abbruch oder eine Rückkehr zu ihrer ursprünglichen Geschlechtsidentität vollzogen (Feigerlova et al., 2025). Eine weitere Analyse von Umfragedaten ergab sogar, dass mehr als 13 % der Befragten Erfahrungen mit Detransition angegeben haben (Expósito-Campos et al., 2023). Und auch die qualitative Studie von Littman (2021) mit ehemals transidenten Personen verdeutlicht, dass die Gründe für Detransition vielfältig sind: Neben gesellschaftlichem Druck nannten die Befragten insbesondere Aspekte der psychischen Gesundheit sowie Zweifel an der ursprünglichen Diagnose. Diese Ergebnisse machen deutlich, dass Detransition zwar insgesamt kein Mehrheitsphänomen ist, die Zahlen aber höher liegen, als es im Aktivismus oft dargestellt wird – und dass eine verantwortliche medizinische Praxis diese Möglichkeit im Blick behalten muss.

Weiterhin zeigen neuere Erhebungen, dass ein signifikanter Anteil von Detransitionierenden später über das Gefühl spricht, „nicht ausreichend aufgeklärt oder vorbereitet" gewesen zu sein (vgl. z. B. Vandenbussche 2021). Viele berichten, dass sie sich in sozialen Medien oder durch Online-Gruppen in eine Entscheidung gedrängt fühlten, die sie später bereuten. Andere beklagen, dass psychische Probleme übersehen wurden.

Detransition darf nicht länger ein Tabu sein. Menschen, die diesen Schritt gehen, begehen keinen „Verrat" an der Community – sie sind Teil ihrer Vielfalt. Ihre Erfahrungen können helfen, die psychologische und medizinische Praxis zu verbessern und Aufklärungsarbeit realitätsnäher zu gestalten.

Ein verantwortungsvoller Umgang mit Transidentität heißt auch: Raum zu lassen für Umwege, Korrekturen und neue Wege.

Die inflationäre Weitung des Transbegriffs

Früher bedeutete „trans", dass eine Person sich einem anderen Geschlecht zugehörig fühlt als dem, das bei Geburt festgestellt wurde – und meist auch medizinische oder soziale Schritte unternimmt, um dem empfundenen Geschlecht näherzukommen. Heute wird der Begriff zunehmend ausgeweitet: Auch Menschen, die sich als nicht-binär, genderfluid, agender oder einfach geschlechtsunkonform verstehen, zählen sich darunter.

Diese Entwicklung kann aus einer Perspektive der Inklusion begrüßt werden, denn sie öffnet die Tür für vielfältige Geschlechtsidentitäten. Doch sie hat auch eine Schattenseite: Je weiter der Begriff gefasst ist, desto weniger greifbar wird er politisch, medizinisch und sozial. Wenn jede Form von geschlechtlicher Nicht-Konformität unter „trans" fällt, wird es schwieriger, gezielte Unterstützung anzubieten, Interessen können kollidieren und die gesellschaftliche Akzeptanz von geschlechtlicher Vielfalt kann abnehmen.

Zudem entsteht ein Konflikt zwischen Menschen mit starkem Leidensdruck – etwa jenen mit diagnostizierter Geschlechtsdysphorie – und jenen, die jegliche Form von „Trans-Sein" vor allem als Ausdruck von Kultur oder persönlichem Stil verstehen. Während die einen auf medizinische Maßnahmen angewiesen sind, lehnen andere genau diese Medikalisierung ab. Es gibt in aktivistischen Kreisen sogar Schimpfworte dafür: „Trans-Medicalists", oder „Tru-Scum" (mit beidem sind Menschen gemeint, die der Ansicht sind, dass nur wer medizinische Angleichung sucht, „wirklich trans" sei).

Beides hat seine Berechtigung. Aber wenn die Unterschiede verwischt werden, verlieren wir den Fokus auf die Bedarfe jener, die tatsächlich eine Transition brauchen und diese nicht als „Lifestyle", sondern als lebensnotwendige Maßnahme erleben.

Frauenräume und der Streit um Passing

Kaum ein Thema polarisiert so sehr wie der Zugang zu geschlechtsspezifischen Schutzräumen, z. B. Frauenhäuser, Damenumkleidekabinen, Frauengefängnisse oder geschlechtergetrennte Toiletten. Der Anspruch vieler Transfrauen, diese Räume nutzen zu dürfen, trifft auf die Forderung vieler Cisfrauen nach Schutz und Privatsphäre. Beide Perspektiven sind legitim und sie lassen sich nicht mit dem simplen „Identität vor Realität"-Ansatz auflösen.

In der Praxis stellt sich oft die Frage: Wie soll der Zugang zu geschlechtergetrennten Räumen geregelt werden? Reicht es, sich als Frau zu identifizieren oder braucht es ein „Passing", also ein äußeres Erscheinungsbild, das bestmöglich dem Zielgeschlecht entspricht? Ist es biologischen Frauen zuzumuten, Räume mit Personen zu teilen, die biologisch männlich sind und keine medizinische Transition durchlaufen haben?

Die Antwort darauf muss nicht in Verboten liegen, sondern in sorgfältig bedachten, ausgewogenen und transparenten Regeln. So könnten etwa Frauenhäuser interne Kriterien entwickeln, die auf Sicherheit und subjektivem Wohlbefinden aller basieren. Auch getrennte oder alternative Räume könnten in sensiblen Kontexten helfen, Konflikte zu vermeiden.

Transrechte und Frauenrechte dürfen nicht gegeneinander ausgespielt werden. Sie müssen gemeinsam gedacht werden – in einem Rahmen, der Respekt und Realität vereint.

Besteht ein Anspruch darauf begehrt zu werden?

Ein oft kontrovers diskutierter Punkt im Kontext des Transaktivismus ist die Frage nach romantischer und sexueller Präferenz – konkret die Erwartung, dass lesbische Cisfrauen auch lesbische Transfrauen daten sollten, um nicht als transfeindlich zu gelten. Dabei wird häufig übersehen, dass es kein allgemeines Recht darauf gibt, von bestimmten Menschen begehrt oder gedatet zu werden. Sexuelle und romantische Anziehung sind komplexe, persönliche Empfindungen, die sich nicht durch politische Forderungen erzwingen lassen. Wenn eine lesbische Cisfrau angibt, ausschließlich an biologischen Frauen interessiert zu sein, bedeutet das nicht automatisch eine Ablehnung der Geschlechtsidentität einer Transfrau – sondern kann schlicht Ausdruck persönlicher Präferenz sein. Interessanterweise fällt auf, dass der öffentliche Aufschrei in vergleichbaren Situationen – etwa, wenn schwule Cismänner kein Interesse an Transmännern zeigen – deutlich geringer ausfällt. Dies wirft die Frage auf, warum gerade lesbische Cisfrauen einem besonderen normativen Anspruch ausgesetzt werden. Dass Menschen bestimmte körperliche Merkmale – wie etwa Geschlechtsteile, Stimmklang oder hormonelle Merkmale – für ihre Anziehung relevant finden, ist zunächst weder diskriminierend noch ungewöhnlich. Niemand würde etwa behaupten, dass es feindlich gegenüber Rothaarigen sei, wenn jemand angibt, nicht auf rothaarige Partner zu stehen. Eine inklusive Gesellschaft sollte das Selbstbestimmungsrecht und die Würde aller Menschen schützen, ohne dabei individuelle sexuelle Grenzen oder Präferenzen als ideologisches Problem zu behandeln.

Befürworter*innen des aktivistischen Anspruchs argumentieren, dass Ausschlüsse transidenter Personen aus dem Datingpool marginalisierende Effekte haben können und daher gesellschaftlich reflektiert werden sollten. Sie verweisen darauf, dass viele Präferenzen, insbesondere in Bezug auf Geschlecht, Körper oder Hautfarbe, nicht rein „natürlich“, sondern oft sozial geprägt und durch Normen internalisiert seien. Auch Transfrauen erleben häufig Zurückweisung nicht nur wegen körperlicher Merkmale, sondern auch aufgrund von Vorannahmen über „Echtheit“ von Geschlecht, was zu berechtigter Frustration führen kann. Dennoch bleibt die Frage offen, ob solche strukturellen Aspekte in den Bereich individueller Intimität übertragen werden können. Es ist ein gravierender Unterschied, ob jemand Transpersonen das Menschsein oder Bürgerrechte abspricht – was natürlich entschieden abzulehnen ist – oder ob jemand im persönlichen intimen Kontext bestimmte Grenzen oder Wünsche formuliert. Die Gefahr besteht darin, dass berechtigte Anliegen zur Sichtbarkeit und Entpathologisierung von Transpersonen in die moralische Forderung kippen, individuelles Begehren zu normieren. Eine emanzipierte Gesellschaft sollte sensibel mit Nicht-Präferierung umgehen, ohne dabei in den Zwang zur Gleichbegehrung zu verfallen. Denn selbst wenn Präferenzen teilweise sozial formbar sind, bleiben sie in der konkreten Lebenspraxis Ausdruck persönlicher Integrität und sollten nicht unter Generalverdacht gestellt werden

Radikalisierung im Aktivismus – das verlorene Maß

In sozialen Netzwerken begegnet man heute immer häufiger aggressiven Parolen wie „TERFs töten" („TERF = trans excluding radical feminist") oder „Wer nachfragt, ist transfeindlich". Was ursprünglich als Reaktion auf reale Diskriminierung gedacht war, hat sich in Teilen der „Community" (persönliche Anmerkung: es gibt m. E. keine „Trans-Community" – Transpersonen sind ebenso vielfältig wie es die gesamte Menschheit ist) in eine ideologisch verbohrte Haltung verwandelt, die keine Kritik mehr zulässt.

Dabei lebt eine demokratische Gesellschaft vom Diskurs, auch über sensible Themen. Wenn jegliche Kritik oder jeder Differenzierungsversuch sofort als transfeindlich oder als Hass gedeutet wird, wenn Fragen als Gewalt gelten und Widerspruch als Verrat, dann hat eine Bewegung ihre innere Freiheit verloren.

Mehr noch: Diese Radikalisierung führt zu Gegenbewegungen. Konservative Kreise greifen den Tonfall auf, um ihrerseits gegen Transrechte zu argumentieren. In Ländern wie den USA oder Ungarn sehen wir bereits, wohin das führen kann: zu gesetzlichen Rückschritten, Stigmatisierung, Einschränkung oder gar Abschaffung medizinischer Angebote.

Wer wirklich für die Rechte transidenter Menschen kämpft, sollte sich von dieser Rhetorik distanzieren und für einen Dialog eintreten, der *allen* zuhört, statt abzuurteilen. Nur so sichern wir das, was erreicht wurde: Respekt, Schutz und Teilhabe.

Insgesamt zeigt sich also ein ambivalentes Bild: Rechtlich sind in den letzten Jahren entscheidende Fortschritte erreicht worden und Transpersonen können heute in Deutschland ihre Identität mit deutlich weniger Hürden leben als noch vor kurzem. Die eigentlichen Herausforderungen liegen nun weniger im Gesetz, sondern in der alltäglichen Praxis, in der Durchsetzung bestehender Rechte und im Abbau gesellschaftlicher Vorbehalte. Genau hier ist Augenmaß gefragt. Denn übersteigerte oder dramatisierte Forderungen, die etwa auf eine völlige Abschaffung medizinischer Standards hinauslaufen, stoßen in der Gesellschaft nicht auf Akzeptanz, sondern erzeugen neue Widerstände. So drohen am Ende ausgerechnet diejenigen benachteiligt zu werden, die auf eine verlässliche Versorgung und ein respektvolles Miteinander angewiesen sind. Was es daher braucht, ist eine nüchterne, differenzierte Debatte mit dem Ziel, Vertrauen zu schaffen und die bereits erzielten Fortschritte nachhaltig zu sichern.

8.2 Ausblick

Dieses Buch sollte Orientierung geben, nicht alle Fragen abschließend beantworten. Es versteht sich als ein pragmatischer, erfahrungsbasierter und zugleich medizinisch und rechtlich fundierter Ratgeber für Transpersonen, ihre Angehörigen und andere interessierte Menschen. Es will helfen, die eigene Transition besser zu verstehen und zu gestalten – aber auch, sich in einem komplexen gesellschaftlichen und politischen Spannungsfeld zurechtzufinden.

In den letzten Jahren hat die öffentliche Aufmerksamkeit für Trans-Themen spürbar zugenommen. Sichtbarkeit und Diskurse sind wichtig, aber sie verlaufen oft polarisierend. Dabei verlieren viele, um die es eigentlich geht, nämlich die Betroffenen selbst, zunehmend das Vertrauen in eine sachliche, respektvolle Debatte.

Begriffe wie „Selbstbestimmung", „Transrechte" oder „Cancel Culture" sind nicht nur Schlagworte. Sie spiegeln tieferliegende Fragen wider: Wer bestimmt, was Geschlecht ist? Was folgt daraus für medizinische Zugänge? Welche Rolle spielt biologische Realität und was bedeuten Forderungen nach freiem Zugang zu geschlechtsangleichenden Maßnahmen ohne Diagnostik oder psychologische Begleitung für die Versorgungsqualität, für den Schutz vulnerabler Gruppen und für das Vertrauen in medizinische Standards?

So ist es richtig und notwendig, sich gegen Diskriminierung zu stellen, gegen strukturelle Hürden. Und ebenso richtig ist es, um belastbare Informationen, differenzierte Diagnostik und sorgfältige Begleitung zu ringen – im Sinne von Sicherheit, Verlässlichkeit und Verantwortlichkeit für die Betroffenen selbst. Es geht nicht um „Transrechte gegen Frauenrechte" oder „Biologie gegen Identität", sondern um einen Weg, wie das Leben für alle gerechter, sicherer und menschenwürdiger gestaltet werden kann.

Transrechte sind Menschenrechte – dieser Satz ist kein politisches Schlagwort, sondern ein ethisches und rechtliches Fundament. Doch der Weg dorthin ist kein Kampfbegriff, sondern ein gemeinsamer Aushandlungsprozess. Es braucht keine Verengung auf identitätspolitische Gräben, sondern eine Rückbesinnung auf Dialog, Empirie und gegenseitiges Vertrauen.

Wer sich für das Leben einer transgeschlechtlichen Person interessiert, sei es aus persönlicher Betroffenheit oder solidarischer Anteilnahme, findet in diesem Buch hoffentlich einen Kompass. Und wer politisch Verantwortung trägt, findet hier vielleicht Impulse für eine gerechtere, pragmatischere und menschlichere Gestaltung von Rahmenbedingungen jenseits von ideologischen Polarisierungen.

Denn am Ende steht die Frage: Wie wollen wir als Gesellschaft mit Menschen umgehen, deren Lebensweg nicht den gewohnten Normen entspricht, aber genauso Respekt, Würde und Schutz verdient?

In diesem Sinne: Transidentität zu verstehen heißt nicht nur, medizinisches oder rechtliches Wissen zu erwerben. Es heißt vor allem, sich auf Vielfalt einzulassen. Ohne Angst, ohne Vorbehalte, mit Offenheit und Mut. Transident zu leben bedeutet vor allen Dingen Mut, den aber niemand allein aufbringen muss.

Glossar

ADHS Abkürzung für Aufmerksamkeitsdefizit-/Hyperaktivitätsstörung. Eine neurologische Entwicklungsstörung, die u. a. durch Unaufmerksamkeit, Impulsivität und erhöhte Aktivität gekennzeichnet ist.

Adoleszenz, Adoleszenzkrise Lebensphase zwischen Kindheit und Erwachsensein. Adoleszenzkrise bezeichnet die Nicht-Bewältigung typischer körperlicher und psychischer Umbrüche in dieser Zeit.

Agender Bezeichnung für Menschen, die keine Geschlechtsidentität empfinden oder sich keinem Geschlecht zugehörig fühlen.

AGG, Allgemeines Gleichbehandlungsgesetz Deutsches Antidiskriminierungsgesetz von 2006, das u. a. Benachteiligungen wegen Geschlecht, Religion, Behinderung oder sexueller Identität verbietet.

Alltagserfahrung, „Alltagstest" Begriff aus medizinischen Leitlinien für Transpersonen. Gemeint ist die Erwartung, über einen längeren Zeitraum im gewünschten Geschlecht zu leben, bevor medizinische Maßnahmen genehmigt wurden. Die Alltagserfahrung ist nicht als „Test" zu verstehen, den man besteht oder nicht besteht, sondern als aktive Erprobung der Lebbarkeit der gewünschten Geschlechtsrolle.

Anästhesie Medizinische Verfahren zur Schmerzfreiheit während Operationen oder Eingriffen, z. B. durch Vollnarkose oder örtliche Betäubung.

Androgenblocker, Andrologie Androgenblocker sind Medikamente, die männliche Sexualhormone (Androgene) hemmen. Andrologie ist das Fachgebiet der Medizin, das sich mit männlicher Fortpflanzung und Hormonen befasst.

Angststörung Oberbegriff für psychische Erkrankungen, die durch übermäßige Angst, Sorgen oder Panikattacken geprägt sind.

Approbiert, Approbation Bezeichnet die staatliche Zulassung für Ärztinnen und Ärzte oder Psychotherapeutinnen und -therapeuten zur Berufsausübung.

D. N. Scholz, *Transidentität verstehen - transident leben*,
https://doi.org/10.1007/978-3-658-50402-1

Arztvorbehalt Rechtliche Regelung, nach der bestimmte Behandlungen ausschließlich von Ärztinnen und Ärzten durchgeführt werden dürfen.

Atropie Rückbildung oder Schwund von Gewebe, Muskeln oder Organen, z. B. nach Inaktivität oder durch hormonelle Einflüsse.

Autismus Neurologische Entwicklungsbesonderheit, die durch Unterschiede in sozialer Kommunikation, Wahrnehmung und Verhalten gekennzeichnet ist.

Binär, nicht-binär Das Adjektiv binär bedeutet allgemein „aus zwei Teilen bestehend". Im Kontext von Geschlecht bezeichnet es das aus männlich und weiblich bestehende Zwei-Geschlechter-System. Nicht-binär: Selbstbezeichnung von Menschen, die sich nicht ausschließlich als männlich oder weiblich einordnen.

Biologisches Geschlecht Physische Merkmale wie Chromosomen, Hormone und Genitalien, die bei der Geburt einer Person festgestellt werden.

Blaue EU-Karte Aufenthaltstitel für hochqualifizierte Fachkräfte aus Nicht-EU-Ländern, um in der Europäischen Union arbeiten zu können.

Borderline Psychische Erkrankung (Borderline-Persönlichkeitsstörung), gekennzeichnet durch instabile Gefühle, Beziehungen und Selbstbild.

BSG, Bundessozialgericht Oberstes deutsches Gericht der Sozialgerichtsbarkeit mit Sitz in Kassel.

Butch/Femme Begriffe aus der lesbischen Kultur. Butch bezeichnet eher maskuline Rollenbilder, Femme eher feminine.

Cis, cisgeschlechtlich von Lateinisch cis = diesseits. Cisgeschlechtlich bezeichnet Menschen, deren Geschlechtsidentität mit dem bei Geburt festgestellten Geschlecht übereinstimmt.

Coming-out Offenlegung oder das Sich-Eingestehen der eigenen sexuellen Orientierung oder Geschlechtsidentität.

Compliance (im medizinischen Sinne) Ausmaß, in dem Patient*innen medizinische Empfehlungen befolgen.

Crossdressing, Travestie Vorübergehendes Tragen von Kleidung, die typischerweise einem anderen Geschlecht zugeschrieben wird, ohne dass dies zwingend mit einer abweichenden Geschlechtsidentität verbunden ist. Travestie ist eine Variante von Crossdressing, meist im Bühnenkontext.

Deadname, Deadnaming Der frühere Vorname einer transidenten Person. Das Benutzen des Deadnames (Deadnaming) gilt als respektlos und verletzend.

Depression Psychische Erkrankung mit Symptomen wie anhaltender Traurigkeit, Antriebslosigkeit und Interessenverlust.

Desistenz, Persistenz Im Kontext Transidentität beschreibt Desistenz das Nachlassen oder Aufhören von Geschlechtsdysphorie, Persistenz deren Fortbestehen.

Detransition, Retransition Abbruch oder Rückschritt einer Transition (Detransition) oder erneute Aufnahme einer Transition (Retransition), etwa durch medizinische, soziale oder rechtliche Schritte.

Diagnostik, Diagnose Diagnostik umfasst Methoden zur Erkennung von Krankheiten; die Diagnose ist die konkrete Benennung einer Erkrankung.

Divergent, Divergenz Abweichung von einer Norm oder einem Standard. In medizinischen oder psychologischen Kontexten für Unterschiede im Erleben oder Verhalten genutzt.

Divers (Geschlechtseintrag) Seit 2018 mögliche rechtliche Option im Geburtenregister für Personen, die sich nicht ausschließlich als männlich oder weiblich verorten.

Divertikel Ein Divertikel ist eine Ausstülpung der Wand eines Hohlorgans, zum Beispiel des Darms, der Harnröhre oder der Blase. In einer Aussackung der Harnröhre kann sich Urin ansammeln, was zu Harnwegsinfekten führen kann.

Dysphorie Zustand des Unwohlseins oder der Unzufriedenheit, in transspezifischem Kontext oft Geschlechtsdysphorie.

Eigenbeschaffung (sozialrechtlich) Regelung, nach der Versicherte medizinische Leistungen selbst beschaffen und ggf. die Kosten bei der Krankenkasse einreichen können, solange noch keine Ablehnung erfolgt ist.

Endokrinologie Medizinisches Fachgebiet, das sich mit Hormonen und hormonproduzierenden Organen befasst.

Epithesen, Penis-Hoden-Epithese Epithesen sind künstliche Körperteile oder Prothesen, die dem äußeren Erscheinungsbild dienen. Penis-Hoden-Epithesen werden von manchen Transmännern benutzt und sind bei Erfüllung der Voraussetzungen kostenübernahmefähig.

Evidenz Bezeichnung für wissenschaftlich belegte Erkenntnisse, meist im Zusammenhang mit Studienqualität.

Feminisierung, Maskulinisierung Veränderung des Körpers oder des Erscheinungsbilds in eine weibliche oder männliche Richtung, z. B. durch Hormone oder Operationen.

Fistel Eine Fistel ist ein krankhafter Verbindungsgang zwischen zwei Hohlorganen oder zwischen einem Organ und der Körperoberfläche. Durch eine Fistel können Flüssigkeiten oder Sekrete unkontrolliert abfließen. Fisteln entstehen meist infolge von Entzündungen, Verletzungen, Operationen oder Bestrahlungen.

FzM, MzF/FtM, MtF Abkürzungen für Frau-zu-Mann (FzM/FtM, Transmann) bzw. Mann-zu-Frau (MzF/MtF, Transfrau).

Gatekeeping bedeutet wörtlich „Torwächterfunktion“ und beschreibt im medizinischen und sozialrechtlichen Kontext die Kontrolle des Zugangs zu bestimmten Leistungen oder Behandlungen. Ärztinnen, Ärzte oder Gutachter*innen entscheiden dabei, ob die Voraussetzungen für eine Maßnahme (z. B. Operation, Psychotherapie, Kostenübernahme durch die Krankenkasse) erfüllt sind. Ziel kann die Sicherstellung einer indizierten Behandlung und der verantwortungsvollen Ressourcennutzung sein.

Geburtenregister Amtliches Register, in dem Geburten mit Angaben zu Eltern, Name und Geschlecht eingetragen werden.

G-BA, Gemeinsamer Bundesausschuss Zentrales Gremium der gemeinsamen Selbstverwaltung im deutschen Gesundheitswesen, das u. a. den Leistungskatalog der gesetzlichen Krankenkassen bestimmt.

Gender, Sex Unterscheidung zwischen sozialem Geschlecht (Englisch: Gender) und biologischem Geschlecht (Englisch: Sex).

Genderfluid Selbstbezeichnung für Menschen, deren Geschlechtsidentität nicht starr männlich oder weiblich ausgeprägt ist, sondern sich verändert.

Genderqueer Sammelbegriff für Identitäten außerhalb der binären Geschlechterordnung.

Genehmigungsfiktion Sozialrechtlicher Begriff: Wenn eine Krankenkasse nicht innerhalb der gesetzlichen Fristen über einen Antrag entscheidet, gilt dieser als genehmigt – was jedoch seit einem Grundsatzurteil des Bundessozialgerichts nicht mehr zu einer sofortigen Sachleistung führt.

Gerinnungsstörung Krankhafte Abweichungen der Blutgerinnung, die z. B. bei Operationen relevant sein können.

Geschlechtsangleichung, Geschlechtsumwandlung Medizinische und rechtliche Maßnahmen, die die Lebensrealität einer Person an ihre Geschlechtsidentität angleichen. Der Begriff „Umwandlung" ist unzutreffend und wird abgelehnt.

Geschlechtsausdruck Äußere Darstellung von Geschlecht, z. B. durch Kleidung, Frisur, Make-up, Stimme oder Verhalten.

Geschlechtsdysphorie Unwohlsein, das entsteht, wenn die Geschlechtsidentität nicht mit dem Körpergeschlecht oder dem sozialen Geschlecht übereinstimmt.

Geschlechtsidentität Innere Gewissheit, welchem Geschlecht man sich zugehörig fühlt.

Geschlechtsinkongruenz Begriff der ICD-11 für die Nicht-Übereinstimmung zwischen Geschlechtsidentität und körperlichen Geschlechtsmerkmalen.

Geschlechtsvarianz, geschlechtsvariant Oberbegriff für die Vielfalt geschlechtlicher Identitäten jenseits der binären Geschlechter.

GKV, gesetzliche Krankenversicherung Öffentlich-rechtliches Krankenversicherungssystem in Deutschland, das für die Mehrheit der Bevölkerung die medizinische Versorgung sicherstellt.

Glottisschlag, Glottispause Kurzes Schließen und Öffnen der Stimmlippen, hörbar als Knacklaut. In der Stimmtherapie und in der geschlechtsinklusiven Sprache relevant.

Glottoplastik Chirurgischer Eingriff an den Stimmlippen, um die Stimmlage anzuheben, z. B. bei Transfrauen.

Gynäkologie Medizinisches Fachgebiet, das sich mit der Gesundheit der weiblichen Geschlechtsorgane befasst.

Hämatokrit Maß für den Anteil der roten Blutkörperchen am Blutvolumen.

Heilpraktikergesetz Deutsches Gesetz, das die Ausübung der Heilkunde ohne ärztliche Approbation regelt.

HNO, Hals-Nasen-Ohrenarzt Fachärztin oder Facharzt für Erkrankungen im Bereich Hals, Nase, Rachen und Ohren.

Hypogonadismus Unterfunktion der Keimdrüsen mit verminderter Hormonproduktion.

ICD-10, ICD-11 Internationale Klassifikationen der Krankheiten durch die WHO. ICD-11 ersetzt ICD-10 schrittweise.

Intergeschlechtlich, inter* Beschreibt Menschen, die mit körperlichen Merkmalen geboren sind, die nicht eindeutig männlich oder weiblich einzuordnen sind.

Internalisierte Homophobie/Transphobie Übernahme negativer gesellschaftlicher Einstellungen gegenüber Homosexualität/Transidentität durch homosexuelle/transidente Menschen selbst.

Kinesiotape Elastisches, selbstklebendes Band zur Unterstützung von Muskeln und Gelenken. Wird in der Physiotherapie verwendet.

Kognitiv Auf Denken, Wahrnehmen und Erkennen bezogen.

Kryokonservierung Einfrieren von Sperma oder Eizellen zur späteren medizinischen Nutzung.

LGBT, LGBT+, LSBTI, LGBTQIA etc. Abkürzungen für sexuelle Orientierungen und Geschlechtsidentitäten, z. B. Lesbian, Gay, Bisexual, Trans, Queer, Intersex, Asexual.

LSG, Landessozialgericht Gerichtliche Instanz in einem Bundesland zwischen Sozialgericht und Bundessozialgericht.

Malignom Bösartiger Tumor.

Mammaaugmentation Operative Vergrößerung der Brust mit Implantaten oder Eigenfett.

Medizinischer Dienst, MDK, MDS Der Medizinische Dienst (MD) ist der sozialmedizinische Beratungs- und Gutachterdienst der gesetzlichen Kranken- und Pflegekassen in Deutschland. Bis 2019 war er als MDK (Medizinischer Dienst der Krankenversicherung) bekannt und auf Länderebene organisiert. Der MDS (Medizinischer Dienst des Spitzenverbandes Bund der Krankenkassen) war die bundesweite Dachorganisation, die die Arbeit der Landes-MDK koordinierte und Grundsatzfragen klärte. Seit der Reform 2020 tritt der Dienst einheitlich unter dem Namen MD auf, mit eigenständigen Landesdiensten und einer zentralen Koordinierungsstelle, die den Spitzenverband der gesetzlichen Krankenkassen berät.

Metaidioplastik (manchmal auch: Metoidioplastik), Klitpen Genitalangleichende OP-Option für Transmänner, bei der aus der durch Testosteroneinfluss vergrößerten Klitoris durch Mobilisierung und Freistellung ein "Mikropenis" erstellt wird. Umgangssprachlich Klitpen genannt.

Misgendern Ansprechen einer Person mit unzutreffendem Geschlecht oder Pronomen.

Mobbing Wiederholte, feindselige Handlungen gegenüber einer Person mit dem Ziel, diese auszugrenzen oder zu schädigen.

Nadelepilation, Laserepilation Methoden zur dauerhaften Haarentfernung durch Strom (Nadel) oder Laser.

Neourethra, Urethra Operativ geschaffene Harnröhre (Neourethra); Urethra ist der medizinische Begriff für Harnröhre.

Neovagina, Vagina Operativ geschaffene Scheide (Neovagina); Vagina ist der medizinische Begriff für die natürliche Scheide.

Neovulva, Vulva Operativ geschaffene Vulva (Neovulva); Vulva ist die Bezeichnung für die äußeren weiblichen Geschlechtsorgane.

Östrogen, Östrogenblocker Östrogen ist ein weibliches Sexualhormon. Östrogenblocker hemmen dessen Wirkung.

Outen, sich outen, geoutet werden Sichtbarwerden, eigenes Sichtbarmachen oder Sichtbarmachen durch andere der sexuellen Orientierung oder Geschlechtsidentität.

Passing Wenn eine Person im Alltag so wahrgenommen wird, wie es ihrer Geschlechtsidentität entspricht.

Peer-Beratung Unterstützungsform durch Menschen mit eigenen, vergleichbaren Erfahrungen. Die Berater*innen („Peers") teilen dieselben oder ähnliche Lebenslagen wie die Ratsuchenden und können dadurch praxisnah, verständnisvoll und niedrigschwellig beraten.

Perioperativ, Postoperativ Perioperativ: rund um eine Operation; Postoperativ: nach einer Operation.

Personenstandsregister Amtliches Register, das von den Standesämtern gemäß dem Personenstandsgesetz (PStG) geführt wird. Es umfasst die Beurkundung von Geburten, Eheschließungen, Begründungen und Aufhebungen von Lebenspartnerschaften sowie Sterbefällen. Die Eintragungen haben rechtsbegründende Wirkung und dienen als Grundlage für Personenstandsurkunden (z. B. Geburts- oder Heiratsurkunden).

Phalloplastik, Penoid Genitalangleichende OP-Option für Transmänner, bei der – zumeist aus einem transplantierten Hautlappen – ein funktionaler Penis geformt und an der anatomisch korrekten Körperstelle angebracht wird.

PKV, private Krankenversicherung Privates Krankenversicherungssystem. Die Kostenübernahmeregelungen der PKVen weichen oft von denen der gesetzlichen Krankenkassen ab.

Plastische Chirurgie Medizinisches Fachgebiet für wiederherstellende und ästhetische Operationen.

Posttraumatische Belastungsstörung Psychische Erkrankung, die nach extrem belastenden oder lebensbedrohlichen Ereignissen auftreten kann und durch Symptome wie ungewolltes Wiedererleben (Flashbacks, Albträume), Vermeidung erinnernder Situationen, anhaltende Übererregung sowie negative Veränderungen in Denken und Stimmung gekennzeichnet ist.

Probatorische Sitzung Einführende Psychotherapiestunden, die der Diagnostik und dem gegenseitigen Kennenlernen zwischen der behandelnden Person und Patient*in dienen.

Pronomen Aus dem Lateinischen pro nomine = „für ein Nomen" bzw. „für einen Namen". Bezeichnet eine Wortart, die anstelle eines Substantivs verwendet wird. Personalpronomen wie „er" oder „sie" dienen dazu, Personen oder Dinge zu benennen, ohne deren Namen zu wiederholen.

Psychiatrie Medizinisches Fachgebiet, das sich mit der Erkennung, Behandlung und Prävention psychischer Erkrankungen befasst. Ärztinnen und Ärzte, die in diesem

Bereich tätig sind, heißen Psychiater*innen; sie sind Fachärzte mit einer entsprechenden Weiterbildung und dürfen im Unterschied zu Psycholog*innen auch Medikamente verschreiben.

Psychosozial Das Zusammenspiel von psychischen und sozialen Faktoren betreffend.

Psychotherapeutin, Psychotherapeut Staatlich approbierte Fachpersonen, die psychische Erkrankungen und seelische Belastungen mit wissenschaftlich anerkannten psychotherapeutischen Methoden behandeln. In Deutschland können sie entweder als Psychologische Psychotherapeut*innen (Studium der Psychologie, anschließend spezielle Weiterbildung), als Kinder- und Jugendlichenpsychotherapeut*innen (Studium der Psychologie oder Pädagogik mit spezieller Weiterbildung) oder als Ärztliche Psychotherapeut*innen ((Fach-) Ärzt*innen mit Zusatzweiterbildung in Psychotherapie) tätig sein. Verhaltenstherapie, Tiefenpsychologisch fundierte Psychotherapie oder Psychoanalyse kennzeichnen die jeweilige methodische Ausbildung.

Psychotherapie Psychotherapie bezeichnet die gezielte Behandlung psychischer Erkrankungen, seelischer Belastungen oder Verhaltensstörungen mit wissenschaftlich anerkannten, psychologischen Methoden. Sie wird von approbierten Psychotherapeut*innen oder Fachärzt*innen durchgeführt und umfasst u. a. Verfahren wie Verhaltenstherapie, tiefenpsychologisch fundierte Therapie oder Psychoanalyse. Ziel ist es, Symptome zu lindern, Lebensqualität zu verbessern und die seelische Gesundheit zu stabilisieren.

Qualitätszirkel Gruppe von Fachleuten zur gemeinsamen Verbesserung von Versorgungsqualität. Im medizinischen und psychologischen Kontext sind dies regelmäßig stattfindende, moderierte Arbeitsgruppen von Ärzt*innen oder Psychotherapeut*innen, die der kontinuierlichen Verbesserung der Patientenversorgung dienen. Sie sind von den Kassenärztlichen Vereinigungen (KV) anerkannt und folgen strukturierten Methoden des Qualitätsmanagements.

S3-Leitlinie, Sk2-Leitlinie Klassifikationen medizinischer Leitlinien: S3 mit höchster Evidenz, Sk2 mit systematischer Konsensbildung.

Sachleistung (sozialrechtlich) Leistung, die von der Krankenkasse direkt bezahlt wird (z. B. Arztbehandlung), nicht als Geldleistung.

Sanktionen, Sanktionsmöglichkeit Rechtliche Maßnahmen bei Pflichtverletzungen.

SBGG, Selbstbestimmungsgesetz
Deutsches Gesetz (2024), das die Änderung von Namen und Geschlechtseintrag regelt.

Selbstverletzendes Verhalten Verhalten, bei dem Menschen sich selbst bewusst körperlichen Schaden zufügen.

Sexuelle Orientierung Dauerhafte emotionale oder sexuelle Anziehung zu Personen eines bestimmten Geschlechts.

SG, Sozialgericht Erste Instanz in der Sozialgerichtsbarkeit.

SGB V, Fünftes Sozialgesetzbuch Regelt in Deutschland die gesetzliche Krankenversicherung.

Sleeves, Penis-Sleeves Penis-Hüllen (zumeist aus medizinischem Silikon), die über den Penis oder die Phalloplastik gezogen werden und penetrativen Geschlechtsverkehr unterstützen können.

Sorgeberechtigte, Sorgeberechtigter Eltern oder gesetzliche Vertreter mit rechtlicher Verantwortung für ein Kind.

Sozialversicherungsnummer Individuelle Nummer zur Identifikation in der Sozialversicherung. Enthält in Deutschland einen Geschlechtsmarker.

Stenose, Striktur Stenose ist der allgemeinere medizinische Fachbegriff für eine Verengung eines Hohlorgans oder Gefäßes, unabhängig von der Ursache. Man spricht z. B. von Gefäßstenosen, Herzklappenstenosen oder Darmstenosen. Striktur bezeichnet speziell eine Verengung, die meist durch Narbenbildung, Vernarbungen oder Gewebeumbau nach Verletzungen, Entzündungen oder Operationen entstanden ist. Der Begriff wird vor allem für Harnröhre, Speiseröhre oder Darm verwendet. Beide Vorkommnisse müssen meistens operativ behoben werden.

Steuer-ID Persönliche Identifikationsnummer für steuerliche Zwecke in Deutschland. Die Steuer-ID enthält keinen Geschlechtsmarker, verändert sich nicht nach einer Geschlechtseintragsänderung und gilt ein Leben lang.

StGB Strafgesetzbuch – zentrales Gesetzbuch des deutschen Strafrechts.

STP-Packer Prothese, die als Penisattrappe getragen werden kann und auch das Urinieren im Stehen ermöglicht (Stand-to-Pee).

Suizidalität, Suizid Suizidalität bezeichnet Gedanken oder Handlungen zur Selbsttötung; Suizid ist die vollzogene Selbsttötung.

TERF Trans Exclusionary Radical Feminist – Feministinnen, die Transfrauen aus feministischem Aktivismus ausschließen.

Testosteron Männliches Sexualhormon, das u. a. für die Entwicklung männlicher Geschlechtsmerkmale sorgt.

Thrombose Bildung eines Blutgerinnsels in einem Blutgefäß.

Trans, transgeschlechtlich Von Lateinisch trans = jenseits, hinüber, an einen anderen Ort. Überbegriff für Menschen, deren Geschlechtsidentität nicht mit dem bei Geburt festgestellten Geschlecht übereinstimmt.

Transdermal Aufnahme eines Wirkstoffes durch die Haut, z. B. über Pflaster oder Gel.

Transfrau Eine Person, die mit männlichem Geschlechtskörper zur Welt kam und als Frau lebt.

Transidentität, transident Synonym für transgeschlechtlich. Bezeichnet das Nicht-Übereinstimmen von Geschlechtsidentität und bei Geburt festgestelltem Geschlecht.

Transition, geschlechtliche Prozess der Angleichung an die eigene Geschlechtsidentität – sozial, medizinisch und/oder rechtlich.

Transmann Eine Person, die mit weiblichem Geschlechtskörper zur Welt kam und als Mann lebt.

Transsexualismus (ICD-10) Medizinische Diagnose für Transidentität im WHO-Katalog ICD-10.

Transvestitischer Fetischismus Sexuelle Erregung durch Tragen der Kleidung des anderen Geschlechts, Diagnosekategorie im ICD-10. Ausschlussdiagnose für Transidentität.

Tucking Technik, bei der Penis und Hoden nach hinten gelegt und fixiert werden, um eine flache Leiste darzustellen.

Urologie Medizinisches Fachgebiet für Harnwege und männliche Geschlechtsorgane.

Verhältnismäßigkeitsprinzip Rechtliches Prinzip, wonach staatliches Handeln geeignet, erforderlich und angemessen sein muss.

Vertragsarzt, Vertragsärztin Vertragsärzt*innen sind in der Regel niedergelassene Ärztinnen und Ärzte, die durch die Kassenärztliche Vereinigung (KV) zur Behandlung von Patientinnen der gesetzlichen Krankenversicherung zugelassen sind und ihre Leistungen über die KV abrechnen. Krankenhausärzt*innen sind grundsätzlich keine Vertragsärztinnen, können jedoch durch eine besondere Ermächtigung für die vertragsärztliche Versorgung zugelassen werden.

Vertragskrankenhaus Ein Vertragskrankenhaus ist ein Krankenhaus, das in den Krankenhausplan eines Bundeslandes aufgenommen und damit zur Behandlung von gesetzlich Krankenversicherten zugelassen ist. Die Abrechnung der Leistungen erfolgt auf Grundlage des Sozialgesetzbuchs V (SGB V) direkt mit den Krankenkassen, in der Regel über das DRG-System (Fallpauschalen). Vertragskrankenhäuser unterscheiden sich von Privatkrankenhäusern, die nicht im Krankenhausplan enthalten sind und daher keine Regelversorgung für GKV-Versicherte anbieten dürfen.

Zero Depth, Vagenoid Operationsvariante zur Bildung einer Vulva ohne Vaginalkanal.

Literatur

Arbeitsgemeinschaft der Wissenschaftlichen Medizinischen Fachgesellschaften (AWMF) (Hrsg.). (2018). *Geschlechtsinkongruenz, Geschlecht.* AWMF-Leitlinienportal: Leitlinienregisternummer 138–001, https://register.awmf.org/assets/guidelines/138-001k_S3_Geschlechtsdysphorie-Diagnostik-Beratung-Behandlung_2020-03-abgelaufen.pdf. Zugegriffen: 21. Aug. 2025

Blick. (2022). *Um AHV früher zu kassieren: Luzerner lässt sich aus finanziellen Gründen zur Frau erklären.* Blick. https://www.blick.ch/schweiz/zentralschweiz/um-ahv-frueher-zu-kassieren-luzerner-laesst-sich-aus-finanziellen-gruenden-zur-frau-erklaeren-id17166091.html. Zugegriffen: 21. Aug. 2025

Cass, H. (2024). *Independent review of gender identity services for children and young people: Final report* (Cass Review). NHS England. https://cass.independent-review.uk/home/publications/final-report/. Zugegriffen: 15. Aug. 2025

Expósito-Campos, P., et al. (2023). Gender detransition: A critical review of the literature. *Actas Esp Psiquiatr, 51*(3):98–118. https://pubmed.ncbi.nlm.nih.gov/37489555/. Zugegriffen: 21. Aug. 2025

Feigerlova, E., et al. (2025). Prevalence of detransition in persons seeking gender-affirming hormonal treatments: A systematic review. *The Journal of Sexual Medicine.* https://academic.oup.com/jsm/article-abstract/22/2/356/7933251?redirectedFrom=fulltext&login=false. Zugegriffen: 21. Aug. 2025

Heylens, G. et al. (2021). Psychiatric characteristics in transsexual individuals: Multicentre study in four European countries. Australian Journal of Psychology, 73(2), 144–153. https://www.tandfonline.com/doi/full/10.1080/00049530.2021.1900747?. Zugegriffen: 21. Aug. 2025

D. N. Scholz, *Transidentität verstehen - transident leben*,
https://doi.org/10.1007/978-3-658-50402-1

Illinger, P. (2024). *Spanien: Juristisches Schlupfloch – erst Macho, plötzlich Frau.* Süddeutsche Zeitung. https://www.sueddeutsche.de/politik/spanien-geschlecht-aenderung-gewalt-frauen-lux.YAh2Ua1pGMGwXLeqTQ6eXS. Zugegriffen: 21. Aug. 2025

Kolter, M. (2024). *„Es beseitigt Unrecht": Was sich mit dem Selbstbestimmungsgesetz für Betroffene ändert.* Legal Tribune Online, https://www.lto.de/recht/hintergruende/h/sbgg-selbstbestimmung-selbstbestimmungsgesetz-trans-inter-binaer-bundestag-gesetz-tsg. Zugegriffen: 21. Aug. 2025

Littman, L. (2021): Individuals Treated for Gender Dysphoria Who Subsequently Detransitioned: Survey Results. *Archives of Sexual Behavior*. https://link.springer.com/article/10.1007/s10508-021-02163-w. Zugegriffen: 21. Aug. 2025

Louis, C. (2025). *Trans: Kranken-Schwestern klagen!* EMMA. https://www.emma.de/artikel/sisterhood-341463. Zugegriffen: 21. Aug. 2025

Sonntags-Club e. V. (2023). *Stellungnahme zum Entwurf für ein Gesetz über die Selbstbestimmung in Bezug auf den Geschlechtseintrag (SBGG) [Stellungnahme, 30 S.].* Lobbyregister des Deutschen Bundestags. https://www.lobbyregister.bundestag.de/media/9a/17/321137/Stellungnahme-Gutachten-SG2406270238.pdf. Zugegriffen: 21. Aug. 2025

Vandenbussche, E. (2021). Detransition-related needs and support: A cross-sectional online survey. *Journal of Homosexuality, 69*(9), 1602–1620. https://doi.org/10.1080/00918369.2021.1919479. Zugegriffen: 15. Aug. 2025

Vorreyer, T. (2025). *Rechtsextremist Sven Liebich ist jetzt eine Frau.* Die Welt. https://www.welt.de/255138898. Zugegriffen: 25. Aug. 2025

Wilken, J. (2022). *Detransition, Fakten und Studien.* Deutsche Gesellschaft für Trans*- und Inter*geschlechtlichkeit e. V. https://dgti.org/2022/09/28/jenny-wilken-detransition-fakten-und-studien-9-2-2022/. Zugegriffen: 21. Aug. 2025

World Professional Association for Transgender Health (WPATH). (2022). *Standards of care for the health of transgender and gender diverse people*, https://wpath.org/publications/soc8. Zugegriffen: 21. Aug. 2025

GPSR Compliance
The European Union's (EU) General Product Safety Regulation (GPSR) is a set of rules that requires consumer products to be safe and our obligations to ensure this.

If you have any concerns about our products, you can contact us on

ProductSafety@springernature.com

In case Publisher is established outside the EU, the EU authorized representative is:

Springer Nature Customer Service Center GmbH
Europaplatz 3
69115 Heidelberg, Germany

www.ingramcontent.com/pod-product-compliance
Lightning Source LLC
Chambersburg PA
CBHW071948190826
50066CB00048B/356
* 9 7 8 3 6 5 8 5 0 4 0 1 4 *